浙江省哲学社会科学规划课题成果

THE THEORY AND PRACTICE OF
LEARNING FROM EXAMPLES

邵光华⊙著

样例学习
的理论与实践

ZHEJIANG UNIVERSITY PRESS
浙江大学出版社

目　录

绪　　论

做任何事情都要讲究效率，教学作为一种活动也需要讲究效率。

何谓教学效率？按通常意义下的效率概念来界定的话，教学效率可以定义为单位教学时间内学生所获得的有效知识信息总量，也可以以传授单位知识所花费教学时间的多少来定义，那么，教学效率就是学生的学习收获与教师教学活动量、学生学习活动量在时间尺度上的量度（顾泠沅，2000）。更宽泛的理解是单位教学时间内师生的共同收益量。

当今教育的诸多现实问题已迫使我们必须研究如何提高教学效率的具体对策问题。数字化时代的到来，需要公民掌握越来越多的技能和越来越复杂的高级专门知识，而我们的教学时间越来越有限，素质教育要求学生全面发展、综合提高，使得课堂上的学科教学授课时间越来越少，为了减轻学生课业负担，要求学生课外做练习做作业的时间也越来越少，这就使得教学必须提高课堂教学的效率。其实，大教学论专家夸美纽斯早在 1632 年就指出，教学论研究的根本宗旨在于"使教师因此而少教，学生因此而多学"。所以，提高教学效率也应是教学研究的一项根本任务。

与教学效率直接相关的一个概念是教学目标，"教学目标应该是通过一系列活动学生所应达到的各种能力、知识的综合"（高文，1998），"教学目标的全面、合理与个性化导向，是教学效率问题研究的前提"，"过于划一的目标会低估教学过程的复杂性，凭借外显行为的表征会掩盖教学活动的深刻性"（顾泠沅，2000）。教学效率的高低应以教学目标实现得如何为准绳。当教学目标确定以后,就需要根据已定的教学任务和学生的特点,有针对性地选择与组合相关的教学内容、教学组织形式、教学方法和技术,形成具有效率意义的教学方案,这就是教学策略。"教学策略不是抽象的教学原则,而是带有一定可操作性的过程;它也不是某种教学方法,而是在教育观念指导下体现教学目的、原则、方法、手段的预设行为的综合结构。"从教学组织形式这个侧面来看,正如大家知道的,人的发展随着年龄增长呈现一定的阶段性(共性),这是班级授课制的重要的依据,在这种班级授课制下,一名教师能教几十名学生,体现了班级授课的集体效率。但与此同时,由于不同学生的个性差异,在大体相同的时空中按划一的目标发展,也使得师生活动总量的浪费分外明显,这是提高教学效率面临的一个重要问题。为了更简明地说明这个问题,顾泠沅先生(2000)用学生获得某些知识所需时间的不同来表征不同学生之间的个性差异(见图1)。

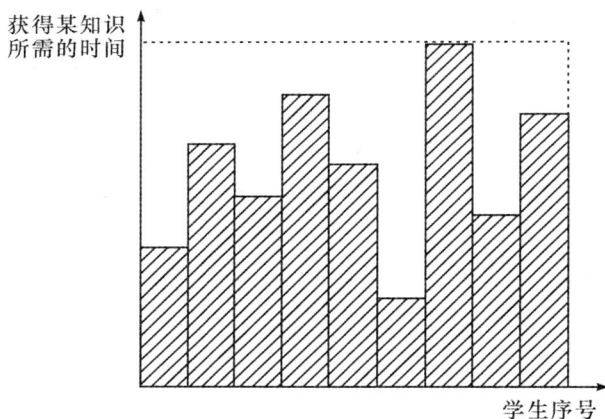

图 1　班级教学效率示意(顾泠沅,2000)

据图1,教师为了使全班学生都能获得某个知识,他必须使教学时间至少达到图中虚线所示数值,这样,教学效率即为图中阴影部分面积与整个矩形面积之比。由此可见,提高教学效率的最有效措施应该是使班级学生程度差异最小化。在班级授课制下,使程度差异最小化的具体途径有两条:一是尽量使班级学生程度一样,差异减小;二是减少班级学生的人数规模,使差异相对变小。前者导致我们的分层教学或分组教学的策略,后者导致我们的小班化教育教学体制。小班化教育教学可以减少无效的时间量,但班级规模产生的效率将随之大大降低,对教师资源的需要也将增大,教育经费投入也会随着班级规模的减小而呈反比例增加,这对经济发展水平有较高的要求;分层教学难以克服"标签"效应,学生的自尊可能受到伤害,现阶段在中小学还不能按"程度"分班(教育法规定),所以,这些所谓的有效措施目前似乎都面临操作困难。

那么,在不牺牲班级教学规模效益的前提下,又要面向每一个学生,提高教学效率的一个难点当是兼顾"高能"(very able)与"低能"(less able)学生的问题,正如图1所示,正是由于少数高能生和低能生的教学时间差距过大,导致整个大矩形的面积增大,使得阴影部分的面积与整个矩形的面积之比值变小,即效率降低。如果少数几个高能生或低能生所需教学时间能上升或下降一定幅度,整个矩形的面积将大大减少,效率就会增大,换句话说,就是在较少的时间和活动总量中获得了同样多的知识。然而,同班学生间的差异是绝对的,"任何以高能或低能儿童为出发点的教学策略都是有失偏颇的"(高文,1998),所以,教学中的浪费仍难以避免。那么,是不是就没有办法解决这个问题了呢? 答案是否定的。众所周知,学生增长知识的方式既可以是由教师教授,也可以是在教师的引导下由学生自己去获得,那么,"如果整个班级的学生各个都能积极投入学习,通过自主努力,分别去达到各自的、有区别的目标,也就相当于图中的水平虚线分别下移到紧贴全部阴影部分的上沿,则效率最为理想"(顾泠沅,2000)。

从上分析可以看出,最有效的教学策略应该是让学生自主学习,"通过自主努力,分别去达到各自的、有区别的目标"。那么,如何开展自主学习? 有效的自主学习方式是什么样的? 笔者认为,不论什么样的自主学习方式,都是以阅读学习材料为其第一主要环节,如数学学科的学习中,数学阅读的一个重要价值就是能提高学生的自主学习能力(邵光华,1999)。在阅读过程中,学习者"一方面,是提取信息,建构起意义;另一方面,有时要对语言本身加以注意"(李士锜,2001)。所以,阅读理解过程本身是"一个意义建构的过程,同样需要同化、顺应,有复杂的思维加工"(李士锜,2001)。显然,这个过程是一个自主过程。其他科目的自主学习与阅读也分不开,语文等人文社会学科显然更甚。

为了让学生能通过阅读有效地学习,学习材料的编制应该是个关键。就数学学科学习材料内容而言，可以分为三大部分：一是知识的引入（情境的创设）与讲解分析（理解获得知识）；二是知识的应用例析（例题呈示讲解）；三是练习的安排（应用巩固获得解决问题的能力）。三部分的科学合理设计是通过阅读成功地自主学习数学的前提。"问题是数学的心脏"，学习数学的一个主要任务就是学习数学问题的解决，通俗地说，就是数学知识的应用。学习问题解决并以此来学习数学在国外 20 世纪 80 年代流行了一段时间，但这种学习方式有其不足之处，很多研究表明，"泛的（extensive）问题解决训练不是一种有效的学习方法，事实上，传统的问题解决练习会阻碍一个问题结构的一些重要方面的学习"（Cooper & Sweller，1987；Paas，1992；Paas & Van Merriënboer，1994）。

与此同时，也出现了另一种学习问题解决的方式，那就是通过有解样例来学习问题解决。"有解样例（包含一个问题的陈述和解决问题的适当的步骤）是比传统问题解决技术好的一种选择"（Carroll，1994；Quilici & Mayer，1996）。样例实质上就是知识如何被应用的一个例子。样例学习从小处看，就是学生通过阅读样例来学习知识和如何解决问题；从大处看，就是通过阅读分析样例来学习蕴含在其中的知识、原理、解决问题的方法等，所以，样例学习实质上就是一种以阅读理解、阐释解读为主要活动方式的自主性学习。有解样例作为专业文本，学生通过阅读理解接受、掌握这个文本，而"理解的第一个前提是接受者从文本中直觉把握的信息和间接获得的信息，理解的第二个前提是接受者凭借文本从所习得、记忆、存储的信息中唤起的信息。理解的第二个前提是依靠接受者一定的态度、预备知识以及对文本内容的探究而产生的"（钟启泉，2001），这中间要求学生对样例文本进行自主探究。国内学者朱新明教授等的实验已初步证明样例学习方式在班级授课制下的有效性（Zhu & Simon，1987）。所以，从提高教学效率出发，从样例可以作为自主性学习材料的一个重要部分、样例学习可以发展为一种自主性学习、样例学习可以成为自主性学习的一种重要方式来看，我们有必要对样例学习进一步作深刻的研究。

事实上，自主性学习是对被动适应式学习的超越，它是以学生为学习的主人，以发展学生自主性、能动性、创造性为目的的教学实践活动。其内涵可以这样描述：它是一种与情境联系紧密的自主操作学习活动，在此活动中,学生的知识、技能、能力不是被灌输得到的,而是借助原有的知识基础进行主动建构形成的。进行自主性学习的学生在元认知、动机、行为三个方面都是积极的参与者,即学生能够自我激发内部的学习动机,自主地选择、组织、建构适宜自己的学习内容与理解方式,并针对不同的问题情境,灵活地运用不同的学习策略来完成学习任务。自主性学习的一个重要目标就是通过学生对学习过程的主动参与来培养他们的自主意识、自主能力、自主习惯,使其成为一个会学习的人,一个具有主体性人格的人。它与接受性学习相比具有以下明显的特征:

第一,学习的主动性。在自主性学习中,学生是学习的主人,教师是学习活动的促进者、帮助者,而不是学习的控制者、包办者,更不是代替者。对于教师所讲的内容,学生敢于质疑,敢于发表不同见解,同时学生会主动地发现问题,依靠自己的能力主动解决问题,而不是一味地依赖他人。样例学习中,对样例的解法可以提出质疑,从中发现问题并自行解决问题,直至领会、理解样例解法和样例问题的实质。整个样例学习过程中都充满着学习的主动性。

第二,学习的建构性。建构性是自主性学习的本质特征,也是学生主体性的真正体现。学习在本质上是建构性的,它是学生以自己的知识经验为基础来理解知识、赋予知识以个人心理意义的过程,这样所学的知识不再是外在于自己的负担,而变成了可以利用的资源。样例学习正可谓是一种自我建构的学习,以自己的已有知识同化样例知识或样例所蕴含的方法思想,建构自己的理解。

第三,开放性。自主性学习的开放性主要指学生所学内容的开放性,它不局限于课本,而是去面对真实的问题情境。在解决问题的过程中,学生可以利用各种网络信息资源与人力资源,从而使自身的实践能力得到锻炼。样例学习可以培养学生的自学能力,培养自学意识,培养任何好的东西都可以作为样例来学习的意识,这与自主性学习的特征——开放性非常吻合。

从问题解决心理学研究的结果出发,我们认为也很有必要研究样例学习这种学习方式。关于新手的问题解决研究表明,当新手面临一个问题时,往往不是思考用什么公式或原理来解决问题,而是先试图搜索(回忆)记忆库中有没有相似的问题或类似的问题模式,即回忆一个以前解决过的问题，模仿或仿照这个问题的解决方法来解决当前面临的问题，即习惯用类比思维来解决。一个具体的例子就是，在学生做数学练习或课后作业遇到困难时，学生就会翻回到前面的例题，再看看例题是怎么回事，通过再次阅读例题，就可能获得解决练习或作业中习题的方法。从这个意义上来讲，强调样例学习，可以给学生的资源库中添加清晰的可供将来解题用来借鉴的样例，所以，从知识的学习和解题能力的提高来说，样例学习也有非常积极的意义。我们强调创造性问题解决学习，创造性能力的培养，主张"发现式"教学，但我们仍然认为，样例学习是一种基础性学习方式，其学习到的知识和获得的基础能力是创造的源泉，是创造的基础，是创新的生长点，试图把全部学习形式都改造为或设计为创造性学习或"发现式"学习，是一种理想主义。正如著名数学教育家张奠宙所说，"让学生在课堂上像数学家那样发现定理，这当然是好的学习方式。但是这种课不能上得太多，因为费时间"（张奠宙，1994），而学生的学习时间是有限的，所以，从实际出发，方法上的"模仿性"学习仍将是数学等学科学习的一种主要方式。正如数学课程标准中指出的那样，"学生的数学学习活动不应只限于对概念、结论和技能的记忆、模仿和接受，独立思考、自主探索、动手实践、合作交流、阅读自学等都是学习数学的重要方式"（严士健、张奠宙，2004），模仿性学习得到了应有的尊重。我们应该研究如何进一步改进这种学习方式，提高这种学习方式的效率，增加其创造性成分（远迁移能力）。自主性学习或自学方式中，很大成分上是模仿性学习，通过模仿逐渐建构知识和方法。所以，即便把样例学习看成是模仿性学习，仍有研究的必要和价值。况且，样例学习并非是模仿性学习，只是存在模仿性成分，主要的还是建构性成分，建构自己对问题的理解、对问题解决方法的理解、对蕴含在其中的知识方法的理解、建构问题解决的图式和规则等。

美国全国数学教师联合会发布的数学教学标准也指出："强调理解数学和更高层次应用数学的重要性。教学目标主要是培养学生的数学能力，即学生探索、推测和合理推理能力，也指有效运用各种数学例题解绝非常规的数学题的能力。""教师应解释并示范解决各类数学题的推理过程，然后鼓励学生自己推理"（古德、布罗菲，2002）。这其中就有样例学习的成分。

我国全日制义务教育《物理课程标准》实验稿（2001）及修订稿（2011）中都明确给出许多样例，以供广大物理教师及教科书编制者参考学习，并指出，"内容标准中的样例是对标准进一步的解释和扩展，活动建议则为教师提供了教学活动实例"。由此可见样例在解释原理、理解精神等方面的作用。

为此，本研究将围绕样例学习问题展开讨论。本研究尚无意探索出一条提高教学效率的有效途径，那是一项艰难而长期的工作，而只是对知识的应用例析或样例学习做些基础性研究工作，这些基础性工作包括从实证的研究出发去考察从样例中学习各种知识技能、方法和问题解决的有效性（各种样例的迁移实验），样例学习的一些特征规律（个案研究），样例学习效果的全面分析和研究，怎样的样例设计更能有效地发挥样例的正面作用而抑制其负面影响（表面概貌影响的实验研究），从而为形成提高教学效率的有效途径铺路奠基。同时，数学学科学习是研究样例学习的最好的题材和载体，本研究重点以数学学科学习为基础进行研究，以获得更普遍性的原理和原则。

第一章　样例学习及其研究问题

　　绪论中我们已指出了提高课堂教学效率的较为可行的方法是注重自主性学习,样例学习可以发展为一种自主性学习,自主性学习也是当今教育所积极倡导的,所以,深入研究样例学习具有重要的现代教育意义。

第一节　样例与样例学习

　　样例在问题解决的许多理论中扮演重要角色。对类比推理研究证明,一个人在解决问题时总是试图回想类似的问题。成功通常取决于他们能否想起与测试问题有相同原理的恰当的先前的一个类似问题(Ross,1984)。当学生们获得对代数文字问题的解决方法之后,他们做有相同解法的等价的测试题时要比做那些解决方法有微小变化的相似的测试题时容易得多(Reed,Dempster & Ettinger,1985;Sweller & Cooper,1985)。甚至连那些强调抽象知识建构的理论家们也认为,形成这些结构需要样例,产生抽象图式需要比较同型性问题的样例,以发现它们共有的一般结构(Catrambone & Holyoak,1989;Cummins,1992)。形成解决问题的产生式规则在极大程度上也取决于对样例的学习(Anderson,1989;Pirolli,1991)。那么,什么是样例,什么是样例学习?本节首先要明确这些基本概念。

一、样例

样例（example）又称例子或范例，是一种能够例说（illustrate）或表征（represent）较为抽象的概念原理（general rule）的相对具体的实体（fact，event，etc.），能够展示同一类事物性质（quality）的样本（specimen），或值得模仿（imitation）的榜样。一般而言，样例可以说明一类问题的解法、例释一个概念、例说一个原理或例示一个公式及其用法，既能起到例示解决同类问题的解法原理和规则的作用，又能起到解释和说明概念、原理或公式内涵的作用，还能起到样板或示范作用。

样例具体到学科上，就是学科学习样例。如数学样例（mathematical example）就是关于数学学习的样例。从数学教与学角度可以进一步揭示数学样例的实质，数学样例就是数学问题及其解答的组合体，或者一个数学概念、公式或原理的具体实例或"实体"对象。

样例可以根据样例问题类型或样例作用进行简单分类。例如，在数学学科中，样例可以分为以下几种类型：

概念型样例：用于例说一个概念的例子，如 $4^3 = 4 \times 4 \times 4$ 是关于乘方幂 $a^n = a \times a \times \cdots \times a$ 概念的一个样例。

原理型样例：用于例释一个原理的例子，如"从 5 本数学参考资料中任意选择 3 本的不同选法有 $C_5^3 = 5! / [(5-3)! \times 3!]$ 种"是组合数原理"从 m 个不同的事物中选出 n 个的不同选法有 $C_m^n = m! / [(m-n)! \times n!]$ 种"的一个样例。

方法型样例：用于例示一种数学方法或数学思想方法如何运用的例子，如 $x^2 - 4 = x^2 - 2^2 = (x+2)(x-2)$ 是利用平方差公式分解因式方法的一个样例。

问题解决型样例：又称有解样例（worked example），是原理或方法型样例的拓展或综合，用来展示一个（类）问题解决的思路或过程，通常由样例问题（example problem）即样例中陈述的那个数学问题及其解答分析过程组合而成，是一种"分步演示如何执行一个任务或者解决一个问题的过程或步骤的样例"（Clark，Nguyen & Sweller，2006）。

我们现行教科书中的"例题"和"解"就是一种常见的问题解决型样例。作为教学方式的体现，问题解决型样例都包含对一个问题的陈述以及该问题的解决过程,其目的是通过示范来告知其他相似的问题应该如何来解决。从某种意义上讲,它们是提供给学习者专家的解题方式以供其学习和模仿(emulate)。特别的是,有解样例都是通过一步步的方式呈现解题方法过程的。许多情况下,有解样例还包括对给定问题的辅助表示,例如较为直观的图形、图像或表格。有解样例一般都具有典型性、示范性、迁移性,它们或是渗透某些方法,或是体现某种思想观点,或是提供某些重要结果,本身蕴含着有重要价值的信息。

著名数学教育家弗赖登塔尔曾在《数学教育再探》(1999)中提出"行动的范例"的概念,例如:"把第 5 个三角形数作为任何三角形数的范例的行为可能又是一个类似行动的范例,例如,用具体的数值的平方或立方作为一般意义下的整数的平方或立方的范例。"一种行动可以作为另一种行动的范例,它可能引起类似的行动。又如,"标明一列三角形数的第 n 个数,它的前项第($n-1$)个数和它的后项第($n+1$)个数",可能是"标明在其他数列里表示它的前项和后项的范例"。如把第 n 个三角形数的前项加上 n,就得到第 n 个三角形数,以此为例,人们可能相似地去把第 n 个正方形数的前项加上第 n 个奇数,就得到第 n 个正方形数。再如,从 $(n-1)^2$ 到 n^2 表示连续的两个整数的平方,计算它们两者的差,可得到第 n 个奇数 $2n-1$。像这样由一个给定的数列表示的类似的做法,可以被看作是从数列逐项求差产生级数的一个样例,这个过程可能依次成为从一个给定的数列里组成第二阶、第三阶或者任何一阶的差数列的范例。从上面的表述来看,这里的范例其实就是样例。

对于有解样例,又可以根据样例中呈现的解法过程的详略分为一般有解样例和精细有解样例,一般有解样例就是由样例问题和解法构成,而精细样例通常含有较为详细的解法分析说明。为了能够感性地认识这两种样例,下面我们分别给出一个典型的一般有解样例和一个精细有解样例的例子(Reed,1994)。

一般有解样例的一个例子:

样例问题 从一个盛有 3 个红球和 2 个白球的盒子里,随机抽取两个球。被抽取出的球不再放回盒子。问第一次抽取到红球、第二次抽取到白球的概率是多少?

解决方法

第一步：

球的总数： 5

红球的个数： 3

第一次抽取到红球的概率： 3/5

第二步：

第一次抽取后球的总数： 4

白球的个数： 2

第二次抽取到白球的概率： 2/4

第三步：

第一次抽取到红球、第二次抽取到白球的概率：$3/5 \times 2/4 = 6/20 = 3/10$

答：第一次抽取到红球、第二次抽取到白球的概率是 3/10。

精细有解样例的一个例子：

样例问题　吉尔用 12 小时能完成一项审计工作，芭芭拉的速度是他的 3 倍。现在这项审计工作已完成 1/8。如果剩下的审计工作由他们俩一起来做，并且芭芭拉比吉尔多工作 2 个小时，那么，共同完成剩余工作时吉尔要花费多少时间？

解题方法分析　这个问题是一个两个人共同工作完成一项任务的工效问题，每个人完成的任务量等于他的工作速度乘以他的工作时间：工作速度×工作时间＝完成的任务部分。

设吉尔要花费 h 小时。因为吉尔用 12 小时能够完成这项任务，那么她 1 小时完成这项任务的 1/12。h 小时她完成这项任务的 $1/12 \times h$。芭芭拉的速度是吉尔的 3 倍，所以能用 4 小时完成这项工作。因为她比吉尔多工作 2 小时，她将完成这项任务的 $1/4 \times (h+2)$。下面这个表汇总了这些信息（见表 1-1）。

表 1-1　各工人工作速度、时间及完成任务情况

工人	工作速度（单位时间内完成的工作部分）	工作时间（小时数）	完成的工作（任务部分）
吉尔	1/12	h	$1/12 \times h$
芭芭拉	1/4	$h+2$	$1/4 \times (h+2)$

因为任务的 1/8 已经完成,那么吉尔完成的任务量和芭芭拉完成的任务量必须等于 7/8,这样才能完成全部任务。正确的方程是:

$$1/12 \times h + 1/4 \times (h+2) = 7/8$$

通过上面两种样例的展示可以看出,样例与我们通常所说的传统例题既有联系又有区别。例题就是一个样例问题,加上解答就可构成一个样例,所以,现行教科书中的"例题+(分析)+解答"其实就是一个原理方法型样例或问题解决型样例,也就是一个有解样例;但人们思维中关于例题的一般概念又代表不了样例,如概念型样例通常就不称为例题,而通常称为一个例子。另外,样例的结构复杂,尤其作为研究对象,不是一般教科书中"例题+解答"所能囊括的。其实,研究样例的一个目的就是丰富教科书中"例题+解答"的形式,使之设计更合理化、多样化、科学化。可以说,样例是"例题+解答"概念的泛化,是更广义的例题的理解。如果从问题解决出发来看待样例的话,样例就是一个完整的问题及其解决过程或程式。

还有一种样例就是心理操作型样例。这种样例主要是显示老师是怎样思考一个问题的,将老师或专家的思考、思维过程展示出来,就成为思维分析方法的一个样例。这种样例大多不是显性的,而是非文字性的、教师口头表述的,学习者一般来说只能通过"听"这种方式获得样例信息从而理解、内化、体会、感悟它,从中体悟如何分析思考解决问题的一般思维技能。这也是为什么我们要求教学要注重过程、要展示思维过程的原因——学生可以从能作为样例的老师的思维过程中模仿、感悟到问题分析思维的程式和方法。

广义样例观把所有有借鉴作用的东西都看成样例,样例的分类也不是严格的,如原理型样例往往也是方法型样例,即也含有原理运用的方法问题。

关于概念型样例或原理型样例的使用比较单一,本研究将主要围绕有解样例或问题解决型样例进行研究。

二、样例学习

样例学习(learning from worked examples),顾名思义,就是从样例中学习、通过样例来学习的一种学习方式。样例学习中所指的样例通常指"有解样例"（worked example），也就是指具有详细解答步骤的例题或事例。学习者通过学习、研究样例，归纳出其中隐含的抽象知识来解决问题，这样的一个学习过程即为"样例学习"。

实际上，早在 20 世纪五六十年代，样例学习就已经成为教育心理学研究的课题。当时，认知心理学家和教育学家就主张"例中学（learning-by-example）"范式，关注的是样例学习对概念形成的作用，目的在于寻求跨领域的一般性的技能和策略，他们将研究聚焦在知识含量低的任务上。虽然当时研究者所使用的样例（example）与现在心理学家所使用的样例（worked example）有许多方面的不同，但是对样例的使用上却都有着基本相同的假设：通过样例来说明所要学习的原理或模式。80 年代之后，随着认知心理学关于"专家与新手"关系研究的兴起，样例学习研究的重心也开始转移到样例学习在问题解决过程中的作用研究上来，其研究的范式基本是给被试呈现解决某个问题的样例，其中隐含着解决这类问题的规则，学习者通过学习这些样例发现或学会使用其中的规则去解决类似的问题（张奇、林洪新，2005）。

具体到一门学科里，如数学学科，就是数学样例学习（learning from mathematical worked example），其意自然就是从数学样例中学习或通过数学样例进行学习的一种方式。局限于问题解决型样例的学习就是指从具有详细解答步骤的事例中归纳出隐含其中的抽象知识来解决问题的一种学习活动。

数学是一个结构良好的领域，仔细回忆和分析一下数学课堂教学会发现，在实际数学课堂教学中，样例的使用是非常频繁的，如利用概念型样例引导概念学习，利用原理型样例来解释或补充说明原理，利用例题（有解样例）学习知识如何用于解决问题等等。我们在一所中学进行的"数学观课文化"研究过程中，曾对一堂典型的数学课进行了样例使用情况的分析，结果如表 1-2。

从表 1-2 中可以看到，数学课堂教学中样例的使用占有很大分量，也起到关键作用。另外，练习一旦完成，也就成了样例。这是样例与练习的一种天然关系，也是样例的一种来源，又是样例的一种实际呈现策略。

表 1-2　关于二元一次方程及其解的一堂课的样例、练习统计分析

样例					练习		
个数	种类				个数	种类	
	概念	原理	方法	问题解决			反例个数
2	二元一次方程				3	为了说明二元一次方程概念,预判断 3 个概念,引出概念后,做两道列方程的练习,形成了两个样例,一个反例	1
1	解的概念						
1			又成为求解方法型的样例	求 $2x+y=20$ 的一个解	1	样例是通过用 y 表示 x 而求解的,而练习用 x 表示 y 来求解的	
3	练习形成的				6	判断是否为二元一次方程;三对三错;对的三道成为了新的概念样例	3
2	来自练习				4	判断一组数是否是方程的解,两对两错;对的成为了新的样例	2
1	来自练习				5	判断哪些是两个方程的解,从中发现两个方程的共同的解,引出方程组解的概念:两个方程各有两个解,其中有一组相同	2

　　在教学实际中,数学样例呈现方式又是不拘一格的,如问题解决型样例的呈现方式往往是先给出例题题目,然后教师一边讲解、一边分析、一边板书,最后形成结构完整的样例。学生每做一个练习,如果他有反思的学习习惯,那么同样也就形成了一个关于这个练习的样例。概念型样例往往是在介绍概念定义的前后由教师口头表达出来(说出来),不写板书,即使写板书也是不太正规的,常用"比如说"等引导语。原理型样例往往也是不太正规地写板书的,这类样例多用于解释原理的内涵,即用特殊解释一般,以便更好地认识一般,或作为引例引导出原理。由于从样例中学习越来越体现出其优势,所以,样例学习已经被作为一种教

学形式来看待了。

样例学习作为通过样例来获得一般知识的一种学习形式，可以对其作出多方面分析，这里，我们从两个方面对样例学习的实质作进一步的分析。

我们可以从建构主义观来分析一下样例学习。建构主义的核心是"知识不是被动接受的，而是认知主体积极建构的"。从这个观点出发，样例学习可以看作是一种建构学习。因为学习者通过样例学习，本质上就是自觉"建构"对样例的理解，建构能够属于自己的知识、方法，所以，学习者学习、分析样例的活动实际上就是一种建构活动，而且还是一种理解建构，而不是纯模仿性的行为。学生通过学习样例主动获取样例所蕴含的知识、方法或原理，其过程中一个关键环节是内化、对比和类化，把样例所含有或载有的信息逐步内化为自己的，而不是纯接受式地去掌握原理知识或方法，其中含有相当的主动成分。而在随后的练习解题活动中，其中一个重要机制就是类比样例，通过类比解决问题，所以，样例学习有利于类比推理能力的培养。关于类比推理，斯滕伯格曾指出，真正推理能力的培养既包括分析性思维，也包括创造性和实践性思维的培养，推理活动的实现手段多种多样，其中类比是重要的推理手段之一（徐斌艳，2001）。从这个意义上说，样例学习有助于推理能力的重要成分的形成。

我们也可以从"默会知识观"来分析样例学习。样例不光是模仿的对象，也是默会的对象。样例学习需要默会，通过样例学生有时会豁然开朗："我知道怎样做了！"这种领悟来自于从样例中获得的某种启示，但又说不出来是何种启示，实质上属于默会性知识。随着练习的增多，默会知识逐步转化为显性知识，可以概括出来。中国传统教学的一个习惯就是由教师进行题型训练，学生进行大量练习，这其中就包含有样例学习的成分，教师讲解的例题就是样例，学生通过样例学习，感悟、默会其中的解法原理或思想，在随后的练习中，可能先是模仿练习，练习得多了，每一个练习加上其解答就又成了一个样例，这样样例也就多了，形成的默会知识也就越来越明朗，直至清晰。题型教学之所以被认为相对容易出成绩，原因可能就在这里。同样的一个样例，由于被试对其理解不一样，产生的迁移效果也就不同，有的同学"举一反三"，有的同学"举一不能反一"，原因在于他没有真正理解或默会样例的实质或结构，不能概括出或抽取出样例的解法原理。这就涉及样例学习的方式方法的问题——怎样进行样例学习才能达到举一反三之功效？这是一个值得深入研究的问题。

样例学习也是一种自适应学习。所谓自适应学习，就是一种自我学习，其特点是学习者在考察实例和问题解决过程中发现知识、掌握技能、提高能力。学习的对象既不是简单的符号或文字，也不是文字或言语陈述的概念或原理，而是一些具体的实例或问题，学习者的任务是通过考察实例或问题解决，而从中发现、体会蕴含在其中的知识或解决问题的技能，进而掌握它。这种学习基于对学习的如下含义的理解之上：学习就是"系统在不断重复的工作中对自身能力的增强或改进，使得系统在下一次执行同样的或类似的任务时，比现在做得更好或效率更高"（H. A. Simon，1986）。

在自适应学习中，如果提供的学习材料是一些未经分类的实例（cases）或未经整理的经验数据（data），学习者的任务是从这些事例或数据中发现概念或规律，如概念形成、一些原理的发现等，这种学习就是我们所谓的发现学习（learning from discovery）；如果提供的学习材料是一个概念、该概念的一个例子和一些有关的规则，学习者的任务是首先构造一个解释，说明给出的例子为什么能满足概念，然后将解释推广为概念的一个满足有关规则的充分条件，那么这种学习就是解释学习（explanation-based learning）；如果提供的学习材料是一系列的问题，学习者的任务是利用已经学会的知识解决这些问题，从而学会解决其他类似的问题，这就是做中学（learning by doing）。而样例学习（learning from examples）就是提供的学习材料是一个或几个实例，学习者的任务是先考察理解这些实例，然后获得一般描述或解决类似问题的技能的一种自适应学习。样例学习具体又分为两种情况：一种情况是提供某个概念的一系列的正例和反例，学习者的任务是通过归纳推理概括出覆盖所有正例并排除所有反例的概念的一般性描述；另一种情况是提供一个或几个有详细解题步骤的例题，学习者的学习任务是考察并理解这些例题及解法，并通过类比学会解决其他类似的问题（朱新明、李亦菲、朱丹，1998）。

样例学习与范例教学有许多相似之处。1950—1970 年间,联邦德国的教育家们曾围绕范例学习对教学论进行了热烈的讨论。作为倡导范例教学的代表人物克拉夫基(1983)曾指出,范例教学的基本思想是组织教养性的学习,促进学习者的独立性,即引向连续起作用的知识、能力和态度。这种学习不是通过再现性地接受尽可能多的个别的知识、能力、态度和技巧来达到目的,而是通过让学习者从选择出来的有限的例子中主动地获得一般的、可作概括的知识、能力和态度。这里的范例或例子实质上是一种样例。如果考虑到样例的呈现方式是教师一边讲解一边板书出来,那么这种样例学习就是有教师讲解的样例学习,可以理解为样例教学(example instruction)。

样例或例子都具有相对具体性,我们研究样例的目的之一是弄清学习中例子所起的真正作用,搞清样例学习的真正心理机制,借此弄清哪些知识可以通过样例学习,而不需要理论逻辑证明就能够使学生自然地、无疑虑地认可和接受;怎样的样例表述更有利于学生学习相应问题的解决方法,提高解决问题的能力;进一步研究有助于学科学习的样例的设计原则是怎样的。

事实上,利用样例学习是学科教学的一个显著特征,通常学科的每一个知识点后面总是要跟上例题(对前述原理起解释、例释的作用——对后面解决问题起样例示范作用)的,以帮助理解、巩固所学习的知识,了解、掌握所学知识的应用。但是,这好像一直被认为是理所当然的,是经验主义的。笔者认为应该给出其科学根据,从理论上对其作出研究,寻找好的样例标准,提高样例的效能。另外,时代的进步使得网上学习不再是时尚,而是一种真正方便的学习方式,人们从网上学习,其中的学习内容大多都要依靠样例文本的帮助,所以,样例设计研究对媒体学习开发有着重要意义。

第二节　古今样例学习观解析

样例学习从本质上讲不是什么新鲜事物,因为样例学习观的历史可以追溯到中国古代的学习方式,并且一直延续至今。

一、中国古代的样例学习观

先秦孔子《论语·述而》就说:"举一隅,不以三隅反,则不复也。"意思是说:我举出一个方面,你们应该能灵活地推想到另外几个方面;如果不能的话,我也不会再教你们了。后来,大家就把孔子说的这段话变成了"举一反三"这句成语,意思是说,学一件东西,要灵活地思考,并运用到其他相类似的东西上。这中间就含有样例学习的思想成分。俗语中说的"熟读唐诗三百首,不会写诗也会吟",也蕴含有对样例学习功用的肯定。

真正的样例学习观可以从中国古代比较流行的数学学习用书《九章算术》的编制体例分析出来。"《九章算术》的体系是中国数学理论体系的典型代表。这个体系的基本结构是:以解题为中心,在解题中给出算法,根据算法组建理论体系。所以说,《九章算术》或中国古代数学的理论体系是以解题为中心的算法体系。以解题为中心指的是这一理论的中心内容是问题及其解法;算法体系则指理论体系化的依据是算法,并最终表现为算法的形式。"(袁小明,1991)"《九章算术》是按照当时社会实践所需要解决的问题来分类的,每一类(一章)中设置若干个实际问题,每个问题都给出答案,并提供有关的算法。由于实际问题是从具体的东西开始研究,所以是一个归纳的体系——从个别的问题到一般的算法。""按应用方向或主要应用的数学模型把全书划分为若干章,在每一章内举出若干个实际问题,对每个问题都给出答案,然后给出这一类问题的算法。《九章算术》中称这种算法为'术',按'术'给出的程序去做就一定能求出问题的答案来。"(王鸿钧、孙宏安,1992)

例如,《九章算术》中第一章"方田"的第五、六题及有关的"术":

第五:今有十八分之十二。问约之得几何? 答曰:三分之二。

第六:又有九十一分之四十九。问约之得几何? 答曰:十三分之七。

约分术曰:可半者半之,不可半者,副置分母子之数,以少减多,更相减损,求其等也。以等数约之。

从以上分析可以看出,古代《九章算术》这部集研究与教学于一体的名著,其体例结构就是主要采用了样例结构,其中的问题和算法等合在一起就是样例,人们解决问题可以参阅这些样例,通过学习研究这些样例获得数学知识和解决类似问题的方法。从这个意义上讲,中国古代数学学习方式可谓是一种样例学习方式。因此,以例带动方法、原理、内容的学习也是一种典型的样例学习。

从挖掘和发扬中国古代数学学习传统的意义上讲,我们也有必要对样例学习作现代教育意义下的适应性研究,以现代学习心理科学理论研究方法为工具。

二、今日教育教学中的样例学习观

综观当今教育教学状况,几乎没有不运用样例的教学课堂,这使我们感觉到样例在学科学习中的重要性似乎是不言而喻的。事实上,利用例子来说明解释概念、原理或观点也是学科教学中必不可少的一种教学手段或方法。

科学哲学家库恩认为:学生正是通过学习范例,通过做习题等活动来掌握科学知识及其方法的,没有范例,科学知识不能清楚地表达出来,也无法为人们所掌握。这里的范例与我们所说的样例具有相通性。"从例中学""范例教学"等在教学理论中曾引起较大反响的教学模式无不与样例有关。苏联教育革新教学论专家、数学"纲要信号图表"教学法的发明者沙塔洛夫认为:"掌握知识的标志之一,是学生能用自己的语言将所学知识转述出来,并能找到适当的例子说明相应的原理。"(况平和,1989)这也从一个侧面反映了例子的作用,知识没有例子作支撑、作辅助,是很难掌握的。能回忆起一个适当的例子也是判断知识是否被掌握的一个准则。当代数学大师陈省身教授对数学例子的作用曾给予很高的评价:"一个好的数学家与一个蹩脚的数学家,差别在于前者有很多具体的例子,后者则只有抽象的理论。"(罗增儒,2001)

数学学习的一个重要目标就是解决问题。"解题是一种实践性的技能,比如说就像游泳一样。我们是通过模仿和实践来学会任何一种实践性技能的。在学游泳时,你模仿别人的做法,用手和脚的动作来保持头部位于水面之上,最后你通过操练游泳学会了游泳。在学习解题时,你必须观察和模仿别人在解题时的做法,最后你通过解题学会了解题。"(波利亚,2002)所以,学习解决问题,是需要观察别人是怎样解题的,要模仿别人在解题上的做法,而样例可以起到一个被观察和被模仿的对象,它展示的是专家的解题思路和做法,是经过了教学法适当加工的解法思路和过程。从波利亚的观点看,培养、训练学生的解题能力样例是必不可少的。

事实上,在解决问题时,当学生同时收到程序步骤(procedures)和样例,他们似乎更看重样例(Priolli & Anderson,1985;Lefevre & Dixon,1986)。Sweller 和 Cooper(1985)也指出,学生要想成为解决问题方面的专家,需要展现出大量的有解样例。

弗赖登塔尔关于样例(范例)的论述进一步反映了现代数学样例学习观。"'范例'意味着'例子',尽管它不是像'例如'中如何如何那样的例子,那通常是指后面跟随的例子(after-example)。如果存在这样的术语,我宁愿把范例称为前面先导的例子(fore-example)。"(弗赖登塔尔,1999)弗赖登塔尔将范例分为强加的范例和再创造的范例,并指出:"通用的东西可以通过范例来学习,而且最有效的范例是允许最容易或最广泛地迁移的。选择不合适的范例也会妨碍迁移,比如怪异的或缺乏灵活性的范例,或者只是因为范例造成了学习上的错误印象。"(弗赖登塔尔,1999)。

在弗赖登塔尔看来,"数值的范例能够作为通向一般问题和代数关系的阶梯和钥匙"(弗赖登塔尔,1999)。我们"应该利用数值来学习算术的算法,而不是利用一般原则,但是这个原理不能被理解为借助数值例子来系统阐述现成的一般法则"(弗赖登塔尔,1999)。仔细体会其中的意思可以知道:在使用样例方面,不要只把范例作为解释的工具、例示的工具或用于说明一般法则或原理的工具,而应作为再创造的源泉。

同时,弗赖登塔尔也尖锐地指出数学教育研究中存在的问题:"在教学实践中,我们知道教师如何使用范例以及学生如何理解范例吗? 难道就像是给表格填空,或者更糟——是一系列的模仿活动吗?"(弗赖登塔尔,1999)我们应该接受这样的批评,认真研究教师是如何使用和理解范例的,学生是如何理解范例的,我们应该弄清学生理解范例和使用范例的规律,以及在理解范例方面常出现的问题。

综上可以看出,样例学习方式始终是学习的一种重要方式,在当今教育改革的大潮中,我们应该进一步对这种学习方式加以完善,使之符合时代素质教育的要求。

第三节　样例学习研究问题的提出及研究方法

由前面的分析可以看出,不论是现代教育教学还是古代教育教学,样例学习都占有重要地位,从中也足以看出样例学习方式的价值和重要性。然而,我们有关样例学习的知识却大都是经验成分的,缺乏实证性的研究数据。

一、样例学习研究问题的提出

关于样例学习的研究,国外有许多一般性研究成果,但围绕复杂学科教学领域进行的研究比较少见。因此,有必要对样例学习作更为深入的研究,以便更好地为学科教育教学服务。另外,由于一些研究表明,样例学习有许多弊端,例如:

(1)样例学习的学生通常不能解决稍有迁移的问题(Reed,Dempster & Ettnger,1985)。我们不禁要问,对结构形式比较突出的数学问题,样例是否也没有迁移作用?

(2)大多数的学习错误可以归咎于学习者把样例不恰当地匹配到当前问题上来造成的(Anderson,1989)。那么,应该如何设计样例和学习样例才能避免出现这类不恰当的匹配?

(3)例中学和做中学都有不足,样例学习在很多情况下显示不出优势(许永勤、朱新明,2001)。那么,创造怎样的教与学的环境才能发挥样例学习的优势?

这些弊端促使我们去研究如何设计样例结构或创设样例学习系统以减少样例的负面作用,更好地发挥样例的积极效能。

当然,大量研究结果显示,样例学习能有助于学习者问题解决能力的提升(Chandler & Sweller,1996;Hilbert,Renkl,Kessler & Reiss,2008;Renkl,Atkinson,Maier & Staley,2002;Van Gog,Paas & Van Merriënboer,2008;Ward & Sweller,1990),如 Sweller 和 Cooper(1985)研究指出,学生通过学习样例可以有效地学习程序,后又进一步指出,通过学习样例,学习者的认知负荷能得到有效减轻,而问题图式的

获得则变得更加容易进行(Sweller,1998)。许多研究证实了关于样例学习的诸多优点：

(1)利用样例进行类推对于学生的学习是非常重要的(Pirolli & Anderson,1985)。大多数情况是学生没有样例就不会用公式或原理解题,样例的一个基本功用是范例的作用,起规范、引导的作用。

(2)多数学生倾向于通过考察样例来解决问题,而不是求助于规则(Lefevre & Dixon,1986),所以说,样例学习简化了认知技能的获取,样例学习对于教授复杂的问题解决技能而言是一个有效的教学策略(Van Merriënboer, 1997)。由于学习者的这个习惯,学科教学中应该强调和重视样例学习,使学生拥有适量的样例,研究如何学习样例才能更好地掌握样例,从中获得样例知识。

(3)在样例学习中,有解的例题为学生提供了知识建构框架和问题解决的正确形式,因而,可以防止产生不正确的问题解决练习和不正确的联想学习(Siegler,1988),能够有效地减轻学习者的认知负荷,提高学习的效率(Cooper & Sweller,1987)。

我们可以看到,有解样例已经是科学、工程和数学学习领域的一个重点研究课题(David Miller,2010)。对于这样一种有利有弊而利又大于弊的教学和学习方式,就有必要让学科教育研究者对样例学习的机制问题作更为深入的研究,以便扬长避短,更好地用于学科教学。样例除了本身在问题解决学习中的重要作用外,我们还可以从更广泛的角度来理解样例学习的本质。

正如前面分析,样例学习实质上可以成为一种以自学为主的学习方式,学习者通过自己阅读样例,获得样例知识,进一步利用样例知识解决问题,这个过程事实上是一种自主性的学习过程,那么在提倡"教会学生学会学习"口号的当今教育背景下,对其作更为深入的研究是非常有意义的。在提倡自主性学习的现代教学改革中,研究样例学习对改革课堂教学、促进自主性学习将有着积极的意义。

样例学习作为教育教学的研究对象,我们拟从以下几个方面对其进行研究：

第一,我们将从实证方面研究样例学习的有效性问题,也就是说,它在知识学习中的作用问题。通过样例学习,学生是否可以学到或获得蕴含在样例中的知识,能否获得样例所欲展示的解决问题的技能并且用于解决其他类似问题。这类问题的研究可以概括为样例学习迁移影响的研究。尽管许多研究者对样例作用问题作了研究,证明了样例学习的有效性,但我们要从学科学习的角度对学科中的一些特殊形式的样例学习的作用问题作更为全面细致的研究。根据学科教学的特点,我们将分别考察样例的各个不同方面的作用效果,给出定性和定量的分析结果。在定性方面,我们欲从个案研究入手,考察个体学习中样例的作用和效果;在定量方面,我们欲做出统计学意义上的分析研究,通过设计各种实验检验学科教学中样例的迁移效果,如样例在代数教学和学习方面(如文字题解题方面和非文字题方面)的迁移影响,在几何学方面(如空间思维操作)的迁移影响,在数学单一原理应用方面的迁移影响,在数学非单一原理应用方面(综合样例型样例)的迁移影响,以期从实证方面获得样例学习在学科教学中的作用影响的全面认识,并尽可能地揭示出样例学习的特性。由于我们的实验条件受到一些限制,我们所做的个案研究不是在实验课题的基础上继续进行的,而是另选的课题,这可能在一定程度上影响了研究的深度,但我们所做的个案仍能揭示样例学习的一些机制。

第二,结合学科特点,进一步研究什么样的样例更有助于学习迁移(样例结构问题),如何设计样例和问题来提高学习的效率,如何消除或减少样例的负面影响,如表面概貌的负面影响等。需要研究各种不同类型的样例效果差异,从中获知学生从什么样的样例中更容易学习到样例知识或技能。如人们常说的,数学学习重在理解,由此我们可以作出假设,在加强知识和原理的分析、提高理解度的情况下,样例的迁移效果可能更好。如样例中设置子目标与否对样例学习效果有无影响,因为这样更有可能形成图式结构。其实,"如何设计有效的样例,使之更符合学生的学习规律,从而提高学生的迁移和问题解决技能"也是学习心理研究的一个热点问题(许永勤,朱新明,2001),其主要研究方向见图1-1。

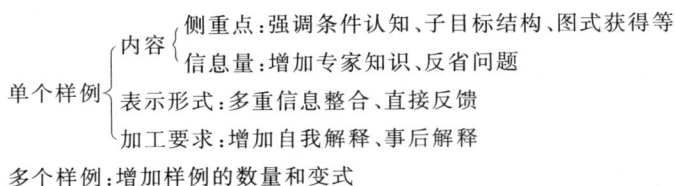

图 1-1 样例研究的主要方向

第三,样例效果的领域差异研究,是否不同领域中样例的作用都相同? 这需要做不同领域中样例的影响研究,各种不同类型的样例的作用效果的研究。如在逻辑命题学习中样例作用的研究、综合样例作用的研究、方法型样例的作用研究等。

第四,进一步研究样例学习迁移的机制问题,研究样例是怎样影响学习效果的。如样例的表面特征对样例迁移的影响。

第五,总结样例学习的研究结果,引申其教学含义,并比较样例学习和问题解决学习,为两种教学和学习模式进行定位。

作为本研究的最终结果,我们是想得到一个以自主性学习或阅读自学型为主要学习特点的学习材料的编制原则和可行的依据,或获得一些对现行学科教学模式——"知识+例题+练习"有益的教学改进启示。我们想以数学学科中的柯西不等式运用技能内容为例,编制一个单元包样本。

二、样例学习研究方法

本研究采用多种研究方法相结合的研究方式来进行研究。

首先,我们采用文献研究的方法对已有的文献进行综合研究,了解前人研究的成果,进一步明确我们的研究目标。

其次,由于本研究在相当成分上属于学习心理研究,故要采用实验研究方法,对样例学习作出定量研究和分析。

由于实验方法利用反应时间和正确率作为评价作业的主要指标,并不能充分揭露复杂认知活动的内部过程,也不能了解人们在完成这次活动时所使用的策略。因此,本研究具有一定的局限性。举个简单的例子,比如说让被试做一道算术题:$7+6+5+4+3$。通过记录被试是否正确完成这道题目和所需要的时间,可以了解他的成绩,并与别人进行比较。但是,用这种方法无法了解被试是怎样完成这道题目的,他的思维过程是什么,采用了哪些策略等。在这种情况下,应用口语报告分析法可以有效地揭示被试的思维过程和解题策略。所谓口语报告分析法(protocol analysis),就是要求被试在完成实验任务的过程中进行出声思维(即随时说出他们正在想什么或正在做什么),研究者将被试的口语报告记录下来,然后通过分析,揭示出被试在完成实验任务时的思维过程和所用的认知策略。一般认为，口语报告分析任何随时间变化的过程性活动都能得到较高密度的信息，是研究和探索人的高级心理过程的有效方法。本研究将采用一种近似口语报告分析的方法对被试的样例学习进行个案分析研究，即不完全让被试的整个问题解决过程的心理活动全部出声说出来，而是在解题中间适时地问一些问题让被试回答，或在解题后让学生回顾并回答主试提出的相关问题。之所以如此操作，是因为我们认为，出声思维可能影响学生解题思维的流畅性，在解题过程中被试有时是需要静思或深思的，如果始终让他们出声思维，就有可能抑制他们这种深思等思维活动方式的发生，而这种思维有时对解决问题是至关重要的，也就是说，始终让被试出声思维，可能会使学生解题思维"走样"，与不出声思维时的习惯思维不同，研究可能失真，所以，我们采用这种折中的方法来挖掘和探索被试解题过程中对样例信息的认知加工活动的内部心理过程。这种质的研究可以给我们提供更为精细的样例学习机制分析的蓝本。

另外，我们使用问卷调查，对教师和学生做关于样例作用或学习的认知研究，了解教师以及学生对样例学习的有关看法，所以本研究也涉及问卷调查研究法。同时，需要说明的是，我们的实验内容的选择多以结构良好的数学领域为主。

第二章 样例学习的理论基础

样例学习作为一种学习方式或教学方式,有其相关的理论基础,本章将阐述样例学习的相关理论基础。

第一节 信息冗余理论

冗余理论是信息论中的一个基本理论。众所周知,当人们借助语言来传递信息时,并非语言中的所有符号都起传递信息本身的作用。例如,我们要传递给别人信息,通常用口头语言来传递总比用书面文字来传递要多用许多字词,即用书面文字来传递信息可以省掉许多字或符号,换句话说,就是通常用口头语言传递信息时用的字词中有许多是"多余"的。在为传递信息而使用的符号中,那些不是传递信息本身所需要的符号就是多余的符号,这些多余的符号就是信息中的冗余,信息论中关于冗余研究的学说称为冗余理论。

冗余理论指出,传递的信息中冗余部分越多,则传递信息的效率(传信率)也就越低。冗余部分在传递信息中所占的比例称为冗余度,即是说,信息传递中冗余度大,传信率就低。例如,如果一位数学教师给学生讲授平方差公式,而一个学生早已知道这个公式,那么教师在这里传递的信息对这个学生来说就是多余的,具有100%的冗余度,学生在主观上没有获得新信息,主观信息等于零。从这个观点出发,德国教学论专家库贝(F. V. Cube)指出,学习过程就是信息不断减少的过程,同时也是主观冗余不断获得的过程。从这个定义出发,一段学习材料的阅读、理解、记忆等就意味着学生通过识记、分析、思考、领悟、记忆等心理操作活动,使这段材料的主观信息等于零,或者说材料的主观冗余度达到100%。学生能否提高阅读效率,一方面取决于学生对信息的存储过程;另一方面取决于对学生而言,信息减少的措施,使额外的冗余度产生的措施,如使材料中的符号间有较佳的联系,使材料更有意义,表述得更清楚。学习材料必须要有恰当的冗余度,正如库贝指出的那样:"在实践中,某一个信息源发出的信息多数是受干扰的,根本不可能使所有的符号都到达接受者那里,或者符号被混淆,或者变残缺。当我们在喧闹的街道上、在汽车里、通过电话或在音乐中谈话时,我们就可以了解这些干扰。但尽管课文有很大程度的残缺,我们却还能理解信息,这只能归功于课文所包含的冗余度。"(李其龙,1989)

使学生获得知识的教学策略主要有信息整理方面的优化。同一种知识或信息通过条理化、结构化更容易传递和接受,这个原理可以形象地通过图 2-1 的线段条数的获取来理解。

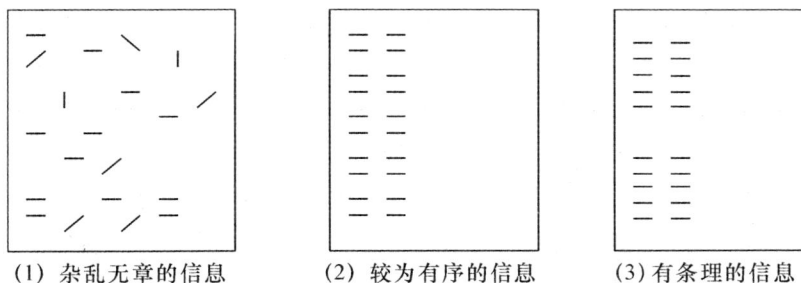

(1) 杂乱无章的信息　　(2) 较为有序的信息　　(3) 有条理的信息

图 2-1　各种不同结构的信息模型

在图 2-1 中,方框(1)中的线段杂乱无章,看图的人需要较长的时间才能获得框中有多少条线段的信息;方框(2)中的线段作了一些整理,看图的人可以较迅速地获得框中线段条数的信息(较迅速地获得有两列和每列有 10 条的信息,再利用已有乘法知识可以得到总共有 20 条信息);方框(3)进一步对每列作了更为有条理的处理,使其 5 条为一组,这样整理后,看图的人能更迅速地获得方框中有多少条线段的信息。

从冗余理论角度看,学生在认知过程中需要获得一定的冗余度,这种冗余度意味着缩短学生从解决问题的起点到解决问题的终点这一途径的长度。据此,库贝认为,范例方式可以使学生在学习过程中不断获得冗余度,使学习过程顺利进行。范例方式还可以使学生在保证学到基本信息的情况下,减少常规教学中充塞的信息所带来的负担,让学生接受有代表性的、典型性的、基本性的和基础性的信息。库贝进一步提出利用范例方式来实现发生认识过程的三个步骤:第一步,在学生已了解某些知识的前提下向学生提供有关的范例,并使有关范例仅仅向学生提示事实而不是所要学习的新知识本身,即提供事例或实例。第二步,让学生从提供的事例或实例中总结概括出它们的共同特性,使学生独立地去思考,认识实例之间的联系或实例的结构,归结为某种模式、规律、解题方法等。第三步,再让学生把了解到的认识联系到其他例子中去,并说明它们的归类。

库贝通过计算证明了范例方式是一种可以使信息产生很大冗余度的教学策略,其经济原则是:使用范例教学方式可以使学生通过部分已熟悉的信息来学习不熟悉的知识,从而减少不熟悉知识信息的信息量。

控制论意义上的教学理论认为,学生学习技能的主要途径是靠观察、模仿、操练、记忆与熟练化,其中,模仿过程尤为重要,它是把观察到的活动转化为观察主体相应的运动机能的过程。库贝认为,各种科学对人的模仿能力还缺乏研究,因此控制论意义上的教学论目前还没有可以借鉴的理论。但有一点是可以肯定的,那就是,模仿行为可以视为技能学习的十分重要的因素。而就这一点来说,库贝认为存在四种以模仿来获得技能的重要策略,它们是:反复示范、结构化、改进反馈过程和反复训练。他对此作了如下分析(李其龙,1989)。

第一,简单的技能在教学过程中往往只需作一次示范就可以使学生学会,但复杂的技能却需要多次重复示范,才能使学生熟记并学会。

第二,复杂的技能还应结构化,这样可以减少复杂性。这种结构化包括把整个技能分解成若干组成部分,在教学中一部分一部分地演示,让学生一部分一部分地观察与模仿,以后再把各部分综合起来。这种结构化还包括在教学复杂技能时先给予学习者以某种辅助条件,待学生学会了某些技能部分时,再取消辅助条件。给予学习者以某种辅助条件,这可以使他们能集中精力学习整个技能的某个部分,而不用去顾及其他方面,这样也就减少了把整个技能统一起来学习的复杂性,从而加快学习的进度与效率。俗话说,贪多嚼不烂。复杂技能的结构化策略就是为了防止这个弊病。

第三,在技能的学习过程中改进反馈的策略。通过反馈,可以使有成果的学习得到强化,也可以使错误的学习立即中止,避免有所延误。教师对学生学习发出反馈信息常常是学习的重要助力。特别是在学生观察不充分时,或在教师的示范没有为学生所理解时,反馈就显得格外重要了。但是,我们知道,在反馈方面存在着时间的选择与反馈方式的确定问题,而这是需要不断地改革的。因此,改进反馈策略是提高技能教学效果所必不可少的。

第四,反复练习的策略主要用在反应训练方面,学习某些技能需要对某种刺激及时地作出反应,这种反应速度只有通过反复训练才能得到提高。

那么,如何用冗余理论来论证这些策略呢?冗余理论认为,技能是一种解决问题的算法,学会技能也是一种冗余度的获得。事实上,上述四种策略也是增加技能信息冗余度的策略。复杂技能的多次重复示范,就是旨在减少主观信息量而增加冗余度;复杂技能的结构化与在认知策略中组建超级符号,使技能信息具有最优化序列,这仅是旨在减少主观信息量而增加冗余度;其他两种策略,其原理是相同的。

事实上,人类的学习,就个体接受前人的知识、经验而言,总是离散的、不连续的,即是一个知识点一个知识点地学习、掌握,目前还没有可将前人所有的知识信息涓滴不漏地传递给现代人的媒体。但人有一种本领,即通过大脑中枢活动,能利用一定丰富度的知识点,采用如同数学演算中的"内插"和"外推"方式,建构和产生连续的认识和行为。正是由于这种内插或外推的作用,人们才能够利用以往获得的知识信息来理解新的知识信息,才使人们能够将相关的知识有机地"串"在一起,形成连续的知识体系(内插曲线)。接受者内插与外推能力越强,同样的信息产生的主观冗余度就越高,越容易掌握新信息;反之,一个信息的主观冗余度越高,它就越便于内插或外推,越便于纳入到知识系统中来,即越便于获得。而结构化的知识网络拥有者一般比孤立知识点拥有者的内插或外推能力强,因为前者更容易"吸附"其他知识,尤其是有序的知识;将知识问题化,即通过"个别—抽取特征——一般原理"的程序来产生较大的主观冗余。所以,如果把人的学习既看成是知识获得过程,又看成主观冗余过程,那么,"高效学习的根据在于两者的最优平衡"。因此,我们必须认识到,"问题解决与结构化的知识具有不可忽视的互补关系,知识的应用必须以系统化的知识为其坚实的内核"(顾泠沅,2000)。

　　库贝还把冗余理论应用到说明培养学生创造力与批判思维能力方面,认为利用控制论意义上的教学论思想可以改进这方面的教学工作,提高教学效果。

　　综上,库贝的冗余理论对教学有重要指导作用,范例学习方式在很大程度上就体现为样例学习,关于范例教学和样例学习的关系我们后面会作进一步探讨。一个问题解决的范例就可以说是一个有解样例,所以,冗余理论可以作为样例学习的一种指导理论。

第二节　认知理论

　　认知心理学是以人类认知过程(即与情感、意志、动机等相对的理智过程,主要包括感知、表象、记忆、注意、思维、语言等活动)为主要研究对象的心理学理论。认知是指以各种形式表现出来的对信息的及时发现、知晓、再发现、了解或理解,它可以从以下三个方面来理解和研究:第一,认知的机能,人有认知的机能,人总是为了一定的目标或目的有意识地寻求信息,采取行动;第二,认知的结构,各种认知因素不是相对孤立的,而是有完整的结构,即认知结构(图式);第三,认知的过程,即在环境中获取、存储、加工、使用、创造信息的过程,这一过程是按一定的策略、有目的地、在一定的心理结构中进行。认知学习理论是用认知观点来研究学习过程的理论,在认知学习理论看来,人的认识是对外部世界的反映,感知是认识的基础,无论是通过直接知觉还是通过语言来获得知识,都是要借助于学习者的认知结构的理解过程,知识的获得必须运用过去的知识。样例学习本身是一种认知过程,需要运用头脑中已有的知识来理解、同化、归纳、概括样例内部所蕴含的图式或规则,所以,认知学习理论可作为样例学习的理论基础。

一、图式理论

皮亚杰(Jean Piaget)是发展心理学中最有影响力的一位理论家。他运用生物学、哲学、逻辑学和数学的知识,创造性地应用临床法(也称临床描述技术)对儿童的心理发展,尤其是"概念与运算的心理发生"进行了大量的研究,得出"智慧的本质就是适应"的学说,而适应就是有机体与环境之间相互作用的一种平衡状态。

有机体通过与环境的相互作用,逐渐建立起关于外部世界的认知结构。皮亚杰将这种认知结构理解为"图式"(schema),并认为它是有机体适应环境的重要工具。所谓图式,就是动作的结构或组织,这些动作在相同的或类似的环境中由于不断重复而得到概括。他认为,有机体之所以能对外界刺激作出这样或那样的反应,是由于它具有能够同化这种刺激的图式。儿童最初只有一些遗传性的图式,通过与外部环境的相互作用,逐步建立起新的图式,从而适应不断变化的环境。学习就是认知图式不断建构和完善的过程。

为了解释图式的建构和完善过程,皮亚杰提出了同化(assimilation)与顺应(accomodation)两个概念,认为它们是有机体与环境相互作用的两个基本过程。同化过程是指有机体把外部环境中的有关信息吸收进来,并结合到已有的图式中来;顺应过程是指当环境发生变化,已有的认知图式不能同化新信息时,有机体需要修改或创造图式以适应新的环境。

在有机体适应环境的过程中,平衡是不断得到发展的。具体来说,有机体每遇到一个环境刺激时,都要利用已有的图式去同化,如果成功,便能够维持平衡;如果已有的图式不能同化这一刺激,就打破了平衡,需要修改原有图式或创立新图式,达到新的平衡。这种不断发展的平衡—不平衡—平衡的过程,就是适应的过程,也是认知图式的形成与发展过程。因此,皮亚杰指出:"智慧行为是依赖于同化与顺应两种机能,从最初不稳定的平衡过渡到逐渐稳定的平衡(智慧行为可以理解为学习)。"

从同化观点看,样例学习也包含同化和顺应两个过程,通过同化识别、理解样例中蕴含的方法和原理知识,对于蕴含的新的东西可能需要顺应过程。样例学习也是逐步构建概念原理图式的过程,通过归纳、抽象样例中蕴含的知识方法,而形成明确具体的图式或完善已有的概念原理图式。

卡茨(Robbie Case)进一步发展了皮亚杰的思想,即所谓的"新皮亚杰主义",它是皮亚杰的理论与信息加工心理学的结合(朱新明,1997)。卡茨提出执行控制结构(executive control structure)的概念来解释儿童认知的发展。所谓执行控制结构,就是解决问题的心理蓝图或计划,它包括三个组成部分:(1)问题情景的表征;(2)问题客体的表征;(3)问题策略的表征。卡茨认为,儿童这种使用执行控制结构的能力受工作记忆容量的限制。人的工作记忆是分成两个部分的,一部分用来执行即时操作,另一部分用来存储已经执行过的操作,在不同的年龄阶段上,工作记忆的空间分配是不一样的。减轻工作记忆负担有助于图式的形成。

从这一观点出发,人在遇到新的问题时,必须把有限的心理能量集中于问题的新颖方面,如果原有的某些信息加工的技能熟练或达到一定程度的自动化的话,个体就能把控制这些技能所需要的心理空间释放出来,由此减轻工作记忆的负担,促进新问题的解决。所以,要想提高解题效率,应该使图式达到自动化水平。

在支持图式形成方面,同时或相继地呈现图式的样例,让学习者注意观察和对比,了解样例间的相似性,促进图式本质特征的抽取,将有利于图式的形成。因为在图式形成的过程中,学生需要从各种样例中发现它们的共同成分,如果呈现的样例中尚含有不属于图式的相同成分,那么形成的图式就会过于局限,这种局限会使学习者对以后遇到的图式的新实例作出错误的分类,所以,选择在无关特征方面广为变化的样例对图式形成也非常重要。另外,同时呈现图式的正反例证和选择匹配的反例将有助于促进图式的改进(吴庆麟,2000)。

在问题解决时,解题者通常会从记忆中搜寻先前的解题经验,判断是否曾经做过与其相似的问题,而这些相似问题的组合,即形成了问题图式(problem schema)。所谓问题图式,是指关于某种特定问题类型的特征所形成的信息组合(Hayes,1989),是从经验中抽象出的问题结构。一旦解题者能够确认问题的类型,就可以从长期记忆中提取适切的问题图式,而在工作记忆中激发出该种问题图式的解题程序。因此,问题图式的建构,有助于解题工作的顺利完成。

样例包含一个"内隐图式",这个图式能够被提取并且应用于相同类型的新问题,样例的作用就是提供这个图式。当我们遇到一个新问题时,源样例的表面结构帮助我们生成图式,而且这个图式信息有助于问题的解决(Blessing & Ross,1996)。生成模式是:C→A→S→D。当前问题的特征(C)使你进入相关的源样例(A),这个源样例能产生达到结论的图式(S),而这个图式反过来又能应用于当前的问题,并从中得出结论(D)。随着相同类型问题的不断解决,解决问题的图式不断完善。

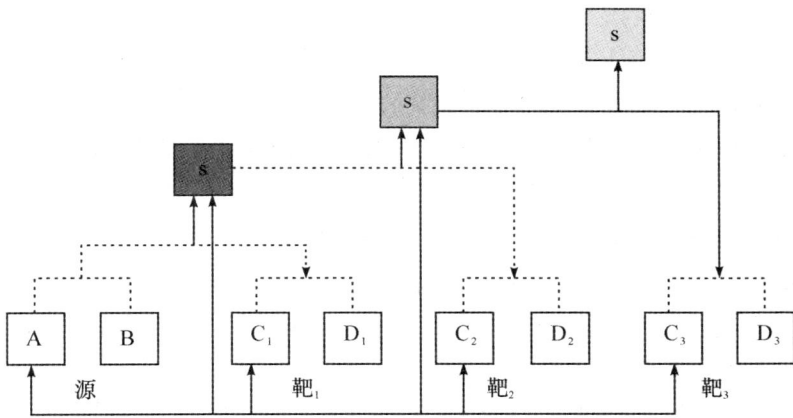

图 2-2 对样例反复的练习可使图式变得日臻完善

资料来源:[英]罗伯逊:《问题解决心理学》,张奇等译,中国轻工业出版社 2004 年版,第216页。

二、认知负荷理论

人类用于处理信息的认知资源是非常有限的。那么,如何教导学习者善用有限的认知资源,以获得最佳的学习成果,就是一件非常重要的学习研究课题。在协助学习者善用有限认知资源的研究主题上,澳大利亚新南威尔士大学的认知心理学家 John Sweller(1988)及其同事进行了一系列研究,提出了结合认知心理学研究成果与教学设计观点的认知负荷理论(Cognitive Load Theory,简称 CLT)。

认知负荷是指个体从事特定工作时,加诸于个体认知系统的一种负荷(Sweller,Van Merriënboer & Paas,1998)。该负荷量的多寡,受到工作的难易程度与个体本身所具备的专门知能两方面的影响。例如,工作性质越简单,个体的认知负荷量越少;个体具有较丰富的专门知识,个体的认知负荷量也较少。

认知负荷理论是认知科学的重要理论,认知科学是研究学习、记忆和问题解决心理过程的科学。人的记忆空间分为工作记忆(working memory)空间和长时记忆空间。工作记忆空间是指大脑在瞬时对信息量的接受和处理——或者说在某个给定的时间点,大脑所能管理的内容。长时记忆空间与时间相关,是指那些在大脑记忆中长久地储存并能随时唤起的记忆内容所占据的空间。

认知负荷理论认为:(1)工作记忆的容量是有限的,只能存储 7 ± 2 个信息;(2)长时记忆在本质上是无限的;(3)学习过程要求将工作记忆积极地用于理解(和处理)学习材料并把即将习得的信息编码存储在长时记忆中;(4)如果超过了工作记忆的资源,那么学习将会无效。

根据认知负荷的来源,认知负荷可分为三类:内在认知负荷(intrinsic cognitive load)、外在认知负荷(extraneous cognitive load)和相关认知负荷(germane cognitive load)(Sweller, Van Merriënboer & Pass,1998)。

内在认知负荷由学习材料本身的固有特性(如难度和复杂度)和学习者原有的知识水平以及这两者的交互作用决定。简单的学习内容导致较轻的认知负荷,而复杂的学习内容将会导致较重的认知负荷。例如,英语单词的背诵学习相对简单、独立,不需要跟其他内容相关联,如学习者欲学习英语单词"load",只需在工作记忆区处理其中文意义为"负荷"即可,并不需要处理与其他要素的关联性,则会产生较低的要素(一个要素指一个知识单位)互动性(low element interactivity),此时,因工作记忆区只需处理单独的要素,所以其内在认知负荷较低。当所学习的材料的要素是无法单独学习的,必须借由与其他要素的互动,才能获得有意义的学习结果时,则学习活动会产生较高的要素互动性(high element interactivity),此时,工作记忆空间必须同时处理数个要素,所以将导致较高的内在认知负荷。Sweller(1994)曾举例说明一位正在学习数学等式 $a/b=c$ 恒等变形的初学者,其得出 $a=cb$ 的要素互动历程,需要下列五种要素的互动历程:(1)将等式左边 a/b 乘以 b 得到 ab/b;(2)等

号左边 a/b 乘以 b，等号右边 c 也要乘以 b，才能维持等式的相等；(3)获得新的等式 $ab/b=cb$；(4)等号左边的分母与分子约分消去 b；(5)获得新的等式 $a=cb$。这五种要素若是单独学习时，将无法产生有意义的学习，必须同时处理才能获得最后的解答。因此，对于初学者而言，上述的学习活动会产生较高的内在认知负荷(涂金堂，2011)。而相同的教材对于不同专业知识和经验的学习者来说，将会造成不同程度的内在认知负荷。对于具有丰富知识与经验的学习者而言，相同的学习内容使其产生的内在认知负荷较低；相对的，对于知识与经验较不丰富的学习者而言，同样的学习内容，容易导致较高的内在认知负荷。

外在认知负荷又被称为无效认知负荷(ineffective cognitive load)，是一种学习者学习活动中无助于图式建构的认知资源的投入和耗费。例如有些老师设计计算机超链接的教材呈现方式，对于不熟悉计算机的学习者而言，必须消耗一些认知资源，去学习使用计算机的操作程序，由此所耗费的认知资源是花在计算机的使用学习上，并无助于学习者对教材本身的理解。外在认知负荷来源于教学材料的组织、呈现方式等教学设计。

相关认知负荷是一种学习者学习活动中有助于学习者建构适切图式的认知资源的投入和消耗，是学习者在图式建构和自动化过程中意欲投入的认知资源的数量，它与学生的认知努力有关，提高学生的相关认知负荷，可以引导学生利用剩余认知资源进行深层次的图式建构。例如，通过适当的教材呈现，引导学习者对于学习材料进行复诵、组织、比较、推论等活动，即会产生相关认知负荷，而此种认知负荷的产生，确实有助于学习成效的提升。

有关上述三种认知负荷对于学习结果的影响关系，如图 2-3 所示(Gerjets & Scheiter，2003)。

认知负荷理论认为，教学的主要功能是在长时记忆中存储信息。知识以图式的形式存储于长时记忆中。图式根据信息元素的使用方式来组织信息，它提供知识组织和存储的机制，可以减少工作记忆负荷。图式可以是任何所学的内容，不管大小，在记忆中都被当作一个实体来看待。低级图式可以被整合到高一级的图式，不再需要工作记忆空间。图式的构建，使得尽管工作记忆处理的元素数量有限，但是在处理的信息

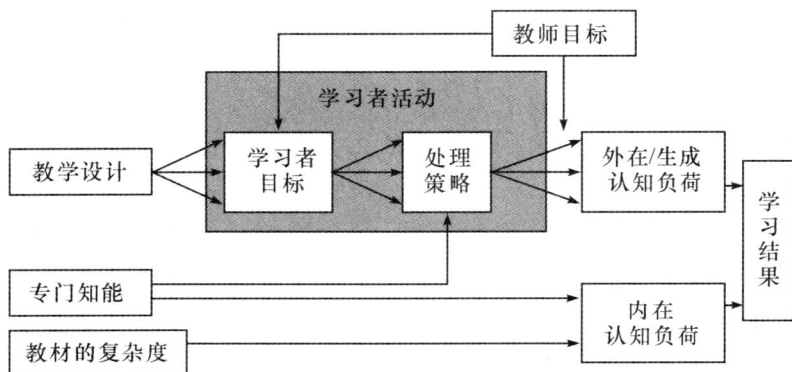

图 2-3　三种认知负荷对学习的影响

资料来源：Gerjets P & Scheiter K. Goal Configurations and Processing Strategies as Moderators between Instructional Design and Cognitive Load：Evidence from Hypertext-based Instruction. Educational Psychologist，2003，38（1）. 转引自涂金堂：《运用"范例（worked-out example）"在国小数学问题解决的教学实验研究》，《教育心理学报》2011 年第 1 期。

量上没有明显限制。因此，图式构建能降低工作记忆的负荷。图式构建后，经过大量的实践能进一步将其自动化。图式自动化可为其他活动释放空间，从而熟悉的任务可以被准确流利地操作，而不熟悉的任务的学习因为获得大限度的工作记忆空间，也可以达到高效率。为了构建图式，信息必须在工作记忆中进行处理。在信息以图式形式存储到长时记忆中之前，信息的相关部分必须在工作记忆中提取出来并进行操作。问题图式的建构与问题图式的自动化，是成功解题的先决条件（Paas，Renkl & Sweller，2004；Sweller，1994）。

一般认为，内在认知负荷是相对固定的，受教材本身难易程度的影响，无法借由教学设计所改变，而外在认知负荷与相关认知负荷能通过教学内容的重新组织和设计进行调整。外在认知负荷是因为不适当的教学活动设计所导致，学习者的学习历程常因外在认知负荷而降低其学习成效。相关认知负荷则是因适切的教学活动设计所产生，相关认知负荷的产生有利于学习者建构有组织的图式，因而能提升学习者的学习成效（涂金堂，2011）。因此，为避免教学活动中学生认知负荷总量超过其工作记忆容量，认知负荷理论提出的教学原则就是：尽可能降低学生的外在认知负荷,并在确保工作记忆资源有所盈余的前提下,适当引导学生投入更多的心理努力,促进其相关认知负荷的产生,实现图式的获得与规则的自动化。

综上,教学环境下,学生学习遭遇的三种认知负荷的来源、认知历程以及对学习结果的影响可归纳如表 2-1(Gerjets,Scheiter & Cierniak,2009)。

表 2-1　认知负荷理论的基本性假设

负荷形态	来　源	认知历程	对学习的影响
内在认知负荷	领域复杂性(元素互动性)×先备知识	必须维持工作记忆中元素的平行互动	高的内在认知负荷可能会导致认知资源的过度负荷,从而有害学习
外在认知负荷	不良的教学设计	无助于图式的建构与自动化;应克服由不良教学设计所产生的问题	有害的、无效的
相关认知负荷	支持性的教学设计	有助于图式的建构与自动化;高层次的认知历程与深层处理历程有关	有帮助的、有效的

资料来源:Gerjets P, Scheiter K & Cierniak G. The Scientific Value of Cognitive Load Theory: A Research Agenda Based on the Structuralist View on Theories. Educational Psychology Review,2009,21(1).

样例的运用是最早、也是最为人熟知的减少认知负荷的技术。Renkl 和 Atkinson(2003)特别关注样例在解决特定问题中的作用以及这种作用随着学习者知识增加会发生怎样的改变。通过样例教学,提供给解题者一个包含问题情境、解题的所有步骤以及最后解答的完整样例,可以有效降低解题者的工作记忆负荷,并且能引导解题者将有限的认知资源用于了解各个解题步骤之间的关联性,因此有助于解题者建构适切的问题图式。认知负荷理论认为,在学习的初期阶段,只有少量的图式信息适合材料的学习,内在认知负荷比较高,学习者必须学习有关的指导和说明;在学习的中期阶段,学习者获得了一些图式信息,解放了一部分工作记忆容量,这时学习者可以通过样例学习及自我解释来增加相关性认知负荷;学习的后期阶段,学习者就会有充足的工作记忆容量来解决更多的问题。

认知负荷理论是解释有解样例效果的一种有效理论。这种理论认为，人的工作记忆空间是有限的，而长期记忆的容量则是潜力无穷的，如果一个学习过程需要处理过多的东西，学习者的认知负荷就会加大，这样学习就不能顺畅地进行下去，从而使学习进程受到影响。学习应该在认知负荷较合适的状况下进行。而在处理外在信息时，若能将信息以图式的形式建构于长期记忆中，则能以少量的认知资源处理大量的信息。根据这种理论，图式建构和图式自动化是学习的首要任务，只有形成自动化的图式结构，在学习过程中才可能节约记忆空间，减轻认知负荷，有利于学习的进行。在这里，图式就是隐藏在长时记忆中的领域专业知识结构，它让人们能够类化（categorize）各种问题解决状态和确定最合适的操作活动（Reimann & Chi，1989）。其实，不熟练的图式的操作（operation）需要在有意识的控制下进行，而熟练的图式可以在无意识或较少意识状态下自动加工进行，图式的有控加工需要有意识的努力，因此，需要较多的工作记忆资源（Kotovsky，Hayes & Simon，1985），而合适的自动化的图式的获得能够使问题解决者用最小的努力就可获得问题的解决。所以，学习应该有利于图式的建构和图式的自动化，学习的目的可以说是建构图式并使之自动化。在学习过程中，如果要求学习者将有限的工作记忆资源用到与图式建构和自动化没有直接联系的活动上，那么学习就是低效的。

在我们通常所说的问题解决学习中，正常用于解决问题的策略是手段—目的分析法（means-ends analysis），这种解决问题的策略通常给解题者施加一个较重的工作记忆负荷，因为手段—目的分析法是指向于消除问题当前和目标状态之间差异方向的，运用这种策略，解题者必须同时考虑当前问题状态、目标问题状态、当前状态和目标状态之间的差异、相应的操作与当前状态和目标状态之间差异的关系、已建立起的各种子目标等，所以，认知负荷较重。对此，Sweller（1988）运用计算模型给出的数据也表明：手段—目的分析法加工过程置一些过重的要求到有限的工作记忆上，可能容易导致影响学习的认知负荷。所以，从认知负荷理论出发，我们曾积极倡导的问题解决学习，正是由于常使用手段—目的分析策略是不利于学习过程顺利开展的。也就是说，问题解决不利于图式建构和自动化，因为在解决问题过程中，解题者将过多的注意力用到了探索分析上，而不是图式建构。

根据认知负荷理论,利用有解样例代替问题解决,就会降低认知负荷,因为它消除了手段—目的探索的认知需要,代之要求学习者仅仅去学习每个问题状态和它的相关的行动(操作)。所以样例学习有助于减轻学习者的认知负荷,使之更专心于面临的新任务、新问题、新知识的学习,有利于学习的开展,有利于认知图式的形成。换句话说,认知负荷理论支持样例学习,我们可以以认知负荷理论为指导,合理设计能够更好地降低认知负荷的样例学习材料。

三、班杜拉的社会认知学习理论

班杜拉的社会认知学习理论(朱新明,1997)认为,人的行为受到内部因素与外部环境相互作用的影响,构成一种三角互动的关系(见图2-4)。

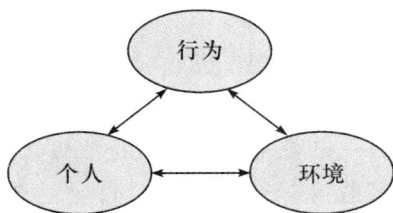

图 2-4 环境、行为与个人的三角互动关系

在这种互动关系中,行为同时受到环境因素与个人因素的影响:一方面,个人感受到环境的许多方面,并对环境刺激作出反应;另一方面,个人又不是环境的被动反应者,他的不同动机以及对环境的认识也影响到他的行为。此外,人的行为又创造、改变了环境,同时也使他的认知与动机发生改变。所以,必须在这三者之间的不断交互作用中理解个人的行为。

班杜拉指出,人具有通过语言与非语言的形象获得信息并利用这些信息进行自我调节的能力。正是这种能力使人能够不必通过亲身体验,而只是观察他人的行为就能获得复杂的行为。他认为,人们通过观察示范者或榜样的行为,能够减少许多错误尝试,能尽快地以恰当方式对环境作出反应,他将这种学习称为"代偿学习"或"观察学习"。观察学习有时严格地模仿示范者的行为,有时则可能创造出新的行为。如果把示范者的行为看成一种行为规范的"样例",那么这种观察学习就与我们所研究的样例学习有点相通。在课堂上,学生在一定程度上是通过观察教师的板演学习的,教师在黑板上演示的例题解法和图像(形)的做法其实就是一个观察学习的样例。

班杜拉认为,观察学习分为四个过程,即注意、保持、动作再现以及动机或激励过程。在此基础上,班杜拉发展了强化理论。他认为,人不仅受到自己行为的直接后果的影响(直接强化),还受到观察他人行为的后果(替代强化)以及由个人对自己的评价、认知所产生的强化(自我强化)的影响。直接强化与替代强化都属于外部强化,对人有激励作用。替代强化之所以会发生,是因为人具有使用符号的能力,能够用各种符号表征外部的行为特征,从而起到一种符号增强的效果。在观察学习中的保持阶段,个体能以符号编码(意象或言语)的方式表征被观察者的行为及其后果,并将它们保持在长时记忆系统中。比如在数学学习中,因老师指出了一些同学的解题错误,而强化了自己不去犯这种错误的倾向,这就是老师为什么要经常在班级中订正错误的原因——可以唤醒犯错误的和不犯错误的同学的注意,使其今后不再去犯此类错误。

自我强化则是内部强化,这是个人对自己达到目标时的酬赏(积极的自我强化),或者不能达到目标时而产生的自我谴责(消极的自我强化)。内部强化过程又称自我调节,是个人通过对自己行为的预期、计划与行为的现实成果之间的对比来对个人行为进行调节的过程。这是班杜拉的社会学习理论最具特色的部分,在这里强化不再是行为主义的那种刺激与反应之间的联结物,而是与人的主观期望密切相关的、通过人的复杂认知活动起作用的事物。

根据班杜拉的理论,自我调节支配着人们的大多数行为,包括自我酬赏的积极作用和自我惩罚的消极作用。这种通过正负强化而影响人的行为的强化机制包括三个过程,即自我观察、自我判断和自我反应。所谓自我观察,是指在各种不同的活动中存在着不同的衡量标准,他们往往依据这些标准对自己的行为进行评价。自我判断是指人们对自己的行为与标准之间的差距进行评价,如果超过标准,就会引起积极的自我评价,反之则引起消极的自我评价。自我反应是指个人评价自我行为后所产生的自我满足、自豪或者自我批评等内心体验。自我调节的标准可以通过两条途径获得:一是分化或选择性强化,即人在成长过程中,由于父母、教师及其他有影响的人对于符合他们的信念的行为予以奖励，对不符合的行为予以惩罚或漠视，使个体将这些行为标准内化为自己的标准；二是模仿，即对示范者的行为标准的学习。

笔者认为，许多学科学习中的解题行为可以作为一种特殊的"社会行为"来学习，其学习规律类似于社会学习，解题过程中的自我调节同样包括自我观察、自我判断、自我反应三个过程，调节的标准就是平时习得的正确或合理的解题程序或思考方法等。同时，样例本身可以看成是一种"行为规范"的学习，学习者可以通过观察解题者的解题行为或文本性质的解题样例来学习这种解题规范。所以，班杜拉观察学习理论支持样例学习。

四、斯滕伯格的成分理论

斯滕伯格（Robert J. Steinberg）是美国当代著名心理学家。他非常强调认知过程在问题解决中的重要性。他提出了三元智力理论，即情境智力、经验智力和成分智力，它们代表了智力操作的不同方面（斯滕伯格，1999）。

情境智力（contextual intelligence）"是指向有目的地适应、选择、塑造与人生活有关的现实世界环境的心理活动"，也即个人在日常生活中应用学得的知识经验解决生活实际问题的能力。

经验智力（experiential intelligence）是指个人运用已有经验解决新问题时整合不同观念所形成的创造能力。例如，一个有经验智力的人比无此智力的人能够较好地分析情况，用脑筋去解决问题，即使是从未遇到过的问题。经过多次解决某个问题之后，有经验智力的人就能不假思索、自动地启动程序来解决该问题，从而把节省下来的心理资源用在别的工作上。

成分智力（componential intelligence）是指个人在问题情境中运用知识分析资料，通过思维、判断推理以达到问题解决的能力。在这里，斯滕伯格将对客体的内部表征进行操作的一个基本信息加工过程称为成分（component），并认为，人的各种认知活动都是由三种不同类型的功能成分——元成分（metacomponents）、操作成分（performance components）、知识习得成分（knowledge acquisition components）构成的（朱新明等，

1998)。（1）元成分是指在对认知活动进行计划或决策时使用的加工过程，用来计划、监控和评价在问题解决时正在进行的努力，包括九种过程：①认识到需要完成什么样的任务；②对完成任务所需的操作成分进行选择；③对操作成分之间的各种联合的策略进行选择；④对信息的一个或多个的心理表征与组织形式进行选择；⑤对每个成分所需的资源进行定位；⑥对解决问题的过程进行监控；⑦理解反馈的意义；⑧判断如何在反馈的基础上进行行动；⑨建立在反馈基础上的行动。（2）操作成分是指在执行作业时所使用的加工过程，包括七种过程：①信息的编码；②判断不同作业之间的相似性与差别；③判断较低水平联系的相似性与差别；④把以前获得的关系参照运用到新的问题上；⑤对多重选择答案进行匹配与对比；⑥判断；⑦反应。（3）知识习得成分是在习得新信息时所运用的加工过程，包括三个过程：①在刺激环境中选择有关的信息；②把选择好的信息以某种有意义的方式整合起来；③用已有的关系来说明新联合的信息的意义。

知识习得成分其实就是选择性编码、选择性联合、选择性比较三个过程。选择性编码意味着区分与问题解决相关的信息和无关的信息，选择性编码为有洞察力的解答提供了基础。选择性联合以有利于问题解决的方式将一些信息结合起来，认识到如果将它们联系起来考虑，对于解决手边的问题是有用的。选择性比较涉及将所有在另一个背景中获得的信息运用到手边的问题上来。这里，已获得的知识数量和组织都显得特别重要。基于选择性比较的洞察力是通过注意、找出相似性、运用类推来解决问题的。通过在两种问题之间进行类推，专家达到了创造性解决问题的水平。

解题者通过已知案例的类推来解决问题的能力主要依赖于他所存储的案例的数目和便于检索的案例的组织方式。富有洞察力的解题者能够鉴别出有助于问题解决的信息，并能够有效地将这些信息联系起来，能够通过注意，找出相似性及运用类推来重新建构手边问题的表征。通过这些过程，解题者能够对问题作出新颖而恰当的解答。

另外，认知的发展也表现在加工过程中各种成分的自动化程度在不断提高；这种变化使个体能够更加熟练地解决问题（需要说明的是，通过自动化而"节约"的认知资源并不是简单地使问题的解决更容易，而是将这些资源释放给更高水平的、超出非专家的能力范围的认知活动,即"再投资")。

问题解决的样例学习可以基于类推理论,学生通过类推、比较解决问题。根据这种理论,我们应该为学生多储存一些样例或案例,这样可以发展学生的类比解题能力。

第三节　问题解决理论

样例学习的主要目的就是通过样例学习问题解决,问题解决相关理论可直接支撑样例学习。问题解决一般具有三个基本特征:一是目的指向性;二是子目标的分解;三是算子的选择(Anderson,1990)。研究表明,问题解决过程中首要的一步就是形成对问题的表征或图式。一个问题能否获得正确解决,关键在于问题解决者能否形成对该问题的正确表征。专家在解释或解决问题时会注意问题的深层结构,而新手常常受表面特征的影响。问题的呈现方式常常影响解题者的问题表征。问题解决可以分为知识贫乏领域中的问题解决和丰富领域中的问题解决。

一、知识贫乏领域的问题解决理论

所谓知识贫乏领域的问题,是指所需完成的任务不需要特殊的训练或背景知识,被试完成任务所需知道的内容全部包含在简短的实验指导语中。知识贫乏领域问题一般都是定义良好的,问题的初始状态、目标状态、约束条件和操作手段等方面的情况都有清楚的说明。

在知识贫乏领域的问题解决研究中,一般认为,为了理解一个问题,被试需要从问题陈述中获取以下三个方面的信息:(1)问题的初始状态是什么;(2)问题的目标状态是什么;(3)转变问题状态的合法算子(operators)有哪些。这样,关于知识贫乏领域的理解过程,一个主要的假设就是解题者会产生问题的内部表征(representation)。所谓算子,就是实现问题解决各种状态间转换的方法。对理解过程的口语报告分析表明,被试首先建立对问题初始状态中各组成要素的理解,然后是明确要素间的关系,最后是确定合法的算子。在理解过程建立的问题空间

(problem space)的基础上,通过搜索问题空间(searching problem space)来产生问题的解。搜索过程可以简单地描述为由问题的初始状态开始,运用一系列的算子改变问题状态,直至问题被解决。搜索过程的关键是在问题空间中选择合适的算子作用于当前的问题状态。有两类主要的方法用于搜索过程:一类叫作算法式(algorithm)方法,另一类叫作启发式(heuristics)方法。

算法式方法就是把解决问题的所有算子都列出来,逐一加以尝试。举个不恰当的例子,为了证明几何图形中的两个角相等,可能需要证明两个三角形全等,那么怎样证明全等?可以逐一使用每一个证明全等的方法如 SAS、SSS、ASA、AAS 等,去验证题目的条件满足哪个判别定理的条件,这就是一种算法式方法。一般而言,算法式方法能够成功地解决问题,但通常会费时费力,效率比较低。

与此相反,启发式方法则是利用一些经验性规则或其他有用的信息来帮助解决问题,但这些经验性规则和信息并不保证一定能解决问题。例如,上述证明三角形全等问题中,可以根据题目已知条件情况,如已知一个角相等时,就只需考虑含角的证明全等的方法,进一步看,还能根据已知条件得到或推出什么条件。又如,解决数学问题时常常采用化归这种启发式方法,逐步将问题转化,这是经验性的,虽然这种方法并不能保证成功,但它往往能增加成功的机会。

虽然算法式方法能保证得到正确的解,但人们经常使用启发式方法解决问题(Newell & Simon,1972;Newell,1980;Laird, Newell & Posenbloom,1987)。一种常用的启发式方法是手段—目的分析法(means-end analysis)。这种方法的基本思想就是找到问题的初始状态和目标状态之间的差异,并将差异的消除作为问题解决的总目标;然后将这个目标分解成一个个小目标,通过一定的算子减少和消除差异,从而达到总目标。一般来说,手段—目的分析法包括设立子目标(subgoaling)和消除差异(difference elimination)两个基本过程,即首先从当前问题状态与目标状态的比较中发现差异,并把减少每种差异作为一个独立的子目标;然后搜索消除差异的算子。当某个可用算子的条件与当前问题状态之间存在差异时,这个算子可能被直接执行,这时,必须将消除当前问题状态与算子的条件之间的差异作为新的子目标,并搜索消除这种差异的新的算子;这样,这两个基本过程就反复进行,直到得到一个可以直接执行的算子,然后逐步返回到初始的问题状态,并实现目标状态。

总之,在知识贫乏领域,人们主要通过各种启发式方法解决问题,包括理解和搜索两个子过程。在这里,问题陈述形式和搜索策略(算法式的或启发式的)是影响问题解决效率的关键因素。

二、知识丰富领域的问题解决行为

20世纪80年代以来,问题解决的研究逐渐从知识贫乏领域转向知识丰富领域。根据问题解决者对所面临问题的熟悉程度不同,知识丰富领域中的问题一般可以分为两类:一类是常规问题;另一类是非常规问题。常规问题和非常规问题是相对的,面对同一个问题,对被试甲来说是非常规问题,但对被试乙来说可能就是常规问题;在被试甲多次接触并解决这类问题后,他就会逐步学会解决这类问题,这时,这个问题对他来讲又成为常规问题。人类在知识丰富领域中的问题解决行为根据问题性质(常规的或非常规的)的不同而表现出不同的特点。

常规问题解决的特点是整个问题与被试头脑中已有的某个图式相匹配,从而执行图式所规定的解法,表现出一种基于模式识别的问题解决策略,理解过程就是再认问题的类型,搜索过程就是激活并执行相应的算子。解决过程通常包括三个阶段:一是问题解决者从拥有的大量问题图式(主要由对问题的描述和对解法的描述两部分构成)中选择图式;二是使图式具体化;三是激活并执行解题策略。选择图式处于问题解决的开始阶段,通常是一个特殊的图式突然闪过头脑;一旦触发了某个图式,就会建立起寻找某种更特殊的下属图式的期望,从而指导对问题其余部分的解释和系列加工(Hinsly,Hays & Simon,1977;Chi,Feltovich & Glaser,1981)。这种从某个图式出发对问题进行解释的策略,在问题解决的理解过程中可能是共有的。所谓图式具体化,就是指使图式适合于当前的问题,如果将图式的问题描述部分理解为由一系列"槽"(slot)组成的数据结构,图式的具体化过程就是根据当前的问题陈述并填充这些"槽",从而获得一个特殊化的图式。一旦被试选定了图式并使它具体化,与图式相应的解题策略就被激活并执行。然而,执行解法并不是简单的和机械的。一方面,某一步骤的执行可能会产生新的问题,必须调用新的图式加以解决,从而使问题解决过程复杂化;另一方面,被试可能不遵循标准的解题程序,他们宁愿变换次序或对操作作一些修改,从而产生不同的效果。

非常规问题的解决情况比较复杂。第一种情况是,对于一个问题,可能有不止一个图式能应用于给定的条件。这时,被试不知道要选择哪一个图式更为合适,但他必须作出暂时性的选择,并准备随时改变决定。第二种情况是,当一个问题需要有两个或者更多的图式来匹配时,也会出现困难,即如何把这些图式联合起来匹配整个问题。第三种情况是对一个问题找不到合适的图式可以运用,这时,被试往往通过类比来解决这个问题,也就是说,他会用另外一个他熟悉的、与这个问题类似的问题来标定当前的问题,从而建立这个问题的解法。第四种情况是被试对某个问题完全陌生,在他的记忆中也没有类似的问题来指导对这个问题的解决。这时,他只能采用一些弱方法(如手段—目的分析、爬山法)来解决这个问题。

总之,在知识丰富领域,人是根据问题的不同性质采用不同的方法来解决问题的:对于熟悉的、常规的问题,主要采用通过再认熟悉的问题模式来激活相应的知识解决问题的强方法;对于不熟悉的但与过去解决过的问题相似的非常规问题,一般采用类比的方法解决问题,就是从已有的知识经验中提取一个问题、概念或情境,然后将其运用到一个新的问题、概念或情境中去,也可以理解为关系结构从一个领域到另一个领域的复制(Gentner,1983)。"类比思维的核心是通过一个映射的过程,将知识从一种情境转化到另一种情境,即在一种信息的主要方面和另一信息的主要方面找到——对应。"(Gick & Holyoak,1983)对于完全陌生的问题,则采用弱方法加以解决。在这里,问题的性质和问题解决者在这一问题领域所具有的知识和问题解决技能是关键因素。在教学实践中,教师喜欢采用大量练习,目的就在于让学生获得大量图式,以使学生在考试时减少遇到非常规问题的概率,而使考试试题都成为常规问题,从而降低解题难度。

在学校数学学习中,学生利用类比的方法来解决问题是一个普遍的现象。例如,学生在做各章节后的习题时,总要查阅整个章节以寻找类似的例题,进而模仿这些例题来解决相应的问题。一些实验结果表明,学生在用类比的方法解决问题时,往往是根据问题和例题的表面相似性而不是问题的深层结构,因而这种类比不一定是正确而有效的(Ross,1984,1987,1989;Keed,1987;Gentner & Topin,1986)。然而,也有一些实验研究发现,被试极少有自觉的类比现象,只有当他们被告知问题之间的相互关系时,他们才会以类比的方法进行问题解决(Gick & Holyoak,1980,1983;Genter,1987)。有时,即使告诉被试以类比的方法解决问题,被试也很难进行适当的匹配(Reed,Dempster & Ettinger,1985;Holyoak,1987)。

类比是建立在相似性基础上的。相似性有概念相似性、关系相似性、结构相似性、表面相似性、语义相似性等类型。在类比问题中,语义相似性的事物之间更容易匹配。问题的表面特征和潜在结构之间通常是相关的,凭借表面特征就可以启发人们找到相关的源问题。就相似属性而言,相似具有连续性,即在一个极端上,两个问题可能相似到完全相同,在另一个极端上,两个问题可能仅仅被看作相似,因为它们根本不属于同一类型的问题。影响问题相似性的因素有两个方面:一是表面特征;二是结构特征,两者对问题变式(variants)的交互影响如图 2-5 所示。

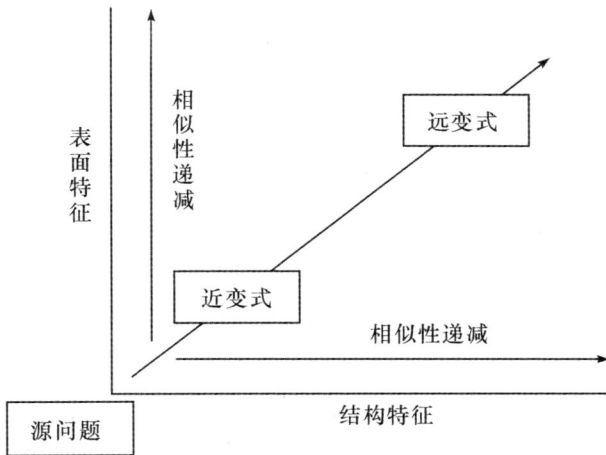

图 2-5 表面特征与结构特征的变化对问题相似性的影响

样例学习中,人们常常要通过新问题与先前学习例子的类比而找到问题解决的方法,这是一个类比迁移过程。Gentner(1987)的类比结构映射理论指出,类比迁移是个结构映射过程,主要是两种问题情境所蕴含的结构和等级之间的映射,只映射共同的内在关系而不包括具体事物的属性,是在不同对象之间通过逐个的匹配，寻找它们结构上的相似点，通过图式归纳把源问题中元素间的关系提取出来，用于靶问题。在源问题和靶问题间建立结构映射，问题结构起着关键作用，而源问题和靶问题的内容并不是最重要的。即是说，类比解决问题，先要形成基于源问题的关系结构图式，再将图式应用到靶问题的解决中。类比迁移过程主要有两个环节：一是类比源的选取，即搜索记忆中可供参考的解决方法或可利用的例子，以确定新问题应该用哪个原理去解决，即问题的类化或通达；二是关系匹配或一一映射，即把目标问题和源问题的各个部分进行匹配，根据匹配产生解决问题的方法。样例学习的例子为解决新问题提供了一个类比源。新手由于缺乏正确的问题图式，把握不住问题的本质，因而在相关样例或源问题提取中更容易受问题的表面特征的左右（Ross & Kennedy，1990）。

那么，学校学习的相关科目的问题解决绝大多数属于知识丰富领域的问题解决，类比解决问题是一种常用策略，这使得我们需要认真研究学生使用强方法解决问题的机制和类比解决问题的机制问题。笔者认为，样例学习有利于这种策略的形成，可以培养学生类比解决问题的能力。

第四节　迁移理论

学习的目的就是迁移，通过迁移解决新的问题。样例学习也不例外，希望通过样例学习能够习得具有最大迁移量的样例知识。

关于学习迁移理论，自 20 世纪初，众多心理学家就开始对其进行研究。杰出的代表学者有桑代克（E. L. Thorndike）、贾德（Judd）、科勒（W. Kohler）、布鲁纳（Bruner）和奥苏伯尔（Ausubel）。他们相继在质疑原有学习迁移学说的基础上提出了各自的学习迁移理论（见表 2-2）。

表 2-2　不同的学习迁移理论学说

学说	内　容	假　设
形式训练说	训练官能较传授知识更重要，知识的价值在于作为训练官能的材料。训练可以迁移到类似的学习活动中，不相似的学习活动之间却无迁移现象	人类大脑是由许多不同的官能区域组成。人的心智是由许多不同的官能组成的，不同的官能活动相互配合就构成各种各样的心理活动。各种官能可以像训练肌肉一样通过练习增强

学说	内　　容	假　　设
共同要素说	若两种情境含有共同因素,不管学习者是否觉察到这种因素的共同性,总有迁移现象发生。相同要素越多,迁移越大。两个问题如果没有相似的表面特征,即使有共同的深层结构,也不会发生迁移	迁移是非常具体的并且是有条件的,需要有共同的要素。一种学习之所以有助于另一种学习,是因为两种学习具有相同的因素
经验类化理论(概括化理论)	两个学习活动之间存在的共同成分只是产生迁移的必要前提,而产生迁移的关键是学习者在两种活动中概括出它们之间的共同原理,即在于主体所获得的经验的类化	只要一个人对他的经验进行了概括,就可以完成从一个情境到另一个情境的迁移
关系转换理论	迁移产生的实质是个体对事物间的关系的理解。即迁移的产生依赖于两个条件:一是两种学习之间存在一定的关系;二是学习者对这一关系的理解和顿悟。其中后者比前者重要	对情境中一切关系的理解和顿悟是获得一般迁移的最根本要素和真正手段
认知结构迁移理论	先前的学习并不直接对后继学习发生影响,而是通过原有认知结构间接地影响新的学习或迁移。学习迁移的效果主要不是指运用一般原理于特殊事例的能力,而是指提高了相关类属学习、概括学习和并列结合学习的能力	认知结构始终是一个关键因素,现有的学习受原有认知结构的影响,原有的认知结构由于接收新信息而得到改造,这种改造后的认知结构又会影响后继的学习
产生式迁移理论	重点是认知技能的迁移。能够迁移的关键不是它们有多少共同的表面成分,而是是否有共同的产生式系统	知识分为陈述性知识和程序性知识,知道的事实叫陈述性知识,如何去做的知识叫程序性知识。程序性知识能够被执行,陈述性知识只有表征为产生式才能被执行

　　总括起来可以发现,影响学习迁移的条件有:(1)两种学习材料的共同因素。相同的因素是指相同的联结,其含义很广,包括目的、方法、普遍原则和经验上的基本事实四个方面。(2)对学习材料的概括水平。概括是迁移的基础。如果不能通过概括把握一般原理,掌握事物的本质和规律,也难以产生迁移。(3)学习材料的组织结构。良好的学习材料有助于学习结果的迁移。良好的学习材料结构包括"学习材料呈现的顺序要注意从一般到个别的不断分化,学习材料的知识结构要从已知到未知逐步系统化"。(4)学生的认知结构。良好的认知结构有助于迁移的发

生。学生原有认知结构的特征,如清晰性、稳定性、概括性和包容性始终是影响新的学习的关键因素。(5)学习的指导。如果对学生的活动给予必要的指导,则不仅可以减少错误,而且可以增加学习的迁移。(6)定势作用。一定的心理活动所形成的准备状态(定势)影响或决定着同类后继的心理活动的趋势。

研究表明,当人们遇到一个新问题(靶问题)时,往往想起一个过去已经解决的相似的问题(源问题),并运用源问题的解决方法和程序去解决靶问题,这一问题解决策略被称之为类比迁移。类比迁移一般经历四个阶段:(1)源问题和靶问题的编码(encoding)或称为表征(representation);(2)在表征靶问题的基础上对源问题的提取(retrieval),有时也将它分为多个靶问题的激活(activation)和一个靶问题的选择(selection);(3)将源问题应用(application)到靶问题,包括在源问题和靶问题之间建立映射(mapping)关系以及改造源问题的解决原则以适应(adaptation)靶问题的过程;(4)在运用源问题解决靶问题时的图式归纳(schema induction)。显然,先前学习过的例子在类比迁移中起着重要作用。

下面对认知结构迁移理论和产生式迁移理论作进一步说明。

一、认知结构迁移理论

认知结构迁移理论是在认知结构理论的基础上,由奥苏伯尔的有意义言语学习理论(即同化论)发展而来的一种学习迁移理论。该理论认为,一切有意义的学习都是在原有认知结构的基础上产生的,不受原有认知结构影响的有意义的学习是不存在的。一切有意义的学习必然包括迁移,迁移是以认知结构为中介进行的,先前学习所获得的经验,通过影响原有认知结构的有关特征而影响新学习。

所谓认知结构,就是学生头脑中的知识结构,广义地说,它是学生头脑中全部观念的内容和组织;狭义地说,它是学生在某一学科领域内观念的内容和组织。认知结构变量(也称认知结构特征)是当学生学习新知识时,其原有认知结构中的有关观念在内容和组织方面的特征,主要包括三个变量或特征,即可利用性、可辨别性和稳固性。

认知结构的可利用性涉及学习者原有知识的实质性内容,是指面对新任务时,学习者的原有认知结构中是否具有用来同化新知识的适当观念。根据同化论,新知识与同化它的旧知识之间有不同的关系,良好认知结构的第一个重要特征就是知识的概括水平和包容范围。知识的概括水平越高、包容范围越广,越有助于同化新知识,即有助于迁移。

认知结构的可辨别性涉及学习者原有知识的组织,是指面对新任务时,学习者能否清晰分辨新旧知识间的异同。如果原有的知识是按一定层次结构严密地组织起来的,那么学习者在遇到新任务时,不仅能迅速找到同化新知识的固定点,而且容易分辨新旧知识间的相同与不同点,从而能更好地掌握和长久地保持新知识。

认知结构的稳固性涉及学习者掌握原有知识的牢固程度,是指在面对新任务时,用来同化新知识的原有知识是否已被牢固掌握。原有的认知结构越巩固,越有助于促进新的学习。倘若原有知识本身没有被牢固掌握,则不但不会促进迁移,反而会起干扰作用(负迁移)。

认知结构迁移理论认为,原有的认知结构的这三个变量或特征影响新知识的学习。所以,为了促进迁移,应该调整学习材料,使这三个认知变量处于最佳状态。其中一个措施就是运用先行组织者。所谓先行组织者,就是在学习新材料之前呈现给学生的一种引导性学习材料,它以通俗的语言概括说明将要学习的新材料与认知结构中原有知识的联系,为新知识的学习提供认知框架。

二、产生式迁移理论

产生式(production)最早由 Post(1943)提出。一个产生式就是一个"情境—动作"对,其解释的规则是:如果条件部分得到满足,就执行相应的动作(或得到相应的结论)。后来,产生式逐步发展成为一种以操作为中心的知识表征法,用来描述许多不同类型的知识。在问题解决系统中,产生式被描述为"状态—动作"对,表示问题的状态与相应的操作之间的联系。在推理系统中,产生式被描述为"前提—结论"对,表示推理规则前提与结论之间的联系。综合两者,人们一般把产生式描述为"条件—动作"对(condition-action pair)。所以,产生式也就是有关条件和行动的规则,简称 C-A 规则,其中 C 代表行为产生的条件,是学习者工作记忆中有关的认知内容,而非外部刺激;A 代表行动或动作,它既可以是外部的反应,也可以是头脑中的心理运算。Newell 和 Simon(1965)将产生式概念用于建立人类的认知模型,把产生式作为描述人类解决问题中的信息加工过程的形式化语言,其基本假设是:人类解决问题的知识可以表示为一系列产生式规则,人或计算机只要能获得这些产生式规则,他(它)就能解决相应的问题(Newell,1969;Newell & Simon,1972;Newell,1973)。一系列事实性知识和产生式规则就构成了一个产生式系统。Waterrman(1970,1975)又提出"自适应产生式系统"(adaptive productionsystem)概念,所谓自适应产生式系统,就是能够在问题解决的过程中建构新的产生式规则,并把这些规则加到它的"记忆"中去,从而扩大能解决问题的范围或更有效地解决问题的一种产生式系统。相应的,如果一个产生式系统只能解决某些特定的问题,没有学习的功能,则称为固定产生式系统。人可以表征为一个自适应的产生式系统(Anzai & Simon,1979),可以利用各种自适应学习方式(如做中学和例中学)获取特定领域的知识和技能(Neves,1978;Anzai & Simon,1979;Anderson,1983,1985,1987;Zhu & Simon,1987)。Neves(1978)曾将自适应产生式系统的观点应用到学科知识的自适应学习的研究上,建构了一个通过样例学习和做中学习掌握一元一次方程解法的计算机程序,这一程序可以通过分析有解答步骤的例题发现导致成功解题的规则,并修改程序来执行这些规则解决类似的各种问题。

知识被分为有关事实的陈述性(declarative)知识和有关如何完成各种认知任务的程序性(procedural)知识两类,陈述性知识可以表征为组块(chunk)的、由较小的原始知识(primitive knowledge)单元所构成的网络(network),而程序性知识通常表征为"产生式"(production)。Anderson 以产生式为核心概念建立了思维的自适应控制理论(Adaptive Control of Thought Theory,简称 ACT)。该理论将人的长时记忆区分为陈述性记忆和程序性记忆,并给出如下认知结构模型(见图 2-6),在这个认知结构模型里,陈述性知识存储在陈述性记忆中,它们可以通过检索被提取到工作记忆中,然后与程序性记忆中的产生式规则的条件部分进行匹配,若匹配成功,则由工作记忆执行产生式的动作部分,实行对外部世界的作业。

Anderson 等人认为,陈述性知识(它以样例等其他形式呈现出来)可以通过弱方法(指基于一般知识基础之上的可以广泛运用的问题解决方法)获取,当这些弱方法以某种解释形式作用于陈述性知识时,这样产生的问题解决行为是缓慢的,且容易犯错。既然所有的行为(认知的与物理的)都在程序式记忆的控制之下,那么技能行为就需要将这些速度缓慢的解释程序转变为特定领域的程序。而这个转变过程是依靠知识编辑来完成的,它由程序化和合成两个阶段组成。通过知识编辑不仅产生特定领域的技能,而且也使问题的解决速度大为加快。知识编辑是决定陈述性知识转变为程序化认知技能形式的关键机制,它决定了特定领域认知技能的获得和迁移。Anderson 等人的知识编辑迁移理论观是针对程序性知识所提出的一种颇有价值的理论观点,它集中探讨了以产生式为基本单元的相同要素技能的迁移情况。ACT 理论将认知技能发展的机制解释为通过知识编辑将陈述性知识转化为程序性知识(即产生式),并进一步通过合成和调整来修改和完善这些产生式。Anderson 等人认为这个转变过程的本质是一种联想记忆的恢复,它是一种以句法加工来完成的归纳式学习历程。因而他们在教学中提倡在情景相似性的基础上对与已有技能相关的特征线索进行大量的训练或练习(即是说,练习能提高迁移)。

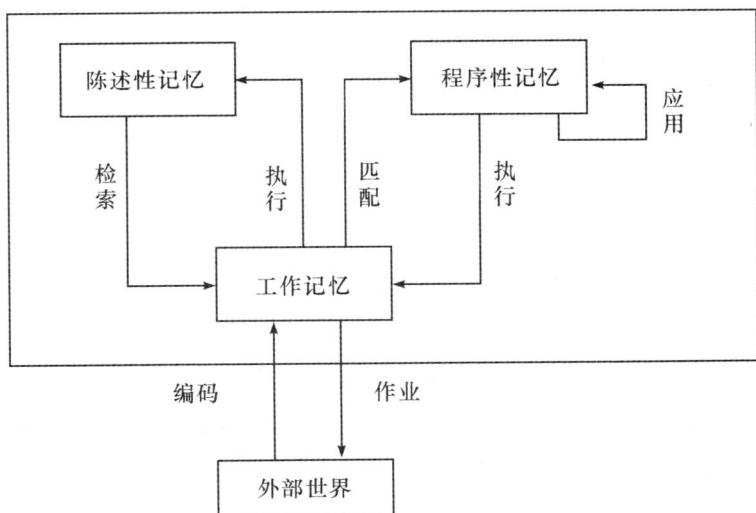

图 2-6　ACT 的认知结构模型(Anderson,1983,1987)

资料来源:朱新明、李亦菲、朱丹:《人类的自适应学习》,中央广播电视大学出版社 1998 年版,第 60 页。

认知过程被认为是执行产生式规则的结果。在技能获得的第一阶段,学习者对用陈述性知识的形式表征出的规则进行解释,按照规则中所给出的步骤作出尝试,试图执行一些操作以达到目标。这时问题解决过程意味着陈述性知识与弱的、一般领域的问题解决策略结合着使用。换句话说,问题解决的新手没有特殊领域的程序性知识。当程序性知识以陈述性编码进入命题网络以后,就进入学习的第二阶段,即联结阶段。在这一阶段,学习者开始慢慢地将陈述性知识指导下的一系列操作转化为渐渐失去陈述性意识特征的一系列操作,形成以产生式表征的程序性知识。当所有的产生式都被成功地执行,各个产生式之间的联系逐渐被加强,达到程序化,即形成消失了陈述性意识特征的更快、更准确的过程。这样,一个技能熟练的个体在执行一个任务时,就无需提取陈述性信息,而且也不需要结合任何一般领域的产生式规则。最后,程序性知识进入第三阶段,这一阶段是联结阶段的继续,它和联结阶段没有明显的过渡点。在这一阶段中,程序性知识通过泛化和强化过程得到很好的协调和精练。对于某些基本的技能,协调将导致意识控制特征的进一步消失,直到达到自动化的水平(张春莉,2001)。

思维的自适应控制理论经过不断的发展和不断的升级,形成了许多具体化模型。最新的一个模型就是所谓的 ACT-R 模型(Anderson,1993),一般结构如图 2-7 所示。ACT-R 理论认为,复杂的认知活动可以分解为相对简单的一些知识单元,而这些知识单元又可以根据相对简单的原理去获得。人类的认知活动之所以复杂,是因为它们是由一些基本元素和原理复合而成的。根据 ACT-R 理论的观点,要学习一种复杂的能力(competence),就必须掌握它的每个组成成分,而知识的每个成分的获得都必须经过单独的学习。

陈述性知识有两种学习途径:第一种是从环境中编码信息;第二种是利用过去的目标储存结果。因此,对于陈述性知识的学习,ACT-R 认为既可以通过被动的、接受性的模式(从环境中编码),也可以采用主动的建构形式(储存以往心理运算的结果),这两种模式各有其优势与缺点。被动接受的优势是高效和准确,例如读"3＋4"的和自然比做计算容易,而且不会有算错的危险。而通过练习产生的知识则带有附加的策略(back-up strategy),以便在遗忘时使用。但根据 ACT-R 理论,这两种知

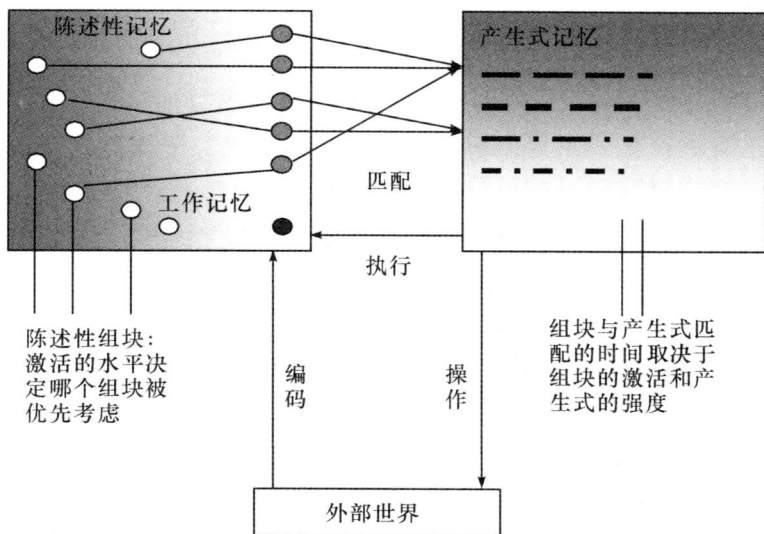

图 2-7　ACT-R 的一般结构（Anderson，1993）

资料来源：［英］罗伯逊：《问题解决心理学》，张奇等译，中国轻工业出版社 2004 年版，第 230 页。

识在记忆上并没有本质的差异。虽然有大量的研究都在试图说明自我形成的内容在记忆上的优越性（如 Burns，1992；Hirshman & Bjork，1988；Slamecka & Graf，1978），但实际上，所谓的形成性效果（generation effect）常常是难以捉摸的，也并非总是可以得到的，只有当形成性知识在形成过程中产生多种回忆途径的时候才是可用的。知识结构并不会因为是自我形成的而产生奇妙的特性（magical properties）。正是由于形成过程的困难以及导致错误形成的危险，因此，在许多情况下，ACT-R 理论更主张采用传授知识的模式（鲍建生，2009）。

作为产生式规则的程序性知识，是通过一种称为类比（analogy）的过程学习的。类比发生作用有两个条件：首先，产生式规则必须来自一个解题的情境；其次，学习者需要一个解决这类问题的样例。ACT-R 类比机制会从样例中抽象出原理，并形成可用于当前情境的产生式规则。因此，ACT-R 关于程序性学习的观点就是：程序性技能是在通过参考以往解决的问题去解决新问题的过程中获得的。

由此可见，ACT-R 理论既是关于"做"的学习理论，也是关于样例学习的理论。在 ACT-R 理论中，如果仅仅为学习者提供样例并不能保证学习的发生，还需要学习者对样例的充分理解。样例理解可以在两个方面对学习产生影响：一是样例理解影响供类推或类比用的样例的提取。在当前已有的产生式不足以解决给定问题时，ACT-R 理论就寻找以前的曾经用于类似目标的样例。显然，先前样例与当前目标的表征方式将影响到样例的提取，如果当前问题的目标与先前相关的样例问题解决的目标在理解表征上差异很大，那么，这个相关的样例及伴随的解题方法将不会被提取。对样例的理解如果能够产生较广泛的表征，将有利于与当前问题的沟通联系，从而有利于被提取。二是样例理解会影响到通过类比而获得的产生式。例如，在多位数的竖式减法中，某一数位上的减法"8→3→5"既可以理解为"上面的数减去下面的数得相应数位上的数"，也可以理解为"大的数减去小的数得相应数位上的数"，显然，前者获得了正确的产生式，而后者得到的是一个病态规则（buggy rule）。事实上，从同一个样例中，学生可以得到各种不同的规则（Pirolli & Anderson，1985），只有充分理解了样例，才能够形成正确的产生式。

ACT-R 理论还认为，产生式具有抽象性，可以用来表征从加法规则到一般问题解决策略等不同概括水平的技能，因此，问题解决的技能也可以被表征为一系列的产生式。关于"初级技能的获取"，Anderson，Fincham 和 Douglass（1997）在认知性理论框架 ACT-R 中又提出四阶段模式，认为技能的获取是经过了四个相互重叠的阶段。在第一阶段，学习人员利用类比解决问题，也就是说，他们会想到典型的样例并试图将这些样例与将要解决的问题联系起来。在第二阶段，学习者形成了抽象的描述性规则和语言知识以帮助其解题，且仅仅是在较长时间的练习以后，他们才会进入第三阶段，即自由联系阶段，此时解决过程更流利和迅速了，到达了这一阶段后，学习者就不再遵循他们学习过的规则，可以不利用太多引起注意的信息就可以快速解决熟悉的题目或问题的某些方面。这通过练习是可能实现的——语言记忆已转化成一个过程型的不同记忆形式。在第四阶段，已做过不同类型题目的学习者的脑子中有许多样例，因而他们可以从记忆中迅速而直接地搜索出一种解法。研究者强调这些阶段的重叠性是由于在某种意义上，特定学习者在使用诸如类比或抽象规则依赖于他们对手中特定题目的熟悉程度。

根据 ACT-R 理论可以看出，认知技能被表征为产生式，认知技能的学习被解释为产生式规则的学习，产生式规则既可以是某一特殊的技能（如一位数相加的技能），也可以是一条一般的原理（如多位数相加的规则）。那么，在前后学习的两项认知技能间，如果构成它们的产生式有重叠，那么就会产生迁移；重叠越多，迁移量越大。产生式迁移理论是 Anderson（1990）的思维的自适应性控制理论的发展，又是桑代克迁移相同要素说的现代翻版，它是针对认知技能学习迁移而提出的。

关于样例在认知技能中的作用机制存在不同的观点：一种是样例概化观（example generalization model），即学习者通过学习样例，可以从中概括出样例所隐含的规则和原理并用以指导随后的问题解决，也就是说，问题解决规则是在学习样例的过程中获得的。学生解释样例的程度决定了从样例中所学内容的多少（Chi 等，1989）。另一种是知识编辑观（knowledge compilation model）。该观点认为，样例提供的只是一个陈述性表征，只有通过问题解决的过程才能逐渐内化为原理和规则用以指导问题解决。两种观点其实都有道理，只是适合于不同的场合。当学习者具有足够的领域知识或者当学习材料比较简单时，通过学习样例就可以概括出样例所隐含的规则和原理并用以指导随后的问题解决，当学习者领域知识比较贫乏或学习材料比较复杂时，要通过样例下的问题解决逐步形成规则或原理。

第三章　样例学习相关研究简介

关于样例学习的研究文献很多,本章简单介绍几个具有影响的研究案例,从中了解研究方法、研究过程,分析研究中值得商榷的一些问题。

第一节　问题相似性对样例学习影响研究简介

在问题解决研究中,问题的内容被区分为表面内容和结构内容,问题的表面内容指问题的细节、呈现问题所用的故事、问题中的事物等;问题的结构内容指问题所包含的数量关系、所体现的基本原理、问题的约束条件或规则、问题的本质和类别等。两部分的内容特征在类比问题解决中作用不同,有很多相关研究。本节主要介绍关于问题的表面特征和结构特征在样例学习中的作用研究。

一、问题的相似性对样例学习的影响研究概述

近几十年来,样例学习与问题解决迁移的研究一直是教育心理学与认知心理学研究的热点(P. K. Atkinson, S. J. Derry, A. Renkl & D. W. Wortham,2000)。问题解决迁移受问题相似性影响,问题相似性又分为表面相似和结构相似。其一般思想是,问题表述中的有些方面被包含在(涉及)它的解法(solution)中,有些方面没包含进去(不涉及问题的

解法)。前面的这些方面被定义为结构的,后面的被定义为表面的。如概率文字题,那些改变了之后将影响解决方法的方面被定义为结构的,而那些改变了之后不影响解决方法的方面被定义为表面的。具体在一个排列问题中,像涉及名字、对象、数字等文字题内容是表面的,而被有计划地安排的对象的分配方式是结构的。如此,问题的相似性可以分为四种情况:(1)表面特征和结构特征都相似;(2)结构特征相似,表面特征不相似;(3)表面特征相似,结构特征不相似;(4)表面特征和结构特征都不相似。下面举例说明一下各种情况(罗伯逊,2004)。

　　样例问题:格拉斯哥与伦敦相距 400 英里,一辆小汽车以平均每小时 50 英里的速度从格拉斯哥驶向伦敦,问汽车到达伦敦需要多长时间?

　　表面特征:小汽车、格拉斯哥、伦敦、时速 50 英里、多长

　　结构特征:时间＝距离÷速度

　　解答规则:$a = b \div c$

　　表面相似且结构相似的问题:巴黎与里昂相距 480 千米,一辆卡车从巴黎出发,以平均每小时 80 千米的速度驶向里昂,请问多久才能到达?

　　表面相似但结构不相似的问题:一辆小汽车以平均每小时 40 英里的速度从格拉斯哥驶向伦敦,共行驶了 10 个小时,问小汽车行驶了多长的路程?

　　表面不相似但结构相似的问题:一位游客以 1 英镑＝1.5 美元的外汇汇率将 300 美元兑换成英镑,问她会得到多少英镑?

　　表面不相似而且结构也不相似的问题:一位游客以 1 英镑＝1.5 美元的外汇汇率将她的美元兑换成 200 英镑,问她原有多少美元?

　　表面不相似但结构相似的问题又称同构型(isomorphic)问题。

　　样例:汤姆驾车从自己家到比尔家需要 4 小时,比尔驾车从自己家到汤姆家需要 3 小时,他们同时从自己家出发向对方家驶去,两人多长时间后相遇?

　　同构型问题:一根细管注满油箱需要 12 小时,一根粗管注满油箱需要 8 小时,两根管同时开放注满油箱需要多少小时?

　　有关研究指出,样例(源问题)和测题(靶问题)在表面内容上的变化对于新手解决问题有着重要的影响作用,并把这种由于源问题与靶问题在表面内容上的变化而产生的对学习和问题解决迁移的影响称为表面

内容效应。

事实上,在解决一个新学习领域中的问题时,人们经常利用一个由当前问题想起的一个先前的例子。假如课本是可利用的,通常能看到学生翻阅查找一个看上去像当前问题的有解样例(已解决的例子),这就是问题解决中的类比现象。Holyoak 等人研究发现,类比过程有两个主要环节:一是通达(类比源的选取);二是运用(关系匹配)。所谓通达,就是从潜在的资源集合中(从记忆或课本中)回忆获取一个特殊的可供参考的或仿照的先前例子(源问题),这个样例隐含着用于解决新问题的原理或方法;所谓运用(即原理运用),就是应用这个选出的例子到当前问题中来,也就是把目标问题与源问题的各个部分进行匹配,根据匹配产生解决目标问题的方法或程序,或者从问题中找到与适当公式中的各个变量相匹配的数量(一定注意这是类比过程中的通达和运用)(Holyoak & Koh,1987)。Gick & Holyoak,Reed,Gentner & Landers,以及 Holyoak & Koh 的研究均表明,表面内容只影响到通达(提取),一旦回忆起或者找到合适的类比源后,接下来的运用或映射过程将不再受表面内容的影响,而只是对问题所包含的结构性信息敏感,因此,样例结构性方面的理解才会影响样例的使用,表面内容对运用很少有影响(M. L. Gick & K. J. Holyoak,1983)。

Anderson 等人的研究指出,当人们在开始从事一个新的正式领域的学习时,常常依赖于来自这个领域中的样例,尽管给学习者清晰地提供原理、公式或图式,但这些抽象的信息似乎一般不能被直接学会(J. R. Anderson,R. Farrell & R. Sauers,1984),所以,在传授原理时应该给学习者提供一个用来例说(illustrates)这个原理的样例。而在给出原理及一个阐释原理的样例之后,当再给出另一个要解决的问题时,人们将通常想到这个先前的样例(P. L. Pirolli & J. R. Anderson,1985)。关于这个先前的样例或问题在问题解决中所起作用存在两种不同的观点,一种是提示—原理(principle-cuing)的观点,即回忆起的这个先前样例或问题起提示(cuing)相关的抽象信息(公式或原理)的作用(为获得相关抽象信息提供线索),或者说样例通过其表面内容起通达原理或公式的作用。一旦学习者利用先前的样例通达了这个公式,他们就直接应用这个公式,而忽视(不再管)先前那个样例(M. L. Gick & K. J. Holyoak,1983)。

另一种作用观为样例—类比观（example-analogy），即先前的样例或问题是通过类比来帮助解决当前问题的，即使给学习者提供原理或公式，在解决如何应用该原理公式到当前问题上来的过程中，他们仍将利用先前样例的细节（details），如应将问题中哪个数量配给公式中的哪个变量（B. H. Ross，1984）。总之，两种观点都假定学习者可能忆起先前的样例或问题，它们的不同在于这个先前的样例是如何被运用的。根据提示—原理的观点，这个早先的样例用于获得适当的原理或公式，一旦这个先前的样例已经用于帮助类化问题和适当的抽象知识的通达，它将不再被运用（在具体解题时）。根据样例—类比观点，这个先前的样例用于整个问题解决过程，尤其是先前样例的细节会被类比运用。分析还发现，学习者回忆起的这个早先的样例会强烈影响学习者的解题行为表现，而且，通达或回忆起哪些东西是由问题间的全貌相似性（overall similarity）决定的（B. H. Ross，1984）。

学习者回忆起的这个早先的例子强烈影响着解题行为表现，而被回忆起的东西（remindings）之所以会被忆起，是因为例子和要解决的问题之间的全貌相似性（B. H. Ross，1984）。为了进一步弄清样例的作用问题，20 世纪 80 年代中后期，Ross 通过一系列精心设计的实验对样例的作用作了深入研究，最后得出，表面概貌在原理通达上有很大影响，但在原理运用上却没有或几乎没有影响，对象对应影响运用，但不影响通达（B. H. Ross，1987，1989）。

二、Ross 的实验研究简介

在对样例的作用做进一步研究前，Ross 对早期的研究进行了细致分析，结果发现，早期研究者都无视具有相似概貌的"问题对"总比不具有相关内容的"问题对"更具有可能代入相同变量的相似对象（即对象的相似性更高）这一事实，而这种忽视直接导致结论的失真。为了克服这种弊端，Ross 先对问题关系作了分类（B. H. Ross，1987）。首先，将样例总体包含的信息分为内在结构（structural）原理信息和表面（superficial）内容信息两部分，内在原理是问题所包含的内在结构或关系，表面内容是指问题所涉及的事物、形式、情节等外在内容。表面内容又被分为表面概貌和对象对应两方面，表面概貌（story lines）是指问题涉及的事件背景、情节、具体对象等具体内容，对象对应（object correspondences）则指问题的各具体对象与原理中各变量之间的对应关系。其次，对两个有着相似表面概貌的问题进行了以下分类：对象之间的对应或一样（记作＋/＋，即左边符号表示概貌相似关系，右边符号表示对象对应的相似关系，下类似），或相反（记作＋/－），或无关（neutral，记作＋/0），另外，为了更好地甄别样例的两种作用观，又设计出无关的概貌和无关的对应情况（记作0/0）。

那么，如果给被试提供适当的公式，依据提示—原理观，上述四种情况下的解题表现应没有差别，因为样例只起提示原理的作用，即只影响公式或抽象信息的通达，所以，解题表现方面的任何差异折射的都是在通达上的影响。然而，根据样例—类比观，条件＋/＋下具有相似对应（在学习和测题之间的相似对象之间），它应导致高表现；＋/－条件下，具有相似对象，但在它们的对应上却是相反的，这种情况将导致在答案中出现"相反"的结论，从而导致低表现；另两种情况下，因为对象对应是无关的，故应导致中间表现。根据上述分析，Ross 设计了实验 1，成绩结果显示，在提供公式时，＋/＋＞＋/0＝0/0＞＋/－，其中后两者是边缘显著 $p<0.1$，分析还发现，如果相似对象被包含在学习样例和测题中，解题中被试就会倾向于按学习样例中的安排方式那样来安排相似对象。这个结果既说明了样例作用的样例—类比观，同时又说明了样例与测题的对象对应影响原理或公式的运用，而表面概貌不影响运用。

为了检验"表面概貌不影响运用而可能影响通达"的实验假设，Ross 设计了实验 2，考虑在实验 1 中导致中间反应的两种情况＋/0 与 0/0，这两种情况都不允许学习者作基于匹配对象（mapping object）基础上的简单类比。假如表面概貌相似性影响通达，那么，当不提供公式时，＋/0 应导致更好的表现。但是，当公式不随测题给出时，测试得分可能同时反映先前样例的通达和运用，所以，研究者使用了一个特殊分数（只考虑解答者是否得出了适当公式而忽略它是否被使用正确的一个分数）来反映通达，即只要答案中显示出所用的公式就给分，而不管公式中变量匹配的数字对不对，其实这就是忽略运用环节。当要用的公式随问题给出时，可以断言，任何差异折射的都主要是对先前样例的用法或其他代入公式中的变量知识的不同，而不是在通达上的不同。这样，假如表面概貌只影响通达而不影响运用,那么,当提供公式时,在两种条件＋/0 和 0/0 下成绩应没有区别,因为这两种情况都是对象对应无关,都不提供如何把测题中的对象代入公式的线索。实验 2 的结果显示,在没有公式提供时,＋/0 成绩高于 0/0 成绩,在提供公式时,＋/0 与 0/0 成绩无显著差异。这表明,表面概貌影响通达但不影响运用(B. H. Ross,1987)。上述两个实验设计分析都是合理的、符合逻辑的。

为了进一步检验表面相似的不同类型在先前问题的通达与运用上的不同影响,Ross 于 1989 年又设计了 3 组共 8 个实验对对象对应的影响进行研究(B. H. Ross,1989)。

实验 1 验证对象对应影响运用。实验 1A 使用了 1987 年的实验 1 中的两种情况＋/＋和＋/－,得出了相同的结果＋/＋＞＋/－,即对象对应在表面概貌相似的情况下影响运用。但对实验 1A 的结果的另一种可能解释是对象对应影响运用仅当学习样例与测题是高相似的情况下才发生,这种观点可能声称,被试可能不用参考先前的学习样例而使用公式,但如果测题使被试回忆起学习样例,那么被试在决定如何代入公式时就会运用这个学习样例,这样,即使提供公式,被试也可能利用学习样例,当然这一切仅当测题引起学习样例被回忆提取时才发生。而先前的结果表明,表面概貌相似性足以影响通达,所以,高相似下测题可能经常使被试想起先前的学习样例。这个观点严重地限制了对象对应影响运用的一般性。实验 1B 通过运用不相关的表面概貌的样例和测题来拓展对象对应影响的一般性,因为不相关的表面概貌极大地降低了先前样例的通达。对象对应影响运用的思想将预言:0/＋＞0/－;然而,另一种观点声称,对象对应的影响仅当测题与样例有相似概貌才发生,预计两种情况下没有不同。实验结果为 0/＋＞0/－。这表示,在表面概貌不相关的时候对象对应也影响运用。然而,这个实验结果还有一个可能的解释是:这种运用测量的效果是由学习样例和测题之间的全貌相似性(overall similarity)影响的,而不是对象对应本身。为此,设计了实验 1C,比较 0/－与 0/0。如果实验 1B 的结果是由于全貌相似性引起的,那么,条件 0/－将导致高表现;如果是由于对象对应的影响,那么条件 0/0 将导致高表现。结果 0/0＞0/－,但不是显著的($t(51)=1.10$),然而,考虑到差异是朝向由全貌相似性解释预言的相反的方向,那么全貌相似性理由似乎就不可能了。综上，对象对应不论在什么情况下（概貌相似或无关）都影响原理的运用。

实验 2 检验对象对应是否影响通达。Ross 先设计比较＋/＋与＋/－两种情况，如果两种情况下成绩没有差异（＋/＋＝＋/－），可以断言对象对应不影响通达，但结果是＋/＋＞＋/－，这似乎表明对象对应影响通达，但这个结果也可归因于是在由样例改编＋/＋问题和＋/－问题时，后者概貌改变较大，混淆了表面概貌，使概貌相似度降低，从而导致差异。也就是说，在编制或创造这些问题时，相反对应的情况通常要求对问题背景或素材重写以使其有意义，这样，这些不严格涉及对象对应本身的背景素材部分就可能影响通达（从而造成差异，而不是对象对应的影响）。通过对被试解答材料的分析也可发现，在对于那些在做相反对应情况时只做最简单变化的原理（等待时间和至少一次）的通达上几乎没有影响（即在＋/－中，改变很少的问题上面的成绩与相应的＋/＋题目上的表现没有差异，言外之意是差异产生于改编变化大的问题原理上，所以差异可能不是由于对应的不同，而还是由于概貌被改动得大才造成的）。所以，进一步设计使改动后的概貌差异比较小的情况。因为当测题与样例要求有不相关的表面概貌和对应的对象时，文字题的背景素材部分必须要大改变。这样，样例与测题间的任何更有利于相似对应情况的混淆相似性（与相反对应相比）将能被大大削减。所以设计概貌无关的情况 0/＋与 0/－进行检验（实验 2B）。结果是 0/＋≈0/－，几乎没有差异。这表明，随着概貌被改变的差异的减小，对象对应的影响也逐渐降低，那么实验 2A 的差异可能不是对象对应造成的，而是由于改编时造成的表面概貌的差异造成的，这同时表明了对象对应不影响通达。但在 0/＋和 0/－两种情况下，还是有一些很微小的差异（题均分差为0.042，每题满分为 1 分）的，不能排除对象对应在通达上有一些小的影响。同样，任何小的影响可能是由一些残余的（由对应对象导致的）混淆相似性（confounding similiaity）造成的，而不是由于对象对应的影响。也就是说，实验 2B 中使用的是无关的表面概貌，但样例与测题有对应对象（相同或相反）的要求，这也许导致了改编中较高的表面相似性。于是，实验者进一步设计实验混淆相似性最小的两种情况 0/0 和 0/－（实验2C）。在 0/0 中，测题与样例没有有意的表面相似性，而且在其他研究中,也被证明通常不引起回忆。那么这两种情况下的表面概貌相似性相对前面两种情况来说应该是最接近平衡的,如果在这两种条件下能证明在通达上没有差异,那么就能进一步确信对应对象不影响运用。实验结果恰好吻合。这样可以得出,对象对应尽管影响运用,但在通达上只有一点或没有影响。

结合 Ross 在 1987 年的研究结果,可以设想,样例在一个迁移任务上的影响模式主要依赖样例与测题表面相似性的种类。作为这种依赖性的一个证明,Ross 又设计了实验 3,比较 0/0 和+/-,即同时改变表面概貌与对象对应两个方面。成绩结果显示,当测试通达时(不提供公式),+/->0/0;而当测试运用时(提供公式),0/0>+/-。这就进一步说明了表面概貌影响通达,对象对应影响运用。此后的研究也都支持这一观点(B. H. Ross & P. T. Kennedy,1990;B. H. Ross & M. C. Kibane,1997)。

三、莫雷等的实验研究简介

我国著名心理学家莫雷先生等人所做的关于样例与作业问题的表面概貌相似性对原理运用的影响研究却得出了与 Ross 不同的结论:样例与问题的表面概貌相似性对原理运用有影响,并且该影响作用受到两者对象对应性质的制约,由此断言:样例与作业问题表面概貌的相似性不仅影响原理的通达,而且也影响原理的运用(莫雷、唐雪峰,2000)。

研究者将表面概貌进一步细分为事件属性(包括事件背景、具体对象、具体情节及表述方式等)和事件类型(一种根据事件的语义内容来对其性质进行的类型划分,如运动问题和行船问题等)两个方面,重新设计了"+、-"两个级别差异的表面概貌相似条件,并认为,如果在事件类型方面给予变化,或者增大两者事件属性方面的差异程度,使之在事件背景、具体对象、情节与表述方式四个维度上都不相似,表面概貌相似性对于原理运用的影响可能就会表现出来,在样例与测题表面概貌差异也达到两个级别时,表面概貌对原理运用的影响效果也可能会表现出来。为了检验上述假设,研究者设计了三个实验(莫雷、唐雪峰,2000),下面分别对这三个实验作出逻辑分析。

(一)实验 1 分析

实验 1 在扩大 Ross 研究中的样例与问题表面概貌的差异的情况下,

探讨了样例与测题的表面概貌相似性对原理运用的影响。实验 1A 比较了＋/＋与 0/＋两种条件下原理运用的情况,结果显示,"被试解答＋/＋题目的成绩优于 0/＋题目的成绩,通过相关组 t 检验,差异非常显著"。但是,这个结果并不能说明表面概貌相似与否对原理运用有影响,因为,正如莫雷等人文中所言,"这个结果还可以有另外一种解释,即在＋/＋条件下,样例与测题由于概貌相似,使两者的对象对应相似程度要比 0/＋条件下更大,因此,＋/＋条件下原理运用成绩优于 0/＋,可能是对象对应相似的作用而非表面概貌相似的作用"。莫雷等人为了排除这种解释的可能性,设计了实验 1B,比较＋/－与 0/－两种条件下的原理运用情况,结果显示,"被试解答＋/－题目的成绩比解答 0/－题目的成绩要低,经相关组 t 检验,差异达到边缘显著"。之所以出现这种情况,莫雷等人解释道,"是因为在＋/－情况下,由于测题的表面概貌与样例相似,容易使被试按照样例的对应关系去将测题的数量代入公式,这样,在两者对象对应相反的情况下,原理运用越会出错。相反,在 0/－条件下,由于样例与问题的概貌不同,被试在考虑将问题的数量代入公式时可能较少受到样例的影响,所以对应相反对其影响相对较小,结果正确率反而高于＋/－"。笔者认为,这种解释是非常合理的,但是,这个解释却不能引出下面的"可见,实验 1B 的结果排除了对实验 1A 结果后一种解释的可能性"的结论。莫雷等人的文章根据上述分析作出此"可见"是缺乏逻辑的。

事实上,从蕴含的内在原理上看,实验 1B 是实验 1A 的同义反复,因为在解释＋/－与 0/－成绩比较问题上,莫雷等人的上述解释其实隐含着"概貌相似影响整体相似性,进而影响对象对应"的问题,试想,为什么"测题的表面概貌与样例相似,容易使被试按照样例的对应关系去将测题的数量代入公式","样例与问题的概貌不同,被试在考虑将问题的数量代入公式时可能较少受到样例的影响"? 原因大概只有一个,就是表面概貌相似与否影响全貌相似性,进而影响对象对应程度,差异最终是由这种对象对应程度的不同导致的,这与实验 1A 的第二种解释如出一辙。也就是说,实验 1A、实验 1B 的结果出现的原因存在着同一种可能的解释:都是由于相似概貌影响全貌相似性,进而影响对象对应的程度,进而影响了原理的运用。所以,实验 1B 的结果根本排除不了实验 1A 的第二种解释，也不能说实验 1B 的结果加强了对"表面概貌影响运用"的认可，因为它同时也加强了"是对象对应不平衡造成的"结论。

我们从研究人员的测题设计上也能看出些端倪来，因为"研究者在设计改变测题时，尽量在事件背景、具体对象、情节与表述形式四个维度上做到不相似"。因此，在"保证了 0/＋、0/－两种条件下样例与测题的表面概貌有较大的差异"的同时，不可避免地会使其对象对应程度受到不同程度的削弱，使得在 0/＋和 0/－两种条件下的对象对应程度不如在＋/＋和＋/－两种条件下对象对应程度高。这也可以从研究者下面的表述中得到证实："实验前先随机选出 20 名大学生，要求他们分别对 Ross 研究材料与本实验的研究材料的 0/＋、0/－两种条件下的样例与测题的相似性进行 5 等级评定，结果表明，本实验研究的材料 0/＋、0/－两种条件样例与测题的相似性平均分为 1.86，而 Ross 研究材料相似性平均分为 3.79，差异非常显著。"试想，这 20 名大学生在做相似性评定时，其中也受到对象对应这个属于表面内容的成分的影响，这是否表明，在对象对应程度上，0/＋、0/－情况也是"显著"低于＋/＋、＋/－情况的（不知研究者为什么没有这方面的预测）？可能正是由于对象对应程度的不同导致了测试结果差异的产生。

总之，莫雷等人想通过实验 1B 的结果来排除实验 1A 结果产生的第二种解释的可能性是失败的，是缺乏逻辑的。所以，实验 1 的结论尚不可信。莫雷等人必须设计对象对应程度大致相等的两种情况进行实验以增强其结论的可信度。事实上，莫雷等人若想进一步说明自己的结论，有两种途径。一种是设计使对象对应改变相对更小的情况进行比较来加强结论，如＋/0 与 0/0，由于没有对应的对象，在设计测题时对对象对应程度的影响较容易做到最小化，如果＋/0＞0/0，可以进一步加强实验 1A 的结论；一种是设计"前种对象对应受概貌的影响比后种受概貌的影响还要大，但结果前者成绩不比后者成绩好"的两种情况，来排除不利解释。如＋/－与 0/－，按前面解释，＋/－的对应比 0/－的强，但＋/－≥0/－。

（二）实验 2 分析

实验 2 的材料设计及思路与实验 1A 基本相同，每个原理也有两种表面概貌，但这两种概貌在事件类型上发生了改变，试图通过比较在

＋/0与0/0条件下原理运用的成绩,探讨样例与问题的事件类型发生变化的情况下,其表面概貌相似性对原理运用的影响。结果显示,"被试解答＋/0题目的成绩优于解答0/0题目的成绩,经统计检验差异非常显著"。研究者据此断言,在事件类型上发生变化的条件下,两者的表面概貌相似与否对原理运用有影响。其实,像实验1A一样,在这里也存在差异产生原因的另一种可能的解释:在＋/0下的对象对应无关程度比0/0下的对象对应无关程度低,正是这种表面概貌相似性不同引起的对象对应无关程度降低而相似性增高,导致了原理运用方面差异的产生。所以,实验2的结果同样面临排除这种解释的必要性。但是,不知为什么研究者没有像实验1A那样设计排除这种解释的实验。

　　这里,我们注意到莫雷等人的实验结果＋/0＞0/0与Ross的研究结果＋/0＝0/0不同,两者的研究结果产生差异的原因可能是Ross没有强调事件类型上的变化,而莫雷等人强调了事件类型的变化,这样,莫雷等人的研究中在＋/0情况下的问题概貌导致的对象对应程度与其相应的0/0情况下的问题中对象对应程度的差别就可能大于Ross研究中相应的对应的差别,也许正是这个差别造成了两个实验研究结果的不同。如此,可能仍要归因于对象对应程度的不同。其实,实验2没有提供其设计的两种情况＋/0与0/0的测题例子,我们不知道具体是怎样设计的,但被改造的原材料是对有经验的被试进行的,本实验中研究者使用的也是有经验的被试(本来这两个原理是初中中低年级学习的,而被试是高一学生),这对关于本类"表面内容对于新手解决问题"影响作用的研究是否合适也是值得商榷的问题。

　　(三)实验3分析

　　实验者精心设计了表面概貌相反的情况－/x,意思是,用排列原理解答的测题,它的表面概貌与同组的组合原理的样例相似,而用组合原理解答的测题,它的表面概貌与同组的排列原理的样例相似,这样,相似性上出现两个级差:＋—0——。

　　实验3A比较了在＋/＋、－/＋两种条件下,被试运用原理的正确程度,结果显示,"被试在＋/＋条件下原理运用的成绩优于－/＋条件下的成绩,经统计检验差异非常显著"。据此基本得出"表面概貌相似性会促进原理运用"结论。但是,也正如研究者所说,这个结论仍然要排除"是由于＋/＋条件下样例与测题的对象对应相似程度要比－/＋条件下更大而导致"的不利解释。

为排除这种可能,研究者设计了实验 3B,比较＋/0 和－/0 条件下的成绩。结果显示,"被试在＋/0 条件下原理运用的成绩优于－/0 条件下的成绩,经统计检验差异非常显著"。研究者由此得出:"这个结果比较有说服力地表明,实验 3A 中＋/＋条件的解题成绩优于－/＋条件的成绩,是由于表面概貌相似而引起的,而不是由于＋/＋条件下表面概貌增加了其对象对应的相似性而导致。"其实,我们看不出说服力在哪里,因为同样存在＋/0 的成绩高于－/0 的成绩的可能的不利解释:＋/0 条件下概貌的相似性导致了其对象对应无关性降低从而相似性增高,导致了实验结果。所以说,实验 3B 的结果对检验实验 3A 结果的两种解释没有作用。如果实验结果是＋/0≤－/0,则可以排除实验 3A 结果的不利解释。

为了进一步验证,研究者又设计了实验 3C,比较＋/－和－/－两种条件下被试对原理运用的成绩。结果显示,"被试在－/－条件下原理运用的成绩优于＋/－条件"。对此,研究者解释为"被试在＋/－情况下更容易回想起样例,而被试工作记忆中样例越清楚,样例的对象对应也就越清楚,由于测题与样例的对象对应相反,因此对被试运用原理(将数字代入公式)的干扰就越大。这正说明表面概貌相似与否对被试的原理运用有明显的影响"。姑且不再说实验 3C 有着与实验 3A、3B 结论一样的另一种可能解释,单说研究者对实验 3C 的结果解释,如果此解释能排除对实验 3C 结果的其他解释,那么,实验 3A 的结果就可以用在上述解释中把"相反""干扰"改为"相似""促进"来结束解释了,而不需要再设计实验 3B、实验 3C 了。

事实上,实验 3 的这三个分实验面临着同样的挑战,其实验结果都存在着同样的两种解释,一个利于实验假设,一个不利于假设。实验 3 整体上并没有排除不利于假设的解释,所以,由实验 3 不能得出任何有关"表面概貌相似与否影响原理运用"的结论来。由于没有对后继实验设计中对象对应情况的说明,后继实验在加强假设的同时,也加强了不利解释。

综合上述分析可以看出,笔者认为莫雷等人的研究在设计逻辑上可能存在缺陷。

四、讨论

Ross 将表面内容分离为表面概貌与对象对应两个部分,在样例与测题的表面概貌方面,Ross 设计了两种情况:相似(+)与无关(0);在样例与测题的对象对应方面,设计了三种情况:对象对应相似(+)、相反(-)、无关(0)。由于表面概貌和对象对应都涉及"对象"的相似或类似程度,从而可能导致以下这些情况:0/+情况下的表面概貌无关程度较 0/0 情况下的表面概貌无关程度低,即 0/+情况更利于通达;0/-情况下的表面概貌无关程度较 0/0 情况下的表面概貌无关程度低,即 0/-情况更利于通达;+/+情况下的表面概貌相似程度较+/0 情况下的表面概貌相似程度高,即+/+情况更利于通达。+/0 情况下的对象对应无关度较 0/0 情况下的对象对应无关度低,即+/0 情况更利于运用;+/+情况下的对象对应相似度较 0/+情况下的对象对应相似度高,即+/+情况更易看出对应对象、更易匹配,从而更利于原理的运用;同样,+/-情况下的对象对应相反程度比 0/-情况下的对象对应相反程度高,从而更易匹配错对象,更不利于原理的运用;等等。

也就是说,表面概貌相似性存在一个"度"的问题,同属"+"的两种情况,可能一种情况下的概貌相似程度比另一种情况下的概貌相似程度高,即更相似。同样,对象对应不论相似、相反或无关,也都有一个"度"的问题,而问题间对象的相似度或类属度决定着对象对应的度,对象间越类似就越容易产生匹配,那么对象对应度就越高,对象间相似度若是越低,则"+"或"-"情况越可能被演化为"0"情况。另外,由于表面概貌与对象对应相似与否都是属于表面内容范畴,且具体对象是表面概貌的一个成分,所以,对象对应程度与表面概貌相似程度也有一个交互作用问题,它们之间具有如图 3-1 所示的相关性。

可见,让概貌相似的两个问题中的对象对应无关程度达到与概貌无关的两个问题中的对象对应无关程度一样的水平是非常不容易的。所以,就设计难度相对而言,+/+、0/0、+/-三种情况较易设计,+/0、0/+、0/-三种情况较难设计。正是由于这个相互影响,即便验证了所有情况:+/+>0/+,+/+>-/+,+/0>0/0,+/0>-/0,+/-<-/-,+/-<0/-,也不足以说明表面概貌影响运用,如果我们把表面

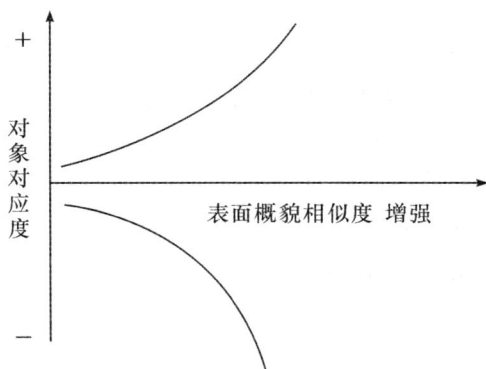

图 3-1　对象对应度与表面概貌相似度的关系

概貌和对象对应看成两个不同因素而又不能说明对象对应程度基本平衡的话。

正是由于上述原因,在进行有关表面概貌或对象对应影响的实验研究时,必须排除上述各种情况产生的不利解释的可能。Ross 通过实验的合理设计,一环扣一环地将不利解释予以排除,而莫雷等人的研究却不能排除不利解释。莫雷等人要想得到"表面概貌影响原理的运用"的结论,其检验实验的结果应是相反的结果,或重新设计能说明问题的实验。

上述介绍的两项实验研究都是涉及样例学习迁移理论研究的,此类问题的探讨对于系统把握原理学习的迁移本质与规律有重要意义。Blessing 和 Ross(1996)在研究表面内容在问题类化和解决中的作用时发现,当问题内容相对于这个问题的深层结构而言是非典型的时候,人们在解决这个问题时的表现相对较差;在内容与其深层结构是高度相关的问题上比在内容与其深层结构是无关的问题上表现得更好;问题类化和信息关联的确定依赖于问题的内容与它的深层结构的密切程度。这些结果表明,问题表面概貌甚至对有经验的问题解决者来说可能也是有影响的(S. B. Blessing & B. H. Ross,1996)。所以,关于问题表面概貌影响的研究是一个非常有意义的现实课题。

另外,随着样例学习的有效性不断得到证实,样例学习理论如何应用于课堂教学也逐渐成为研究的热点。我国心理学家朱新明教授率先作了被广泛引用的教学研究(X. Zhu & H. Simon,1987)。研究者通过口语报告的研究方法,系统地研究了学生在语义丰富领域(如代数、几何、物理)的样例学习特点,揭示了人在示例学习中,通过"条件建构"和"条件优化"直接获取信息的加工过程。目前,人们的研究热点转向了如何设计样例和问题以促进学生的问题解决和迁移。最近,Kalyuga 等对样例学习和问题解决的比较研究表明,样例学习与问题解决的优势具有相对性,哪个更有效主要依赖于学习者的知识水平或已有的学习经验(S. Kalyuga & P. Chandler,2001)。这为课堂上科学使用样例学习模式和问题解决模式提供了依据。

五、结论与反思

(一)结论

在探讨样例与问题表面内容影响时,由于我们是把表面内容分成两个相对独立的方面(表面概貌和对象对应)来分别研究的,那么,一方面,从研究方法逻辑上来讲,要研究一个的影响就要"固定"另一个;另一方面,又要考虑到这两个方面不是绝对孤立的,而是相互联系、相互影响的,所以,在研究其中一个的影响时,又要考虑这个影响是否是来自另一个方面的间接作用。Ross 在这方面做得很好,而莫雷等人在修正 Ross 关于表面概貌作用的实验中,其实验设计却不能排除来自另一方面的间接影响,因此,莫雷等人的研究的主要结论"样例与问题的表面概貌相似性影响原理运用"尚需进一步检验。从逻辑上讲,莫雷等人要想证明其实验假设,需要设计产生如下结果的几组实验:$+/+>0/+,+/-\geqslant0/-$;$+/0>0/0,+/-\geqslant0/-$;$+/+>-/+,+/0\leqslant-/0,+/-\geqslant-/-$。或者像 Ross 那样,递进设计一些加强实验。

(二)反思

表面内容和结构内容的区分相比是否欠缺严格?两者是独立"变量"吗?表面内容的改变不影响结构内容本质,但影响结构内容的识别,影响其中结构内容的提取或抽取,即需要学生的"透过现象看本质"的能力。而表面概貌的改变影响对应对象的对应程度,影响对应的对象之间的识别,对象对应可能有的清晰直接,有的模糊,有的没有,进而影响对象对应相似或相反的程度。

　　这里似乎还涉及一个认可对应对象的模式问题。是按照对象类型来判断是否是对应关系,如物物对应、人人对应,这是依据外表特征的对应,同一类事物被看成对应的;还是按照问题中关键词来安排对象之间的对应,如根据"将 A 分配给 B","将 X 安排给 Y",将 $A-X$,$B-Y$ 建立对应,这是功能相似的对应方式,是依据表面内容中的一个关键词的句法结构作出的,偏结构。按照表面内容和结构内容的区分,后面的对应属于结构。哪一个更自然? 在考虑对象对应影响的时候,是否考虑对象对应的判别模式风格问题? 在本研究中,是假定新手按照物物对应方式,也是被验证了的,即在对应相反的情况下还是按照样例的对应方式代入就说明了这一点。对象对应的影响表现在物物对应方式的被试身上。

　　这里,对象对应属于表面内容还是结构内容? 属于表面内容该怎样理解对象对应及其三种关系? 关系应该属于深层结构吗? 在这里,对象对应相似(相反)要求满足两个条件:对象相似或能够匹配,匹配的对象所对应的是相同(相反)的原理变量。而对象对应不同或无关只要求样例与新问题所涉及的对象不同或难以匹配,这不是概貌无关的要求吗? 那么,由于对象相似有个相似度的问题,这个相似度是非常重要的,它随表面内容的不同而变化,变到最低就是"无关状态"。

　　下面以 Ross 研究所使用的材料例子来分析。

　　样例:IBM 公司要将计算机分配给科技人员使用,现有 11 台 IBM 计算机,8 名科技人员,计算机被编号。由科技人员随机选择计算机,但科技人员要按姓名的字母顺序先后挑选。求姓名字母排在前三位的科技人员分别依次选到编号倒数第一、第二、第三的计算机的概率。

　　公式: $P=1/[n(n-1)\cdots(n-r+1)]$;解答: $P=1/[11(11-1)(11-3+1)]$(这里 $n=11,r=3$)

　　测题1:(+/−)IBM 公司新买进 8 台不同档次的计算机,要分给 7 位资历不同的工程师,如果计算机被随机安排给工程师,且按计算机的档次从高到低安排。问资历排在前四位的 4 位工程师刚好分别按资历顺序得到档次排位从第 1 至第 4 的计算机的概率是多少?

　　公式: $P=1/[n(n-1)\cdots(n-r+1)]$;解答: $P=1/[7(7-1)(7-2)\cdot(7-4+1)]$($n=7,r=4$)

测题 2:(0/＋)南方职业高中有一个汽车修理专业班。某天,有 12 名学生要修理 15 辆小汽车,由学生随机挑选小汽车,学生是按照最近一次机械考试的成绩排位由高到低的次序进行挑选。求损坏最严重的 6 部小汽车按照其严重程度分别依次被成绩排位最高的 6 名学生修理(即成绩最高的学生修理最坏的小汽车,等等)的概率。

公式:$P=1/[n(n-1)\cdots(n-r+1)]$;解答:$P=1/[15(15-1)\cdots\cdot(15-6+1)]$($n=15,r=6$)

样例与测题 1 涉及的是"人机分配系统",很自然的匹配是:计算机与计算机匹配,科技人员与工程师匹配。对象对应相似程度高。而与测题 2 的相似程度就明显地弱了,涉及的是"人车分配系统",小汽车与计算机匹配,学生与工程师匹配,对象相似程度不高。在找不准对应对象的情况下,或者不认为研究者认为是那种对应的对象具有那种对应关系,学生可能出现胡乱套公式的情况。这个影响是归于表面概貌的影响还是归于对象对应的影响? 正是由于这个原因,在探讨表面概貌因素的影响时,要控制或消除对象对应因素的不均衡影响。概念清晰是前提,要搞清楚什么是表面概貌和对象对应,它们的区别与联系什么,是表面内容的两个相互对立的方面吗? 否则谈论什么影响都是不牢固的、缺乏逻辑的。

在 Ross 的研究中运用了四个概率原理:"排列"概率与"组合"概率,"等待时间"概率和"至少一次"概率,测试题是通过对学习样例在表面概貌、对象和对象对应方面的改变而改编成的,表面内容进一步被分离为表面概貌与对象对应两个方面,表面概貌指事件的背景、情节、具体对象、表述等;对象对应是指问题的具体对象与原理各个变量之间的对应关系。样例与新问题涉及的事件、背景、对象等相似(如上面材料中样例与测题 1),则属于表面概貌相似,反之则是表面概貌不同(如上面材料中样例与测题 2);如果样例与测题所涉及的对象相似(能够匹配),而匹配的对象所对应的是相同的原理变量,则说两者对象对应相似(如上面材料中样例与测题 2);反之,如果样例与测题涉及相似的对象,但这些匹配的对象所对应的原理中的变量却相反(如上例材料中样例与测题 1),则称为两者对象对应相反;如果样例与新问题所涉及的对象不同或难以匹配,那就是两者对象对应不同或无关。按照一般意义上的表面与结构的划分和 Ross 的对象对应的定义,对象对应似乎属于结构的内容,因为,对象对应改变影响解法。对应方式包含在了解法中,对应方式一变,解法也就变了。也许,一切争论的发生都源于基本概念逻辑划分的不清晰或模糊,那就是应该将对象对应归于结构内容,而不是表面内容。把对象对应看成一个独立的概念,不看作是隶属于谁。

　　莫雷等人研究的出发点是认为 Ross 的研究材料中表面概貌差异不大。如上面所列的材料,样例是科技人员分配计算机,测题 2 是学生分配小汽车,都涉及人分配物这样的主要情节,显然,这两个问题的表面概貌还是非常相似的,但是,Ross 的研究中却将测题 2 作为与样例的表面概貌无关(0)的题目,这样,样例与测题的表面概貌性对原理运用的影响就不一定能显示出来。所以,想改变材料,扩大差异,重新检验结论。事实上,莫雷等人这里分析的材料不是研究表面概貌影响运用的"0/0"条件下的问题,而是研究对象对应影响运用的 0/＋ 条件下的问题,那么,如果诚如研究者所说,对象对应影响运用是否也该重新检验呢? 更为重要的是,在加大表面概貌差异的同时,对对象对应的控制没有任何说明,这是非常大的缺憾。根据原文提供的例子来看,在表面概貌差异扩大的同时,对象对应相似度也减弱了:如 AOC 与 BOC 中的对象对应就非常低(0/＋)。这里,我们从莫雷等人文中摘出这两个题目略作分析(莫雷、唐雪峰,2000)。

　　AOC　IMB 公司的办公室需要装配计算机,由每个办公室随机选择他们所要的电脑,但选择是按照办公室的序号进行的,即第一个办公室首先选,依次类推。供给部门现有不同型号的电脑 16 台,有 10 个办公室需要计算机。请问第一、第二办公室依次得到最大、次大型号计算机的概率是多少?

　　BOC　大学生运动会自行车比赛有 44 人报名参加,但到比赛那天只有 31 人出席,且刚好是去年参赛的那 31 人。如果由组委会将 31 辆号码从 1 到 31 的自行车随机分配给参赛运动员,那么上届前 8 名参赛者刚好拿到与自己名次相同的号码的自行车的概率是多少?

　　通过分析、比较上述两道题目内容及其中涉及的对象(各有三个:电脑、办公室、供给部门;运动员、自行车、组委会),不难发现,两道问题涉及的对象是不太相似的,其中的对象也是难以匹配的。如果硬性将它们匹配的话,那么由这两个问题的内容与结构可以看出:

电脑（16）——实分掉电脑（10）——办公室（10）——第一、第二个办公室——最大次大型号的 2 台电脑——供给部门

运动员（44）——实参赛运动员（31）——自行车（31）——号码前 8 位的自行车——上届前 8 名运动员——组委会

最合情理的自然对应方式是电脑与运动员对应（根据 16 台电脑实际参与的 10 台，44 个运动员实际参与的 31 人），还是办公室与参赛者对应（根据第一、第二办公室依次得到最大、次大型号计算机的概率是多少，上届前 8 名参赛者刚好拿到与自己名次相同的号码的自行车的概率是多少）？可能难以搞清，这不是简单的两个"人—物"系统的对应。所以，这不是一个容易的对应，应该属于 0/0 情况，而不是对应相似的对应方式。这从另一个方面也反映了研究者在设计问题时，只重视了表面概貌，忽视了对象对应程度一致性。实际上，上述两个问题中涉及的对象对应关系还不如原文实验 3 提供的另两个问题排列原理 AOC 和 SMDC 之间的对象对应关系—/0 相似，试作一比较：

AOC　某学校新买进 6 台不同档次的计算机，要分给 4 位资历不同的老师，老师可随机选择计算机，但要按资历顺序进行选择，即资格最老的老师先选择。问资历排在前三位的 3 个老师刚好依次分别选到质量档次为第一、第二和第三的 3 台计算机的可能性是多少？（公式：$p = 1/[6(6-1)(6-3+1)]$）

SMDC　某娱乐室里正在表演节目，特邀了 16 位嘉宾前来观看，晚会有 4 名主持人，原先准备了 20 份纪念品，上面按 1～20 标上序号，由主持人按嘉宾身高由高到低的顺序随机发给他们每人 1 份纪念品。问身材最高的前 5 位嘉宾按身高排位得到 1 至 5 号纪念品的概率是多少？

（要分的东西）计算机（6）——质量档次前 3 位的计算机——老师（4）——资历前 3 位的老师

（要分的东西）纪念品（20）——序号 1 至 5 号的纪念品——嘉宾（16）——身高前 5 位的嘉宾——主持

由上不难看出，排列原理 AOC 与 SMDC 中毕竟还都是"人—物"系统，对象对应较容易找。研究者却把前者看成相似、后者看成无关的，这本身就有一个看待标准不清的问题。

也许研究结论的差异就出在属性分类不清晰上。

第二节　基于产生式理论的样例研究简介

产生式是知识的一种表征方式，也是 Anderson 认知结构的核心概念。在认知学习理论研究中，许多心理学家都以 J. R. Anderson 的相同要素迁移理论为指导，借助产生式系统分析技术，对特定领域认知技能的学习迁移情形进行分析和研究（任洁、莫雷，1999）。产生式理论认为，迁移的本质是以产生式为基本单元，通过知识编辑机制实现。正如 Anderson 所说的，"陈述性知识是灵活的，但并不负责知识是如何被运用的。通过知识编辑，从陈述性知识获得产生式，才能加以运用"（Anderson，1987）。许多样例研究是基于产生式理论基础上的，本节对相关研究作一简介。

一、朱新明等的研究简介

我国学者朱新明等从 1983 年就开始以产生式理论为基础对示例（样例）学习进行了实验研究，证明了示例学习对于被试掌握初中代数、几何、物理等学科知识的可行性和有效性，并通过细致的口语报告分析阐明了示例学习的过程与特点。其中"通过示例学习掌握二次三项式的因式分解"的实验证明了初中代数采用样例学习的可行性和有效性。该实验以掌握形如"x^2+ax+b"的二次三项式因式分解的规则，其中 a 和 b 为整数（可以是正数，也可以是负数）为学习内容，并把解决这类问题的知识描述为 5 条产生式规则，其中一类是基本产生式规则，记为 P；另一类是确定因数符号的四条符号产生式规则，分别称为 P_1，P_2，P_3 和 P_4。这些产生式表述如下。

基本产生式 P：如果，目标是分解因式 x^2+ax+b，那么：

（1）找到两个数 c 和 d，使满足 $c+d=a$，$c\times d=b$；

（2）分解的结果为 $x^2+ax+b=(x+c)(x+d)$。

符号产生式 P_1：如果，目标是分解因式 x^2+ax+b，且 a 和 b 都是正数，那么，分解出的因式中，c 和 d 都是正数。

符号产生式 P_2：如果，目标是分解因式 x^2+ax+b，a 是负数，b 是正数,那么,分解出的因式中,c 和 d 都是负数。

符号产生式 P_3:如果,目标是分解因式 x^2+ax+b,a 是正数,b 是负数,那么,分解出的因式中,c 和 d 异号,且绝对值大者为正数。

符号产生式 P_4:如果,目标是分解因式 x^2+ax+b,a 和 b 都是负数,那么,分解出的因式中,c 和 d 异号,且绝对值大者为负数。

实验材料包括测试材料和学习材料。测试材料用于检查学生是否已经掌握所学的产生式规则,从以下两个方面进行检查:一是要求学生解决有关的因式分解问题;二是要求学生陈述所学的产生式规则(以关键词填空的形式,比如,如果分解因式 x^2+ax+b,常数项是正数,一次项的系数是负数,那么,要把常数项分解成两个_____(正、负)的因数)。

实验用学习材料包括先行知识的练习材料和新知识的学习材料:前者是两组填空题,使学生回忆有关的先行知识;后者是一些例题和问题,要求学生通过考察例题或解决问题掌握二次三项式因式分解的十字相乘法(即采用例题加问题的方式学习)。被试首先要做前面的巩固练习,然后进入新知识的学习。实验新知识学习材料设计成两种学习情景:一种是例中学(例题+练题);另一种是做中学(问题+练习,其中问题是与例题相对的,只是没有答案,以填空的形式处理,即整个学习过程是使被试通过解决问题进行学习,材料附有答案),完整的学习材料介绍如下(朱新明,1997)。

Ⅰ. 先行知识的练习材料

1. 填空:

例题　8 可以分解为 $2×4,1×8,(-2)×(-4),(-1)×(-8)$

练习(1)　6 可以分解为_____,_____,_____,_____。(2)略。

例题　8 可以分解成两个数 2 和 4 的积,这两个数的和是 6

练习(1)　8 也可以分解成两个整数_____和_____的积,这两个整数的和是_____。(2)(3)略。

例题　在 x^2+5x+6 中,x^2 为二次项,$5x$ 为一次项,6 为常数项。

练习(1)　在 $x^2+8x+12$ 中,x^2 为_____,$8x$ 为_____,12 为_____。(2)略。

2. 应用多项式乘法法则计算下列各题:

例题　$(x+2)(x+4)=x^2+4x+2x+8=x^2+6x+8$

练习 $(x+3)(x+5)=x^2+$ _____ $+$ _____ $+15=x^2+$ _____ $+15$

将上面的例题反过来写,得到 $x^2+6x+8=(x+2)(x+4)$。这种将 x^2+6x+8 分解为两个整式的积的形式,就叫多项式的因式分解。

Ⅱ.新知识的学习材料

例中学的材料分三部分,每一部分又分为例题和练习两部分。例题部分各给出 5 个、4 个、4 个因式分解的样例,练习部分各给出 3 个、4 个、8 个相同类型的练习题。第一部分是关于基本产生式的,例题如 $x^2+5x+6=(x+2)(x+3)$ 等,相应的练习题如 $x^2+11x+18=(x+$ _____ $) \cdot (x+$ _____ $)$。第二部分是关于 P_1、P_2 产生式的,常数项为正,而一次项系数有为正和为负的。例题如 $x^2-5x+6=(x-2)(x-3)$ 等,相应的练习题如 $x^2-9x+18=($ _____ $)($ _____ $)$。第三部分是关于 P_3、P_4 产生式的,一次项系数、常数项为正和为负各一例。例题如 $x^2-5x-6=(x+1) \cdot (x-6)$ 等,相应的练习题如 $x^2-11x-12=($ _____ $)($ _____ $)$。

做中学的材料同样分三部分,每一部分又分为问题和练习两部分。与例中学的相应部分内容全部对应,只是对应例题的部分是填空题形式的问题,如 $x+5x+6=(x+$ ____ $)(x+$ ____ $)$,$x-5x+6=(x$ ____ $2) \cdot (x$ ____ $3)$,对应练习全部相同。做中学的材料都附有答案。

实验分课堂学习实验和个别学习实验,前者的目的是检查示例学习在课堂情景中的效果。两个班的 98 名被试(其中 4 位由于前测表明已经掌握,其成绩不计)在课堂上以例中学的方式学习二次三项式因式分解。个别学习实验的目的是探讨例中学和做中学的认知过程。参加实验的被试是初中一年级 20 位中等程度的学生(例中学和做中学各 10 位),他们是通过前测检验出来的还没有掌握所学知识的学生。实验采用个案方式进行,要求被试在学习过程中进行出声思维,他们的口语报告被录音机记录下来。在实验过程中,主试要求被试在学完每一部分的材料后,归纳所学的规则(产生式)。

实验结果显示,对于课堂学习组的 94 名参加实验的学生中,通过例中学以后,有 78 名学生(占总数的 83%)正确地解决了如下所有 5 道测试题:$x^2-7x-18=($ _____ $)($ _____ $)$;$x^2-2x-8=($ _____ $)($ _____ $)$;$x^2+x-20=($ _____ $)($ _____ $)$;$x^2-5x-36=($ _____ $)($ _____ $)$;$x^2-9x+14=($ _____ $)($ _____ $)$;8 名学生(占总数的 8.5%)解对了其中的 3

道题,8 名学生(占总数的 8.5%)解对了 2 道题或更少的测试题。

由于这一完整的实验过程是在一堂课的时间内完成的,说明示例学习可用于实际的教学情境中。

对于个别学习组的被试,学习前的测试结果表明他们未掌握所学的 5 条产生式规则,不会解十字相乘法的因式分解问题。经过 25 分钟的学习,测查结果表明:这 20 个被试都学会了 5 条产生式规则,能正确地解答测试材料中的 5 道因式分解问题;并在一个含有 20 道填空题的项目测试中平均做对 15 道题。结果表明这些被试在不同程度上学会了二次三项式因式分解的规则,并能将相应的产生式规则用语言陈述出来。

研究者通过对个别学习组被试的口语报告分析,清楚地看到例中学和做中学的过程:在例中学的情况下,被试往往是仔细地考察有解的例题,并在解决第一部分的练习题的时候经常地回过头来查看这些例题。例如,例题使一被试 E8 从已学过的多项式乘法法则中推出基本产生式的动作所应满足的两个条件,即两个数字因数的乘积等于二次三项式的常数项(条件 1),它们的和等于二次三项式中一次项的系数(条件 2)。在这一过程中,被试一方面利用先前已学会的知识来生成新知识;另一方面利用它们检查所得到的解。开始的时候,被试得到的解只符合两个条件中的一个;当发现自己的错误后,他得到同时符合两个条件的正确的解。这样,他就获得了一个完整的基本产生式 P。例中学的被试大都是采取这种方法获得产生式的。

又如当主试问道:你发现了什么规律?

一个被试说:我发现一个规律:括号里的这两个数分别与 x 相乘,加起来就得到这个数(一次项的系数);这两个数的乘积等于这个数(常数项)。

所有的被试都能正确地说出他们进行因式分解的规则。但这种对规则的陈述还不是概括性的,受到具体例题的影响。如当主试问"你是怎样分解因式的"时,被试 E6 说:"在看这两部分的学习材料时,我首先读这些例题,然后做练习题。如果我不能解决这些问题,我就将它们和例题进行仔细的比较。"很难说这种将练习题和例题的直接比较能够导致对规则的真正理解。有些被试能够先从例题中抽出一般的原则,然后再接着往下做练习题。例如,被试 E7 在回答上面的问题时说:"两个因数的和等于一次项的系数，它们的乘积等于常数项。这些题都是一样的。"也有一些被试明确地指出因式分解是多项式乘法的逆运算。例如，E4 说："因式分解就是多项式乘法的逆运算。分解是对多项式乘法公式的改变，即将这个公式反过来写。"

在被试获取辅助产生式 P_1 和辅助产生式 P_2 时，在例中学的情况下，被试比较第一个和第二个例题，注意到当一次项系数是负数时，分解出来的因数也是负数。很多被试在看完这两个例题后就能陈述出产生式 P_3 和 P_4，例如。被试 H 说："哦，主要是看一次项。如果它的前面是个正号，那么两个因数也是正号（规则 2），但如果它的前面是个负号，那么两个因数也是负号。"

与第一和第二部分的学习不同，被试在解决第三部分的问题中较少报告他们总结出的规则，但他们都能正确地解决学习后的测试题。6 个例中学的被试能够合理地报告出他们总结出的规则，其中有些还是以举例的方式报告的。被试 E3 是这样报告他所总结出的规则的："在这些问题中，有些是一次项为正数，而常数项为负数，这时分解出的因数中的一个是正数，另一个为负数；如果一次项的系数为正数，较大的因数是正数，而较小的是负数；如果一次项为负数，较大的因数是负数，而较小的是正数。"

通过口语报告分析，研究者总结出在例中学条件下，被试获取产生式规则的过程。例中学的过程是：首先观察样例，比较二次三项式和分解出来的因式之间的差异；然后根据多项式乘法的法则和因式分解的定义理解例题，并归纳出初步的产生式规则；最后应用归纳出的规则解决问题，检验规则的正确性，并逐步发展解题策略。

在例中学的情况下，被试是先通过考察有解的样例形成产生式的假设，然后通过解决问题逐步检验和完善这一假设。因此，在例中学的条件下，知识的获取不是一步到位的，而是一个循序渐进的过程。这一过程的关键是在先前知识的基础上理解例题或问题，从而获得产生式的假设（在例中学的情况下）。只有形成了适当的假设，才能进行后面的认知加工，直到获取正确的产生式规则，并逐步发展出较强的问题解决技能。

而在做中学的情况下，被试先自己解决问题，然后把这个自己解决了的问题作为有解样例来获得知识。即是说，做中学的被试要自己创造

有解样例,再从这个样例中学习。通过口语报告分析,研究者得出通过例中学和做中学获取知识的过程的如下一些特点:

(1)产生式规则的建立可以促进理解性的学习。口语报告分析表明,例中学使学生积极主动地探索产生式的条件和动作之间的联系。由于表示知识的产生式规则是被试自己推导出来的,因此理解得比较深,记得比较牢。一方面,在考察例题和解决问题的过程中,被试要通过调用先前的知识来产生理解,并归纳出新知识。另一方面,在解决大量问题的过程中,被试对产生式条件与动作之间联系的判断不断地受到检验,从而逐步完善所学的知识。

(2)有效的解题策略不是一开始就有的,而是在学习的过程中逐步形成和发展起来的。

(3)知识的获取和问题解决技能的发展是紧密联系在一起的。在例中学中,问题解决的过程就是逐步获取知识和完善知识的过程,而知识的获取和完善也是一个逐步发现和解决问题的过程。随着学习的深入,被试逐步发展了较强的问题解决技能。这主要表现在被试检查解题结果的方式上。

朱新明的实验从产生式理论出发,给出了较为复杂技能样例学习的可行性分析依据。但是,分析后面的测试题可以看出,实验仅探讨了样例学习在同类型问题上的解决情况或近迁移问题的解决情况,对于较远迁移问题上的情况没有作进一步的探讨,也没有对两种学习条件下的学习表现作出比较。

但是,一些研究已经发现,以产生式规则解释所有认知技能的迁移现象,在一定程度上可以说是将复杂的迁移现象简单化了,从而导致人们在研究实际课堂知识学习和复杂的认知技能的迁移时,出现了不一致的结论(即进行了大量的练习后,迁移效果仍然不好)。如 Sweller 等(1985)研究代数学习发现,即使进行大量练习,被试的迁移成绩也并不好。Reed 等人(1985)研究类比法问题解决代数文字题时也发现知识只有较小的迁移。该实验中向学生提供关于某一混合问题的详细解题步骤。在此之前或之后,都要求学生解决一些与例题结构相同或相似的问题,结果发现,在接受例题训练之前,学生均无法解决此类问题,而在训练之后,有 50% 的结构相同问题和 10% 的结构相似问题被学生解决。该研究表明,学生并非总能将他们所学的解决某一问题的方法迁移到与之有相同或相似解题方法的另一些问题中去,其原因可能与学生没有将基点问题与目标问题的结构特征相匹配有关。

造成这种结果的原因可能与研究的一些不足有关,如在其迁移分析中,没有明确考察陈述性成分(如样例)。因为在他们看来,人们无需努力就能很容易地将这些陈述性知识存储在大脑,所以在实验中,被试的陈述性表征被理想地假定为一致的。但 Chi 等人(1997)的研究发现,学习者在对样例信息进行编码时表现出巨大差异,即被试间的陈述性表征不同。尽管被试是从同样的教学中学习物理知识,却产生了不同的认知解释、不同的样例编码,而正是这些决定了后来的问题解决行为(样例学习时样例在被试头脑中如何被表征是关键的)。这就是说,对于复杂认知技能的学习,被试间获得的关于样例信息的陈述性表征不同,而这些不同的样例表征可能直接影响后面的问题解决。

二、任洁和莫雷的研究简介

我国学者任洁和莫雷(1999)作了进一步研究,仍采用二次三项式因式分解为实验内容,以认知技能"一条基本产生式规则、四条符号产生式规则"的获得为目标。分三种学习情景:样例、样例＋练习、练习。该研究进一步揭示了样例在程序性知识学习迁移中的作用问题。

首先,他们根据隐含在认知技能内部的智力活动方式,对程序性知识作了进一步区分,即联结性程序知识(association-procedural knowledge)和运算性程序知识(operation-procedural knowledge)。联结性程序知识指不需要经过人类复杂的认知操作活动就能形成的知识,它只有一定的信息意义。研究者认为,前人的迁移观实质上是对联结性程序知识研究结果的阐述,因为这类知识不需要经过人类复杂的操作活动就可以获得,只要学生能够清晰、完整地在工作记忆中将整个程序的各个操作步骤联结起来并熟练化(其实质是依赖联想记忆的恢复),就能把经过归纳学习、自动概括而成的产生式规则应用于新的问题情境中去。因此,对于联结性程序知识,现代认知派主张要"做",通过大量练习就可促进认知技能顺利迁移,并强调应用此类知识之所以有差异,不是来源于原来的样例知识,而主要与知识编辑的加工环节有关,具体表现为知识编辑的总量以及应用所编辑的知识的有效性。运算性程序知识是指要经过人类复杂的认知操作活动才能形成的知识,它们表述的是某些规律或者是逻辑必然性的东西。它们不仅有一定的信息意义,同时也有一定的智能意义,凝聚了人类一定的智力活动。这类知识是一种更为复杂的程序性知识,在实际教学中占有相当大的比重。

研究人员认为,也许正是由于 Anderson 等人的迁移观点来源于对联结性程序知识的考察,因而他们可以在其实证当中将被试的陈述性表征理想地假定为一致的,并不考虑迁移行为与原先习得的陈述性知识(比如样例知识)之间的关系,认为教学中提供大量基于相似性的练习对迁移认知技能是重要的。而事实上,程序性知识不仅是联结性知识,而且大量的是运算性程序知识,尤其在数学学科中。由此,研究人员提出以知识类型为前提来研究程序性知识学习迁移,以期认清前人研究结论中出现分歧的缘由。

为了综合考察样例对运算性程序知识学习迁移的作用,以了解陈述性成分(以样例形式呈现)与运算性程序知识学习之间的关系,探讨实现运算性程序知识学习迁移的条件,研究集中关注样例对运算性程序知识的学习迁移有无影响。实验研究人员设计了比较样例或练习对知识迁移作用大小的三种学习情境:样例组(简称 EP 组)、样例加练习组(简称 ECP 组)、练习组(简称 CP 组),每组 40 人(随机分组)。被试的选取是通过二次三项式因式分解知识的事前测验,选出未掌握该知识的 120 名学生作为被试,并被随机分为三个组,每组 40 人。实验材料是初中代数二次三项式因式分解。

第一步是共同的阅读学习:二次三项式因式分解的导言内容。它以陈述性呈现方式,引导被试学习因式分解的定义及其解法的基本规则。

第二步是不同的分组学习:EP 组学习含有 4 个样例的学习单。ECP 组学习同样含有 4 个样例的学习单,且每个例题后有一道类似的练习题。CP 组只做练习。其中,样例(前两组例题)来源于课本,且按照常规教学中的呈现方式交给学生阅读学习,ECP 组所练习的问题与样例非常相似。CP 组是发给学生含 8 道题的学习单与 ECP 组是同样的题目;而且排列顺序也相同,但是不提供那些有解的样例。这就是说,前两组被试依靠例题帮助学习,接受了有解样例的"额外指导",但没有 CP 组学生

（他们依靠弱方法）所做的练习多。上述的共同的和分组的学习阶段合称为"知识获取阶段"。

第三步是迁移测验：测验共由 16 道题组成，它们与样例问题具有不同的相似性：(1)4 道特征同型题目；(2)8 道具有高相似性的近迁移题目；(3)4 道具有低相似性的远迁移题目。

第四步是后测：事隔一天以后进行，考查学生认知技能的保持情况。记分方法是：迁移测验共 16 道题，答对 1 道得 1 分，满分 16 分。

研究结果发现，被试在三种实验情境里的总成绩有显著的差异性，有样例指导学习的学生成绩明显好于只有编辑练习机会的学生成绩（EP＝10.050；ECP＝9.025；CP＝6.125；F＝21.38，p＜0.01）。不过，这种结果主要由被试在后两类迁移题目上的成绩差异造成，在第一类同型问题上的成绩无差异（三组被试基本都没有错误）。如 EP 组与 CP 组在后两类迁移题目上的总平均成绩分别是 EP＝6.18 和 CP＝2.33，而在第一类同型问题上的成绩分别是 EP＝3.87 和 CP＝3.80。三组被试迁移成绩的差异说明：样例和练习对复杂的认知技能的迁移有不同作用，样例学习可以明显地促进习得的概括化技能迁移到较为复杂的新情境中去。

从中我们看到，样例组成绩最好，比样例加练习组平均多做对一道题目，这似乎与我们的认识略有冲突，我们一般会认为，成绩最好的应该是样例加练习组。这表明，不同的学习方式所获得的知识的质量不同，练习组获得的知识质量最差。

研究者也分析了被试的解答情况，将错误的主要类型归为两类作进一步分析。像二次三项式 x^2-5x+6 分解因式的正确答案应是 $(x-2)(x-3)$，被试的答案倘若是 $(x-1)(x-6)$ 等，属于基本分解错误，称之为第一种错误类型。倘若被试将答案写成 $(x-2)(x+3)$ 等，属于符号错误，称作第二种错误类型，它需要被试理解所分解出的两个因数的真正内涵才能避免错误。学生所犯的错误绝大多数可以归入这两种类型。研究者通过检查 ECP 组与 CP 组被试的学习单和测题单获得各种错误类型数。

这里，ECP 组与 CP 组的学习单虽然都是 8 道题目，然而两组学生在知识获取阶段的同样的 4 道练习题上所犯的错误类型数不同，这样的结果也反映在后来的同型迁移测验中：被试在分解前面 4 道极类似的问题时，两组被试都没有第一种类型的错误，但是 CP 组学生犯了第二种类型的错误数为 8 个，而 ECP 组的也没有犯此类错误，所以尽管样例似乎不太影响第一类型的错误数，却抑制第二类型的错误数。也就是说，样例不仅有助于减少学生做错的题目数量，而且样例的好处还表现在限制了学生所犯错误的类型上（这种解释似乎没有考虑知识获取阶段 CP 组被试的错误数，注意到获取阶段也错了 10 个，在同型性迁移阶段错 8 个也就不足为奇了。合计获取阶段 ECP 组错误数为 3 个，而 CP 组错误数为 13 个，所以，样例在知识的获取阶段已经显示出作用来了。从中似乎可以看出，练习组在获取阶段没有及时的反馈措施。笔者认为，在获取阶段，应保证被试无误，及时反馈错误，不能在习得阶段留下任何错误，即是说在习得阶段结束时要保证学生在习得阶段出现的错误都得到了订正，这样更符合教学实际，更具有实际价值。该研究与后面将要介绍的张春莉的研究一样，在习得阶段都没有保证习得应有的步骤程序。当然，如果把习得阶段也作为研究之列，那么，我们就来做一个习得之后的研究。习得差，自然后继测试也差，这正说明了样例影响习得，从而进一步影响后测。在保证习得的情况下，后面的情况如何？似尚需进一步研究）。

在近、远迁移上的差异表明：(1)练习式学习模式似乎比样例更易使学生倾向于照搬解法规则，而不去更多考虑已发生变化的条件。(2)样例式学习模式中也有照搬样例解法的错误事实，说明了以句法加工为特征的联结式智力活动方式的存在，而仅有这种智力活动方式，在复杂的技能迁移活动中显然是不够的。它使被试在混淆的条件情境里不易识别出条件原型（指蕴含在样例解法中的某种典型的产生式规则的条件模式），从而发生错误匹配。(3)成功解题的样例组学生更多地通过语义加工为特征的运算式智力活动，突破条件原型上的覆盖变异的条件，再认出条件原型。总之，样例加练习组被试在各项目上的错误数都有小于练习组所犯错误的倾向，这个实验现象进一步表现出样例对技能的保持作用也要好于编辑练习，它使被试能够更为清晰、牢固地掌握曾经获得的解法的"条件"及其匹配的"动作"。

研究者得到如下结论：经练习或样例学习虽然都可完成教学任务

（使学生获得程序性知识，并用以解决新问题），但解决新问题的数量和质量存在明显差异。在技能保持上，样例也能支持学生可靠地拥有概括化的产生式规则。实验也初步证明了，学生能够从典型样例里将知识获得阶段构成的概括化用于新情境。程序性知识本身有联结性程序知识与运算性程序知识之分，它们是人类在两种不同的学习机制条件下获得的学习结果。Anderson 等人的研究可以归属为对联结性程序知识的完善解释。运算性程序知识的学习迁移则可能有不同的基本情况，单纯的知识编辑过程似乎不是迁移的决定性因素，它使程序化技能的迁移范围和程度大为缩小（所以纯练习不能扩大迁移）。样例与问题解决之间有密切关系。在运算性程序知识的学习中，学生利用条件原形，如果发生语义水平上的加工活动，那么所获得程序化技能的迁移范围就会扩大。人们应注意区分两类不同性质的程序性知识，在实际课堂教学中，要教会学生更多地通过语义加工为特征的运算式智力活动学习样例知识。这也为更好地揭示迁移现象的内部机制提供了新的思路。但对于样例表征是不是运算性程序知识学习迁移中的决定性因素，尚需要继续研究。

总之，关于运算性程序知识，可以获得如下认识：（1）样例对运算性程序知识迁移成绩有重要影响；（2）运算性程序知识的学习迁移有着不同于联结性程序知识的学习迁移现象（任洁、莫雷，1999）。

三、张春莉的研究简介

张春莉（2001）也做了样例和练习在促进解题迁移能力中的作用的研究，考察熟练的技能是否有助于正确而迅速地解决问题，以及规则的自动化是否有助于促进解题能力的迁移。实验中主要考虑样例和练习时间两个因素。

张春莉设计了只考虑样例和练习时间两个因素的实验，并且在实验中区分了在解答应用题技能中的各个成分，它们分别是对问题图式中的解法规则、计算的执行以及对问题其他方面的监控。该研究试图通过实验"检验产生式理论中两个主要结构：熟练的技能有助于正确而迅速地解决问题；规则的自动化有助于促进解题能力的迁移。同时着重考察样例在练习中的作用和导致远迁移的实质"，"考查练习在促进技能的获得、迁移过程中还受什么因素的影响"（张春莉，2001）。

实验中对被试共发放了 5 份材料。前两份是学习用的,包括解释材料、习得训练材料。后三份是考试用的,包括验证题、近迁移和远迁移题。实验分为五个阶段。

第一阶段,对每个被试出示有关浓度问题的解释材料,教师作出有关的讲解,并对被试的任何疑问都作出详细的回答。这样做的目的同样是为了保证每个被试都理解在以后的习得训练中所必须先行掌握的规则和解题程序。

第二阶段,各组被试分别被安排进行相应的习得训练。长时练习组的时间安排为 25 分钟,短时练习组的时间控制在 10 分钟;教学手段差异体现在是否在练习过程中提供相应的样例。对于有样例的实验组,奇数号题是作为样例,已给出了解答;而对于短训练的实验组,题目 6 以后的题目没有安排他们去练习。

习得阶段的每一个题目的做题时间是有限制的,"每道题的解答时间规定为 3 分钟。在规定时间之前完成的可以提前做后面的题,到了规定时间(由主试告诉)就必须放弃该题,而去做下一道题",一到时间不管做没做完,都要停下,接着做下一道题目。题目都是要求按顺序做的,解题时必须按题目序号一道一道往下做。

第三阶段,对所有被试进行验证题考试,要求被试在规定的半小时内完成尽可能多的题目,测量被试在解答浓度问题的技能习得训练以后,解题速度和正确率的提高情况。

第四阶段,对所有被试进行考试(包括近迁移题和远迁移题)。规定每部分的最长答题时间均不得超过 10 分钟。

第五阶段,安排在一周后,考查学生对图式知识的保持情况。要求在规定时间(10 分钟)内完成。

统计的内容是各阶段题目中的错误个数,并且根据解题中所涉及的不同的任务性质和相应的技能,区分了不同类型的数学错误,它们分别是转述错误、计算错误和监控上的错误。转述错误是指将对问题的表征转述成代数式即列方程式时采用了不合适于本问题类型的数学表征;计算错误是指解方程时对代数式操作方面的错误(如由 $x+1=0.5x+4$ 推出 $0.5x=5$)或计算时数值上的错误(如 $20\times5\%=10$)。而监控上的错误是指没有监控到单位的转换或转换时出的错。

　　研究结果显示,在习得训练阶段,样例组都较无样例组表现出较少的错误,但是高智力样本随着练习量的增加,样例的优势逐渐消失。相比较而言,低智力样本受样例的影响更加大,且随着练习量的增加,这一影响更加显著。另外,纵向比较结果表明,随着练习量的增加,在列式方面的技能越来越熟练。样例有助于正确的运算,这一差异在短训练组不够显著。样例组有助于单位转换方面的提高,但对低智力活动作用不够显著。而练习量并不导致单位转换技能的提高,反而导致单位转换能力的下降。这说明练习量与技能的熟练之间并不总是存在正相关,它还要受到任务性质的影响。

　　在验证阶段,长训练对于高智力样本无论在有、无样例的情况下均具有显著作用,而长训练和短训练对低智力样本无论在有、无样例的情况下均无显著差异,这表明练习时间在促进学生技能熟练时较大程度地受到智力高低的影响。

　　这个阶段的错误数可以看成是由于长短训练造成的,因为这是通过了一个 10 分钟,一个 25 分钟的习得阶段后的差异。但是,这个"错题的平均个数"是怎样得来的,是列式错误还是运算错误,还是将两者加起来? 研究并没有指明。为什么没有分开算? 笔者认为各个组做的题目数量应该有个统计,主要应该验证熟练程度对做题量即速度上的影响,所谓技能的熟练就是又快又好,即两个指标:做题数量和正确率,而不应该只是错误数这一个指标。另外一个关键问题是,这个平均数不具有可比性,因为速度不同,做的题目数量不同,错误的个数也就不同,这个错误数反映不了什么。即便是对应组,如"长训练对于高智力样本无论在有、无样例的情况下均具有显著作用",其意思是说,高智力有(无)样例的长训练组和短训练组的错误个数有差异,这就存在一个问题:长训练组可能熟练了,做题速度快,做的题目多;短训练组由于不熟练,做的题目少,这样,做的题目多的可能错的也多,不好比较。首先应有一个做题数量的统计,本实验没有这个指标。如果做题目多的反而错得少,才能说明确实有效果。

　　对各种条件下的对应组错题的平均个数作差异显著性检验,分析结果表明,长训练对于高智力样本无论在有、无样例的情况下均具有显著作用,而长训练和短训练对低智力样本无论在有、无样例的情况下均无显著差异。长训练对于高智力样本无论在有、无样例的情况下均具有显著作用，而长训练和短训练对低智力样本无论在有、无样例的情况下均无显著差异，这表明练习时间在促进学生技能熟练时较大程度地受到智力高低的影响（在这里，平均数是个什么？是这一组错误的总个数除以人数？如果是这样，那么错误个数的差异就说明不了什么了，因为存在做得多—速度快—错得多和做得少—速度慢—错得少的可能，而技能熟练的问题应是速度与正确率的综合衡量问题。而谁做多少题目都没有给出说明，这是统计欠缺之处。另外，把练习时间改为练习个数可能更具有教学意义，让学生真正练习到一个数量）。

在近迁移方面，每个样例组在近迁移题目上的列式错误都显著地低于与之相应的无样例组（这显示了样例的作用）。练习时间的长短只在高智力和样例条件下有显著影响，可见，在近迁移阶段，在列式方面受样例的影响较受练习量的影响更大。在运算错误上，各样例组和无样例组都无显著的差异（这应该是因为运算技能不是一朝一夕能改变的事情，是固有的能力）。同时，在各长训练组与相应的短训练组之间也无显著差异（原理同上，这也说明将运算错误作为统计量是不合适的），总的来说，不论是样例还是训练时间，在减少运算错误上都没有发现显著的促进作用。

对于远迁移的测题，仅在高智力样本中有显著差异。对各种情况下的高智力样本进行检验，得出在提供样例的情况下，训练时间的增加有助于促进远迁移。而无样例时，虽然长训练的成绩比短训练组的成绩好，但这一差异并不显著（说明在无样例情况下，练习的效果没有真正达到）。长训练和有样例组的记忆保持情况最好，而且各种对应条件下长训练组和有样例组均表现出比短训练组和无样例组较好的记忆保持成绩，说明长训练和样例促进熟练技能，从而有助于知识的保持。

研究者还发现，在练习和行为之间还存在其他的影响因素。在提供样例的条件下，长训练在验证阶段、迁移阶段和后测阶段表现出比短训练更大的差异，这表明练习必须要保证正确，这样才能保证练习是针对要达到的目标的。如果在错误的步骤上转来转去，练习的效果将会很低。要达到预定的目标，练习中是否提供指导和反馈十分重要。

练习的效果还与当前任务的性质有关，在列式、运算和单位转换上，练习的效果是不一样的，尤其在单位转换上，练习量并不导致被试在监控到单位需要转换这一能力上的提高，说明它们三者的加工性质是不同的，练习只在针对它更能发挥作用的那些性质的任务上起作用。实验中，验证阶段的练习时间在促进学生技能熟练时较大程度地受到智力高低的影响，表明练习与参与练习的个体的智力和认知水平有关。低智力的被试也许需要更多的时间才能达到高智力被试在较短的时间内所达到的技能的熟练程度。当然，在保证练习的正确性、对任务有针对性以及练习者具有较好的智力和认知水平的情况下，练习量的增加对于技能的熟练和解题能力的迁移是有促进作用的。鉴于练习与行为之间并不是直接的关系，笔者认为有必要对练习有一个正确的认识。问题的实质并不在于个人要花多少练习时间，而是在练习技能时他们实际在做什么。显然，好的学习者善于利用更有效的学习方法和反馈信息，更准确地了解他们自己知道什么，什么地方还需要学习，并且趋向于将注意力集中在未知的信息上。我们应该清楚，练习本身并不是技能熟练的保障，练习只是为促进技能的熟练提供了一个机会，而不是充分条件。

总之，实验结果表明了以下两个结论：(1)强调样例下的练习促进技能的熟练和解题能力的迁移。样例在技能习得的早期扮演了重要的角色，并提高了练习的密度，从而更有效地促进了技能的熟练和解题能力的迁移。(2)练习本身并不总是保证促进技能的熟练和解题能力的迁移。从本实验中的数据分析表明，它至少要受三方面因素的影响：一是与在练习中是否有来自外部的指导和反馈有关；二是与练习的任务性质有关；三是与参与练习的个体的智力和认知水平有关。

笔者认为，由于实验设计的问题，上述研究没有把样例在解题迁移中的影响机制完全揭示出来，结论尚不够完善，尤其是在不是单一技能方面的迁移上，实验将技能分为3个基本构成成分，但这种技能的获得情况(错误个数)可能不是由当前的样例影响所造成，而主要是由太多的积淀造成，是受被试原先固有的知识和能力水平影响的。另外，实验中的样例问题和练习题等的层次结构、相似程度、表面概貌关系等都没有进行科学的考虑。

为此，有必要重新设计实验，检验样例在知识综合应用方面的迁移影响情况。一方面考察样例在知识综合应用方面的影响；另一方面考察样例与测试题相似性的关系对解题的影响,从中获得样例学习在教与学上的启示。

　　另外,笔者认为,样例在不同年龄段上的作用程度是不同的,如形成图式需要样例的个数应该不同,随着年级的增高,由于归纳概括能力越来越强,因此需要的样例的个数可能会减少。样例归纳图式也与任务性质有关,不同的任务性质可能归纳图式所需要的样例个数不同。如有些任务,需要几个样例才可能形成图式;有些任务,一个样例也可概括出图式,如由一个数字型应用题样例过渡到字母型同型问题上去,就说明形成了图式。通常,通过几个样例的学习可以自动形成图式,这可通过呈现一系列同型性问题让学生做,一直做到学生自己感到这是一种类型的问题,并能概括出类型,以所做题目的数量来检测和判断。

第三节　基于计算机学习环境的样例学习研究简介

　　古罗马哲学家塞内卡(Seneca)在两千年前就指出,"通过吸取教训来学习的路很长,但是通过样例来学习的路很短且有效"(T. S. Hilbert, A. Renkl, S. Schworm, S. Kessler & K. Reiss,2008)。特别是在认知技能获得的初级阶段,基于样例的学习能够帮助学生更好地理解学习内容。如何使样例学习更有效,尤其是如何利用计算机技术研究和提高样例学习的有效性,成为人们研究的重要方法和领域。

一、以计算机为基础的学习环境下自我解释能力的培养研究

　　样例是初级认知技能获得的关键,尤其在结构良好的领域(比如数学)里,基于样例的学习方法对于初级认知技能的获得是重要的。而且,学习者更青睐于这种基于样例的有效学习方法。许多研究论证了基于样例的学习方法比基于问题解决的学习方法更有实效,因为基于问题解决的学习方法要求有更多的工作记忆容量。

　　自我解释在样例学习中是重要的。学习者从样例研究中的获益程度取决于他们是如何解释这些例子的解决方法的,换句话说,在很大程度上取决于自我解释学习策略的使用。Chi, Bassok, Lewis, Reimann

和 Glaser(1989)研究指出,从物理样例学习中获益的程度取决于自我解释的质量。具体来说,相比那些不那么成功的学习者,成功的学习者趋于:(1)多次详尽描述应用条件和目标;(2)较少受到理解错觉的影响;(3)在样例学习中花更多时间。Renkl(1997)发现,在学习时间不变的情况下,自我解释的质量与学习结果高相关,成功者与不成功者的不同点在于:(1)通过识别潜在的领域原则频繁分配意义;(2)通过识别附属目标分配意义;(3)趋向于预期下一个解决步骤而不是检查。另外,Renkl(1997)还发现两种探讨样例学习的有效方法:一些好的学习者将努力放在意义的分配上,运用以原则为基础的解释;其他成功的学习者将努力放在预期下一个解决步骤上。因此,鼓励学习者在样例学习中自我解释,是增强自我解释活动和促进学习的一种方法(Atkinson et al.,2003;Renkl,2005)。然而,大多数学习者都表现出较差的自我解释能力(他们都属于被动解释者和肤浅解释者),因此寻求指导性干预方法以培养自我解释活动是极其重要的。

在促进自我解释能力发展的研究方面,人们借助计算机等现代技术手段的帮助进行了广泛的研究。研究结论是:"基于计算机的学习环境能够促进自我解释的能力的提高。"以计算机为基础的环境的发展却不是由教育技术来促进的,而是由以计算机为基础的教学设计原则支持起来的。然而,在没有技术的支持下,很多教学设计原则很难与这种学习方法联系起来。Renkll 和 Atkinson(2002)讨论了在一些不同种类的以计算机为基础的学习环境下自我解释能力的培养问题,包括:(1)培养预期推理能力;(2)在从样例学习到问题解决的过渡中促进自我解释能力;(3)指导性解释促进自我解释活动。

关于培养预期推理能力,Renkl(1997)曾做过一个研究,利用以计算机为基础的学习环境一步步呈现样例,每一个样例的问题说明及解决步骤被适当安排在四页屏幕页面里。在第一页,学习者可以先看到这些问题;在第二页,可以了解到第一个解决步骤。在学习了第二页上的步骤之后,学习者可以继续往下页看下一个解决步骤,以此类推。在看完整个解决步骤之后,接下来学习者将看另一个新样例的问题说明及解决步骤。实际上,这些解决步骤并不是直接呈现的,这些有关样例的文字旨在刺激学习者自己预期下个解决步骤。结果,在 Renkl 研究中的部分学习者大多数都预期了解决步骤，也达到了很好的学习效果。

Stark(1999)进一步研究了在以计算机为基础的学习环境下，学习者是如何通过在样例中加入"空白"来促进预期能力的。学习者的任务就是试着填补遗漏的步骤。在填补之后，只要点击一下鼠标，完整的步骤就会呈现出来。当然，也可以及时反馈学习者填补的步骤正确与否。Stark发现，相比较于学习完整的例子，不完整的例子能够促进培养自我解释能力，同时减少无效的学习活动，比如说重复阅读。总之，不完整的例子可以改进解决方法的变化。

在计算机的帮助下，培养预期推理能力和及时反馈都是行之有效的。

样例能有效促进初级认知技能的获得。然而，对于后来的学习（特别是当认知技能到了自动化程度时），样例学习可能就不再适合。在Anderson，Fincham和Douglass(1997)提出的基于样例的学习模式下，在样例中学习仅仅局限在第一阶段（类比）和第二阶段（陈述性规则）。当学习者达到第三阶段（程序性规则）时，在样例中学习不再是受人青睐的方法，学习者更倾向于选择问题解决这样的实践方法。那么，"怎样组织认知技能获得的早期阶段（样例学习方法）向后期阶段（问题解决方法）的过渡"也就成了一个亟须解决的问题(Anderson，Fincham & Douglass，1997)。

为了解决这个问题，Renkl，Atkinson和Maier在以认知学徒方法为基础的背景下，提议一个包括在样例中增加空白的新的理论。这个教学模型建议进行一个从模型支架到独立解决问题的过渡，在此过渡期间，教学影响力慢慢减弱。这个新的理论可以直接应用于样例学习中。首先，呈现一个步骤完整的例子；接下来，呈现一个被删去一个独立解决步骤的例子；然后，空白的地方越来越多，直到只留下一个问题框架，也就是一个待解决的问题。总的来说，从模型支架到独立解决问题的过渡就是这样一个有解样例步骤逐渐省略的过程，故称为渐省式样例（fading worked-out example）设计。

为了实现这样的学习环境，Renkl和他的伙伴们采用了以计算机为基础的学习程序，这个程序是由Renkl开发、Stark改善的。他们通过控制实验测试了渐省过程与使用样例—问题配对的传统方法的不同影响，发现渐省过程促进了学习，至少近迁移是认可的。而且相比较而言，向后方式(首先省略最后的解决步骤)逐渐减少样例的解决步骤较向前方式(首先省略第一个解决步骤)更有利于问题解决能力的形成。

二、从样例学习到问题解决的过渡中,渐省式样例学习是一个好的方式

然而,一些研究也表明,完全基于自我解释的学习总是存在一些限制条件,即如何训练有效的自我解释。具体说来,学习者有时候会提供不正确的或者经常忽略自我解释,因为他们未能理解问题的重要方面(理解的错觉)。此外,即使他们注意到了理解的问题,他们也不能够克服它们。在此背景下,Renkl 提出了一套连贯完整的整合指导性解释(instructional explanations)的原则,其中最重要的原则是:(1)一个指导性解释应该只提供针对学习者的要求的解释;(2)运用极简抽象的手法;(3)如果极简抽象的解释并不充分,需要提供进一步的帮助。有必要在以计算机为基础的学习环境里实施这样的解释。

Renkl(2001)研究发现,有两组学生是频繁利用指导性解释的,其中一组具有低先备知识的学习者有效利用了指导性解释,另一组具有低先备知识的学习者没有从频繁地使用解释中获益,大概是因为存在着一个严重的认知负荷问题或是由于在解释期间常出现的解释和样例的一种注意力分配模式的超载(即不能同时检查所有的信息来源)。

在随后的研究中,Atkinson 和 Renkl 使用了技术检测手段,通过程序检测学习者预期的准确性,在此基础上决定解释是否呈现。在检测出第一个错误之后,给学习者一个极简约的解释,并让学习者再次输入答案。在第二个错误之后,程序将会给出一个更广泛的解释,它包括正确的样例解决方案。研究结果却与预期的结果相反,Atkinson 和 Renkl 在他们的实验中,发现学习者在控制条件下(没有任何指导性解释)的学习效果反而更好。他们推测,这一结果可能是由于指导性解释和样例的分散注意力模式导致的。更具体地说,就是由于这个指导性解释并不与例子位于同一页面,而根据认知负荷理论,可能造成认知负荷对于学习者工作记忆的影响,迫使他们整合不同的信息来源。在后来的研究中,他们重新格式化样例,将指导性解释整合进样例本身,从而减轻分散注意力效应。结果不出所料,第二个实验的重新设计改善了注意力分散

效应。

Atkinson 和 Derry 研究了旨在从样例中最大程度地学习知识的基于计算机的多媒体环境。为了实现这一目标,他们给学习者提供了多媒体样例,这种样例:(1)强调问题的子目标;(2)包括同步问题情形介绍的次要形态(视觉上显示的解决方案步骤加上听觉上显示的指导性解释);(3)是相继的。这样的例子类似于 Renkl 和 Stark 使用的例子,由一系列问题情形的描述组成。Atkinson 和 Derry 研究发现,给学习者呈现的这些相继的以子目标为导向(SE/SO)的样例优于给学习者呈现的更传统的同时不以子目标为导向的样例。

Atkinson 进一步研究了另两种类型:(1)合并由指导性解释和提示组成的教学形式,旨在鼓励学员自己解释样例;(2)使用一个非交互式动画教学机构提供指导。Atkinson 试图通过添加一个动画教学代理(animated pedagogical agent)以优化学习环境,这样的动画教学代理旨在从听觉上呈现以子目标为导向的指导性解释,同时帮助学习者更多地关注样例的相关部分。特别是,微软公司发明的动画代理,它是一个微软创建的可编程软件片段的集合,开发了语言以及非语言交流的形式(例如,凝视、手势),旨在努力促进学习者积极参与任务的动机。结果显示,一个代理能够提供听觉上的指导性解释,同时利用非语言的交流形式来支持学习。

以计算机为基础的学习环境似乎培养和促进了自我解释和基于样例的学习,它将越来越依赖于动画和交互性元素。新的计算机和视频技术大大提高了学习者动态重现问题情境和概念、使用可视化和建模的可能性。例如,它可能会创建一个基于样例的学习环境,采用真实的交互视频记录一个样例的问题规划,并鼓励学习者自我解释。也可以创建基于样例的学习环境,通过向学习者呈现动画、模型和其他视觉表达信息,影响计算机可视化能力,帮助学习者学习。

已有研究表明,基于计算机的学习环境促进了自我解释和基于样例的学习。

当前研究的是基于以计算机为基础的环境下包含动画教学代理的样例的学习;展望未来,下一步将是检验通过创建一个能够真正回应学习者声音的互动代理来促进自我解释能力和基于样例学习的方法。事实上,Atkinson 所采用的技术被称为"微软代理",它是一个通过会话界面支持用户交互的程序,其目的是模拟人类社会交流的某些方面。例如,微软代理创建的一个代理不仅可以响应鼠标和键盘输入的内容,而且还可以使用语言识别能力回应语言命令。这种类型的交互利用针对人际互动的典型口头沟通,将大幅度促进从样例中学习的能力。例如,一个代理可以通过注视和手势,以栩栩如生的方式引起学习者的注意;提供口头反馈,回应语言输入以及输送和诱发情感或其他相关行为。另外,上述所有以计算机为基础的学习环境都可以通过网络实现,从而绕开阻止学习环境广泛运用的时间和距离的障碍。

第四章　样例学习的实验研究

为了获取学科样例学习的一些特点，揭示样例学习的一些规律，为更好地运用样例学习这种学习方式提供依据，本章选择结构良好的领域——数学领域的学习，通过六个实验研究对样例学习的有关问题作进一步探讨。

第一节　知识综合应用型样例学习的实验研究

一、引言

通过文献分析发现，关于样例学习迁移的研究大都是关于知识运用得比较单一的实验，最多的是有关代数式或方程问题和解文字题的样例学习实验研究。如张春莉（2001）关于《样例与练习在促进解题迁移能力中的作用》研究，使用的材料是"单一浓度应用问题"；任洁与莫雷（1999）关于《样例与运算性程序知识学习迁移关系的初步研究》中使用的学习材料是二次三项式因式分解的内容，它以陈述性呈现方式，引导被试学习因式分解的定义及其解法的基本规则，然后设计样例与练习，内容也是单一的；仲晓波等（2002）关于《子目标对问题解决思路形成的影响》的研究所选的材料也是单一应用问题，这可以从其所使用的如下样例和练习问题看出。

习题O：如下图所示（略），甲乙两人从相距 8000 米的两地向着同一个方向行驶。乙骑自行车在前面每分钟行 200 米，甲骑摩托车在后面赶，每分钟行 600 米。

两人之间的距离每分钟缩短多少米？（子目标）

从开始时算起，经过多少分钟两人相遇？（总目标）

习题一：工人小王接到一项加工 4000 个零件的任务，小王加工零件的速度是每分钟 20 个。

小王每分钟加工零件多少个？（子目标）

从开始时算起，小王完成这个任务需要多少分钟？

习题二：一个水池有水 250 吨，一台抽水机每分钟从中抽水 0.5 吨。

抽水机每分钟抽水多少吨？（子目标）

从开始时算起，抽水机抽完这个水池的水需要多少分钟？（总目标）

习题三：一本书有 324 页，李明每分钟看书 2 页。

李明每分钟看书多少页？（子目标）

从开始时算起，李明需要看多少分钟才能把这本书看完？（总目标）

这些单一知识应用型样例学习实验证明了样例学习的有效性，但对知识的综合应用型样例的学习效果研究的实验目前尚没看到。笔者认为，综合应用型样例学习的有效性及其特点非常有研究的必要，因为这是在数学和科学学科学习和教学中经常遇到的一种样例形式，所以考察这种综合型样例的学习迁移情况及其特点是非常具有现实意义和学科教学意义的。

为此，我们试就数学学科学习中经常遇到的知识综合应用问题解决的样例学习迁移情况作一研究。研究内容包括：检验单项数学知识学习完成后，就知识综合应用于解决问题而言，样例的作用及影响情况；复杂样例与测试题之间的相似关系对解题的影响；教师讲解样例与学生自学样例的效果比较分析；样例解法中，子目标设置情况对解题迁移的影响等。

笔者希望通过实验检验以下假设：

知识学习与知识的应用可能不是一脉相承的，不是学习和理解了知识,就自然而然地能够综合应用这些知识来解决问题。从知识的学习掌握到知识的综合应用有个过程,在这个过程中,样例可以起到重要作用。知识之间也需要串联和并联,以形成系统的结构化知识。在综合应用知识解决问题、掌握解决问题的技能方面,样例起着重要作用。在同样拥有相同知识的情况下,综合应用知识解决问题在有样例与无样例条件下应有很大区别。样例能够起到如何用知识解决问题的示范作用,能引导学生合理运用知识解决问题,学生能通过样例学习掌握知识用于解决某类问题的方法。

许多基于文字题的样例学习研究都显示,样例的表面内容的相似性对问题解决有影响,看似类似的问题,其实内涵不一样,但是,学生常常不能够透过表面内容认清本质,而只是从表面相似性出发,套用样例的解法去解决当前的问题。而数学从整体上说,是一门形式化的科学,其中多是形式化的内容,如符号、式子、变形等;数学又是复杂思维型的,表现在问题的综合性上。那么,对于知识综合应用型问题,我们预测,样例表面内容可能也是有影响的。

已有研究表明,对于低年级学生来说,为有解样例设置子目标有利于迁移,因为它可能更能使被试形成解法的结构系统。我们预测,对于高年级学生,由于他们的分析能力较强,子目标可能不需专门标出,他们能够通过阅读样例从中获取各子目标,并能形成解法结构系统。

关于样例学习的效果,我们预测,教师讲解的效果可能比学生自学的效果要好。因为,一般样例解法中显现的指导说明语不够详细,学生自学自读样例解法可能会对其中的一些内容产生不适当的解释,从而误解原意,导致错误图式归纳。这也隐含着样例设计应遵循的一个原则,那就是样例解法中的指导语言不可太过笼统,含义不能过于概括。

二、研究方法

(一)被试

我们在高一年级(下学期)自然教学状态下实验,选择被试171名,分三个实验组。其中有样例教师讲解组被试59名,有样例自读组被试55名,无样例自学组被试57名。有样例自读组和无样例自学组被试水平相当,有样例教师讲解组相比而言水平程度较差。原有数学成绩(我们取上一学期全区期末数学考试成绩)差异显著性检验情况如下(见表 4-1 和表 4-2)。

表 4-1　有样例自读组与无样例自学组原成绩比较

组别	人数(人)	平均成绩(分)	标准差	平均成绩标准误差
有样例自读组	55	108.4545	20.1465	2.7166
无样例自学组	57	104.3684	21.2743	2.8178

注:独立样本 t 检验:$t=1.043$,$p=0.229>0.05$,说明两组被试成绩无显著性差异。

表 4-2　有样例自读组和讲解组原成绩比较

组别	人数(人)	平均成绩(分)	标准差	平均成绩标准误差
有样例自读组	55	108.4545	20.1465	2.7166
有样例教师讲解组	59	88.3390	22.3796	2.9136

注:独立样本 t 检验:$t=5.031$,$p=0.000<0.001$,说明两组被试成绩存在显著性差异。

(二)实验材料

本实验材料分为两部分:一部分是基础知识学习材料;另一部分是综合样例学习材料和测试题。基础学习材料是中学教材中的相应内容,作为综合样例学习的材料也是取自中学数学教材的相应内容,涉及的是正弦三角函数的相关知识,如正弦函数的图像、最值、周期、初相,即三角函数中的三个参数的意义。但作为实验用的样例学习材料和测试材料我们重新进行了编制,增加了一个同型性问题,它与教材上的原例题一同组建样例学习材料与测试材料。具体样例学习材料和测试材料内容如下。

问题 1:已知函数 $y=A\sin(\omega x+\phi)$,$x\in\mathbf{R}$(其中 $A>0$,$\omega>0$)。图像在 y 轴右侧的第一个最高点(函数取最大值的点)为 $M(2,2\sqrt{2})$,与 x 轴在原点右侧的第一个交点为 $N(6,0)$,求这个函数的解析式。

解法一:由题意及函数 $y=A\sin(\omega x+\phi)$ 图像的性质知,$A=2\sqrt{2}$。

函数图像在 y 轴右侧的第一个最高点($x=2$)与它与 x 轴在原点右侧的第一个交点($x=6$)横坐标之间的距离就是函数周期的1/4,

故 $\qquad\qquad T=4\times(6-2)=16,$

于是 $\qquad\qquad \omega=\dfrac{2\pi}{16}=\dfrac{\pi}{8};$

将 $M(2,2\sqrt{2})$ 代入 $y=2\sqrt{2}\sin\left(\dfrac{\pi}{8}x+\phi\right)$ 中,得 $\quad 2\sqrt{2}=2\sqrt{2}\sin\left(\dfrac{\pi}{8}\times2+\phi\right),$

即 $\qquad\qquad \sin\left(\dfrac{\pi}{4}+\phi\right)=1。$

所以,满足 $\dfrac{\pi}{4}+\phi=\dfrac{\pi}{2}$ 的 ϕ 为最小正数解,即 $\phi=\dfrac{\pi}{4}。$

从而所求的函数解析式为 $y=2\sqrt{2}\sin\left(\dfrac{\pi}{8}x+\dfrac{\pi}{4}\right),x\in\mathbf{R}。$

解法二: 由题意易得,$A=2\sqrt{2}。$

将两个点 $M(2,2\sqrt{2}),N(6,0)$ 的坐标分别代入 $y=2\sqrt{2}\sin(\omega x+\phi)$ 中,并化简得 $\begin{cases}\sin(2\omega+\phi)=1\\\sin(6\omega+\phi)=0\end{cases}$

所以,在长度为一个周期且包含原点的闭区间上,有

$$\begin{cases}2\omega+\phi=\dfrac{\pi}{2}\\[2mm]6\omega+\phi=\pi\end{cases}$$

解这个方程得 $\omega=\dfrac{\pi}{8},\phi=\dfrac{\pi}{4}$;代入即得解析式(略)。

问题 2: 已知函数 $y=A\sin(\omega x+\phi),x\in\mathbf{R}$(其中 $A>0,\omega>0$)图像在 y 轴右侧的第一个最低点(函数取最小值的点)为 $M(2,-2\sqrt{2})$,与 x 轴在原点右侧的第一个交点为 $N(6,0)$,求这个函数的解析式。

解法略。

(三)方法与程序

本实验采用被试间设计,不同组之间教学处理方式不同。样例学习与测试材料中,问题 1 与问题 2 从题型到解法都是相似的,在其中两个样例实验组的(教师讲解样例组,学生自读样例组)学习和测试材料中,问题 1 和问题 2 各作为一次样例问题与练习问题,不论哪一个作为样例,另一个问题都是表面和结构都相似的练习,属于近迁移问题。具体安排如下。

1. 被试学习基础知识材料内容阶段

学习材料是人民教育出版社中学数学室编著的全日制普通高级中学教科书(实验修订本·必修)《数学第一册(下)》的第四章三角函数的"三角函数的图像和性质"部分,学生在此之前已经学习了任意角的三角函数包括角的概念的推广、弧度制、任意角的三角函数、同角三角函数的基本关系式、正弦余弦的诱导公式、两角和与差的正弦余弦正切、二倍角的正弦余弦正切等知识内容。知道特殊角的三角函数值,如 $0, \pi/4, \pi/3, \pi/6, \pi/2, 3\pi/2, 5\pi/4, \pi, 2\pi$ 等角度的三角函数值。根据三角函数的定义,应该会应用已经学习过的这些知识解诸如"已知一个角的三角函数值求这个特殊角"(在一个基本周期里)。在此基础上,让学生学习"三角函数的图像和性质"中的"正弦函数、余弦函数的图像和性质"和"函数 $y = A\sin(\omega x + \phi)$ 的图像",各用 4 课时、3 课时。内容完全与课本相同,主要学习的内容详见教材(此处略)。内容的学习三个组采用的都是一样的常规方式,以教师讲授为主,教师水平相当,都是新手教师。

2. 样例学习和测试阶段

用 7 课时学习了该单元的内容之后,在第 8 课时安排一个本单元基础知识测试,检查学生该单元基本内容的学习掌握情况,第 9 课时进行样例学习和测试练习,检测学生在知识的应用方面受样例的影响情况。这种影响不是单一的一个原理或公式的应用的情况,而是带有知识综合应用性质的方法型样例的影响。因为样例和测试题都不是单一知识的应用问题,而是综合应用这 7 课时学习的知识来解决的问题。用到图像知识、用到周期与频率知识、用到图像的变换知识等。

对于教师讲解样例组,样例学习材料是问题 1 及其第一种解法,测试题是问题 2。样例学习方法是教师讲授法,教师用 5 分钟时间讲解问题 1 及其第一种解法(解法 1),在讲解过程中,采用数形结合的方法来讲解周期的求法,即利用图像来分析周期的求法,并注意强调"先求 A,再求 ω,再求 ϕ"的顺序。讲解完后,做一个测试练习(问题 2),限时 6 分钟。讲一种解法,目的是想看看样例问题的解法对学生的思维是否有束缚情况。在教师的这种讲解法中,强调先求 A,再求 ω,再求 ϕ,目的其实就是想明晰解法过程中的三个子目标(求 A,求 ω,求 ϕ)。教师讲解情况时,也是只讲解样例问题及解法,不扩展,不总结方法,只是讲解该问题应怎样解答。提出解答这类问题时,教师注意数形结合思想方法的应用,根据图形(画出图像),引导学生发现横坐标之差等于周期的四分之一。

对于学生自读样例组,样例学习材料是问题 2 及两种解法,测试题是问题 1。样例学习方法采用教师不讲解而让学生自学的方法,同样用 5 分钟时间学习样例问题及其解法。学习完后,做一个测试练习(问题 1)。在这里,让学生阅读学习样例问题的两种解法,目的是想看学生在做练习时对两种解法的偏爱程度或使用情况,以便与只讲一个解法的情况比较。显然在自读的这两种解法中,一个是分成子目标的,但没有明确指出子目标,即隐含有子目标;另一个是综合的,其中的两个子目标是合在一个方程中进行求解的。

对于学生自读样例组,另加两个远迁移的测题以检查综合样例的远迁移情况,测题如下。

测题 1:已知函数 $y = A\sin(\omega x + \phi)$,$x \in \mathbf{R}$(其中 $A > 0$,$\omega > 0$)图像在 y 轴右侧的第一个最高点(函数取最大值的点)为 $M(14, 2\sqrt{2})$,与 x 轴在原点右侧的第一个交点为 $N(2, 0)$,求这个函数的解析式。

测题 2:已知函数 $y = A\sin(\omega x + \phi)$,$x \in \mathbf{R}$(其中 $A > 0$,$\omega > 0$)图像在 y 轴右侧的第一个最低点(函数取最小值的点)为 $M(8, -2\sqrt{2})$,与 x 轴在原点右侧的第一个交点为 $N(2, 0)$,求这个函数的解析式。

两个测题的解题时间是 15 分钟,时间一到就收回测题。

对于无样例学习组,没有样例学习材料,安排被试自己复习本单元学习过的内容,时间为 5 分钟。然后让学生解决一个测试练习(问题 2),时间为 6 分钟。一来考查学生综合利用先前知识解决问题的情况;二来考查学生对解题方法的使用情况,以便与有样例情况作比较。可能的情况是,在没有样例的情况下,学生可能使用两种或两种以上的方法;而在样例方法的约束下,被试做题方法可能较单一,一时不去想别的方法。

需要说明的是,有样例自读组另加的两个测题与样例问题的差异在于:表面上是一致的,相似的,原理方法也是一样的,但是,实质上有所不同,样例中最高点在第一个交点的左侧,而测试题中最高点(最低点)在第一个交点的右侧;数据大小不同,而数据大小却影响着函数图像的位置种类。一般情况是:当最高点(最低点)在第一个交点的左侧,情况只有一种,那就是,两个横坐标之差是周期的四分之一,因为一个最高点后面就是交点，只隔四分之一个周期。当最高点（最低点）在第一个交点的右侧，情况就不同了。因为交点后面可能是最高点，也可能是最低点。当交点后面是最高（低）点，而条件是第一个最低（高）点，则横坐标之差就是周期的四分之三；当交点后面是最低（高）点，而条件正好也是最低（高）点，则横坐标之差就是周期的四分之一。

各种问题间的相似性分析如下（见表 4-3）。

表 4-3　样例与练习表面之间的相似性

	角色	相　似　点		
问题 1	作为样例（练习）	y 轴右侧第一个最高（低）点	与 x 轴右侧第一个交点	交点在最高点右侧
问题 2	作为练习（样例）	y 轴右侧第一个最低（高）点	与 x 轴右侧第一个交点	交点在最低点右侧
测题 1	作为练习	y 轴右侧第一个最高点	与 x 轴右侧第一个交点	交点在最高点左侧
测题 2	作为练习	y 轴右侧第一个最低点	与 x 轴右侧第一个交点	交点在最低点左侧

由上述相似点分析可以得出问题间的相似性（见表 4-4）。

表 4-4　问题间的相似性

	表面内容	结　构　内　容
问题 1 与 问题 2	表面概貌相似（一个最值点，一个交点）	结构关系相似（即交点在最值点右侧，此时周期与横坐标差的关系确定，成 4 倍的关系）
问题与测题	表面概貌相似（一个最值点，一个交点）	结构关系不相似（即交点在最值点左侧，此时周期与坐标差的关系可能不唯一，要看交点横坐标与交点和最值点横坐标之差的大小关系，当差的三分之一大于交点横坐标时，有两种情况，一种是周期等于横坐标差的三分之四，一种是周期等于横坐标差的 4 倍；当横坐标之差小于横坐标时，只有一种情况，就是周期等于横坐标之差的 4 倍）

三、结果与分析

（一）记分

考虑到所有被试学生都没有学习过解复杂的三角方程知识，由三角方程获得解是利用三角函数的定义逆求,所以,在评分上,笔者注意到这一情况,主要看函数周期的求法所受的影响。但是,这种三角方程的解法其实又是知识的应用,是由特殊值求角,都是很简单的,直接可以从特殊三角函数值得出角。这样,笔者认为如下记分法可能较为合理。

在记分方面,采用如下 6 分制记分法:

(1)求出 A 值得 1 分。

求出 T、进一步求出 ω 各得 1 分。

最值点代入求 ϕ 得 2 分,而用交点代入得 1 分(因为交点不唯一,不易确定哪一个是零点)。

求出 ϕ 得 1 分。

(2)求出 A 值得 1 分。

代入方程组得 2 分。

由三角方程得出一个正确代数方程得 1 分,得出两个得 2 分(在这种情况下,一般都能解出 ω、ϕ 来),这里,只要是符合题意的角就可以。

进一步正确解出两个值得 1 分。

(二)数据信息处理方式

把三组被试(无样例自学组、教师讲解样例组、学生自读样例组)的测试卷成绩数据收集起来使用 SPSS 10.0 统计软件进行比较。

另外,还要注意质的分析,注意获取以下信息:在没有样例的情况下,学生倾向于用什么方法解决问题;在有样例的情况下,学生是否全部用老师讲解的样例方法解题。这两种信息的比较也是非常有意义的,可能比成绩比较还有意义。成绩比较可能不全是受样例与不受样例的影响的结果,这个差别是在能否解决这个问题方面,在有样例与无样例情况下的差别,因为这个问题的解法不止一种,有无样例只影响这一种方法,而不影响其他的思维方式,这与原理型样例的作用是不同的。我们选择这种两解的问题,目的也是想看一看在有样例的情况下,学生是否非常受样例方法所引,而限制其他思维方法,所以,我们只讲了一种解法,看学生是否也只考虑这一种方法。当然,教师在进行题型教学时,就要注意提醒学生思维要放开,不要只局限于老师教的这一种解法,这一点要时刻提醒学生。否则,学生思维可能要受束缚,从而影响创造性。

要考查学生自学样例的效果与老师讲解样例的效果有没有区别,可以从有样例教师讲解组与有样例学生自读样例组解答测试练习的成绩分数的比较获得,这属于近迁移。我们关注的焦点还在于:学生在自己阅读这种综合型样例时,对样例中信息的提取和注意情况。学生在阅读综合型样例时,有些信息是容易忽视的,不注意全面理解样例中的信息,如在本样例中,分析中的"所给两个点是五个关键点中的两个",这两个关键点的位置是不确定的,有各种不同情况,要分情况区别对待,这是样例内部结构问题。在本实验远迁移中,我们主要看学生在求周期时的表现,是否考虑到两种可能的情况。由此引出学生在阅读样例时应该注意什么。

（三）结果与分析

为了检测本单元基础知识学习情况,我们在本单元基础知识学习结束后做了一个简单测试,采用的是一份自拟的试卷,涵盖了本单元的全部知识点,答卷由一人批阅,标准统一。成绩结果统计表明,与平时成绩水平基本一致,安排为有样例自读组教学班被试的成绩与安排为无样例自学组教学班被试的成绩总体上没有显著差异,而安排为有样例自读组教学班被试成绩与安排为有样例教师讲解组教学班被试成绩有显著性差异,后者成绩差。所以,样例学习测试成绩的差异可以看成是样例学习本身的结果。

1. 有样例教师讲解组与无样例自学组均值比较

在有无样例影响方面,我们分析两个程度不相当的样本组,即有样例教师讲解组和无样例自学组,前者程度明显低于后者。通过独立样本 t 检验(compare means-independent-samples t)得到如下数据(见表 4-5 和表 4-6)。

表 4-5　独立样本 t 检验结果

假定变异数	方差相等之 Levene 检验		均值相等 t 检验					95% 可信区间	
	F	显著性	t	df	显著性	平均差	标准误差	下限	上限
相等	3.189	0.077	6.796	114	0.000	2.1808	0.3209	1.5451	2.8164
不等			6.770	107.113	0.000	2.1808	0.3221	1.5423	2.8193

表 4-6　分组统计

组　别	人数（人）	平均成绩（分）	标准差	平均成绩标准误
有样例教师讲解组	59	4.8475	1.5292	0.1991
无样例自学组	57	2.6667	1.9117	0.2532

由上述数据可以看出：有样例教师讲解组的平均分数为 4.8475，标准差为 1.5292，无样例自学组的均数为 2.6667，标准差为 1.9117，两样本均数差为 2.1808，均数之差的标准误为 0.3209，Levene 方差齐性检验，$F=3.189$，$p=0.077>0.05$，不显著，可以认为两样本方差"相等"。进行方差齐性检验，$t=6.796$，$p=0.000$，表明两样本均数差异显著。这说明，有样例教师讲解组和无样例自学组解答问题的成绩差异是显著的，有样例教师讲解组测试成绩明显高于无样例自学组测试成绩。再考虑到两个组的原成绩的差异，可以认为，有样例教师讲解学习方式下的问题解决效果大大高于无样例学习方式。

2. 有样例自读组与教师讲解组成绩差异分析

有样例组中，自读组与教师讲解组成绩差异分析情况如下（见表 4-7 和表 4-8）。

表 4-7　分组统计

组　别	人数（人）	平均成绩（分）	标准差	平均成绩标准误
有样例教师讲解组	59	4.8475	1.5292	0.1991
有样例自读组	55	4.9636	1.2013	0.1620

表 4-8　独立样本 t 检验

假定变异数	方差相等之 Levene 检验		均值相等 t 检验						
	F	显著性	t	df	显著性	平均差	标准误差	95% 可信区间 下限	95% 可信区间 上限
相等	0.983	0.324	−0.449	112	0.654	−0.1162	0.2588	−0.6290	0.3966
不等			−0.453	108.934	0.652	−0.1162	0.2567	−0.6249	0.3925

由上述数据可以看出，两者的表现没有显著性差异（$t=-0.449$，$p=0.654>0.05$）。但注意到在样本始测上，教师讲解组被试原成绩显著低

于自读组被试原成绩,即是说,原样本基础有显著性差异,而学习测试结果解答问题的成绩没有了显著性差异,这表明,教师讲解样例比学生自学阅读样例效果要好。

造成这种情况的原因可能是,学生在阅读样例时可能有些细节漏掉了或没有注意到,尤其是对一些成绩不是那么好的学生来说。有些地方该弄清楚的,但是学生仅是做了自以为对的自我解释,造成了不恰当的图式归纳,没有从解法中识别出并获取到子目标,从而不能有计划、有步骤地进行解题,可能是另一个重要原因。

3. 解题过程的质的分析

对被试解题情况进行分析发现,在没有样例的情况下,学生倾向于用方程的思想或综合法解题,把两个点的坐标代入方程,得到关于另两个未知数的方程,可是,由于没有学过三角方程一般解法,故大部分都求解不出。受传统待定系数法求解的影响,一些被试不用分析的方法一个量一个量地求,而是列方程组求解。其中,试图用分析式的方法解题的有 11 人,用方程思想解题的有 46 人。由此可见,在没有样例的情况下,学生还是不能自觉运用所学知识解决问题,而是习惯于用自己熟悉的思想方法去试图解决问题。不能自觉地建立子目标来分析性地解题,这反映了学生分析问题、拆分问题的能力不强。

在有样例的情况下,情况就不同了。在老师讲解的情况下,由于老师用的是数形结合的分析方法,分三步求解三个未知数(相当于建立了三个子目标),所以,在学生的答卷上,59 位被试全部采用分析方法,分求三个子目标,利用数形结合思想,先求振幅,再求周期,由此求 ω,最后利用已知的某一个点(一般是用与 x 轴的交点)代入函数式,求出 ϕ。由此两相比较,可见老师的样例的示范作用的影响之大。从解题方法过程分析可以看到,学生明确地区分并掌握了三个子目标。但有几个被试却是将交点数值代入函数式,说明被试没有体会样例中为什么没有用交点代入求 ϕ 的道理,因为在一个周期中,最值点只有一个,而交点却有几个,故要用最值点代入求值,而最好不用交点代入求值,这是一个隐含在解题中的一个原理性知识,如果学生能够领会到这一点,那他的解题表现就会好。

在自读样例的情况下,由于有两种解法,第一种方法体现的是数形结合思想,因为问题中给出的两个点是 5 个关键点中的 2 个,被试要认识到这两个点是相临的两个关键点,需要靠图像来帮助想象。样例虽然没有给出图像来,但内含有借助图像的成分,这要靠学生体会领悟,看懂样例的一个关键之处在于结合图像弄懂周期的求法原理。第二种方法是化归成三角方程来解,即运用方程的思想,根据条件列出方程组。学生用的方法不同,有 35 人用分析法,有 20 人用方程的思想。从学生解题情况可以看出学生对样例的自读理解的三个水平层次。

水平 1 表面匹配水平:对样例只是看其表面内容,不观其结构内涵,这类学生受表面概貌相似性影响较重。对结构的内涵不求甚解,对样例问题的本质没有挖掘出来,仅限于模仿层面。这类学生多属于形象思维型学生。

水平 2 结构理解水平:看外表又看结构,这类学生从样例中受益最大,从样例外表通达样例原理方法,从结构上把握了样例的根本,从而能够较好地应用样例蕴含的解法原理。

水平 3 模式学习水平:主要看结构,不大受样例表面内容左右。能透过问题表面现象直达本质,抓住问题的核心结构、实质和根本。这是一种非常理性的学习,多是分析型学生。

但不论在什么情况下,问题与样例之间的相似性都影响着问题的解决。

解题失败主要表现在用化归成方程组来解的情况,从方程组 $\begin{cases} \sin(2\omega+\phi)=-1 \\ \sin(6\omega+\phi)=0 \end{cases}$ 中得出角时,被试不注意两个方程所对的最低点与零点的相对位置。由两个特殊点的横坐标的值可以看出,相应的所对的角应该是特殊点中的最后的两个点。

在代入求解时,不注意样例的最值代入,而用交点代入,即零点代入,从而弄不清楚相应的角该是 0、π 还是 2π,致使解题出错。这说明学生在阅读学习样例时,作了自我解释,自以为用哪个点代入都可以,样例中代入的最值点没有引起学习者的注意,这个关键之处没有被识别出来,而误认为(自我解释)用任一个点代入都可以,没有看出(解释出)最值点代入的特殊作用。

从研究中也发现,学生都是通过图来理解周期的求法的,好像理论分析不够似的,说明到了高中阶段,数形结合思想基本上被学生掌握了,能够熟练运用,学生有一种自觉直观化、图形化的倾向。

4. 两个练习解答情况(表面概貌相似性影响的研究)

分析有样例自读组被试做的测题练习 1、2 的情况,可以看出,55 个被试中,只有 3 个被试考虑到有两种情况,没有完全按样例解法进行解题,其他 52 个被试几乎都是"同理"得出,说明了问题表面概貌的影响是严重的。不过,这 3 个考虑到两种情况的被试解题又都出现了错误。其中,一个被试按分析法(第一种解法)考虑到了周期的两种情况,而且都分别求解出来了,但最后又划去了与样例不一样的那种情况(周期不是 14 而是 34 的情况),致使最终错误。另一个被试也是采用的分析法,考虑了两种情况,但是第二种情况错了,以为是 $T/2$ 等于已知两点的纵坐标之差,结果错误。第三个被试采用的是综合法,代入得方程组,但被试有一点是错误的,就是对周期的理解,比如其中一个问题被试得到 $\begin{cases} \sin(8\omega+\phi)=-1 \\ \sin(2\omega+\phi)=0 \end{cases}$ 后,接着指出,"在一个周期上,$T/4=8-2=6$,$T=24$",据此得出 $\begin{cases} 8\omega+\phi=\dfrac{3}{2}\pi,\dfrac{5}{2}\pi,\dfrac{9}{2}\pi \\ 2\omega+\phi=\pi,3\pi,5\pi \end{cases}$,明显地对周期理解错误,被试可能错误理解 $T=24$ 这个周期为三角函数的周期了,其实,这里的周期是 $y=A\sin(\omega x+\phi)$ 作为 x 的函数的周期。也就是说,两个练习题,55 个被试没有一个做全对的。

从解题情况看,被试对样例的学习缺少深度,对样例中的信息不能很好地收取和理解。比如,被试没有注意和理解样例第二种解法中的一条信息"在长度为一个周期且包含原点的闭区间上",只有 4 个被试在卷面上写有类似的文字,其余都没有这条信息,都视其不存在似的,其实,是被试自以为理解了这句话,觉得它对解决问题的作用"不过如此",而没有真正去体会它的内涵。而写有类似文字的被试又都没有解对,都只给出了一种情况,说明他们也只是形式上感到它的存在,而实质上也没有理解这条信息的真正含义。这反映了学生学习样例或例题时存在的一个障碍或弊端:对样例中的信息不能很好地理解和把握,作出合适的自我解释,尤其是一些重要信息。原因可能是信息内涵太多,不易深刻理解,或者信息较隐含,不易被揭示。

　　这从一个侧面反映了样例设计的一个原则,就是样例中信息的设计安排要保证能让学生容易理解和注意。本样例(例题)中的这条信息"在长度为一个周期且包含原点的闭区间上"其实蕴含的内容很多,学生可能理解不透,在这个限制下,到底由三角方程能得出什么样的解,联系在哪里? 搞不清楚。致使从三角方程组中解不出正确的解来,不知道该对应 5 个关键点中的哪 2 个。表面概貌的相似性使被试忽视了其间的差别,比如交点与最值点的前后关系。

四、结论与建议

　　正如实验假设的一样,知识学习与知识的综合应用不是一脉相承的,不是学习了知识,知识懂了,理解了,就可以综合应用知识解决问题。为了更好地解决问题,掌握解决问题的技能,最好有样例示范,因为有样例与无样例在成绩表现方面有很大区别。从学生的解题表现可以看出,样例有如何用知识解决问题的示范作用,学生能通过样例知道知识如何被用于解决某类问题。尽管"知识就是力量",但仍会出现"有劲使不上"的情况,怎样使这个力量发挥得更好,就要看如何使用这个力量,如何使用需要靠样例来示范、训练。

　　问题与样例的表面内容的相似性对问题解决有影响,看似类似的问题,其实内涵不一样,学生却仍按样例的解法去解决。

　　样例引导的思维方法有时能局限学生的思维,为表面特征所征服,使学生不去深入探讨结构的特征。

　　样例学习需要学习者主动地去揭示问题的结构,对解法中的指示信息作出深刻的正确的自我解释。在指导学生学习样例时,一定要引导学生看出样例的本质,建构正确的问题图式。学习样例不能只看表面,需要深入内部探究结构。

　　本研究对数学教学有诸多启示。目前,数学教学呈现样例的方式多是先出示样例问题,师生共同分析问题,探索问题的解法,重在过程的探索,而往往忽视对"问题整体结构"本身的认识,这样就有损样例功能的实现。重视过程教学,旨在理解而忽视整体结构的认知把握,就难以将解题图式结构化,也不容易揭示出子目标,从而不便于整体把握解决问题的方法。所以,在数学样例教学中,在重视过程教学的同时,还应注意提醒学生注意问题以及解法的整体结构认知。解题不要被问题的表面现象所迷惑,这应作为一个元认知策略教给学生。在掌握解题方法或技能时,也要整体把握,注意子目标,"由细到粗"、"由微观到宏观"的认知问题的解法。

知识常被分为陈述性知识和程序性知识,在程序性知识学习的初期,往往也是按陈述性知识学习的,只是通过练习,才慢慢地转变为程序性知识。如解方程的步骤,如果让学生开始就学习这个步骤,那么学习到的就是"陈述性的程序知识"。所以,不能靠知识的形态来判断是什么知识,要看在知识在拥有者身上是什么状态(朱新明,1997)。本实验结果表明,样例学习能够促进这种陈述性的程序知识更快地成为真正的程序性知识并存储在学生的知识库里。本实验的结果也同时表明,学生学习到的知识多是陈述性知识,而这部分知识不能自动转化为程序性知识以用于解决问题。除了通过练习,使学习者慢慢地将陈述性知识指导下的一系列操作转化为渐渐失去陈述性意识特征的一系列操作,形成以产生式为表征的程序性知识外(张春莉,2001),样例学习在使陈述性知识转化为程序性知识的过程中可能起到催化剂或桥梁的作用。数学有解样例为学习者提供了清晰的问题解决的整体结构、解题步骤系统,这有利于学习到的知识向程序性知识转化。

在样例设计中,样例解法不应单一,单一解法的样例有可能禁锢学生的思维。解法中每一个解释性语句应尽量清楚明白,不要蕴含太多信息,要适量,否则,学生不能对其蕴含的内容作出合理的自我解释,这不利于问题解决方法的理解、获得。

样例解法应体现子目标精神,即解法结构化,这有利于学生解法图式的归纳,便于样例解法的操作运用,利于迁移。

第二节　空间思维操作技能型样例学习的实验研究

一、引言

教导人们解决问题有两种可供选择的途径:一种是呈现一个详细的

例子;另一种是出示一系列程序步骤或规则。人们从代数学科方面的研究表明,每种方法都有它的优势和不足。

一个例子的优势是它可以例说这个程序如何被应用到一个特殊情境,例如,对代数班上的学生来说,可以通过给出如下问题的一个详细解法让他们学习到如何解决这类问题:王安用 10 小时能打印完成一份手稿,李富用 5 小时能打印完成它。如果他们合作打印此书稿,将用多少时间完成?

一个例子的不足在于它可能不是非常有帮助的对解决那些稍微不同的问题。比如,在解决一些例子的变式上学生经常感到有困难,如在上述问题中把"一个人用多长时间能打印完成"变为"一个人比另一个人多工作多长时间才能打印完成"而形成的问题。

程序或规则的优势是它能详细说明解决一类问题的方法步骤。一个规则可能能够详细说明当知道一个工人工作时间比另一个工人长多少时该做什么,另一个规则可能能够详细说明当不知道速度或效率而不是时间时该做什么。

程序的弱势之处在于它们可能是相当抽象和孤立的,从而导致作为整体来理解它们较困难。如果一组程序被其他能够使学生更好地理解和整合这组程序的材料(函数的、结构的、图表的信息)所补充(Kieras & Bovair,1984;Smith & Goodman,1984;Viscuso & Spoehr,1986),那么,对学习操作一组程序可能是有利的。

代数样例学习的作用机制可以用 Bobrow 和 Winograd(1977)创立的知识表征语言(Knowledge Representation Language,KRL)来解释。KRL 的"数据结构"由种类(descriptions)组成,种类又被集结成被称为单位(units)的结构,每个单位被安排到一个类别,并包含槽(slots),槽与被单位定义的概念题头相关,关联每个槽的是一组程序,这组程序是说明如何为这个槽赋予数值。知识是在不同的概括水平上被储存的,所以一个专家图式能继承一个一般图式的内容(包括槽和涉及的程序),而在不同领域间引起知识的一些迁移。所以,"图式可以看作是一簇知识,它提供一个骨架结构,这个结构能够被实例化或能用一个特定实例的详细属性所填充"(Thorndyke,1984)。

如工效方程式为:

$$工效_1 \times 时间_1 + 工效_2 \times 时间_2 = 任务 \qquad (*)$$

该式能为解决许多工效问题提供一个骨架结构,其中,工效指两个工人每人花费多长时间完成这个任务,时间指每个工人花费在这个任务上的时间多长,任务是指他们必须完成的任务量。但是,如果学生不能把一个问题中的数值适当地放入到这个方程式中的那些"槽"或位置中,他们将不能正确解决这个问题。一个例子可以展示给学生如何把问题中的相应的数值代入到方程式中相应的"槽"中的方法,但当这个数值不得不被调整时(比如,当一个工人工作时间多于另一个工人或当这个工作的一部分已经被完成),例子的帮助就显得微不足道了。在这种情况下,有一套与方程中每一个概念相关联的程序或规则可能是有帮助的,这组程序或规则能够提供给学生在不同情境下如何建构一个新数值的做法。根据这个观点,一个方程为展示概念间的关系提供一个结构框架,一个例子提供一个解法(solution,表明数值如何被一个特殊问题例示)和程序步骤(procedures,表明如何调整这些数值为这个例子的变式)。然而,学生经常不能够运用一个问题的解决方法来解决另一个问题,甚至当两个问题使用这同一个方程时,因为他们不能产生新的数值使之适合这个方程式中的"槽"(Reed & Ettinger,1987)。

Reed 和 Bolstad(1991)在这个方面作了深入的研究,他们以学生如何成功地运用例子和程序为要解决的问题建构方程式为题材,做了旨在探讨如何提高学生迁移一个解法的能力上的尝试。研究中,三组被试分别安排在下列三种教学情景中。

第一组被试得到下列一套程序,这些程序描述的是如何生成在结构上不同于样例中的数值的操作规则或步骤。

解决工效问题的程序规则

工效问题(work problems)典型地描述了一种情境,在这种情境里,两个人共同工作完成一项工作任务。下面的方程能用于解决这些问题:

$$效率_1 \times 时间_1 + 效率_2 \times 时间_2 = 完成的任务$$

这里,"效率$_1$×时间$_1$"是第一个工人完成的工作量,"效率$_2$×时间$_2$"是第二个工人完成的工作量,"完成的任务"是两个工人完成的总工作量。

在代入一些值到这个方程中去时,下面这些规则可以用:

效率

1. 效率指一个单位时间完成任务量的多少。如果这个值是已知的，就将它代入到方程中。

2. 这些问题通常陈述完成一个任务需要多少时间，这个数的倒数就是效率。例如，假如一个工人需要 3 小时完成一个任务，那么他 1 小时将完成这个任务的 1/3。

3. 假如效率是未知的，用一个未知数表示它。一定要表示好工人之间的相联系的效率。如果一个工人的速度是另一个的 4 倍，那么他们的效率将是 r 和 $4r$。

时间

1. 时间指每个工人用在做工上的时间多少。假如这个值在问题中被陈述，就直接代入方程。例如，如果一个人工作 5 小时，那么将 5 小时代入到方程中相应的那个工人的时间上。

2. 时间在这些问题中通常是未知数。如果他们工作的时间不一样长，一定要正确表达工人之间的相联系的时间。如果一个工人工作时间比你正试图求的值多 3 个小时，那么，就用 $h+3$ 代替方程中这个工人的时间。

任务

完成的工作任务的值一般是 1，但这个数值可能比 1 大，或者比 1 小（如果这个任务的一部分已经完成）。

第二组被试得到下面这个简单问题的解法。

简单样例：一份稿子安用 10 小时能在电脑中打出来，而琼用 5 小时就能打出来。问他们共同合作一起打印这份稿子需用多少时间能打完？（解略）

第三组被试是上述两个解法都得到。

测试题是由简单样例按照 0、1、2、3 级变形得到。

测试题及顺序：

1. 鲍伯油漆一座房子需要用 12 个小时，而吉姆油漆它需要 10 个小时。如果他们一起干，问油漆这座房子需要多少时间？

2. 苏珊缝纫一条裙子需要 9 小时，而舍里缝纫的速度是苏珊的 3 倍，问如果他们一起工作，缝纫一条裙子需要多少时间？

3. 一个专家用 5 小时能完成一项技术任务,而一个新手需要 7 个小时才能完成同样的工作。当他们一同工作,且新手比专家多工作 2 个小时,那么完成这项技术任务专家需要工作多少时间?

4. 比尔用 4 小时能割完他地里的草,而他的儿子需要用 6 小时才能割完。如果他们两人已经割了 1/3,问他们共同完成剩下的割草任务还需要几小时?

5. 杰克组装一部立体声系统需要 8 小时,而鲍伯组装的速度是他的 4 倍。当他们一同组装一部立体声系统,鲍伯工作时间比杰克多 1 小时,问杰克工作多长时间?

6. 汤姆用 4 小时能打扫完一个房间,而苔丝打扫房间的速度是他的 2 倍。早晨他们打扫了房间的 1/4,如果他们继续合作,问还需要多少时间才能完成打扫任务?

7. 一个木匠用 7 小时能建造一个篱笆,而他的助手要用 10 小时才能建造一个篱笆。在头一天,他们建造了一个篱笆的 1/2,问如果他们一起工作但助手比木匠多工作 3 小时,问完成这项任务还需要木匠工作多少时间?

8. 琼分类整理一堆信件需要 6 小时,而保尔整理的速度是琼的 2 倍。他们俩已经整理了这堆信件的 1/5。如果琼和保尔一起干,而且保尔多工作 1 小时,问整理完剩余的信件还需要琼多少时间?

实验结果数据采用两因素方差分析法,其中,教学方法是一个被试间(组间)因素,问题变形是一个被试内因素。结果发现两个因素都有显著影响。各个教学小组在 4 个水平变形上的方程式的总体正确率分别是:程序组 15%,样例组 34%,样例和程序混合组 42%,教学方法的影响在 0 变形水平上显著,而在其他水平上不显著。由此可见,在代数文字题上,样例和程序混合组表现最好。

由上述数据可以看出,规则相比之下效能最低,改变规则能否使之更有效?由此,研究者设计了实验 2,用几种方法来调整规则以增加其效能。第一,相关的规则尽量使其能提供较多的信息。例如,学生有时不能在表示式 $h+1$ 两边安排括号来表达一个工人的工作时间比另一个工人多工作 1 小时,而括号在描述 $h+1$ 而不是单个 h 被工效乘时是必须的,那么在规则中就要提供在某些表示上要适当加括号这样的信息以提高规则效能。第二，把那些解决这组特殊测试题不需要的规则去掉，使规则更切实、具体。调整后的规则如下。

修改后的程序规则

工效问题（work problems）典型地描述了一种情境，在这种情境里，两个人共同工作完成一项工作任务。下面的方程能用于解决这些问题：

$$效率_1 \times 时间_1 + 效率_2 \times 时间_2 = 完成的任务$$

这里，"效率$_1$×时间$_1$"是第一个工人完成的工作量，"效率$_2$×时间$_2$"是第二个工人完成的工作量，"完成的任务"是两个工人完成的总工作量。

在代入一些值到这个方程中去时，下面这些规则可以用：

效率

1.效率是单位时间内完成工作量的多少。如果问题陈述的是一个人完成一个任务用了多少时间，那么这个数值的倒数就是效率。例如，如果一个工人需要 3 小时完成一个任务，那么他 1 小时将完成这个任务的 1/3。

2.一个工人的效率有时被表达为相对于另一个工人的效率。如果一个人用 10 小时能完成一个任务，那么一个速度是他 2 倍的人用 5 小时就能完成这个任务。于是，第一个工人 1 小时能完成这个任务的 1/10，而第二个工人 1 小时能完成这个任务的 1/5。

时间

1.时间指每个工人花费在这个工作上的时间的多少。如果这个数值在问题中已给出，就把它代入方程中。如果你必须求一个人工作多长时间，就把它作为一个未知数，用 h 表示它。

2.工人之间的时间如果是相互联系的，一定要正确表达这个关系。如果一个工人比你正试图求的量 h 多工作 3 小时，那么用（$h+3$）代替方程中这个工人的工作时间。用圆括号括起这个量，因为 $h+3$ 这个整体量要被效率乘。

完成任务

1.完成任务的数值通常是 1，但这个数值也可能比 1 大，或者比 1 小（如果这个任务的一部分已经完成）。

2.如果这个任务的一部分已经完成，要从工作总量中减去那个量。

例如,如果有一个任务量是 1,而且它的 1/4 已经完成,那么就有 1－1/4 的工作量要完成。

比较调整前后的规则可以发现,调整后的规则中,相关工作效率的表征采用的是数字(1/10 和 1/5),而不是用变量(r 和 $4r$,调整前如此),因为效率从来都不是一个未知数在测试题中。学生也被指导当表示一个工人花费在工作任务上的时间比另一个多一些时,在像 $h+3$ 这样的量的两边加括号。最后,规则也清楚地陈述了当这个任务的一部分已经被完成时如何计算任务量:完成的部分应从总任务量中减去。

实验 2 又增加了三种教学情况,这三个情况是复杂样例、复杂样例加程序、复杂样例加简单样例。其中除了在程序规则方面的变化,初始条件保持一样。复杂样例问题如下。

复杂样例:吉尔用 12 小时能完成一项审计工作,而芭芭拉做这项工作的效率是吉尔的 3 倍。现在他们已经完成了审计工作的 1/8。如果剩下的工作他们一起来做,且芭芭拉比吉尔多工作 2 个小时,那么完成整个工作还将再花费吉尔多长时间?(解略)

简单样例与复杂样例分别相当于问题 1 和问题 8,这样简单样例和复杂样例涵盖了测试题中的 8 个问题涉及的核心方法,因为解决每个测试题需要的信息都被包含在这两个样例中了。

实验 2 数据结果分析显示:教学方法因素、变形因素以及它们的交互作用都有显著影响。各组得出正确方程的百分率分别是:程序组 7%,复杂样例组 32%,简单样例组 38%,复杂样例加程序组 45%,简单样例加程序组 47%,简单样例加复杂样例组 65%。同样,程序组最差。这个结果进一步表明,在代数学习中,仅有程序或规则,学习是很难成功的。

那么,我们不禁要问,在数学的另一个分支——几何上,程序和规则的影响如何?由于在几何学习和教学中,发展学生的空间观念和想象能力是一项重要任务,其中空间思维操作能力是空间想象能力的主要成分(邵光华,1996),研究空间思维操作方法型样例的迁移影响对培养学生空间思维能力有着重要意义。而在操作型规则方面,"槽"的概念模糊,所以,笔者预想,程序规则在几何操作技能学习方面可能相对更重要。另外,笔者认为,对于纯方法技能操作型原理,由于只是步骤问题,有没有样例其作用应该是一样的,解题时只要按操作步骤进行即可,不需样例作为样子、例说,所以,样例在对掌握几何思维操作技能型原理上的作用和影响应该不是太明显。

下面我们设计实验检验这个假设,研究在几何思维操作技能方面规则和样例的影响作用情况,以期获得某些几何教学方面的启示。

二、实验方法

(一)被试

被试对象是高中一年级学习成绩中等偏上的 113 名学生。由于被试学习用的是新教材,立体几何被放在了高中二年级下学期学习。测试安排在高一下学期开学第一个周日,所以被试没有学习过立体几何,但相信学生已有空间观念。

被试按自然班分为两组,两组被试数学水平相当,根据期末考试成绩,平均成绩没有显著差别(无样例自学组平均分 106,有样例组平均分101,总分 150 分)。

(二)材料

由于我们的目的是考察空间思维方法技能操作型样例学习作用问题,所以我们选择了比较单一的思维技能操作型问题作为实验材料。材料设计按有样例与无样例两种情况安排。有样例组学习材料如下。

概念 一个正方体盒子按照某种方式沿某些棱剪开,但保持各面间的连贯性,展在一个平面上,就得到一个正方体的表面展开图。如果一个平面图(由 6 个全等的正方形组成)通过折叠能围成一个正方体盒子,就说明它是一个正方体的表面展开图。

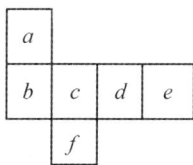

图 4-1 正方体
表面展开图

规则 判断一个平面图是否是一个正方体的表面展开图,一般可按以下步骤进行思维想象操作:先选出某个面定为底面,令其不动;而让所有与它相临的面都折起来,并与其垂直,作为侧面;在这个基础上,再适当折叠其他的面,看能否围成正方体盒子,能围成就是,围不成就不是。我们可以想象成正在用这张图纸包东西,只能在公共边处打折。

有解样例　如图 4-1,这是一个正方体的表面展开图吗? 若是,试写出将这个展开图再围成正方体后各对相对的面。

解法:如图 4-1,通过想象操作。先确定 c 面为底面,再将与其相临的面 b、f、d 折(或竖)起来,注意,a 面要与 b 面一同折起,e 面要与 d 面一同折起;头脑里就有个立体形状的图了,在此基础上,再将 a 面折向 d 面,e 面折下来,这样就围成了一个正方体盒子。所以,它是正方体的表面展开图,且由此可得:a—f 面相对,b—d 面相对,c—e 面相对。

练习 1　如图 4-2,先判断哪个图是正方体的表面展开图;若是,在图下面的横线上写出当围成正方体后各对相对的面;若不是,在横线上打个"×"。

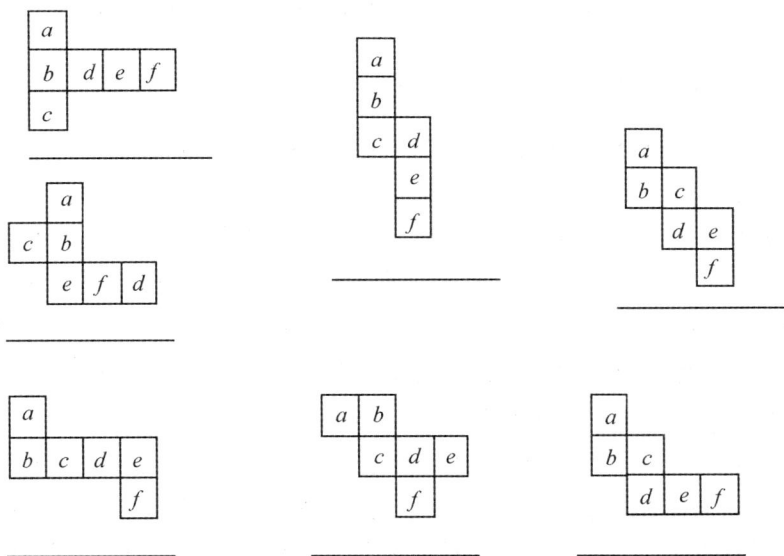

图 4-2　正方体表面展开图

练习 2　如图 4-3,是正方体的表面展开图,当它围成原来的正方体时,与边 a 重合的边是哪一条? 与边 b 重合的边是哪一条? 请你在图中标出来,与边 a、边 b 重合的边分别记作 a'、b'。

而无样例自学组的学习材料是由将上述材料中的有解样例去掉而构成的。

由材料可以看出,我们设计的是数学中空间思维想象操作技能的问题,在这里,需要的主要是思维想象操作方面的技能。问题共分为两类:

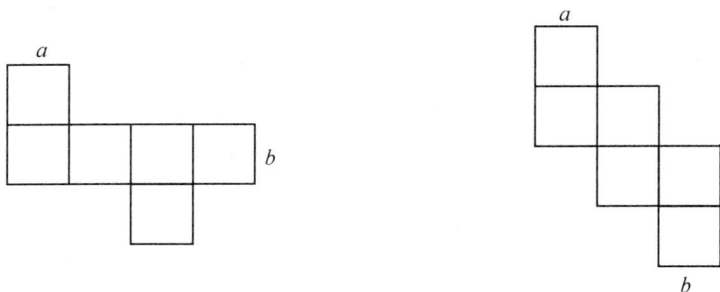

图 4-3   正方体表面展开图

一类是判断一个图形是否是一个正方体的侧面展开图,是的话,请指出相对的面;另一类是对一个正方体的展开图,当它折回正方体时,哪条边与哪条边重合。从难度上讲,第二类问题可能比第一类问题难。

（三）实验程序

对两个自然班组随机选定一个班组为有样例组,另一个班组为无样例组。实验设计采用组间设计。

对有样例班组,要求学生先用 2 分钟的时间学习导言（概念和规则）,导言部分给出了概念和判别方法的操作程序。然后,用 2 分钟的时间学习样例,体会样例的操作,要求弄清样例的判别、寻找过程。学习完之后,要求被试解决练习 1,每个问题平均用 1 分钟的时间,共给 7 分钟时间,之所以不每一问题都限时 1 分钟,是因为在开始的几个问题上,学生可能会耗时多一点,为了让学生更能显示真实水平,故不采用每个问题限时一样的做法;做练习 1 的时间一到,提醒学生停止做练习 1 而改做练习 2,练习 2 的每个问题平均给时 2 分钟,整个实验下来共 15 分钟。

对无样例组被试,把有样例组被试学习样例的 2 分钟时间移到练习 1 上,其他时间安排相同,整体用时也是 15 分钟。

三、结果分析

对被试的测试卷进行评定,记分方法如下:练习 1 中每个问题各记 2 分,其中,能围成的题目判断成不能围成的得 0 分;能围成的判断对了且三对对应面都选对了得 2 分;不能围成的判断成能围成的得 0 分;对应面选错两组,即只选对一组对应面的得 1 分;三对对应面都选错的得 0 分。

练习 2 中每个问题各记 3 分,其中,两组边都选对,得 3 分;选对一组,得 1 分;都选错,得 0 分。整个实验的总分为 20 分。

分别统计有样例组与无样例组的成绩,比较结果如下(见表 4-9)。

表 4-9 有样例组与无样例组的成绩比较

	人数(人)	平均成绩(分)	标准差
有样例组人数	55	16.1636	3.7256
无样例组人数	58	17.3966	3.2495

注:独立样本 t 检验:$t=-1.877$,$p=0.063>0.05$,可见,平均成绩没有显著性差异。

采用单因素方差分析(F 检验)同样得到无显著性差异(见表 4-10)。

表 4-10 有样例组与无样例组的成绩的 ANOVA 分析

	平方和 (Sum of Squares)	df	均方 (Mean Square)	F	Sig.
组间 (Between Groups)	42.912	1	42.912	3.525	0.063
组内 (Within Groups)	1351.407	111	12.175		
Total	1394.319	112			

由实验结果数据分析可以看出,对操作技能性原理而言,在操作步骤比较清晰的情况下,有无样例是没有什么显著的区别的,无样例组成绩反而还高一些,这可能是由于他们用的时间更多一些的缘故。在有样例组中,被试用 2 分钟的时间看样例,而看了样例对做题可能没有太大作用;而无样例组没有样例学习,却把 2 分钟的时间加在了做题上,致使做题的准确性有所提高,尤其是对于那些中等学生而言,在更多的时间里,可以对后面的问题从容地思考,相比之下,样例组中的中等学生解题速度慢、时间紧、不能从容思考,导致错误率高,成绩反而较低。

四、结论与建议

Sweller 和 Cooper(1985)曾指出,学生要想成为解决问题方面的专家,需要展现给他们大量的有解样例。但是,本实验的数据结果似乎表明,在思维操作技能型问题解决中,只要规则清楚,大量的有解样例似乎是不需要的。由此,笔者推测,对于操作性数学技能学习,原理或规则的清晰表达是重要的。在规则阐述清楚的情况下,学生似乎能够直接采用规则进行问题解决,样例在这里没有显著的优势作用。

中学数学中,纯思维操作性的方法型原理很多,如各种作图规则和方法,这些原理其实只要把方法原理内容解释清楚,学生就能够根据内容作出图形来。如线段的中垂线作法规则,方法是:以线段的两个端点分别为圆心,以大于线段一半的长度为半径,画圆,两个圆相交于两点,过两点作直线,就是线段的中垂线。学生按此方法就可以作出一条线段的垂直平分线。

从本实验结果我们还可获得另外一个信息,那就是高中学生的空间思维操作能力情况。本实验结果表明,处于高中一年级段的中学生已经具有较强的空间想象和思维操作能力。

笔者在分析学生做题情况时,发现其中练习 1 的第三题(C)错误率最高(11+18=29 人),分析该问题,我们发现,解决此题在操作上需要左右折叠的步骤多,从而需要的想象空间大,换句话说,需要的认知负荷大,根据认知负荷理论,这类题的解决比较困难。这也许给了我们一个确定操作问题的难度指标,就是空间操作次数可以作为空间思维操作性问题的的难度系数,次数越少,难度系数越小。

第三节　非文字题样例学习迁移问题的实验研究

一、引言

Reed 等(1987)发现,当学生解决代数文字题,而这个文字题与样例在数值形式方面又存在不同时,单个教学样例是无效的。Spiro 等(1989)描述了关于单个类比的 8 种可能引起错误概念的方面,其中包括:(1)这种类比可能使一些特征被漏掉;(2)这种类比可能有太多的特征导致靶中不存在的"槽"的产生;(3)这种类比可能有误导特征,引起一个代入数值的错误迁移。前两个错误概念的发生是因为这种类比源比靶问题有更少或更多的"槽"。例如,与具有两个工人的工效问题相比,仅有一个工人的工效问题具有较少的"槽",而有三个工人的工效问题则具有较多的"槽"。第三个错误常发生在一些变式上,其中变式意指"槽"的改变或数值的改变。Reed 等发现,学生在应用一个较扩展(inclusive)的解法方面较成功,它比测试题有更多的"槽"或较复杂的值,在应用一个不扩展解法方面较不成功,它比测试题有更少的"槽"或较不复杂的值。这似乎表明,在利用样例学习解决代数文字题中,单个样例是不够的。

为什么单个样例显得不够呢?也许我们可以从图式归纳形成机制方面作出分析。要形成一类问题的解法图式,学习者需要抽取样例解法的根本特征,在只有单个样例的情况下,学习者一般并不容易辨别清楚什么是关键特征,什么是结构关系或原理的本质。而利用类比时,如果问题与样例问题的差异使学生难以作相似匹配时,类比也就不可能成功。所以,一般来说,单个样例是不够的。

然而,数学是注重理解的一门学科,"理解是一个由学生自己积极地构造的过程",数学教育家 R. Skemp 曾将理解划分为"工具性理解"和"关系性理解"两类,所谓工具性理解,是指知道法则但并不懂其理由,而关系性理解则是我们通常所说的"知道怎么做",又"知道为什么这样做","知其然又知其所以然"。(李士锜,2001)据此,样例学习过程应该是学生积极理解、建构的过程,在这个过程中,样例学习者根据样例提供的信息,寻找自己思想中已有的适当的知识材料,尝试建立一个初步的问题解法结构图式;然后,在练习解题情况下作检验、反省,对初步形成的结构图式加以调整、更新、再组织,并继续寻找与其他知识组块的联系,将其融入更大、更高效的结构图式中去。显然,在问题解决的样例学习中,如果采取某些措施能够促进对其的"关系性理解",那么就能够增大学习者初步正确建构样例解法图式的概率。所以,笔者预言,如果在样例解法中增加一般指导性说明,那么单个样例的效果就可能会显示出来。考虑到在数学学科学习中会遇到大量的非文字题,所以,本研究以非文字题问题解决的样例学习为研究内容,对非文字题单个样例学习的迁移效果作一研究。

考虑到数学教学的特点——常常是先单项训练,再综合应用,本研究重点考虑以下问题:(1)在单个样例学习加单项训练中,带有一般指导语和不带一般指导语的样例学习影响效果的差异研究,以及单个样例学习加单项训练对综合运用的迁移影响。所谓单项训练,就是单个原理或公式的运用，综合运用就是两个或两个以上原理的合用。带有一般指导语的样例就是样例解法中除了具体解法之外，还带有原理或公式用法的一般分析说明。（2）数学非文字题的结构相似性、表面相似性对样例学习作用影响的研究。国内外关于样例学习的研究中，有关表面相似性概貌对问题解决的影响研究所用的材料都是文字题（如莫雷，1999，2000；张春莉，2001；Ross，1984，1987，1990，1997；等等），对数学中非文字题的相似性影响尚无人探讨。对于非文字题，我们首先要界定相关的概念。

首先，我们界定一下数学对象（数、式等）的表面内容概貌和内在本质内容两个概念，数学对象的表面内容概貌就是对象中所含字母、数字及其数学概念表示符号等的表面存在形式，内在本质内容是指这种数学对象所具有的数学性质，狭义地讲，就是在解决该问题中所用到的该数学对象的本质属性。如代数式 x^2+3x+4 与 x^2+4x+3 有相似的表面内容，都是关于 x 的二次三项式，但内在本质内容却不同，前者是非负的，而后者不是非负的。又如 $\sqrt{x+y+1}$ 与 x^2+4x+4 的表面内容不同，也不相似，但内在本质内容却是相似的，它们都具有非负性这一根本属性。可见，不同结构、不同表面内容概貌的数学对象可能有相同的内在本质内容。

其次，我们界定数学关系式（如不等式、方程、函数等）的表面内容概貌及其内在本质内容概念。数学关系式的表面内容概貌与数学对象的表面内容概貌相似，可以视为关系式中所含数学对象（包括字母、数字、概貌表示符号等）的表面存在形式或表面结构形式。数学关系式的内在本质内容，我们可以理解为是其本身所含的数学式的内部结构关系以及数学式与数学式之间的深层次的相互联系，是解决问题所用原理的结构关系在问题中的体现。例如方程 $x^2+3x+4=0$ 与 $x^2+4x+3=0$ 表面内容概貌相似，但内在本质内容不同，前者的根的判别式小于 0，是一个没有实数根的方程，后者的根的判别式大于 0，是一个有两个不等实数根的方程，造成这种差异的原因是其中的系数 3、4 在两个关系式中的结构位置关系不同。又如方程式 $\sqrt{x+y+1}+(x+2)^2=0$ 与方程式 $\sqrt{x+y+1}+x^2+4x+4=0$ 表面内容概貌有点相似，而与方程式 $x^2-2x+1+2|x-y+1|=0$ 表面内容概貌不相似，但它们的内在本质内容相同，都是两个非负数的和等于零的问题。

通过上述界定可以看出，数学对象与数学关系式的表面内容概貌与内在本质内容基本是一致的，所以，我们可以不加区别。

最后，我们要界定一下非文字数学问题的表面内容概貌和内在本质内容，作为数学问题的表面内容概貌应是问题所含数学对象和数学关系式表面内容的总和。而问题的内在本质内容既有所含对象和关系的内在本质内容，又含有解决该问题所用的原理的内容，更多的是指解决问题所依据的内在原理。

那么，对非文字题样例学习迁移影响，笔者提出如下假设：

假设一：样例中有无"一般指导分析说明语"的影响存在差异。在样例的解答中，是以题论题地解答样例问题，还是以带有普遍性的、指导性的方法进行分析说明，对问题解决的迁移效果可能不同，带有一般指导分析说明的样例应有更好的迁移效果。

假设二：一般说来，单项训练到综合运用有一段距离（再次验证实验研究一的有关结论），这段距离要靠综合训练才能跨越，单靠训练单项是难以逾越的。即是说，单项训练代替不了综合训练，单项技能训练得再熟练，也不能够很好地综合运用。如果真的如此，那么，我们在练习时，不必在单项训练上过分训练，可以早一点进入综合训练。在综合训练中，单项技能与能力得到进一步训练，而综合运用能力也能得到提高。

假设三：非文字题的表面内容概貌对样例学习迁移有影响。

二、实验方法

（一）被试

我们在某实验中学初二年级选择被试，根据上学期期末考试成绩从中各选取了 26 名被试，水平相当，被试期末成绩经过独立样本 t 检验，显示无显著差异（见表 4-11 和表 4-12）。

由表可以看出，$t=-0.103$，显著性水平 $p=0.918>0.05$，期终成绩无显著差异。

表 4-11　两组被试平均成绩分组统计

班组	人数（人）	平均分数（分）	标准差	平均数标准误差
一组	26	62.2308	10.6707	2.0927
二组	26	62.5385	10.8563	2.1291

表 4-12　两组被试期终平均成绩差异独立样本 t 检验

假定变异数	方差相等之 Levene 检验		均值相等 t 检验					95% 可信区间	
	F	显著性	t	df	显著性	平均差	标准误差	下限	上限
相等	0.050	0.824	−0.103	50	0.918	−0.3077	2.9854	−6.3040	5.6886
不等			−0.103	49.985	0.918	−0.3077	2.9854	−6.3040	5.6886

（二）实验材料

实验用学习材料选的是初中二年级有关非负数的内容，总体结构安排如下：

（1）首先介绍非负数的概念：绝对值、完全平方数、根式（算术平方根）是三个基本的非负数，再说明其变形如 $|2a|$、$\sqrt{x}/2$、$(a+1)^2$ 也是非负数。

（2）介绍原理 1：如果 $\sqrt{a}+\sqrt{-a}$ 有意义，那么 $a=0$。

也就是说，如果 $\sqrt{a}$ 和 $\sqrt{-a}$ 同时都有意义，那么 $a=0$。

（3）介绍原理 2：如果两个非负数的和为 0，那么这两个数都等于 0。

也就是说，如果非负数 A＋非负数 $B=0$，那么就有 $A=0$，$B=0$。

（4）出示样例

不带分析或不带一般指导语的样例

例题 1　已知实数 x,y 满足 $\sqrt{x+y+1}+x^2+4x+4=0$，求 x,y。

解：将原式变为 $\sqrt{x+y+1}+(x+2)^2=0$，这是两个非负数的和等于 0，所以，由原理 2，它们分别等于 0，即 $\sqrt{x+y+1}=0$，$(x+2)^2=0$，

故 $\begin{cases} x+y+1=0 \\ x+2=0 \end{cases}$，解这个方程组得：$x=-2$，$y=1$。

例题 2　已知实数 x,y 满足 $y=\sqrt{x-2}+\sqrt{2-x}+3$，求 x,y。

解：因为 x,y 是实数，所以等式右边的式子有意义，所以 $\sqrt{x-2}$，$\sqrt{2-x}$ 都有意义。又因为 $x-2$ 与 $2-x$ 互为相反数，由原理 1 得，$x-2=0$，即 $x=2$，代入原式，得 $y=3$。

带有分析或一般指导语的样例

例题 1　已知实数 x,y 满足 $\sqrt{x+y+1}+x^2+4x+4=0$，求 x,y。

分析：这是已知一个等式求两个未知数的值的问题，一般来说，由一个等式（即一个方程）只能求得一个未知数，现在让你由一个等式求两个未知数，应根据等式的特点，得出两个方程组成方程组来求解。根据本等式的特点，等式可以变成两个非负数的和等于 0 的形式，即 $\sqrt{x+y+1}+(x+2)^2=0$。

由原理 2，这两个非负数都等于 0，即 $\sqrt{x+y+1}=0$，$(x+2)^2=0$。

由此得两个方程：$x+y+1=0$，$x+2=0$，解这两个方程组成的方程组即可得 x,y。

解：将原式变为 $\sqrt{x+y+1}+(x+2)^2=0$，这是两个非负数的和等于 0，所以，由原理 2，它们分别等于 0，即 $\sqrt{x+y+1}=0$，$(x+2)^2=0$。

故 $\begin{cases}x+y+1=0\\x+2=0\end{cases}$，解这个方程组得：$x=-2,y=1$。

例题 2　已知实数 x,y 满足 $y=\sqrt{x-2}+\sqrt{2-x}+3$，求 x,y。

分析：本题也是已知一个等式求两个未知数，与上题的不同在于它不能变成两个非负数的和等于 0 的形式，故不能用原理 2 解决。观察式子的特点可以发现，同时出现的两个根式 $\sqrt{x-2}$，$\sqrt{2-x}$ 的被开方数互为相反数，而要同时有意义，故根据原理 1，被开方数等于 0，即 $x-2=0$，所以 $x=2$。再将 $x=2$ 代入原式，就可求得 y。

解：因为 x,y 是实数，所以等式右边的式子有意义，所以 $\sqrt{x-2}$，$\sqrt{2-x}$ 有意义。又因为 $x-2$ 与 $2-x$ 互为相反数，由原理 1 得，$x-2=0$，即 $x=2$，代入原式得 $y=3$。

（5）出示练习

每个原理样例后各跟两个近、中迁移练习，作为考查原理样例学习的近、中迁移影响,穿插安排,练习题号首位为 1、3 的是原理 1 的练习,首位为 2、4 的是原理 2 的练习。四个练习后面再跟两个远迁移,一个是综合应用远迁移,一个是单项远迁移,首位数字分别是 5、6。练习题号根据与样例的相似程度分别在第二位标有 1、2、3。不同相似度的问题在每一个练习中基本均衡分配、穿插安排,有样例组与无样例组相应各安排三套练习,分别为 11、23、32、42、53、61,13、21、33、43、52、62,12、22、31、43、51、63。这样,共 6 份内容不同的材料。

具体练习如下,为了便于读者看清各题的相似性特点,每题后面我们都附加了对此题的说明。

练习 11 已知实数 x,y 满足 $|x+2y-1|+2\sqrt{x-y+2}=0$,求 x,y。

说明:此练习中只是增加一个系数,与样例的相似度较高。

练习 12 已知实数 x,y 满足 $x^2-2x+1+2|x-y+1|=0$,求 x,y。

说明:成完全平方项的项在一起,容易使人想起变成完全平方式,与练习 13 相比,与样例的相似度稍微高点,但是一个是完全平方式,一个是绝对值形式的非负数,对学生来说可能会被遗忘。

练习 13 已知实数 x,y 满足 $x^2-2x+2|x-2y+1|+1=0$,求 x,y。

说明:此练习中成完全平方项的 3 项被分开,使之与样例或原理的相似度变得较小。

下组练习与上面的练习相比,等式两边都有项,相似度变得更小了。

练习 31 已知实数 x,y 满足 $\sqrt{2x+y-3}=-\sqrt{x+y+1}$,求 $x-2y$ 的值。

说明:本练习只是移项,将表面内容概貌形式改变了一下。

练习 32 已知实数 x,y 满足 $\sqrt{x-2y+1}+y^2=2y-1$,求 $x-2y$ 的值。

说明:本练习中需要组成完全平方式的 3 项分放两边,但虽然在两边,与练习 33 的问题相比,仍较近于样例。

练习 33 已知实数 x,y 满足 $y^2+\sqrt{x+y+2}=2y-1$,求 $x-2y$ 的值。

说明:合并的几项分开较远。

练习 21　已知实数 x,y 满足 $y=2\sqrt{x-2}+3\sqrt{2-x}+1$，求 $x+2y$ 的值。

说明：与样例相比，多了系数。

练习 22　已知实数 x,y 满足 $y=2\sqrt{x-2}+3\sqrt{2-x}+x$，求 $x+2y$ 的值。

说明：与上例相比，把常数项改为非常量，与样例的差距加大了。

练习 23　已知实数 x,y 满足 $x=2\sqrt{y-3}-3\sqrt{3-y}+2$，求 $x+2y$ 的值。

说明：把 x,y 颠倒过来，反差较大。

与上述练习相比，下面的练习不再是把一个未知数单独放在一边。

练习 41　已知实数 x,y 满足 $y-\sqrt{2x-4}=2\sqrt{4-2x}+1$，求 $2x+y$ 的值。

说明：本练习中，y 还是单独出现的，只是把两项分放在两边。

练习 42　已知实数 x,y 满足 $\sqrt{y-3}-\sqrt{2x-6}=x+2\sqrt{6-2x}$，求 $2x+y$ 的值。

说明：本练习中，y 隐含得更深。此问题，只要解题者能观察出被开方数是互为相反数这个特征，解决起来就不难。

练习 43　已知实数 x,y 满足 $x^2-2y+\sqrt{2x-4}=2x-\sqrt{4-2x}+1$，求 $2x+y$ 的值。

说明：本练习中，y 不再单独出现，而是隐含在表达式中，尤其是出现 x^2 这个项，容易迷惑人。

上述练习题都是单项练习题，在内在本质内容与样例是相似的，但在表面内容概貌上有所不同。

下面的练习是综合性练习，需要联合运用两个原理来解决，尤其是增加了一个参数，我们把它们作为综合远迁移问题。

练习 51　已知实数 m,x,y 满足 $|x+my+2|+\sqrt{x-y+1}=\sqrt{x-1}-\sqrt{1-x}$，求 $x+y-m$。

说明：互为相反的放在一边，相对于上面的问题中将两项放在一块，容易辨认，但问题涉及绝对值，如果这个因素在学生知识结构中模糊，可能对解决问题有影响，因为样例中没有出现绝对值。

练习 52 已知实数 m,x,y 满足 $\sqrt{x+my+2}-\sqrt{x-1}=-\sqrt{2x+y-1}+2\sqrt{1-x}$，求 $x+y-m$。

说明：两个互为相反数的式子放在了两边，要求学生眼界要宽，要能整体看问题。解决此问题，要先利用原理 1，再利用原理 2。

练习 53 已知实数 m,x,y 满足 $\sqrt{x^2+my-2}=\sqrt{x-1}\cdot\sqrt{1-x}-\sqrt{x+y-3}$，求 $x+y-m$。

说明：把上述的和或差改为乘，也使相似度减少，难度增加。

以下是原理 1 的应用，由于增加参数，使得表面更复杂。我们将其归为单项远迁移问题。

练习 61 已知当 $m=4$ 时，等式 $\sqrt{x-3y+2}+\sqrt{4x-m}=\sqrt{1-x}$ 成立，求 x,y。

说明：在此练习中，根号内系数变成 4，这个是完全平方数，好往根号外提，容易看出互为相反数的两式。

练习 62 已知当 $m=-2$ 时，等式 $\sqrt{x-y-1}+\sqrt{mx+y+4}=\sqrt{1-x+y}$ 成立，求 x,y。

说明：此练习中，互为相反数的式更难观察出，需要综合知识。

练习 63 已知当 $m=2$ 时，等式 $\sqrt{x-3y+2}+\sqrt{2x-m}=\sqrt{1-x}$ 成立，求 x,y。

说明：在此练习中，根号内系数变成 2，这个不如完全平方数好提，不好观察出根号内是互反的两个数，按照我们的假设，此题应该是得分最低的。

通过各个练习的结构分析可以看出，总体上，练习 1＊（指练习 11，12，13，下同）、2＊、3＊、4＊类是单项迁移练习，1＊、2＊类相对于 3＊、4＊类变式较为困难点，6＊类变式更为困难，而 5＊类是综合类，所以，粗略地可以将这些练习根据表面内容概貌情况分为近迁移（1＊、2＊）、中迁移（3＊、4＊）和远迁移（5＊综合远迁移，6＊单项远迁移）三类。这样，每个被试就做了近、中、远迁移练习各 2 个。在每一类练习中，我们又不难发现，＊1 类、＊2 类、＊3 类练习题表面内容概貌相似度基本上是由高到低排列的。

（三）方法与程序

本实验同时采用被试间设计和被试内设计。

从两组被试中随机选出一组被试作为有一般指导说明的样例组,并向他们随机各发放一份带有一般说明的学习材料;另一组作为无一般指导说明的样例组,并随机发给每个人不带有一般说明的学习材料一份,限定时间做。

将材料发给被试,要求被试用5分钟的时间阅读和理解概念、原理和样例。被试对于非负数的概念在先前的学习中已经接触过了,在测试时,被试刚刚学习了二次根式的内容,通过询问被试是否做过类似的问题,被试都说没有。但被试对于第一个原理——"两个非负数的和等于零,则这两个数分别等于零",在初一学习绝对值时学习过,对第二个原理是陌生的。总体上,5分钟时间能够学习完材料。5分钟一过,就开始做练习,每个练习规定用时不超过5分钟,5分钟一过,就要转到下一个问题上来。最后给2分钟时间检查。

在两组被试中,做每一套测题的人数分配情况如下(见表4-13)。

表 4-13　分组情况

	第一套练习	第二套练习	第三套练习
有一般指导语说明组	9人	8人	9人
无一般指导语说明组	9人	8人	9人

三、结果与分析

对被试的测试卷按以下记分方法评定。

从练习题的解题过程可以看出解题的几个步骤,我们按步骤给分,而对于最后求的代数式的值对错与否不予考虑,只要 x,y 能求对,就给满分4分,因为我们主要考察原理应用的迁移情况。在步骤上,能够根据相应的原理列出方程组或写出两个方程就给2分;进一步变成相应的一次方程组的再给1分;求得解再给1分。不说明原理或没能把所给等式变换成两个非负数和等于零的形式就得出两个式子等于零,则扣1分,因为学生可能归纳出解决问题的方法就是让问题的等式中的各个式子都等于零,从而不论在哪边出现的式子都让它等于零,而不管原理是什么。对于原理1的练习,指出两个根号内的式子是互为相反数的并使其等于零的,得2分;代回去进一步求解正确的得2分;不对的只要知道代入,有代入一步,就给1分。对后面的两个原理共用的题目,给分方式是各给2分;将参数代入且能看出互为相反数并得出为零的,给2分,再代回去得两个非负数等于零,得 2 分。最后一个带参数的,代入得 1 分;得出互为相反或符号相反并得到一个方程的给 2 分;再代入求解出另一个未知数的给 1 分。所有数据都使用 SPSS 10.0 统计软件进行处理。

(一)测试成绩与期终成绩相关检验

为了说明学生成绩的相对真实性,我们对本次测试成绩和期终考试成绩作了相关性检验,得到下面的数据(见表 4-14)。

表 4-14   测试成绩与期终成绩 Pearson 相关性

	测试成绩	期终成绩
测试成绩	1.000	0.394** ($p=0.004$)
期终成绩	0.394**	1.000

由表中数据可以看出,两次成绩具有显著相关性,这说明,本次学习测试成绩是比较符合被试实际水平的,也是可信的。

(二)练习基本情况统计

根据两组被试的练习情况,我们对各个练习上的得分之和作了统计,计算出难度,这样可将练习按难度分为三组(被试得分之和 53~66 分为易,41~54 分为中,22~40 分为难),实验结果基本情况如下(见表4-15)。

表 4-16   各题得分情况统计

题目	11	12	13	21	22	23	31	32	33	41	42	43	51	52	53	61	62	63
有样例组	29	28	23	32	32	33	24	22	24	33	24	28	23	30	12	20	27	16
无样例组	28	26	20	33	23	33	15	12	26	29	23	20	10	22	15	19	16	6
总分	57	54	43	65	55	66	39	34	50	62	47	48	33	52	27	39	43	22
难度	易	易	中	易	易	易	难	难	中	易	中	中	难	中	难	难	中	难
	单项训练近中迁移												综合远迁移			单项远迁移		

我们从表中找出一些问题进行细致的分析,如问题 11、21、41、42 等得分接近的问题和 22、31、32、43 等得分差距较大的问题,从问题本身找到一些特征,看一般指导语对哪类题目更有作用。分析问题 11 可以发

现,该问题与样例问题的相似度非常高,问题 21 也是与样例问题相似度非常高的,只是增加了一个系数,结果有无一般指导说明的样例对这类问题的解决不产生显著差异,可以认为,无论有无一般指导语说明,样例在高相似性的问题解决上无显著性差异。

而问题 22 虽然只是把常量变成变量,但这个改变使学生失去了辨别能力,有无一般指导说明对这类问题解决造成了显著性影响,既显示了常量和变量在学生心理上的地位的差异,也反映了一般指导语对辨别问题的实质所起的作用。问题 31、32 与 41 同样涉及移项,但是,问题 31、32 的移项目标不明显,没有像问题 42 那样一边是一个字母,而另一边是另一个字母的式子,移项非常明显,这可能是造成在问题 31、32 上解题成绩差异显著而在问题 42 上差异不显著的原因。

(三)有无一般性指导分析说明成绩差异性检验

1. 总体考虑

我们对练习问题先不分远近迁移情况,总体考虑其差异情况。这样,有一般指导语说明和没有一般指导语说明的两组被试的总得分统计分析结果如下(见表 4-16 和表 4-17)。

表 4-16　有无一般指导语说明得分独立样本 t 检验

假定变异数	方差相等之 Levene 检验		均值相等 t 检验					95% 可信区间	
	F	显著性	t	df	显著性	平均差	标准误差	下限	上限
相等	0.048	0.827	2.074	50	0.043	3.3462	1.6131	0.1062	6.5861
不等			2.074	49.939	0.043	3.3462	1.6131	0.1061	6.5862

表 4-17　有无一般指导语说明得分分组统计情况

组　别	N	Mean	Std. Deviation	Std. Error Mean
有一般指导语说明组	26	17.7308	5.9165	1.1603
无一般指导语说明组	26	14.3846	5.7137	1.1205

由表 4-16 可以看出,$t=2.074$,显著性水平 $p=0.043<0.05$,表明测试平均成绩有显著差异。

由此可知,我们的实验证实了假设一成立。在说明原理应用的例题中,有没有一般解题思想、一般解题分析方法或一般指导原则的分析说明,其迁移效果是显著不同的,有一般性分析说明的样例的迁移效果明显好于没有一般指导语说明的样例。

对解题过程中出现错误的质的分析来看,在没有一般性指导说明的被试组中,学生出现的选择样例错误的情况较多。尤其在综合或远迁移情况下,被试表现出不知先使用哪个样例体现的方法进行解题,致使解题失败。这表明,在非文字题的问题解决中,有一般性分析指导说明的样例更有助于被试选择合适的样例进行类比,提高解题效果。

2. 远近迁移问题分开考虑

从练习问题的变式情况分析我们知道,对于每组练习,*1类、*2类、*3类问题变式是由轻到重的,所以,从问题表面内容概貌相似性上,我们可以把*1、*2、*3类问题分别看成是近、中、远迁移练习,这样,每张试卷上就都有远中近迁移问题各2个,因为有26个被试,所以对于每一种迁移,就相当于有52个不同的问题被做。求总分被52除得每个迁移题上的得分平均,进行差异显著性检验。

我们将26个被试在每个问题上的得分统计出来,得到在每类迁移问题上的各52个得分数据,做独立样本t检验,检查迁移的效果(见表4-18和表4-19)。

表 4-18   分组独立样本 t 检验

项目	假定变异数	方差相等之 Levene 检验		均值相等 t 检验					95% 可信区间	
		F	显著性	t	df	显著性	平均差	标准误差	下限	上限
近迁移	相等	1.645	0.203	1.372	102	0.173	0.4423	0.3224	−0.1972	1.0818
	不等			1.372	101.371	0.173	0.4423	0.3224	−0.1972	1.0819
中迁移	相等	11.969	0.001	2.633	102	0.010	0.7885	0.2995	0.1945	1.3824
	不等			2.633	94.765	0.010	0.7885	0.2995	0.1939	1.3830
远迁移	相等	2.942	0.089	0.494	102	0.622	0.1731	0.3502	−0.5215	0.8677
	不等			0.494	101.032	0.622	0.1731	0.3502	−0.5216	0.8677

表 4-19　分组成绩统计

	情　况	N	Mean	Std. Deviation	Std. Error Mean
近迁移	有一般性指导说明	52	3.0192	1.5779	0.2188
	无一般性指导说明	52	2.5769	1.7075	0.2368
中迁移	有一般性指导说明	52	3.1346	1.2990	0.1801
	无一般性指导说明	52	2.3462	1.7251	0.2392
远迁移	有一般性指导说明	52	2.5962	1.8709	0.2595
	无一般性指导说明	52	2.4231	1.6960	0.2352

由表 4-18 中数据可以看出,得分在中迁移上有显著性差异($p=0.010<0.05$),而在其他两种迁移上没有显著差异。也就是说,样例中有无一般指导分析说明,对表面内容概貌相似度较高或较低的问题的解决没有显著性影响,而对于表面内容概貌相似度呈中等水平的问题的解决影响显著。

（四）单项迁移水平与综合迁移水平差异显著性检验

我们进一步考查学生在两个单项迁移上的得分与在综合远迁移上的表现是否有显著性差异,以弄清单项训练与综合训练的关系。为此,我们将每个被试在前 4 题上的得分均值作为他的两个单项迁移得分,第 5 题的得分作为综合迁移得分。

我们先把两组被试合在一起总体看待,检验两个单项样例学习(单项训练)在单项迁移和综合迁移方面的差异。然后在有样例一般指导说明的情况下和没有样例一般指导说明的情况下,分别考察单项迁移与综合迁移的差异情况。

1. 总体看待差异情况

两组被试在单项迁移和综合迁移上的成绩分别合在一起考虑,通过配对样本 Wilcoxon 符号秩检验,得 $z=-3.447$,$p=0.001$,知有显著性差异。进一步使用配对样本 t 检验。

两组被试单项迁移和综合迁移成绩相关性检验结果如下(见表4-20)。

表 4-20   单项与综合迁移成绩相关性

		N	相关系数	Sig.
配对	5 与 1～4 均	52	0.364	0.008

由上表中数据可以看出,单项近迁移成绩与综合远迁移成绩是高相关的,这种一致性说明成绩具有一定的可信度。运用配对样本 t 检验,得到如下结果(见表 4-21)。

表 4-21   单项与综合迁移成绩配对样本 t 检验

配对	配对差异					t	df	Sig.(2-tailed)
	均数	标准差	标准误差	95％可信区间				
				下限	上限			
5 与 1～4 均	−0.8510	1.5548	0.2156	−1.2838	−0.4181	−3.947	51	0.000

由表 4-21 中数据可见,总体上(有一般指导和没有一般指导合在一起),单项迁移与综合迁移有显著性差异。这说明,单项训练(单项样例学习)的"和"不等于综合训练(综合样例学习)。

2. 有样例一般指导说明的单项样例学习的单项迁移与综合迁移比较

对有样例一般指导说明的样例学习组的成绩进行统计分析,结果如下(见表 4-22 和表 4-23)。

表 4-22   有一般指导说明单综迁移成绩配对样本统计

		均数(分)	人数(人)	标准差	标准误差
配对	综合	2.5000	26	1.6553	0.3246
	1～4 均	3.2019	26	0.9301	0.1824

表 4-23   有一般指导说明单综迁移成绩配对样本相关性

		人数(人)	相关系数	Sig.
配对	综合与 1～4 均	26	0.399	0.043

由表 4-23 中数据看出,显著性水平 $p = 0.043 < 0.05$,呈显著性相关。

进一步做配对样本 t 检验,结果如下(见表 4-24)。

表 4-24　有一般指导说明单综迁移成绩配对样本 t 检验

配对	配对差异					t	df	Sig.(2-tailed)
	均数	标准差	标准误差	95%可信区间				
				下限	上限			
综合与1～4均	−0.7019	1.5411	0.3022	−1.3244	−0.0794	−2.322	25	0.029

　　由表 4-24 中数据可以看出,有一般指导分析说明的单项样例学习在单项迁移和综合迁移方面的成绩有显著性差异($p=0.029<0.05$)。

　　3. 无样例一般指导说明的单项样例学习的单项迁移与综合迁移比较

　　对无一般指导说明的样例学习组单项迁移和综合迁移成绩进行统计分析,得出数据如下(见表 4-25、表 4-26 和表 4-27)。

表 4-25　无一般指导说明单综迁移成绩配对样本统计

		均数(分)	人数(人)	标准差	标准误差
配对	综合	1.8077	26	1.5237	0.2988
	1～4 均	2.8077	26	1.0156	0.1992

表 4-26　无一般指导说明单综迁移成绩配对样本相关性

		N	相关系数	Sig.
配对	综合与1～4 均	26	0.272	0.178

表 4-27　无一般指导说明单综迁移成绩配对样本 t 检验

配对	配对差异					t	df	Sig.(2-tailed)
	均数	标准差	标准误差	95%可信区间				
				下限	上限			
综合与1～4均	−1.0000	1.5843	0.3107	−1.6399	−0.3601	−3.218	25	0.004

　　由上述数据结果可以看出,无一般指导分析说明的单项样例学习的单项迁移和综合迁移成绩之间也存在显著性差异($p=0.004<0.01$)。

　　综上,单项样例中不管带有一般指导性说明,还是不带有一般指导性说明,不管是分开考虑还是综合考虑,在单项迁移和综合迁移上的影响都有显著性差异。在单项迁移上的影响重于在综合迁移上的影响。

　　这表明,从单项训练到综合运用不是水到渠成的事,提高综合解决问题的能力同样需要有综合样例来辅助。从单项能力发展到综合能力是需要过渡过程的。

在有样例一般指导性说明的情况下,单项迁移与综合迁移相关性显著($r=0.399$,$p=0.043$)。在无样例一般性说明时,单项迁移与综合迁移相关性不显著($r=0.272$,$p=0.178$)。即是说,如果单项学习样例带有一般指导语说明,则在综合问题解决上所受的影响与在单项问题解决上所受的影响较为一致,如果单项样例不带有一般指导语说明,则在综合问题解决上的迁移和在单项问题解决上的迁移就不太一致。这表明,带有一般指导性说明的单项样例加练习对综合运用的影响更直接,而不带有一般指导性说明的样例加单项练习对综合运用的影响不直接,学生盲猜的成分可能较大。

总之,上述分析说明,综合训练不是单项训练简单相加,单项训练代替不了综合训练,知识的综合运用能力的培养仍需要在单项训练的基础上进一步训练。

(五)表面内容概貌相似性影响

各题得分与问题结构形式、表面相似程度方面的关系尚没有作出分析,本分析是将原理通达和原理运用混合在一起来考虑的,在原理的通达上和原理的应用上是否有显著差异可以进一步考察解题过程,分析错误是出在通达上、应用上还是其他方面。

从结构形式或表面内容概貌相似性来看,1 * 、2 * 两类问题可以算是两个样例的表面内容概貌相似性较高的问题,而 3 * 类是表面内容概貌相似性较低的问题。比如,3 * 类与例题 1 相比,表面形式变了,不是一边为 0,而是两边都有字母,1 * 类却不是这样,它是一边为 0,另一边为可以化为两个非负数形式的式子的和。而在 4 * 中,题 41、43 都只含有两个根号,而题 42 含有 3 个根号,与例题 2 相比,42 相似性较低,而 41、43 较高。总之,1 * 类、2 * 类、41、43 问题相似性高,而 3 * 、42 问题相似性低。为了更好地区分相似度,我们重点考察样例 1 之下的 1 * 类和 3 * 类之间的差别,和样例 2 之下的问题 24 与问题 42 上的差别,它们之间的表面内容概貌差异比较大,容易看出效果。

1. 总体情况下的差异情况

我们把含有一般性指导分析说明和不含有一般性指导分析说明的

两个组合起来看待，这样，在 1＊和 3＊问题上，各有 52 个被试做了该问题。成绩统计结果如下（见表 4-28、表 4-29 和表 4-30）。

表 4-28　相似性高低两组得分配对样本统计

		均数（分）	人数（人）	标准差	标准误差
配对	1 类	2.9615	52	1.5838	0.2196
	3 类	2.3654	52	1.9100	0.2649

表 4-29　相似性高低两组配对样本相关性

		N	相关系数	Sig.
配对	1 类与 3 类	52	0.433	0.001

表 4-30　相似性高低两组成绩配对样本 t 检验

配对	配对差异					t	df	Sig.(2-tailed)
	均数	标准差	标准误差	95％可信区间				
				下限	上限			
类 1 与类 3	0.5962	1.8814	0.2609	0.0723	1.1199	2.285	51	0.027

由表 4-30 中数据可以看出，在相似性不同的两组问题上的得分有显著性差异（$t=2.285, p=0.027<0.05$）。可见，非文字题的表面内容概貌相似性也影响样例学习迁移，相似性高问题解决表现好。

在另一个样例 2 上的表现（在这里，统计的是同一组中的同时都做了表面内容概貌不同的两题"问题 23 和问题 42"的 18 名被试的成绩）统计如下（见表 4-31、表 4-32 和表 4-33）。

表 4-31　概貌不同的两题得分配对样本统计

		均数（分）	人数（人）	标准差	标准误差
配对	题 23	3.6667	18	0.6860	0.1617
	题 42	2.6667	18	1.5718	0.3705

表 4-32　概貌不同的两题得分配对样本相关性

		N	相关系数	Sig.
配对	题 23 与题 42	18	0.273	0.273

表 4-33　概貌不同的两题得分配对样本 t 检验

配对	配对差异					t	df	Sig.(2-tailed)
	均数	标准差	标准误差	95%可信区间				
				下限	上限			
题 23 与题 42	1.0000	1.5339	0.3616	0.2372	1.7628	2.766	17	0.013

表 4-33 中数据进一步表明,概貌不同,得分成绩不同。差异显著性检验显示($t=2.766$,$p=0.013<0.05$),非文字题表面内容概貌相似性对问题解决的影响是显著的。

2. 分开检验表面内容概貌相似性影响

上述统计是把两种情况合在一起进行的,下面分开计算影响,有一般性指导样例影响在表面内容概貌方面与无一般性指导样例影响在表面内容概貌方面的差异检验情况分别如下(见表 4-34、表 4-35 和表 4-36)。

表 4-34　有无一般指导说明下相似度高低组得分

		均数(分)	人数(人)	标准差	标准误差
配对 1	有样例 1 类	3.2308	26	1.4507	0.2845
	有样例 3 类	2.6923	26	1.8497	0.3628
配对 2	无样例 1 类	2.8462	26	1.6172	0.3172
	无样例 3 类	2.0385	26	1.9490	0.3822

表 4-35　有无一般指导说明相似性高低组得分相关性

		N	相关系数	Sig.
配对 1	有 1 类和有 3 类	26	0.668	0.000
配对 2	无 1 类和无 3 类	26	0.319	0.112

4-36　有无一般指导说明相似性高低组得分配对样本 t 检验

配对		配对差异					t	df	Sig.(2-tailed)
		均数	标准差	标准误差	95%可信区间				
					下限	上限			
配对 1	有 1 类与有 3 类	0.5385	1.3923	0.2730	−0.0239	1.1008	1.972	25	0.060
配对 2	无 1 类与无 3 类	0.8077	2.0980	0.4114	−0.0397	1.6551	1.963	25	0.061

从表 4-36 中数据可以看出,在有、无一般指导说明的情况下,问题表面内容概貌对问题解决的影响差异不显著,但接近显著水平($p=0.06\approx0.05$)。

综上,对于非文字题,问题的表面内容概貌相似性对问题解决略微有影响。问题与样例问题表面内容概貌相似性高,迁移成绩好,相似性低,则迁移成绩差。

四、结论与建议

在说明原理应用的非文字题问题解决的样例学习中,对有没有一般解题分析方法或一般性指导语说明的分析显示,总体上讲,其样例学习的迁移效果是显著不同的,有一般性分析说明的样例的迁移效果明显好于没有一般指导语说明的。这个差异主要表现在表面概貌相似性呈中等水平的练习题上。在结构相似性较强而本质也相似的问题(近迁移问题)的解决上显示不出差别,而在相似性较低的问题(远迁移问题)的解决上差别也不显著。

从解题过程的分析来看,在没有一般性指导说明的被试组中,学生出现的选择样例错误的情况较多。尤其在综合或远迁移情况下,被试表现出不知先使用哪个样例所体现的方法进行解题,致使解题失败。这表明,在非文字题的问题解决中,有一般性分析指导说明的样例更有助于被试选择合适的样例进行类比,提高解题效果。

综合运用不等价于单项迁移的"和",由单项训练到综合运用有一个过渡阶段,可能需要综合样例的练习辅助。

在教材编制和学习中,我们应该注重样例的一般指导性分析说明,每个例题的解法之前,都应该带有本样例问题的解题思路分析说明。在数学学科等学习方面,单项训练代替不了综合训练,应适时地进行综合训练。

第四节　条件命题规则型样例学习迁移的实验研究

一、引言

逻辑性是人类思维的重要特征之一。对逻辑命题规则的理解运用水平直接影响数学及科学学科的学习。尤其在数学学科，教学内容中包含逻辑初步知识，重视逻辑命题的学习。新课标中，选修课程中有"常用逻辑用语""推理和证明"等内容。大学数学对逻辑命题的要求更高。这似乎表明，逻辑推理和命题规则已成为数学学习的一个重要组成部分，那么，研究这个领域里的样例学习作用特点也就成为自然的事情，而且也具有数学学科教学意义。本实验试研究人们在命题规则的学习方面样例的作用效果问题，探讨条件命题规则的样例学习特点。

在以往命题规则或推理学习的研究中，沃森（Wason，1968）曾证明，人在解决"如果有 a 便有 b"这类条件性问题时，会遇到很大的麻烦。实验中，给大学生被试呈现 4 张卡片，上面或为字母，或为数字，如 E、K、4、7，并告诉被试，这些卡片遵循着这样一条规则："如果在卡片的一面有一个元音字母，那么在它的背面便有一个偶数数字"。要求被试在确认是否遵循这一规则时仅翻看必要的卡片。实验结果表明，仅有 10% 的人认为应该翻看卡片 7，而许多人去翻看卡片 4。约翰逊－莱德等人用相似的但更具现实意义或与日常经验有关的信封问题进一步实验。实验研究中，给被试呈现 4 个信封，并告诉被试，这些信封遵循着这样一条规则："如果信封已经封上，那么它上面应贴有 5 分钱的邮票。"研究人员要求只翻看可能违反这一规则、有待检查的信封。结果 81% 的被试能作出正确选择，但这些人面对沃森的问题时，仅有 15% 的正确率。根据这个结果，约翰逊－莱德等人认为：若要期望人得出合乎逻辑的结论，得有熟悉的情景，因为人可能并不使用逻辑规则，而只凭借对特定领域的理解。如根据他对邮资的正确理解来作出似乎合乎逻辑的回答，回答尽管是符合逻辑的，却未必是从运用逻辑知识的过程中得出的。在有关逻辑演绎推理这一问题研究上，从 20 世纪 60 年代末到 70 年代初，认知心理学家基本得出这样的结论：人似乎不善于自发地使用演绎推理的逻辑，而仅在自己熟悉的那些领域中得出合乎逻辑的结论。因此，教给他们抽象的逻辑规则，似乎对他们日常的逻辑思维并无帮助。到 80 年代中期，程和霍利约克（Cheng & Holyoak，1985）的研究工作给这种使人悲观的情况带来了曙光，他们的研究表明：人的逻辑推理能力可以不与推理所涉及的内容捆在一起，可以通过教学使这种能力得以改进。实验研究中，他们给被试呈现两类卡片选择问题：一类是按沃森研究中的抽象形式呈现；

另一类则以可激活被试某种图式性知识的方式呈现。例如，研究人员告诉被试："假定您是一位权威人士，需对人是否遵从某些规则予以检查。这些规则都具有这样的一般形式：'要采取行动 A，就必须首先拥有前提条件 P'。以下的卡片含有 4 种人的信息：卡片的一面表示人是否采取行动 A，另一面表示他是否拥有前提条件 P。为检查某一规则是否被执行，您应当翻看其中哪些卡片？"实验结果表明，当问题以这种方式呈现时，有 61％的被试能够作出正确的解答，而在抽象的背景中，仅有 19％的被试成功。

　　已有的研究成果似乎表明，人们不会用抽象的逻辑规则来推论各种日常情况，也不善于运用这些抽象的逻辑规则，但是，人们可以使用特定领域的知识（如有关邮政系统的知识）和一般领域的实用知识（如有关允许做某事的图式）得出逻辑上可靠的结论。

　　笔者认为，对于拥有一定逻辑知识基础或经过逻辑训练的被试来说，他们可能根据经验或特定领域的理解来思考这类问题，但是，更多的还是应该试图按逻辑推理来解决这类问题，尤其是在作为一个测试问题时，一般仍会沿用逻辑推理的规则进行判断，只不过他们可能不能正确地使用自己的逻辑知识或经验来推理判断，即是说，这些人拥有逻辑知识，但不会用其解决需要用逻辑推理来解决的问题。我们想验证这一猜想。另外，我们还要探讨，在拥有逻辑知识时，如果有一个样例辅助，其解决问题的表现会怎样？如果将条件命题通俗化或生活化，被试解决问题的表现是否会更好？

　　研究人们对逻辑推理的运用情况对数学思维素质教育有着重要意义。数学是一门演绎性学科，是一门逻辑严谨的学科。在数学教育工作者眼里，数学的一个重要职能就是培养人的数学思维能力（而逻辑思维能力是数学思维能力的重要组成部分），提高人的逻辑推理能力，在课程编制和教学过程中都把这一任务放在一个较为重要的地位来看待。由已有的研究我们不禁要问，传统的数学教学在培养人们逻辑推理能力方面的效能如何？学习者对条件命题规则的理解和应用情况怎样？他们对日常生活中问题的逻辑处理能力怎样？我们该如何改进我们的教学？

　　我们知道，数学中公式、定理或原理的陈述往往是以条件命题的形式给出的，学生对这些条件命题的理解和运用一般来说是没有问题的，学生通过数学学习可以获得许多逻辑知识，那么，我们就以拥有相当程度的逻辑知识的人作为被试，重新认识人们在运用逻辑规则推理方面的表现。探讨在条件命题"如果 A 那么 B"作为一个规则时，拥有逻辑知识的被试对它的理解或应用情况，看是利用逻辑规则解题还是利用现实意义解题。比较在条件命题"如果 A 那么 B"和其通俗形式"满足 A 的都是 B"分别作为一个规则时，学生对它们的理解或应用情况的差异。在中国，数学教育比较注重逻辑推理能力培养，笔者认为数学教师和大学数学系学生都可以算作具有较高的逻辑素养的被试。我们还想看看拥有和不太拥有逻辑知识的（如中学生）被试之间的差异情况，有样例和无样例情况下的差异情况。为此，我们设计了该项研究，旨在探讨样例对学习者学习条件命题规则运用时的理解或应用情况。

二、实验材料

实验材料是取自上述 3 个推理选择问题，但对问题稍微作了一些调整，如在这里，我们用 80 分和 60 分代替先前研究中的 5 分和 4 分，目的是使问题更明白易懂，符合现在的邮资情况，具有现实意义。

问题 1　（样例问题）如图 4-4，有 4 张卡片，每张卡片的两面一面为字母，另一面为数字。现在，4 张卡片如图所示摆放在桌面上。

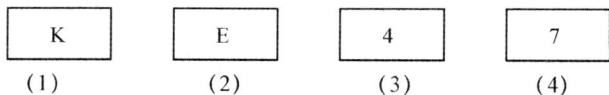

K	E	4	7
(1)	(2)	(3)	(4)

图 4-4　卡片摆放样式

我们的目标是要确定这些卡片是否遵循规则："如果卡片的一面是一个元音字母，那么它的另一面就是一个偶数数字。"请问：最多只需翻看哪几张卡片就可以确定了？＿＿＿＿＿＿＿＿＿

解答：对于(1)，它的这面是辅音字母 K，则不论另一面是否偶数，都不违背规则，故不用翻看。对于(2)，它的这面是元音字母 E，如果另一面是奇数，则违背规则，如果另一面是偶数，则遵循规则，故该卡片需翻看。对于(3)，它的这面是偶数 4，则不论另一面是元音还是辅音字母都不违背规则，故不需翻看。对于(4)，它的这面是奇数 7，如果另一面是元音字母，则就违背规则，如果是辅音字母，则就遵循规则，故要翻看。故只需翻看(2)、(4)。

　　问题 2　如图 4-5，有 4 个信封摆放在桌面上，B、D 是正面朝上，A、C 是反面朝上；A 已封上，C 没有封；B、D 都贴了邮票，但封没封由于是正面朝上，弄不清楚。现在要核实这些信封是否遵循规则："如果信封已经封上，那么它上面贴有 80 分的邮票。"请问需要翻看哪几封？＿＿＿＿＿＿＿

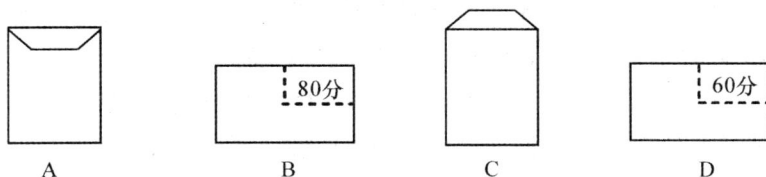

图 4-5　信封贴封情况

　　问题 3　假定您是一位权威人士，需对人们是否遵循某些规则予以检查。这些规则都具有这样的一般形式："要采取行动 A，就必须拥有前提条件 P"。以下的 4 张卡片每张各含有一个人的信息：卡片的一面注有此人是否采取行动 A，另一面注有此人是否拥有前提条件 P。为检查这 4人对某一规则的执行情况，您认为只需翻看哪几张卡片？＿＿＿＿＿＿＿

采取行动A	拥有前提条件P	不采取行动A	不拥有前提条件P
王明	刘一	赵华	周环

图 4-6　卡片摆放样式

三、实验 1

(一)实验 1A

1. 研究目的

　　本实验试图验证"被试在解决具有现实意义的逻辑问题时，多是按逻辑推理来思考解决问题的，并不是按现实意义来思考解决问题的"。考察在给出一个样例的解答或解题详细过程的情况下被试解题情况的变化，以期获得样例在逻辑推理问题解决中的作用。

2. 材料

本实验采用上述三个问题,由上面的介绍我们知道,本实验材料在国外对大学生测试时,成绩有显著差异,正确率分别是 10％、81％(相应解答问题 1 的正确率为 15％)和 61％(相应解答问题 1 的正确率为19％)。这说明,问题 1 是最难解决的问题,在研究人员那儿,问题 1 被看作最抽象的,问题 2 接近现实生活的(从而被认为从生活意义的理解来解决问题而非逻辑地解决),问题 3 尽管不现实,但能唤起或激活一个应用图式(从而也可以从实际理解来解决问题而非逻辑地解决)。也就是说,解答正确率不同,主要原因被看成是由于解决的"工具"或"路子"不同,前者只是靠逻辑知识,后两者依靠了非逻辑知识。如果说被试都是靠逻辑知识来解决问题的,那正确率应该差不多,因为这三个问题表面概貌虽然不同,但内在结构原理是相同的,因此如果靠相同的逻辑原理来解决的话,解题思路或方法原理是一样的。而我们认为,对有较高逻辑素养的人来说,他们用逻辑知识来解决或思考这些问题的可能性更大,也就是说在这三个问题上的表现不应有这么悬殊,因为专家在解决问题时一般注重问题结构内容而不太注重表面内容。为此,我们以已经受过大学数学教育的数学教师作为被试进行测试(这些数学教师由于受到大学数学教育,基本上可以称得上是准专家),验证我们的猜想,探索他们对条件命题的理解或应用情况(其实也是考察他们作为传统数学教学的学习者,对从数学学习中获得的逻辑知识的运用情况),以及比较只给样例答案和提供详细有解样例的作用差异。

3. 被试

在本实验中,我们选择了 19 名青年数学教师(专科毕业 3 年以上,又经过了 2 年的高师数学教育函授学习)作为被试。他们都至少经历了 9 年的义务教育、3 年的高中教育和 2 年的数学专科教育,可以看成是具有较高的数学和逻辑素养的人,适合本研究的宗旨:检验在受过较好数学逻辑训练的人在运用逻辑推理规则推论各种日常事务的情况,以及样例学习的效果。我们选择这样的被试,其实也是想考察一种极端情形,就是样例对拥有足够逻辑素养的人的影响。

4. 程序

先出示问题 1,给被试 3 分钟时间进行解答,收回解答,再有重音地给被试读一遍问题,重新让被试选择答案;然后,教师出示正确答案,但不作讲解,让被试自己去体会;接着出示问题 2,同样要求被试用 3 分钟的时间作出解答;之后,教师给出问题 2 的正确答案,以及问题 1 的详细分析讲解;最后,再出示问题 3,让被试 3 分钟内给出解答。每个问题解答完毕后就马上把解答收起来,然后再给出正确答案或讲解和出示下一个问题。

5. 结果分析

实验结果显示,对于问题 1,被试选 E、4 的人数是 14 个,选 E、7 的有 2 个,单选 E 的有 3 个;当主试又对问题有重音地读了一遍(重音放在"我们的目标是要确定这些卡片是否遵循规则"和"最多只需翻看哪几张卡片就可以确定了"上,不作任何其他解释)后,被试经过思索后答案有所变化,原先选 E、4 的有 12 人保持原答案,2 人改选 E、7;原来单选 E 的改选 E、7,原来选 E、7 的 2 人没变。结果是选 E、4 的人有 12 个,选 E、7 的人有 7 个。

在出示了问题 1 的正确答案后,再出示问题 2。被试作了短暂的思考,问题 2 答题结果是:选 A、D 的 9 人,选 A、B 的 1 人,单选 D 的 3 人,选 B、D 的 1 人,单选 A 的 3 人。2 人选不准而没有选择。

在出示问题 2 的正确答案并重新讲解分析了问题 1(相当于给出了样例)后,再出示问题 3,结果选 1、4 的 16 人,选 2、3 的 3 人。

由实验结果可以看出,条件命题规则对数学教师来说,理解应用起来也是具有难度的,答案正确率只有 2/19,而在研究人员重述之后,答案正确率有所提高,正确率达到了 7/19。而大部分被试倾向于选择 E、4,分析一下这个答案不难看出,它们一个是条件命题规则的条件部分,一个是条件命题规则的结论部分。由此我们可以推测,被试判断条件命题规则遵循情况或使用规则判断时,有一种从规则的条件部分和结论部分出发来选择判断的倾向,或者说,被试倾向于从问题和规则之间的相似或共同的部分出发来考虑问题。在这里,强调重述可能提醒了被试重新考虑问题,帮助被试把注意力放在如何判断遵循规则上来,引发一部分被试重新审视自己的选择,之所以正确率有所提高,可能还在于他们拥有逻辑知识。由被试都选了 E 可以看出,解决此类问题,被试首先考虑的是规则的条件部分,符合条件的必翻看,这一点都清楚,符合条件的若翻过来符合结论,则可以作出"正确"判断;若不符合结论,则可以作出"错误"判断。但对于不满足条件或是否满足条件并不清楚的情况,被试的处理都不是那么流畅。我们的四种情况其实是：符合条件、符合结论、不符合条件、不符合结论，从所选答案看，被试习惯选符合条件、符合结论两种情况，认为只需看这两种情况就够了。也就是说，对于符合条件的情况必看、不符合条件的不需看都清楚，但对于符合结论与不符合结论两种情况选看哪一种时发生困难。没有人从这个规则的等价规则出发考虑问题。"等价思想"在这里毫无体现，证明被试缺乏等价转换思想观念。逆否命题与原命题等价这一结果没有被用上。被试缺少将之一般化、再利用一般结论来思考的倾向。

在给出问题 1 的答案后，被试通过心理调整（比较自己的答案与正确答案的异同，调整自己的理解），对问题 1 的正确答案的理由作出自我解释。在此基础上解答问题 2，但由问题 2 的解答情况来看，被试对问题 1 的答案的自我解释不理想，正确率为 9/19。但从答案的多样性来看，被试的确作了一定的自我解释。在给出问题 2 的答案以及问题 1 的详细分析说明后，再解答问题 3 时，结果就完全不同了，与解答问题 2 的正确率有显著差异，正确率为 16/19。两相比较可以看出，含有解答分析的样例对教师学习者理解命题规则和应用规则有着重要作用。在只给答案而没有详细解答的情况下，被试仍有半数以上不能真正明白如何利用逻辑规则进行推论。一旦有了详细说明解释，被试基本都能掌握如何利用逻辑规则进行推论。

从问题 2 的解答情况来看，正确率没有原实验中那么高，如果原实验被试被认为是从现实意义出发来解决问题的，那么在这里，我们可以较有把握地说，被试是从问题意义而不是现实意义出发来思考、解决问题的，他们是从逻辑推理的角度思考解决问题的。因为只有从逻辑上解决该问题，其难度与问题 1 才是一样的。沿此思路分析下去，解决问题 3 用的方法也应是用了逻辑推理方法，而不是调用实用图式、运用现实意义理解问题、解决问题的。由问题 3 的解答情况进一步看出，问题 1 的详细解答对问题 3 的解决有重要影响。为进一步验证这一点，我们在实验 1B 中同时出示三个问题，看被试的解答情况。

上述结论似乎也表明，有较好数学逻辑训练的被试也不能自觉和很好地运用逻辑规则进行推论（也反映了我们传统的数学教学中所进行的数学逻辑思维训练的不足，不能很好地运用逻辑思维解决有关问题）。但是，一旦有一个详细解答样例的辅助，这些被试就能很快掌握解决这类问题的解题思路和方法。问题 2 的解答结果告诉我们,在仅知道答案而没有解答问题过程时,被试会出现各种自我解释,但是,并不都是能获得解题方法或规律的合理解释。

(二)实验 1B

1. 目的

实验 1B 的目的是进一步验证逻辑素养较好的学习者在解决这类问题多是从逻辑出发而不是从现实意义出发来思考的。

2. 被试

本实验选取 12 名具有大学数学本科学历的工作 5 年以上的数学教师作为被试。

3. 材料

材料分为两份,一份是没有任何解答的上述三个问题组成的测试卷 1,一份是第一个问题以有解答的样例出现,而其余两个问题不变的测试卷 2。

4. 方法与程序

先发放测试卷 1,做完后立即收回,再发放含样例的测试卷 2。整个解答测试题在时间上没有限制,直到被试感到做好了为止。分组进行,4 人一组,便于访谈。

5. 结果分析

首先对解答情况作质的分析。三个问题的解答情况如表 4-37 所示(各题答案按序统一用 A、B、C、D 记录)。

表 4-37 问题解答情况

	情形	1	2	3	4	5	6	7	8	9	10	11	12
问题 1	无样例	BC	BC	0	BD	BC	BC	BC	B	AD	BC	BD	BC
问题 2	无样例	AB	A	AC 或 BD	AD	A	AB	AB	A	AB	AB	AD	AB
	有样例	AD	B	AD	AD	ADC	AD	BC	AD	AD	AD	AB	BD
问题 3	无样例	AB	AD	任两张	AD	AB	AB	AB	B	B	AB	A	AB
	有样例	AD	BC	AD	AD	AD	AD	BC	AD	AB	AD	A	BD

注:问题的正确答案为 B、D;问题 2、3 的正确答案都为 A、D。

从表中可以看出,在无样例情况下,关于问题 1 的解答情况中,除去一个被试没有选择外,选对率为 2/11,而问题 2、3 的正确率也都为 2/12,各有 6/12 的人选 A、B。在有样例的情况下,问题 2、3 的正确率都为 7/12。

在无样例情况下,被试对三个问题的解答没有显著差异,结合前人研究结果,可以判断,被试解答这些问题时,大部分不是从现实意义出发,而纯粹是从问题的逻辑意义或问题本身意义出发进行分析解决问题的,否则抽象的问题 1 和具有现实意义的问题 2 的解答情况不应一致。从解答情况来看,三个问题的难度对被试来说应该是一样的,并没有因为问题 2 具有现实意义和问题 3 能启发一个现实模式而使其难度有所降低。

通过访谈,我们发现,被试选择翻看的标准大部分是看卡片朝上这一面上的内容是否符合条件和结论中的一个,符合的翻看,一个都不符合的就不用翻看。如对问题 1,有些被试谈到"翻看第二张,因为第一、第四张不具备规则所述条件,第三张虽是偶数,但原命题的前提是元音字母而不是偶数"、"翻看第二、三张,因第二张一面是元音字母,第三张一面是偶数,具备条件、结论之一。而第一、四张都不具备其中之一"、"翻看第二、三张,因为 K 为辅音字母,7 为奇数,不合条件"、"规则中两个条件'一面是元音字母,另一面偶数数字',必须同时成立,缺一不可,因此第一、四不符合条件,第二、三张已满足了一个条件,因此,只要翻看这两张就可以确定了"。又如对问题 3,有一被试选 A、B,原因是"四人中只有王明采取行动 A,但不知是否拥有前提条件 P,而刘一拥有前提条件 P,但不知是否采取行动 A,此两张卡片需要翻看。而另两人均有一条件不符"。确实有个别人从实际意义出发分析考虑问题,如对问题 2,有的被试选翻看 A,因为"B、D 已知邮票分值,C 未封上,均已明了,只有 A 是封上的,但不知邮票分值,需验证"、"翻看 A,原因:符合写信的程序先贴邮票,填写好封面程序后再去封上口。A 信已封口,所以符合上述要求"。也有被试谈到逆否命题,但不知道逆否命题该用在哪里或弄错了原命题。如一被试选择翻看 A、B(王明、刘一),理由是"拥有条件 P,采取行动 A"的逆否命题也是正确的,这是把原命题搞错了;又如对问题 3,一位被试选择 B、C(即刘一、赵华),陈述的理由是"刘一拥有前提条件 P,翻看是否具有行动 A;赵华不采取行动,翻看是否拥有前提条件 P。A→P 等价

于 $\overline{P} \rightarrow \overline{A}$"。事实上，在这里，我们要检验各种情况是否符合规则"如果 A 那么 B"，根据逆否命题的等价性，其实应检验是否符合规则"如果非 B 那么非 A"，两相结合，就要翻看面上写有 A 或非 B 内容的卡片。

其次，我们对结果作定量分析。通过答对计 1 分、答错计 0 分进行量化，得有样例与无样例情况下解答问题 2、3 的成绩，通过配对样本 t 检验结果如下（见表 4-38、表 4-39 和表 4-40）。

表 4-38　配对样本统计

		均数	N	标准差	标准误差
配对	无样例	0.1667	24	0.3807	0.0777
	有样例	0.5833	24	0.5036	0.1028

表 4-39　配对样本相关性

		N	相关系数	Sig.
配对	无样例与有样例	24	−0.076	0.726

表 4-40　配对样本 t 检验

配对	配对差异					t	df	Sig.(2-tailed)
	均数	标准差	标准误差	95%可信区间				
				下限	上限			
无样例与有样例	−0.4167	0.6539	0.1335	−0.6928	−0.1406	−3.122	23	0.005

由表 4-40 可见，有样例与无样例情况下被试成绩呈显著性差异（$t=-3.122$，$p=0.005<0.01$），说明样例在数学素养较好的学习者解答逻辑问题方面也有重要影响。

6. 讨论

表面概貌对学习者识别问题内部结构是有影响的，这三个问题从结构上讲是一样的，但在学习了样例问题 1 后，逻辑素养较好的被试仍不能全部解答正确，原因可能是被试对问题 2、3 与样例问题 1 的结构相似性没有认识清楚，不能透过问题表面概貌现象看出结构本质。

从对逻辑知识拥有较多的被试进行的实验 1 的研究结果发现，拥有逻辑知识的人并不能主动运用逻辑知识思考、解决问题，样例对其有重要影响，表面概貌影响对问题结构的认知。

本研究可以看作是关于具有较高逻辑素养的学习者对逻辑知识的应用情况及样例的作用影响的研究。我们更为关心的是处于学习阶段的中学生对逻辑知识运用情况和样例作用情况的研究,为此,我们进一步设计了实验 2。

四、实验 2

(一)目的

通过本实验,探讨不太拥有逻辑知识的中学生对条件命题规则的学习、理解、应用情况,一是比较在有样例与无样例情况下,学生对"条件命题规则"的理解应用的差异情况,以期发现样例在条件命题规则理解方面的迁移作用影响;二是探讨学生对"条件命题规则"的要求的理解应用情况;三是进一步考察三个问题的"难度"情况。

(二)被试

本实验研究被试取自于某高中一年级学生,从中等程度的两个班级各随机选取 30 名被试,他们上学期末的数学成绩通过独立样本 t 检验无显著差别。被试分为两组,一组为有样例组,一组为无样例组,进行对比实验。这些被试都学习过逻辑初步知识(高中教材中的)。

(三)材料

无样例组材料由前述三道问题组成,有样例组材料是将第一个问题增加解法成为有解样例,另两个问题不变。前者定为学习测试材料 1,后者定为学习测试材料 2。问题 1 记为 T0,问题 2 记为 T1,问题 3 记为 T2。

(四)程序

分别向两组被试随机分发一种测试学习材料。解答每题限时 3 分钟,样例与测题同样要求用时 3 分钟。每到 3 分钟,都提醒被试转入下一个问题。

（五）结果与分析

为了将结果排在两行，更好地对比观察，用 0 表示没有选答案的情况。

1. 有样例情形

30 名被试答题情况如表 4-41 所示。

表 4-41　30 名被试答案选择情况统计

问题	被试的答案																													
T1	0	AD	AB	0	AD	AD	AC	AD	AD	AC	AC	AC	AC	AD	AC	AB	AB	AD	AD	AD	AD	AB	AB	0C	AD	AD	AD	BD	AD	AD
T2	AD	AD	AB	AD	AD	AD	AD	AB	AD	AD	AD	AD	AD	AD	AD	AD	AD	AD	BC	AD	AC	AD	AD	AD	AD	D	A	AD	AD	AC	AD	AD

按单个选对得 1 分，则第一题共计得 42 分，第二题共计得 53 分；按全对得 1 分算，第一题 15 分，第二题 24 分。在错的答案中，第一题选 B、C 作为答案的人数各为 6 个、7 个。第二题选 B、C 作为答案的人数各为 3 个、3 个。

2. 无样例情形

30 名被试中的 28 名的答题情况如表 4-42 所示。

表 4-42　30 名被试答案选择情况统计

问题	被试的答案																													
T0	BC	B	BD	BD	BC	BC	BC	BD	BC	BC	D	B	AC	BD	BC	BC	AC	BD	AD	AB/CD	AC	B	BC	BC	BC	BC	BC	BC	BA或BD	AC或BD
T1	BD	A	A	AC	AB	AB	BC	AD	AB	AB	AB	A	AD	AB	AC	A	CD	BD	BC	A	AD	A	AB	AD	AB	AB	AB	AB	AB	ABD
T2	BC	AB	AD	BC	AD	AB	BC	BC	AD	AB	B	AD	AD	AB	BD	C	BC	C	BC	B	AC	A	AB	AB	BC	AD	BC	AB	AC	AB

若按选对一个记 1 分，结果是被试在第一题上得 33 分，在第二题上得 24 分；若按全对记 1 分，则被试在第一题上得 4 分，在第二题上得 6 分；在作为样例的问题 T0 上，按两种记分方法各得 33 分、5 分。

3. 分析

从中我们可以看到，样例在学生理解和应用条件命题规则方面有重要作用，在有样例和无样例的情况下，解答问题的正确率有显著性差异，在问题 T1、问题 T2 上的正确率分别为 50%、13%，80%、20%。从无样例情况我们可以看出，三个问题难度对高中生来说基本一样，在这三个问题上的表现差异不像原实验中那么显著，正确率分别为 17%、13%、20%，被认为最容易解答的问题 T1 对我们的被试来说却是最难的，问题 T2 的成绩是最好的。这一来说明三个问题难度基本一致，二来说明我们的高中生解决这些问题时，可能只是从问题本身意义出发来思考，而没有考虑它们的现实意义、从现实意义出发来思考问题，即反映了我们的高中生解决问题的习惯是围绕问题来解决问题，拿到一个问题只是把它看作一个数学问题，而不是从实际意义来考虑问题。

　　但是，在有样例和无样例情况下，问题 T1 的成绩比问题 T2 的成绩都低，为什么两个问题结构一样，结果却不一样呢？这是不是说明原因与问题的内容有关系？

　　笔者认为，没有样例时，问题 T2 中的"规则"更为抽象，所以按单分计算没有问题 T1 高，这可能是由于在问题 T2 中，项目中的内容与条件命题规则中的内容"共性"太多，模糊性大，被试选不准，从而按单个记分法计分，没有问题 T1 高。但是按全对得分，还是问题 T2 高，与有样例时一致，这可能与问题中四张卡片上的表面内容是两对互否的条件陈述有关。于是，初步结论是：推理与内容表述也有关，我国的中学生习惯解决抽象的数学逻辑问题。

　　推理受表面相似性或相同要素的影响，被试在判断时，往往受规则中条件与结论的表面内容影响，在确定翻看谁时，往往是找与结论一致的、与条件一致的选项，总认为涉及与命题规则内容相似或相同的项才是所选项。实验结果表明在没有样例时，学生对条件命题规则的理解有偏差，或不理解问题中条件命题规则是什么意思，也就是说，问题内容不易被理解，尤其是在问题中出现一个条件语句，学生可能不知该怎样用它或不理解它表达的意思。在有样例的情况下，样例帮助被试理解了问题是的目的，从而能更好地解决问题，即有解样例具有帮助学习者理解问题的功能。

五、实验 3

（一）目的

实验 3 考察相同被试在无样例情况下和有样例情况下解答问题的情

况,进一步明晰样例在条件命题规则理解和应用方面的作用影响效果。

(二)被试

我们从数学系专科二年级学生中(第二学年下学期末)选择 15 名被试。

(三)材料

无样例组材料由前述三道问题组成,有样例组材料是将第一个问题增加解法成为有解样例,另两个问题不变。前者定为学习测试材料 1,后者定为学习测试材料 2。问题 1 记为 T0,问题 2 记为 T1,问题 3 记为 T2。

(四)程序

让被试先解决实验学习测试材料 1 的问题,做完之后收回来,再发给他们学习测试材料 2。

(五)结果与分析

样例问题 T0 在无样例情况下的解答情况及问题 T1 与 T2 在有样例和无样例两种情况下解答情况如下(见表 4-43)。

表 4-43　各种情况下的解答情况

问题	样例	答案														
T0	无	23	23	23	23	23	23	23	23	23	24	23	24	23	24	24
T1	无	24	12	1	12	12	12	12	12	12	14	12	12	23	14	14
	有	14	14	14	14	14	14	14	14	14	14	14	14	14	14	14
T2	无	23	12	12	12	12	2	12	12	12	14	12	12	12	13	14
	有	13	14	14	14	14	14	14	14	14	14	14	14	23	14	14

可以从同一组被试先后做的测试结果的比较看出,样例的影响是巨大的。15 名被试在无样例情况下,在问题 T1 和问题 T2 上,按单个记分制,得 31 分;全对记分制,得 5 分,正确率为 5/30。在有样例情况下,单个记分制,得 56 分;全对记分制,得 28 分,正确率为 28/30。

访谈被试,当问及样例在你解决这些问题方面的作用时,被试说:"样例在理解题意和分析问题方法方面都有作用,原先没有做对,一是不太理解题意,二是不知道如何分析这类问题。"由此我们可以得出,样例作用不仅是给解题者提供方法示例,而且可以帮助解题者了解一类问题的意义、理解这类问题的实质,通过对问题的分析解决过程的阅读理解,解题者可进一步加深对问题意义本质的认识。

与教师的解答情况相比,在无样例情况下,教师被试与学生被试的解答成绩没有显著差异,但在有样例的情况下,大学生被试的成绩高于教师被试,说明样例对大学生的影响作用比对教师的影响作用大,大学生更善于利用样例。这可能是由于大学生在模仿或寻找对应方面更灵活的原因。

那么,问题如果只有答案,情况又会是什么情形? 为此我们设计了个案实验 4。

六、实验 4

本实验是一个个案研究,试图通过比较来考察问题的分析解答过程或方法的作用。我们选择了两个数学系专科二年级大学生被试,在样例问题后只给出答案是(2)、(4),而没有解答分析过程。结果,两个被试在解答后两个问题时,答案都不对。他们对问题 T1 的答案分别为 A、AB;对问题 T2 的答案分别为 B、B。

这说明,样例的分析过程是重要的,只有答案是不够的,重要的是分析过程,学生从分析过程中能够学习到分析问题的方法。与实验 1A 中对教师的实验一致,只给答案,学生会作出不同的自我解释,也就是说,仅从答案中学生有时不能真正领会解决问题的方法实质。这从一个方面反映了"分析"的重要性(本类问题的解答过程类似分析过程)。

七、实验 5

如果将大学二年级与高中一年级的成绩作一下比较会发现,在无样例情况下,成绩差不多;在有样例情况下,大学二年级学生更能理解和利用样例,得分有显著差异。这说明学生在相差四个年级的情况下,自我理解条件命题规则方面的能力差异不显著。但在有样例可供学习的情况下,大学生明显占优势,说明大学生在理解方法原理的例说上有较强的能力。学生随着年级的增高,理解样例的能力在不断增强。从更深层次上说明,数学素养的提高在问题领会上是有作用的,能使人们更快捷、更迅速地把握方法,在运用逻辑上有一种潜力。

反思我们的教学,为什么逻辑思维能力提高了,运用逻辑解决问题的能力却没有相应地跟上,主要还是缺乏这方面的锻炼,再次表明,数学知识与数学知识的应用不是"一脉相传"的,不具有因果关系,数学知识的应用仍需要练习环节。

但我们又想,条件命题规则在理解方面应该说不难,但为什么表现都这么差呢? 是不是条件命题规则被镶嵌在问题表述中就不好被理解了呢? 为此,我们又想把条件命题规则通俗化,不用条件命题形式,看表现情况如何。

为此,我们首先将原问题改编成下面的问题,请两位拥有数学专业博士学位的人员来预演:

问题1(5分钟)　学校举办了一次数学竞赛,每个参赛学生都有一张成绩卡,成绩卡的一面是参赛学生的姓名、性别,另一面是该生的成绩。某班有 8 名同学参加了这次竞赛,成绩卡如下摆放在班主任的办公桌上(成绩卡有的是成绩这一面朝上,有的是姓名、性别朝上):

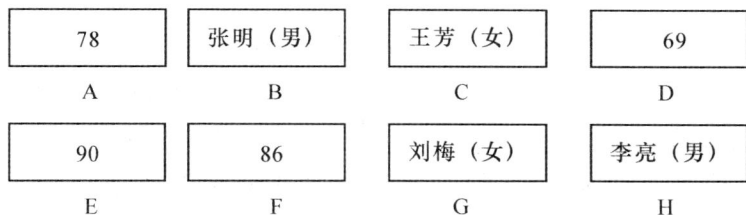

78	张明(男)	王芳(女)	69
A	B	C	D
90	86	刘梅(女)	李亮(男)
E	F	G	H

图 4-7　成绩卡摆放样式

如果有人说"这次竞赛中,该班成绩 80 分以上的全是女生",那么要判断此人说法的正误,哪些成绩卡不需要翻看:＿＿＿＿＿＿＿＿；哪些可能需要翻看:＿＿＿＿＿＿＿＿＿＿。

如果有人猜测"该班这次参赛女生成绩全在 80 分以上",请问,为了判断此人的说法正误,哪些成绩卡不需翻看:＿＿＿＿＿＿＿＿；哪些可能需要翻看:＿＿＿＿＿＿＿＿＿＿。

结果,两名数学博士都没能正确地全部做出,答案分别是:

博士1:BHEF,ACDG;BHEF,ACDG。

博士2:AD,BCEFGH;EFBH,ADCG。

可见,他们各错了一题。对第一位博士,当提醒说再考虑一下第一问时,他拿不定主意第一空是 BH、是 AD 还是别的,但对第二空断定有 EF,几分钟下来越弄越糊涂了。从这个个案中可以看出,第一问与第二问难度上是有区别的,两人都在第一问上搁浅,说明第一问难度大于第二问。

考虑到上述原因,我们将问题改编为更容易理解的如下问题组。

第一组

问题1(6分钟)　学校举办了一次数学竞赛,每个参赛学生都有一张成绩卡,成绩卡的一面是参赛学生的姓名、性别,另一面是该生的成绩。某班有 8 名同学参加了这次竞赛,成绩卡如下摆放在班主任的办公桌上(成绩卡有的是成绩这一面朝上,有的是姓名、性别朝上):

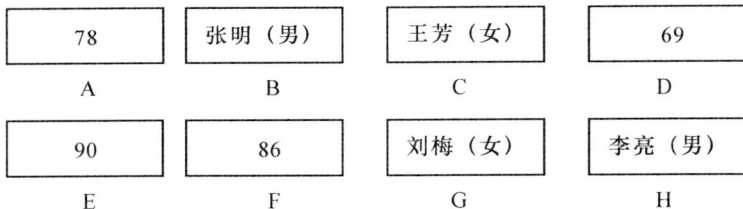

78	张明(男)	王芳(女)	69
A	B	C	D

90	86	刘梅(女)	李亮(男)
E	F	G	H

图 4-8　成绩卡摆放样式

如果有人说:"该班这次参赛男生成绩全在 80 分以上",那么为了判断此人说法的正误,你就得需要翻看这些成绩卡才能确定,当然全部翻看后可立即作出判断,而事实上,根本不需要全部翻看,只需翻看其中几张就够了。请问,只需翻看哪几张就足以判断此人说法的正误了?＿＿＿＿＿＿＿＿＿＿＿＿。

对这 8 张卡,有人猜测:"如果一张成绩卡的一面写有 80 分以上的成绩,那么它的另一面一定标有(女)",那么,要想判断此人猜测得对不对,请问,哪几张成绩卡是不需要翻看的?＿＿＿＿＿＿＿＿＿。

问题2(4分钟)　如图,有 4 个信封摆放在桌面上,其中,A、C 背面朝上,贴没贴邮票看不出来,只有翻看后才清楚,但 A 已封上,C 没有封;B、D 正面朝上,B 贴有 80 分邮票,D 贴有 60 分邮票,封没封看不出来,只有翻看后才清楚。现在要检验这组信封是否符合要求："如果信封已经封上，那么它上面就该贴有 80 分的邮票。"请问，只需翻看哪几个信封就足以作出判断了？＿＿＿＿＿＿＿＿＿＿。

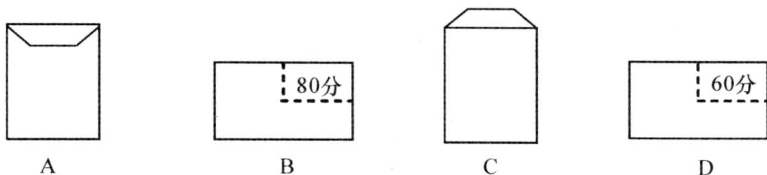

图 4-9 信封贴封情况

第二组

问题 1（6 分钟） 学校举办了一次数学竞赛，每个参赛学生都有一张成绩卡，成绩卡的一面是参赛学生的姓名、性别，另一面是该生的成绩。某班有 8 名同学参加了这次竞赛，成绩卡如下摆放在班主任的办公桌上（成绩卡有的是成绩这一面朝上，有的是姓名、性别朝上）：

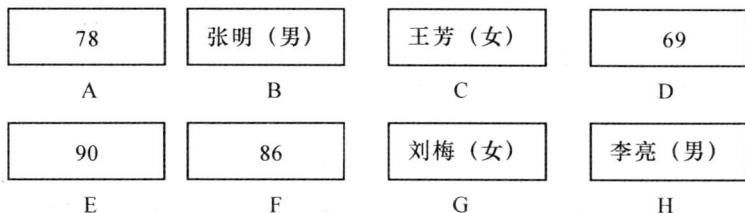

图 4-10 成绩卡摆放样式

如果有人说："这次竞赛中，该班成绩 80 分以上的全是女生"，那么，要想判断这个人说的对不对，你就得需要翻看这些成绩卡才能确定，当然全部翻看后可立即作出判断，而事实上，根本不需要全部翻看，只需翻看其中几张就够了。请问只需翻看哪几张就足以判断此人说法的正误了？＿＿＿＿＿＿＿＿。

问题 2（4 分钟） 如图，有 4 个信封摆放在桌面上，其中，A、C 背面朝上，贴没贴邮票看不出来，只有翻看后才清楚，但 A 已封上，C 没有封；B、D 正面朝上，B 贴有 80 分邮票，D 贴有 60 分邮票，封没封看不出来，只有翻看后才清楚。现在要检验这组信封是否符合要求："如果信封贴有 80 分的邮票，那么它就应该已被封上。"请问，只需翻看哪几个信封就足以做出判断了？ _____。

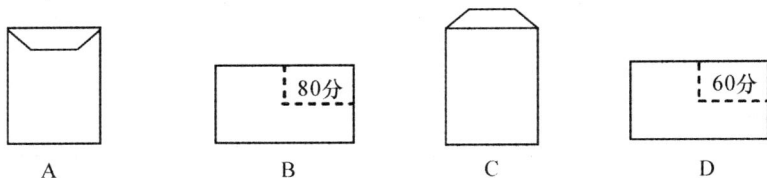

图 4-11 信封贴封情况

第三组

问题1(6分钟) 学校举办了一次数学竞赛，每个参赛学生都有一张成绩卡，成绩卡的一面是参赛学生的姓名、性别，另一面是该生的成绩。某班有8名同学参加了这次竞赛，成绩卡如下摆放在班主任的办公桌上（成绩卡有的是成绩这一面朝上，有的是姓名性别朝上）：

78	张明（男）	王芳（女）	69
A	B	C	D
90	86	刘梅（女）	李亮（男）
E	F	G	H

图 4-12 成绩卡摆放样式

对这8张卡，有人猜测："如果一张成绩卡的一面标有（男），那么它的另一面的分数一定在80分以上"，那么，要想判断此人猜测的对不对，你就得需要翻看这些成绩卡才能确定，当然全部翻看后可立即作出判断，而事实上，根本不需要全部翻看，只需翻看其中几张就够了。请问只需翻看哪几张就足以判断此人说法的正误了？ _____。

如果有人说："这次竞赛中，该班成绩80分以上的全是女生"，那么为了判断此人说法的正误，请问，哪几张成绩卡是不需要翻看的？ _____
_____。

问题2(4分钟) 如图，有4个信封摆放在桌面上，其中，A、C背面朝上，贴没贴邮票看不出来，只有翻看后才清楚，但A已封上，C没有封；B、D正面朝上，B贴有80分邮票，D贴有60分邮票，封没封看不出来，只有翻看后才清楚。关于这组信封有人说："这四个信封中，已封上的信封上面都贴有 80 分的邮票。"现在要判断此人说法的正误,请问,只需翻看哪几个信封就足以做出判断了?＿＿＿＿＿＿＿。

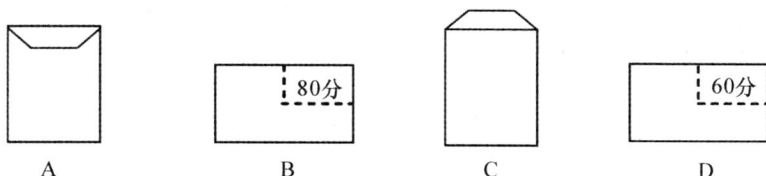

图 4-13　信封贴封情况

第四组

问题 1(6 分钟)　学校举办了一次数学竞赛,每个参赛学生都有一张成绩卡,成绩卡的一面是参赛学生的姓名、性别,另一面是该生的成绩。某班有 8 名同学参加了这次竞赛,成绩卡如下摆放在班主任的办公桌上(成绩卡有的是成绩这一面朝上,有的是姓名、性别朝上):

图 4-14　成绩卡摆放样式

对这 8 张卡,有人猜测:"如果卡的一面写有 80 分以上的分数,那么它的另一面一定标有(女)",那么,要想判断此人猜测得对不对,你就得需要翻看这些成绩卡才能确定,当然全部翻看后可立即作出判断,而事实上,根本不需要全部翻看,只需翻看其中几张就够了。请问哪几张是不需要翻看的?＿＿＿＿＿＿＿。

问题 2(4 分钟)　如图,有 4 个信封摆放在桌面上,其中,A、C 背面朝上,贴没贴邮票看不出来,只有翻看后才清楚,但 A 已封上,C 没有封;B、D 正面朝上,B 贴有 80 分邮票,D 贴有 60 分邮票,封没封看不出来,只有翻看后才清楚。关于这组信封有人说:"这 4 个信封中,贴有 80 分邮票的信封都已封上。"现在要判断此人说法的正误,请问,只需翻看哪几个信封就足以作出判断了?＿＿＿＿＿＿＿。

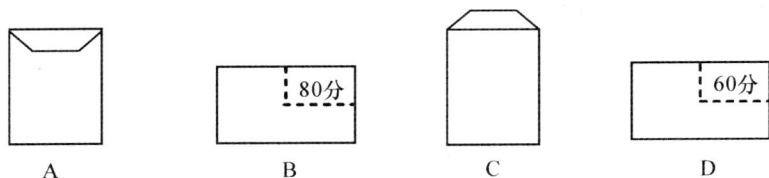

图 4-15　信封贴封情况

　　在这里,我们将条件命题现实化、通俗化,表面内容接近学生的生活现实,用了考试成绩卡片内容。表达上把"如果……那么……"形式的条件命题改为简单命题,如把"如果一个学生成绩是 80 分以上,那么该生是女性"改为"该班成绩 80 分以上的全是女生";"如果一个学生是男性,那么他的成绩是在 80 分以上"改为"该班这次参赛男生成绩全在 80 分以上"。同样的意思,表达不同,一个是条件命题,一个是全称命题,在解题理解表现上是否有所不同? 我们又做了下面的实验 5。

（一）目的

探讨逻辑问题表面概貌是不是影响问题的理解和解决。

（二）被试

大学二年级数学系学生。选择被试 64 名,随机分为 4 组。

（三）材料与程序

　　测试题如上。在研究设计上,每份中的两个问题中至少一个是通俗的,一个是严格的,并交叉设计,想做配对检验。每人在限定的时间内做两个问题,在做题前,说明实验目的,并要求学生认真阅读问题内容。每组各随机做一组问题。

（四）结果分析

实验结果统计如表 4-44 所示。

表 4-44　实验结果统计

第一组问题			第三组问题			第二组问题		第四组问题	
判断内容和要求			判断内容和要求			判断内容和要求		判断内容和要求	
男生成绩全在80分以上需要看 ABDH	如果一面80分以上那么另一面是女不需看 ACDG	如果已封那么应贴有80分邮票需要看 AD	如果一面标男那么另一面80分以上需看 ABDH	成绩80分以上的全是女生不需看 ACDG	已封的全贴有80分邮票需要看 AD	成绩80分以上全是女生需要看 EFBH	如果贴80分邮票那么应已封上需要看 BC	如果一面80分以上那么另一面是女不需看 ACDG	贴有80分邮票的都已封上需要看 BC
全称	条件	条件	条件	全称	全称	全称	条件	条件	全称
肯定	否定	肯定	肯定	否定	肯定	肯定	肯定	否定	肯定
分数	信封	信封	分数	分数	信封	分数	信封	分数	信封
12/16	5/16	5/16	9/16	6/16	8/16	13/16	10/16	3/16	10/16
~	~	AB	~	BH	AB	~	~	AD	~
BH	~	AB	~	~	~	~	B	~	~
BH	ABCDGH	~	BHEF	~	~	~	~	ABDH	~
~	AD	~	~	CGEF	~	ADCG或EFBH	AB或CD	BHEF	~
~	~	~	~	EFBH	~	EF	AB	~	~
~	~	~	BH	ADBH	~	~	~	~	~
~	AD	~	ADBHEF	AD	AB	~	~	AD	AB
BHEF	BH	ABD	ABCFGH	ADBH	ABD	ADBH	~	BHEF	AB
~	ABDH	A	BHEF	~	AC	~	~	AD	~
~	BCDG	AB	~	~	~	~	~	ABCDGH	~
~	BCGH	AB	BH	~	~	~	AB	ABDH	AB
~	BH	CD	~	AD	AB	~	AB	ADH	AB
~	BH	AC	~	~	AB	~	~	AD	~
~	ADH	AB	BEG	AD	AB	~	~	ADBH	AD
~	ABDH	BC	~	ADBH	AD	~	D	ADBH	~
BHEF	~	AB	~	BHEF	AB	~	~	BDE	AB

注：～表示答案正确。

总体上可以看出,被判断的规则是以简单命题(全称命题)形式出现的问题解答的正确率高于以条件命题形式出现的问题解答的正确率(61.25%>40.00%),肯定形式的问题解答的正确率高于否定形式解答的正确率(59.82%>29.17%),"分数"问题解答的正确率高于"信封"问题解答的正确率(53.75%>42.5%)。

由解答情况"肯定形式的问题解答的正确率高于否定形式解答的正确率"可以估计,肯定的问题的思考方式与否定的问题的思考方式是不同的。可能因为在考虑不需要翻看时,更不容易下手,不如考虑需要翻看的容易着手。

由"简单命题(全称命题)形式出现的问题解答的正确率高于条件命题形式出现的问题解答的正确率"可以估计,在内在结构原理相同的问题上,表面概貌(包括问题的提法)影响问题的理解和解决。在这里,问题的概貌是同一命题规则的两种不同的表达(全称命题形式和条件命题形式)和贴近生活的不同(考试分数和信封),以及问题提法(需要翻看与不需要翻看)的不同。前者涉及语义转换,后者涉及现实程度,再后者涉及思维角度。使用简单命题形式叙述的问题更容易被理解。

学生不会用正命题与逆否命题的等价性来解决逻辑问题。说明拥有的逻辑知识不经过训练也是不会用的,结合前面的实验结果,可以看出,有解答分析的样例可以弥补训练的不足。

八、结论与建议

日常生活离不开逻辑判断和逻辑思维,从实验结果可以看出,在传统数学教学中,我们培养了学生的逻辑思维能力,但这种思维似乎只是人们常说的思维的敏捷性、思维的逻辑延续性等品质,运用逻辑思维解决日常逻辑问题的能力并没有增强。如何提高人们运用逻辑思维解决日常生活中问题的能力?我们的实验结果给了初步回答,需要应用环节的练习训练,也可以借助样例来培养这种能力。所以,在数学教学中,适当增加运用逻辑知识解决有现实背景的问题的样例和练习对于提高运用逻辑思维来处理问题的能力是有帮助的,对提高一个人的整体素质非常有意义。数学课程似乎也应该有这个责任。那么,在课程编制上,逻辑知识这部分内容应适当地增加一些运用逻辑来解决实际问题的例子。

从中也可以看出,学习数学可以积淀逻辑知识,增加逻辑思维潜力,但这个潜力似乎没有"导火索"(如有解样例)就难以自动发挥。掌握者并不能自觉运用逻辑知识解决问题。

就我们的学生而言,解决问题往往不注意联系问题的现实意义,这是与国外的一个很大区别。也许我们的学生认为,在数学课上出现的问题就应该用数学或逻辑的知识来解决。在我们的测试后就有个别学生发问,这些问题与数学有什么关系? 我们的回答是,这可以看作是考察你们对条件命题的理解和运用情况的问题。能够理解条件命题规则,但却不能对是否违反规则作出正确的判定,不能对可能违反规则和不违反规则的人群作出区分,这对在以后的工作生活中处理一些问题是不利的。

在解决现实问题时,人们缺乏解决问题的"等价思想",不善于利用等价转换思想解决问题。

在条件命题规则的理解和应用方面,样例的作用是非常大的。样例在逻辑分析和推理方法上有显著作用。在几何教学中,为了更好地提高学生的逻辑分析和推理能力,应多增加一些应用样例。

第五节　增进理解提高样例学习迁移效果的实验研究

一、引言

样例在原理学习与迁移过程中的作用,是当前研究学习迁移问题的热点。不少研究结果表明,样例不仅有利于说明原理,而且对运用原理解决同类问题也能起作用。人们常常要通过新问题与先前学习例子的类比,从而找到解决新问题的方法,这个过程是一个类比迁移过程。研究表明,成功的类比迁移必须满足三个认知条件:识别、抽象和匹配。识别指解题者面对新问题时回想起某一潜在的类比物(或基点或源问题);抽象指解题者抽取出解决源问题时所用的一般原理或策略,也就是说,解题者通过对源问题的分析、概括和综合而获得解决源问题的图式规则(schematic principle);匹配指解题者成功地套用图式规则解决靶问题。

其中,图式规则的获得和提取是最关键的因素。

关于解题者如何获取图式规则的机制问题,Genner(1983)提出的类比结构映射理论(structure-mapping theory)认为,类比迁移是一种结构映射过程。所谓映射,就是指在一事物与另一事物之间寻找逐个匹配,结构映射就是在不同对象或结构之间通过逐个的匹配,寻找它们结构上的相似点,并因此能够把源问题中元素间的关系提取出来,独立地表征在大脑中,并用于解决靶问题。在这种结构映射过程中,重要的是源问题中元素间的关系被提取,并能够运用这种"关系"来解决靶问题,而源问题及靶问题的内容显得并不重要。一个问题的内容可以分为结构的元素和表面的元素两部分。表面的元素包括:(1)实体,它代表主体与客体,例如"工效问题"中的"工人"和"工作任务";(2)谓项(predicate),也称为属性,它是描绘实体的元素,在工效问题中如"熟练(老)的"(工人)和"打字的"(任务)。结构的元素包括两种关系:(1)初级的关系(first-order relations),如"更高(X,Y)",这一式子表达的初级关系是"X比Y更高"。又例如,"做(工人,工作)",表达的初级关系是"工人做工作"。(2)高级的关系,它把命题本身作为客体,如"结果(做(工人,工作),完成(工人,工作))",这个关系表达的意思是:"工人做工就会导致工人完成工作"。类比结构映射理论也就是说,学习样例为学习者解决新问题提供了一个类比源,类比主要是对两种情境所蕴含的结构和等级关系进行映射,只映射共同的内在关系而不包括具体的事物的属性。类比迁移的实质是学习者归纳出这种高级关系,并把它成功地运用到靶问题的解决中。

Holyoak等人发展起来的语用图式理论(pragmatic schema theory)进一步指出,类比迁移过程有两个主要环节:一是类比源的选取,即搜索记忆中可供参考的解题方法或可资利用的样例,并确定新问题应该用哪种方法或哪个原理去解决,这是问题的类化(又称为原理的通达);二是关系匹配或一一映射,即把目标问题与源问题的各个部分进行匹配,根据匹配产生解决目标问题的过程,这是原理的运用。在类比迁移过程中,存在语义的(semantic)、语用的(pragmatic)和结构的三种限制(constraints),不同的限制制约着问题解决的不同阶段。所谓"语用的",就是涉及符号和解释者间的关系,"语义的"只涉及符号与它所标示对象间的关系而不涉及语言使用者。在源问题信息的提取过程中,语义的限制起着主要作用。语用图式是因果信息的一种抽象表征，对源问题、靶问题共同具有的因果关系或目标取向（gale-oriented）的元素的再认，指导着源问题的提取和选择，并且也指导着应用源问题于靶目标。根据 Holyoak 的语用图式理论，对有关源问题图式的提取可以通过三种方式进行：（1）通过问题的表面特征的一致性；（2）通过目标的匹配；（3）同时通过两者。依靠问题间相似的语义内容，仅仅对来自同一领域的问题有用；对于不同领域的类比迁移，由于两个问题间很少具有或没有共同的表面元素，因而提取将依赖问题间目标的、语用的或结构的一致，即通过问题的语用元素的匹配而进行。在类比迁移中，靶问题的呈现会激活大量的源问题信息，问题解决者要对其进行选择。选择有三种标准：（1）以源信息表征的相对强度为准（强度大小取决于其有用性的高低）；（2）以激活的程度为基础（它依赖于靶问题的一致性程度）；（3）以它们与完成问题解决目标的直接相关程度为标准。例如，行程问题的呈现可以激活几个源问题图式（比如工效问题或其他行程问题）。但是，可能工效问题被选中，因为它也可能具有"完成这个行程任务，要花费时间，行动速度快，花费时间少，行动速度慢，花费时间多"的特征限制。在问题解决过程中，问题间目标的匹配激活并引出相关的源问题。

　　类比迁移中的多痕迹模型（multiple trace model）则综合了上述两种观点。该理论来源于 Hintzman 的多痕迹记忆模型。Hintzman 假设，每种经验或实例会产生它自己的情境性的记忆痕迹。源问题与靶问题的表面的和结构的内容都被编码（这就是多痕迹，样例在记忆中有表面痕迹成分，有结构痕迹成分等），并且具有同等的重要性。并且，编码时有关环境的背景信息也被登记下来，与情节性记忆相一致。

　　多痕迹理论认为，图式归纳有两种方式，既有自动加工，又有控制加工。第一，作为大量提取所储存样例的副产品，图式归纳在很大程度上是自动的，靶问题将平行地激活多个样例痕迹，激活水平由样例痕迹与靶问题的相似程度决定。被激活的源样例能在纯表面的材料上（包括背景信息）与靶问题进行匹配，也能在结构（图式）信息上与靶问题进行匹配。被试进行何种匹配主要依赖处于主要地位的材料。例如，当呈现行程问题时，被试将激活所有的在表面成分上相一致的文字问题，或激活有一定共同结构特征的问题（如需要求花费时间的问题）。第二，概括能通过对两个或多个实例的图式特征进行精细的编码而进行，这种图式加工则是一种控制加工，这种有意识的归纳所产生的图式，作为一个新的记忆被储存起来，并且，由于图式与样例痕迹是联结的，因而这两者其中一个的激活可能影响到另一个。由于图式是从具体样例中归纳出来的，因此图式表征与具体样例紧密相连，在问题解决时，将更优先考虑源样例（base exemplar）而不是抽象规则。

结构映射理论认为类比问题解决是结构驱动的，语用图式理论认为是目标驱动的，多痕迹模型理论认为是内容驱动的。

样例源问题所包含的信息可以分为内在原理信息和表面内容信息两个方面。内在原理是问题所包含的内在结构或关系，是解决问题的关键；表面内容是指问题所涉及的事物、形式、情节等具体内容，样例的表面内容对于新手解决问题有重要影响。结构映射理论与语用图式理论主张，结构的或图式的信息支配着类比迁移中的表面信息，并在迁移中起着主要作用。Gick 等（1983）的研究指出，样例与测题的表面内容相似性只影响到原理的通达，一旦找到合适的类比源后，关系的匹配即原理的应用过程将不再受表面内容的影响，而只是对问题所包含的结构性信息敏感。即是说，样例的表面内容影响原理的通达，一旦寻找到合适的原理，它的使命就完成了，它对这个原理如何被具体运用没有影响，即是说不影响原理中各变量的匹配。

而 Ross（1989，1990，1997）经过一系列构思巧妙的实验发现，样例的表面内容不仅对类比源的选取起作用，而且对匹配过程也有影响。就是说，样例的表面内容不仅影响原理的通达，也影响所选择的原理的运用（套公式、匹配对象）。在他的研究中，他将表面内容进一步分离为表面概貌与对象对应两个方面。表面概貌是指问题涉及的事件背景、情节、具体对象等具体内容，对象对应则指问题的各具体对象与原理中各变量之间的对应关系。如果两个问题涉及的是类似的事件、背景、对象，那么就称两者表面概貌相似；否则，就成为表面概貌无关。如果两个问题所涉及的具体对象相似（能够较为自然地进行匹配），而匹配的对象所对应的原理中的变量又正好是相同的，则称两者对象对应相似；如果两者涉及相似的对象，但这些匹配的对象所对应的原理中的变量恰恰是相反的，则称两者对象对应相反；如果两者所涉及的对象不相似、不同或不容易匹配,那就称两者对象对应无关(显然,上述说法的一个前提是两个问题所用原理相同)。例如,样例是教师如何分配给工作用的计算机,新问题则是汽车如何分配给学生修理。样例与问题涉及的是对象的相似(教师与学生相似,计算机与汽车相似),但是新问题的学生人数却与样例的计算机数对应着公式中相同的变量,而新问题中的汽车数则与样例中教师人数对应着相同的变量,这就称为对象对应相反。Ross 的研究表明,在这种对象对应相反的情况下,被试可能选对了原理(公式),但不能用新问题中的学生去匹配样例的计算机、用新问题中的汽车去匹配样例中的教师,因而将数字代入公式时发生错误。据此,他认为,样例不仅影响了新问题的类化(公式的选择),而且影响了关系的匹配(公式的运用)。

Ross 在 20 世纪 90 年代前后设计的一系列研究中比较了＋/＋、＋/－,＋/0,0/＋,0/－,0/0 等条件下的样例的迁移效果(即表面概貌/对象对应的各种情况,＋代表相似,0 代表无关,－代表相反),得出了表面内容影响问题解决的基本论点:表面内容可以分解为两个部分,一是表面概貌,一是对象对应,样例与问题的表面概貌相似性可以影响原理的通达,但不影响原理的应用环节;相反,样例与问题的对象对应相似性主要影响原理的运用,而不影响原理的通达(见表 4-45)。

表 4-45　问题相似性对原理通达和运用的影响

	原理的通达	原理的运用
样例与问题表面概貌相似性	影响	不影响
样例与问题对象对应相似性	不影响	影响

我国学者莫雷等人(1999,2000)的近期研究深化了 Ross 的结论。分析 Ross 的一系列研究可以发现,Ross 的研究只是局限于探讨内在原理相同的情况下,样例与新问题在表面内容方面不同的相似关系对于解决新问题过程中的类比源的选取与关系匹配的影响作用,没有探讨在内在原理不同的情况下,样例与新问题的表面内容方面不同的相似关系对这个类比迁移过程的具体影响,而此问题的探讨对于系统把握原理学习的迁移本质与规律有重要意义。于是,莫雷等对此作了进一步研究。

根据 Ross 的样例设计思想和技术,莫雷和刘丽虹(1999)同样将表面内容分解为表面概貌(问题的情节、具体对象、表述形式)和表面对应

（问题中具体变量与原理各个变量的对应，如果两个问题有相似的对象，且这些对象所对应的是相同的原理变量，就说两者对应相似；反之，则称相反）。这样，先前的样例与新问题之间就会有表面概貌相似与否、表面对应相似与否等关系。同时，增加了表面概貌相似而原理相反的问题，以探讨样例与新问题在内在原理相同与否的情况下，表面内容不同的相似关系对类比迁移的影响。

研究者认为，对于初学者来说，在内在原理相同的情况下，样例与新问题的表面内容相似对新问题的解决有促进作用，其中表面概貌是否相似会影响类比源的选择，而表面对应是否相似主要影响目标问题和源问题各个部分的匹配，从而影响原理（公式）的运用。在内在原理不同的情况下，样例与新问题表面内容相似对新问题的解决会产生负迁移。

研究人员设计了两个实验进行研究。实验 1 探讨在内在原理相同与否的情况下，先前学习的样例与后来新问题之间表面内容的各种相似关系对于新问题解决过程的影响。实验材料包括学习材料和测验材料，其中学习材料由三个概率原理（简称 P_1、P_2 与 P_3）组成，每个原理都包括公式、有关解释及一个说明公式怎样被应用的样例。测试材料由四类问题组成，只考察原理 P_1、P_2 的应用。四类测试问题是：T1 类，测题与相应的样例表面概貌相似，表面对应相似，内在原理相同；T2 类，测题与相应的样例表面概貌不同，表面对应不相似，内在原理相同；T3 类，测题与相应的样例内部原理相同，表面概貌相似，但表面对应相反。T4 类，测题与相应的样例表面概貌相似，表面对应相似，但内在原理相反，即与原理 P_1 的样例表面内容相似的测题，实际上要运用原理 P_2 的公式才能正确解答，而与原理 P_2 的样例表面内容相似的测题，要运用原理 P_1 的公式才能正确解答[①]。共有 10 个问题，其中正式问题 8 题，原理 P_1 与原理 P_2 每类型问题各 1 题，另外还有 2 个干扰题，它们表面内容与内在原理均与样例不同，不能用这次所学的原理来解答，干扰题不计成绩。测试卷上列出所学原理的 3 个公式。

————————————

① 注：这里需要说明的是，T4 类的问题设计可能不是太合理，与表面对应概念似乎有矛盾，表面对应应该只能在原理相同的情况下才有意义，因为它涉及对应"相同的原理变量"，如果原理不同，无从谈起"相同的原理变量"，但是，我们可以忽略表面对应相似条件，因为这对后面的结论不产生大的影响。

　　实验数据结果表明,新问题与样例表面内容不同的相似关系对于被试解决新问题的成绩有不同的影响,当样例与新问题内在原理相同的情况下,其表面内容越相似,就越容易发生正迁移;而在两者原理不同的情况下,其表面内容相似对问题解决会产生干扰。表明(T1 类测验问题)样例表面概貌相似,表面对应也相似,对类比源的选择或关系的匹配有促进作用(T1 问题的成绩最好)。(T2 类问题)样例表面概貌不同,对正确选择类比源的促进作用减少,新问题类化的难度增大(T2 的成绩低于T1)。(T3 类问题)样例表面概貌相似,但表面对应相反,对其类比源的正确选择会有促进作用而对其公式的正确运用则会产生干扰(T3 的成绩也应该低于 T1 问题)。(T4 类问题)表面内容相似而所运用原理相反,在类比源的确定方面会受到样例表面内容的干扰(T4 问题的成绩比上面三类问题都低)。

　　据此,研究者认为,初学者在自发的情况下主要采用外在的表层类比,而不是内部结构的映射,问题与样例表面内容的相似对类比迁移有非常重要的影响。

　　研究者进一步考察了(在实验 2 中)在提示被试注重问题的内部结构(原理),增强其进行内在类比的意向的情况下,新问题与样例表面概貌相似性对问题解决的影响。

　　结果显示,提示与否这一因素的主效应达到非常显著的水平;同时提示与问题类型两个因素之间也有非常显著的交互作用,进一步对这两个因素的交互作用作简单效应检验,结果表明,对 T1 类问题来说,提示与否差异不显著,而对于 T2 类问题与 T4 类问题,提示与否的差异非常显著。即是说,提示被试注意新问题与样例的内部关系,可以明显地促进样例向新问题情境迁移。可见,提示同样可以促使被试在进行关系的匹配时注重问题的内在结构,因而对公式的正确运用也产生积极的促进作用。

　　总之,莫雷等人的研究结果表明:(1)先前学习的样例与新问题在内在原理相同的情况下,两者表面内容相似对被试解答新问题有显著的促进作用,其中表面概貌相似有利于被试对新问题的类化,表面对应相似则促进被试对公式的正确运用;而当两者内在原理不同时,表面内容相似会对新问题的类化产生负迁移作用。(2)在提示被试注重问题内在结构的情况下,会促进被试进行内在类比从而提高其解答问题的成绩。

综上,Gentner 的结构映射理论认为,类比是对两种情境所蕴含的结构和等级组织关系进行映射的过程,只映射共同的内在关系。而根据莫雷人等的研究结果,可以认为,Gentner 的结构映射的类比是一种内在的类比,它可能比较符合熟练的学习者的类比特点,而对于初学者来说,其利用样例来解决问题的类比过程,主要是一种依据新问题与先前所学的样例的表面内容来进行的表层类比。莫雷等人的研究结果也表明,表层类比也分为类比源选择与结构匹配两个环节,在内在原理相同的情况下,新问题与样例表面内容相似对被试解答新问题有显著的促进作用,其中表面概貌的相似有利于被试对类比源的正确选择,表面对应相似则促进被试对结构的正确匹配;而在新问题的内在原理与样例不相同时,表面内容相似会对问题的解答产生负迁移,主要是干扰了类比源的正确选择。同时,与内在类比相比较,表层类比过程较多表现出一种系统的、综合的、自上而下的整体比较的特点,而不是由分析到综合的、一一对应的匹配。这个特点主要表现在,被试在笼统地依据表面概貌将某样例确定为新问题的类比源后,并没有注意考虑新问题与样例的表面对应是否匹配,就直接将类比源的表面对应机械地套在新问题之上,按照样例的方式将数字代人公式,表现出一种自上而下的倾向。例如,在解答 T3 类问题时,多数被试是根据类比源的表面对应照套新问题的对应关系。解答 T4 类问题时,他们也是按照误导样例的公式将新问题的数字代人。表层类比这个特点值得我们注意。

笔者的实验研究进一步表明,非文字题的表面内容概貌也会影响问题解决,知识综合应用问题的表面相似性也影响问题解决,而且学生对样例的理解水平不同,其中,表面匹配是常见的一种水平。

笔者的个案研究也表明,样例与测试题的表面内容的相似性影响问题解决,学生也是表现为表层类别。我们向一个初二年级优等学生(12岁)出示下面这个问题及其方程式:

5 个笔记本价值 13.5 元,7 个笔记本价值多少元?

方程式:$\dfrac{5}{13.5} = \dfrac{7}{x}$。

然后让其解决下面的问题:

一项工作 5 个人做需要 12 天完成,这项工作 7 个人做需要多少天完成?

结果学生毫不犹豫地列出这样的比例方程:$\frac{12}{5}=\frac{x}{7}$。

当让被试再核实一下自己所列方程是否正确时,被试只是稍微看了一下问题,又与样例作了一下比照,就肯定了自己的答案。我们未置可否。但是,时间过去四周之后,在没有出示样例的情况下让同样的被试再做这个问题,结果正确解决。而在这四周里,被试没有再接触方程内容,都是在学习几何内容。对四周前这个问题,被试可能已忘记。

笔者认为,学生之所以开始列出一个错误的方程,完全是受该问题与所谓样例问题之间的表面概貌相似性的影响造成的,这两个问题的表面概貌成一种相似的"对应"关系,这使得学生毫不犹豫地、不作他想地也用"成比例关系"形式解决。这反映了被试在进行类比解决问题时只是表层类比。但四周之后在没有样例"导引"的情况下,被试却能够列出正确的方程式来,这表明,这次问题解决学生深入到问题内部去了,从内在结构关系考虑问题的。相比之下,可以发现,样例有时也起不利影响。

从上面样例学习分析中可以看出,样例学习中的一个弊端是表面概貌的影响可能会将一个解题者引入歧途,如何减少或消除、避免这个表面概貌的负面影响是提高样例学习效果的一个值得研究的课题。笔者认为,学生不能直接深入到问题的深层结构,进行深层分析问题,匹配对象,关键可能是学生对解题所用的知识的理解不深造成的,如果加强学生对知识的理解,学生受表面概貌的影响可能就会减弱。为此,我们设计了本实验进行探讨。

二、实验研究

本研究准备在莫雷等人(2000)的研究基础上进行,进一步探讨在加强知识的分析理解学习的情况下样例与测试题表面概貌相似性对原理运用的影响,并与莫雷等的研究结果相对照。

莫雷等人的研究设计中,材料安排是对每一个概率原理,先进行基本概念和公式的说明,再提供一个样例问题让学生尝试去做,完成后通过与样例后面跟着的答案与解决步骤相对照来检查核对答案,实验结果显示,被试受问题表面概貌的影响非常严重。我们的实验设想是通过加强、细化对莫雷等人研究所用材料中原理和公式的说明,并用例子加以说明,使被试加深对知识的理解,尽可能多地获得材料的逻辑意义,在这种情况下检验表面概貌的影响。

本实验学习材料的总体安排如下:先把三个概念排列、组合、概率讲解清楚,讲解中带有概念样例以帮助被试理解;然后,叙述排列概率原理,并对该原理进行详细解析;对组合概率原理一样进行上述步骤;进一步用一个简单的样例例析原理的应用,展示原理的运用思维过程,算是提供了一个精细样例。

本实验材料的内容设计是排列概率和组合概率两个原理的问题,每个原理包括两种内容或概貌(排列原理的两种概貌是 A、B,组合原理的两种概貌是 M、N),每种概貌包括两种对象(O、D),每种对象包括两种对应(R、C)。这样,每个原理有 $2 \times 2 \times 2 = 8$ 类问题,每类问题设计 2 道题,从中随机选 1 个作为学习样例,这样共有 8 个样例,其他 8 个考察本原理的问题作为作业题,与 8 个样例就构成了不同的相似关系;这 8 个样例与另一原理相对应的问题又构成另外的相似关系。

(一)实验 1

1. 目的

探讨样例与测试题在对象对应相似的情况下,两者的表面概貌相似与否对原理运用的影响,也即比较+/+与 0/+两种条件下,被试对原理应用的正确程度。

2. 被试

某高级中学二年级(上学期)学生,他们尚没有学习过概率原理,从中随机选出 16 名学生作为被试。

3. 材料

将每个原理的 8 道问题作为学习样例,根据各个样例相应选出与其相似关系是+/+的问题 8 道,0/+关系的问题 8 道,这样两个原理共 32 道题。

4. 设计

本实验是单因素被试内设计,将样例随机分为 8 组,每组包括排列概率和组合概率原理的样例各 1 题，每组安排与学习样例构成＋／＋、0／＋关系的测试题各 1 题，这样，2 个样例、4 道相应测试题和原理学习材料组成一份学习与测试材料（实验小册子）。

5. 程序

向每个被试提供一个测验小册子，小册子由三部分组成。第一部分是指导语，说明实验过程和要求。第二部分是排列、组合概率原理的学习指导，首先是说明排列和组合两个概念，并有理解程度的自检，即从清楚、不太清楚、不清楚中选一符合自己情况的打钩；第二，介绍概率概念，并通过两个例子说明；第三，分别给出排列原理和组合原理的内容及分析说明；第四，通过一个样例对两个原理进行分析比较；最后，对这部分材料的学习情况作出自检，从完全理解到不理解分 5 等级，选择一个符合自己理解程度的打钩。第三部分是样例和测试题。

要求被试 10 分钟完成第一、第二部分的材料学习，5 分钟学习两个样例，每个测试题用时不能超过 2 分钟，最后留 2 分钟检查。

6. 结果与分析

量化标准与莫雷等的标准基本一致：答案完全正确得 2 分，答案完全错误得 0 分，答案部分正确视情况计分，如两个数字选择都正确但代入位置错误，得 1.5 分，如有一个数字选择代入正确而另一个数字选择错误，得 1 分，如非表面那个数字选择正确但代入位置错误，得 0.5 分。如下列问题的计分结果如表 4-46。

IBM 公司汽修厂要随时修理公司的小车。某一天有 11 辆需修的车和 8 名机械师。按规定，公司的机械师可各随机挑选一部自己要修的车，但机械师要按技术好坏顺序依次挑选，即先由最好的机械师随机挑选一部，再由次最好的机械师从剩下的车中挑选一部，以此类推。那么最好的机械师艾勒、巴德和卡尔恰好分别选修董事长、总经理和副总经理小车的概率是多少？

公式：$p = 1/P_n^r$

答案：$p = 1/P_{11}^3$

表 4-46　计分方式

答案	$1/P_{11}^3$	$1/P_3^{11}$	$1/P_{11}^8$ 或 $1/P_8^3$	$1/P_3^8$	$1/P_8^{11}$ 或其他
计分	2	1.5	1	0.5	0

根据学习样例和测试题的构成,每个样例都有 2 人次学习,每个测试题都有 4 人次完成,在＋/＋与 0/＋条件下答题的人次都是 32。对＋/＋和 0/＋下的 32 对数据进行配对样本 t 检验,结果为 $t=0.849$,$p=0.402>0.05$。可见,概貌相似与否没有造成显著差异。

进一步对其中达到理解和基本理解的 14 名被试进行单独分析,通过配对样本 t 检验,结果为 $t=1.362$,$p=0.184>0.05$。这表明,在被试对概念原理达到基本理解程度以上时,两种条件下成绩差异不显著。

上述实验结果表明,在对概念原理基本理解以后,在问题对象对应相似的情况下,表面概貌相似性对解题成绩影响不显著。这与我们的预设基本一致,在提高知识的分析理解程度的前提下,问题表面概貌相似性对原理的运用可能不会造成大的影响。

那么,在对象对应不相似的情况下,表面概貌是否会产生显著差异?为此,我们设计实验 2 加以检验,即比较＋/－和 0/－两种情况下原理运用的成绩。

（二）实验 2

1. 目的

探讨在提高对知识的分析理解程度的情况下,样例与作业在对象对应相反时两者的表面概貌相似与否（＋/－,0/－）对原理的运用的影响问题。

2. 被试

从某中学高二年级随机抽取 16 名学生作为被试,他们没有学习过概率原理。

3. 材料

以两个原理的 16 道问题作为学习样例,根据各个样例选出与其相似关系是＋/－的问题 16 道,0/－的问题 16 道,共 32 道。

4. 方法与程序

与实验 1 相似（实验 1 的步骤 4、5）。

5. 结果与分析

实验结果统计分析如下（见表 4-47、表 4-48 和表 4-49）。

表 4-47 实验结果报告

理解程度	人数（人）	概貌相似均数	均方差	概貌无关均数	均方差
理解 2	3	1.6667	0.5774	1.8333	0.2887
基本理解 3	7	1.4286	0.5345	1.6429	0.2440
不或不全理解 4	6	1.6667	0.4082	1.2500	0.6892
总计	16	1.5625	0.4787	1.5313	0.4990

由表 4-47 中数据可以看出，随着理解程度的增高，差异在减小。

在一个问题上的得分的平均值作为这个被试在这个问题上的得分，进行独立样本 t 检验结果如下。

表 4-48 分组统计

	N	均数	标准差	标准误差
表面概貌相似	16	1.5625	0.4787	0.1197
表面概貌无关	16	1.5313	0.4990	0.1247

表 4-49 独立样本 t 检验

假定变异数	方差相等的 Levene's 检验		均值相对 t 检验					95% 可信区间	
	F	显著性	t	df	显著性	平均差	标准误差	下限	上限
相等	1.832	0.186	0.181	30	0.858	0.0313	0.1729	−0.3218	0.3843
不等			0.181	29.949	0.858	0.0313	0.1729	−0.3218	0.3843

由表 4-49 中数据可以看出，在＋/－ 和 0/－ 两种情况下，被试作业成绩无显著差异。

进一步用对应无关情况来检验，为此设计实验 3。

（三）实验 3

1. 目的

比较＋/0 和 －/0 情况下的作业成绩。

2. 被试

某高级中学二年级（上学期）学生，他们没有学习概率原理，从中随机选出 16 名作为被试。

3. 材料

将每个原理的 8 道问题作为学习样例,根据各个样例相应选出与其相似关系是＋/0 的问题 8 道,－/0 关系的问题 8 道,共 32 道。

4. 方法与程序

与实验 1 相似(实验 1 的步骤 4、5)。

5. 结果与分析

实验结果统计分析如下(见表 4-50、表 4-51 和表 4-52)。

表 4-50   实验结果报告

理解程度	人次	概貌相似平均	标准差	概貌相反平均	标准差
理解	4	1.5000	0.5774	1.5000	0.5774
基本理解	20	1.6000	0.5982	1.5500	0.5104
不或不会理解	8	1.5000	0.9258	1.5000	0.9258
总计	32	1.5625	0.6690	1.5313	0.6214

表 4-51   配对样本统计

		均值	N	标准差	标准误差
配对	概貌相似	1.5625	32	0.6690	0.1183
	概貌相反	1.5313	32	0.6214	0.1098

表 4-52   配对样本 t 检验

概貌相似与概貌相反	配对差异					t	df	Sig. (2-tailed)
	均数	标准差	标准误差	95% 可信区间				
				下限	上限			
	0.0313	0.5948	0.1052	－0.1832	0.2457	0.297	31	0.768

由表 4-52 中数据同样可以看出,在＋/0 和－/0 情况下,被试作业成绩没有显著差异。

(四)实验 4

1. 目的

检验＋/＋和－/＋两种情况下被试的作业成绩。

2. 被试

某高级中学二年级(上学期)学生 16 名(随机抽取),他们没有学习过概率原理。

　　3. 材料

　　将每个原理的 8 道问题作为学习样例，根据各个样例相应选出与其相似关系是＋/＋的问题 8 道，－/＋关系的问题 8 道，共 32 道。

　　4. 方法与程序

　　与实验 1 相似（实验 1 的步骤 4、5）。

　　5. 结果与分析

　　由于一个被试临时有事没有到，有效被试 15 名，所以只得有效样本数据 30 个。实验结果统计分析如下（见表 4-53、表 4-54 和表 4-55）。

表 4-53　实验结果报告

理解程度	人次	表面相似平均	标准差	表面相反平均	标准差
理解	6	2.0000	0.0000	2.0000	0.0000
基本理解	16	1.8125	0.4031	1.6875	0.4787
不或不会理解	8	1.7500	0.4629	1.5000	0.5345
总计	30	1.8333	0.3790	1.7000	0.4661

表 4-54　配对样本统计

		均值	N	标准差	标准误差
配对	表面相似	1.8333	30	0.3790	0.0692
	表面相反	1.7000	30	0.4661	0.0851

表 4-55　配对样本检验

	配对差异					t	df	Sig. (2-tailed)
表面相似与表面相反	均数	标准差	标准误差	95％可信区间				
				下限	上限			
	0.1333	0.6288	0.1148	－0.1015	0.3681	1.161	29	0.255

　　由表 4-55 中数据可以看出，在这两种情况下，被试作业没有显著差异。

三、结论与建议

　　综合上述 4 个实验结果可以看出，在加强知识的详细陈述力度的情况下，不论在对应相似、对应无关还是对应相反的情况下（＋/＋与 0/＋，

＋／－与 0／－,＋／0 与－／0,＋／＋与－／＋),表面概貌的影响都没有显著差异。据此,我们可以得出结论:在改变知识的讲解和编排细节而提高被试对知识的理解情况下,样例表面概貌对原理的运用没有显著影响。考虑到我们的实验涉及对象对应的各种情况,我们由此也可得出,在知识理解较好的情况下,对象对应相似性对原理知识的运用也没有显著影响。总之,在加强原理知识的讲解和分析的情况下,样例的表面内容的负面影响不是显著的,即是说,被试这时较容易作深层内在类比。这进一步说明了学习中理解的重要性。

　　由本实验结果及 Ross 和莫雷等研究结果比较可知,在解决问题的类比过程中,学习者是否能采用内在类比,一个主要影响因素是对原理知识的理解水平,即获得问题内在原理的心理意义的水平。初学者如果对原理知识的理解水平较低,对原理的适用条件和应用情境的知识不可避免要和说明原理的具体样例联系在一起,因此在类比过程中容易受样例表面内容的制约而停留在表层类比的水平。如果提高学习者理解原理知识的水平,使学习者获得较多的有关问题内在原理知识的心理意义,就会促进其采用内在类比而提高解决问题的成绩。另一个因素是主体是否具有按照问题的内在结构进行类比的意向,可以认为,在类比迁移过程中,如果主体能有意识地监控自己将注意点放在从内在结构上以寻求源问题与目标问题的对应,就可以使他们减少对表面内容的依赖性,而能更多地根据问题的内在原理进行类比。例如,莫雷(2000)在实验 2 中给予被试提示,提高他们进行内在类比的意向,就会促进他们从表面类比转向内在类比,从而提高其解决问题的成绩(这属于元认知影响迁移的问题)。

　　Ross 与莫雷等的研究结果表明,新问题与样例表面内容不同的相似关系对于被试解决新问题有不同的影响,当样例与新问题内在原理相同的情况下,其表面内容越相似,就越容易发生正迁移,而在两者原理不同的情况下,其表面内容相似会对问题解决产生干扰。当样例与新问题表面概貌相似而表面对应相反时,大多数被试都能正确进行通达(类化),选择出正确的公式,但极少人能正确将样例与新问题中对应相同变量的事物进行匹配。在原理不同时,表面内容相似影响问题的类化,因此得出:在自发的情况下,初学者主要采用外在的表层类比,而不是内部结构的映射,问题与样例表面内容的相似性对类比迁移有非常重要的影响(见表 4-56)。

表 4-56 问题相似性与内在原理的交互影响

	内在原理相同	原理不同(相反)
表面概貌相似	促进正迁移,有利于问题的类化	干扰问题的类化,越相似,越影响公式的选择
对象对应相似	促进对公式的正确运用	(此时概念无法界定)

而在我们的实验中,在加强原理知识的理解水平(学生对排列组合都能清楚明白)的情况下,样例表面内容对问题解决的影响就没有显著差异了。我们由此可得出如下结论:表面相似性的作用影响会随着对问题背景知识的理解程度、熟悉程度的提高而变小。

由此,我们引申出一条教学原理:加强知识理解教学,即在问题解决或例题教学前,应将知识讲解好、分析透彻,加强知识原理的分析和说明,这样,可以减少后继样例的表面概貌的影响,更容易从结构层面上分析问题,提高样例学习的迁移水平。

对于目前尚且比较流行的"知识＋例题＋练习"的教学模式,本实验告诉我们知识的理解分析环节的重要性,在知识编辑和安排上我们要尽量做到阐述明白、解释清楚、分析详尽,不能对知识一带而过,而把主要精力放在解题训练上。知识理解得更透彻,解题训练会更有效。

同时,在例题或样例结构设计中应增加或加强分析环节,尽量将解题思路的由来、解题原理等阐释清楚、透彻,以利于学生阅读、内化、领悟、掌握。

从样例学习观来看,我们不能否定"知识＋例题＋练习"模式的优势,只是在各个环节中怎样更优化,知识怎样引入、怎样分析,样例怎样设计、怎样学习,练习怎样组织、怎样安排等方面,都需要进一步的科学研究,样例学习理论的一个方向就是研究例题的设计和安排,以及知识与例题的整合等,本研究给出了一点启示。

第六节 应用技能样例学习实验研究

一、研究目的

本实验是根据样例学习理论设计的一节关于知识技能学习的教学

实验研究,学习内容是关于柯西不等式的应用技能的。不等式运用技能用于两个大块:一是用于证明不等式,一是用于求最大值。在这个运用中,技能主要是构造出恰当的两组数,使其用上柯西不等式后能达到目标。在构造这两组数上,能体现出创造性。

本教学实验的目的是考察自主性样例学习方式的效果,我们没有设立对比班,只是想看直接效果,是不是达到基本要求,不比较谁更优秀。只要是能达到要求,那么这种学习方式就可以作为一种有效的学习方式。实验后还对被试解题作定性分析,考察其中的创新成分:解题者解决问题中,在知识已给出时,即不需要知识的检索的情况下,学生运用知识的技能的样例迁移情况,笔者认为,这是不包含知识检索的问题解决,是纯知识运用技能问题。

二、研究过程和材料

本教学实验选择大学生被试 30 人。教学安排是先让学生学习(阅读自学)柯西不等式定理的内容和证明方法,然后自主学习 2 个样例(样例 1 和样例 2),用时约 20 分钟。学习任务完成后,让被试解决 9 个问题,解题过程中可以查看定理的内容、样例内容及解法,时间规定为 80 分钟。

在学习材料中,我们根据前述理论作了设计安排,其中,有技能使用指南:在定理内容和样例 1 中间插有一段话"柯西不等式可作为证明其他不等式的依据。这类证明的关键是要善于构造适当的两组数"。在样例 2 中安排有解法分析:"对照柯西不等式的标准形式,考虑能否改造待求解析式,利用柯西不等式放缩以构造出与题设有关的解析式来,为此,需要构造出合适的两组数,以充当柯西不等式中的两组数。"

被试以前了解柯西不等式的基本形式($n=2,3$),只是没有学习过柯西不等式的这些运用技能。

(一)学习材料

柯西不等式及其证明。

定理(柯西不等式):设 $a_1,a_2,\cdots,a_n,b_1,b_2,\cdots,b_n$ 均为实数,则
$$(a_1b_1+a_2b_2+\cdots+a_nb_n)^2\leqslant(a_1^2+a_2^2+\cdots+a_n^2)(b_1^2+b_2^2+\cdots+b_n^2),$$
即 $(\sum_{i=1}^{n}a_ib_i)^2\leqslant(\sum_{i=1}^{n}a_i^2)(\sum_{i=1}^{n}b_i^2)$。等号当且仅当 $b_i=\lambda a_i$(λ 为常数,

$i = 1, 2, \cdots, n$) 时成立。

证明：当 a_i 全为零时，命题显然成立。如果不全为零，考察二次函数

$$f(x) = (\sum_{i=1}^{n} a_i^2) x^2 - 2(\sum_{i=1}^{n} a_i b_i) x + \sum_{i=1}^{n} b_i^2 = \sum_{i=1}^{n} (a_i x - b_i)^2$$

由于 $a_1, a_2, \cdots, a_n, b_1, b_2, \cdots, b_n$ 均为实数，所以该函数具有以下性质：对于任意实数 $x, f(x) \geqslant 0$。

所以，由判别式可以得到：

$$\Delta = (2\sum_{i=1}^{n} a_i b_i)^2 - 4(\sum_{i=1}^{n} a_i^2)(\sum_{i=1}^{n} b_i^2) \leqslant 0$$

所以

$$(\sum_{i=1}^{n} a_i b_i)^2 \leqslant (\sum_{i=1}^{n} a_i^2)(\sum_{i=1}^{n} b_i^2)$$

等式中的等号当且仅当 $f(x)$ 有等根 $x = \lambda$ 时成立，此时 $\sum_{i=1}^{n} (a_i \lambda - b_i)^2 = 0$，即 $b_i = \lambda a_i$。因此，等号当且仅当 $b_i = \lambda a_i$（λ 为常数，$i = 1, 2, \cdots, n$）时成立。

说明：柯西不等式可作为证明其他不等式的依据。这类证明的关键是要善于构造适当的两组数。试写出当 $n = 2$ 和 $n = 3$ 时的柯西不等式的特例，以便更好地理解该不等式：

$n = 2$ 时，_____；

$n = 3$ 时，_____。

样例 1　设 $a_i (i = 1, 2, \cdots, n)$ 都是正数，求证 $\left(\sum_{i=1}^{n} a_i\right)\left(\sum_{i=1}^{n} \dfrac{1}{a_i}\right) \geqslant n^2$。

证明：比照柯西不等式，构造如下两组数：

$$\sqrt{a_1}, \sqrt{a_2}, \cdots, \sqrt{a_n}; \dfrac{1}{\sqrt{a_1}}, \dfrac{1}{\sqrt{a_2}}, \cdots, \dfrac{1}{\sqrt{a_n}}。$$

应用柯西不等式得：

$$\left[\sum_{i=1}^{n} \sqrt{a_i} \cdot \dfrac{1}{\sqrt{a_i}}\right]^2 \leqslant \left(\sum_{i=1}^{n} (\sqrt{a_i})^2\right) \cdot \left[\sum_{i=1}^{n} \left[\dfrac{1}{\sqrt{a_i}}\right]^2\right],$$

化简即得要证的不等式。

样例 2　设实数 x, y 满足 $3x^2 + 2y^2 \leqslant 6$，求 $P = 2x + y$ 的最大值。

分析：因为 $2x + y$ 是一次式，配方法和判别式法无能为力，均值不等式似乎也用不上，这时我们对照柯西不等式的标准形式，考虑能否将待

求解析式改造,利用柯西不等式放缩以构造出与题设有关的解析式来,为此,需要构造出合适的两组数,以充当柯西不等式中的两组数。根据不等式和题目中两个解析式的特点,可以构造如下两组数: $\dfrac{2}{\sqrt{3}}$, $\dfrac{1}{\sqrt{2}}$; $\sqrt{3}x$, $\sqrt{2}y$,由此建立 $P=2x+y$ 与 $3x^2+2y^2\leqslant6$ 的关系。

解:根据柯西不等式得:

$$\left[\dfrac{2}{\sqrt{3}}\cdot\sqrt{3}x+\dfrac{1}{\sqrt{2}}\cdot\sqrt{2}y\right]^2\leqslant\left[(\sqrt{3}x)^2+(\sqrt{2}y)^2\right]\cdot\left[\left(\dfrac{2}{\sqrt{3}}\right)^2+\left(\dfrac{1}{\sqrt{2}}\right)^2\right]$$

即 $$(2x+y)^2\leqslant\dfrac{11}{6}(3x^2+2y^2)$$

由已知, $3x^2+2y^2\leqslant6$,所以, $|P|\leqslant\sqrt{11}$。

等号当且仅当 $\sqrt{3}x=\lambda\cdot\dfrac{2}{\sqrt{3}}$, $\sqrt{2}y=\lambda\cdot\dfrac{1}{\sqrt{2}}$,且 $3x^2+2y^2=6$ 时成立。

解之得 $\lambda=\pm\dfrac{6}{\sqrt{11}}$。

所以,当 $\lambda=\dfrac{6}{\sqrt{11}}$,此时 $x=\dfrac{4\sqrt{11}}{11}$, $y=\dfrac{3}{11}\sqrt{11}$时, $P=2x+y$ 取得最大值 $\sqrt{11}$。

(二)测试材料

练习测试一

问题1 设 $a,b,c,d\in\mathbf{R}^+$,求证: $(a+b+c)\left(\dfrac{1}{a}+\dfrac{1}{b}+\dfrac{1}{c}\right)\geqslant9$。

本题实际上是样例1的特例,方法上可以仿照,属于近迁移。关键是看出形式上与样例1是相似的。

问题2 设 $a,b,c,d,m,n\in\mathbf{R}^+$, $P=\sqrt{ab}+\sqrt{cd}$, $Q=\sqrt{ma+nc}\times\sqrt{\dfrac{b}{m}+\dfrac{d}{n}}$,比较 P,Q 的大小。

本题结构上与柯西不等式及样例1相差很多,不容易看出柯西不等式的结构来,需要较强的观察力和比较能力,属于远迁移。本题运用柯西不等式的方式也不一,可以平方后运用,可以用不等式的变形形式。

问题 3　已知二次函数 $f(x)=ax^2+bx+c$ 的所有系数都为正数，且 $a+b+c=1$，求证：对任何正数 x_1,x_2，当 $x_1x_2=1$ 时，必有 $f(x_1)f(x_2) \geqslant 1$。

本题属于领域较远的迁移，也不容易观察出不等式的结构来，构造出两组数也较难。属于综合应用。

问题 4　设 $a_1,a_2,\cdots,a_n$ 为实数，$b_1,b_2,\cdots,b_n$ 为正实数，则

$$\frac{a_1^2}{b_1}+\frac{a_2^2}{b_2}+\cdots+\frac{a_n^2}{b_n} \geqslant \frac{(a_1+a_2+\cdots+a_n)^2}{b_1+b_2+\cdots b_n}$$

当且仅当 $a_i=\lambda b_i$（λ 为常数，$i=1,2,\cdots,n$）时等号成立。

本题看上去结构复杂，但右边分子的结构使被试能看到某种相似性，从而变形运用表达式。属于中等迁移。

问题 5　求函数 $f(x)=\sqrt{x-6}+\sqrt{12-x}$ 的最大值。

本题难以观察出能用不等式，与样例 2 也不同。但在思维定向后，受样例 2 解法思想的影响，努力去构造恰当的两组数，使得柯西不等式的右边变成常数。若从样例中看不出这个关键的东西，解决最值问题就较难。这要求被试能从样例中获得用柯西不等式解决最值问题的基本解法思想。

问题 6　求实数 x,y 的值，使得 $(y-1)^2+(x+y-3)^2+(2x+y-6)^2$ 达到最小值。

本题难度应该说较大，需要从样例中获得构造系数的策略，而且是三项的，比样例 2 多一项。属于远迁移。

问题 7　已知 $|x| \leqslant 1,|y| \leqslant 1$，试求 $x\sqrt{1-y^2}+y\sqrt{1-x^2}$ 的最大值。

本题也属于较远迁移，上述三个问题与样例比较，结构形式上相似性较低，需要的主要是从样例中获得解法思想。

问题 8　设 a,b,c 都为正数，且 $a+b+c=1$，求 $\sqrt{a}+\sqrt{b}+\sqrt{c}$ 的最大值。

此题与样例相似性较高，解法相似，只要构造出相应的两组数，不同的是这个是三项式。

问题 9　设 λ 是实数，对任意实数 x,y,z，恒有 $(x^2+y^2+z^2)^2 \leqslant \lambda(x^4+y^4+z^4)$，试求 λ 的取值范围。

本题属于新题型,含有较多的其他信息,但思路是建立左右两式的关系,建立最值的问题。需要点转换思想,属于综合远迁移。

练习测试二(两天后的一个后测)

问题 1   在四面体 $ABCD$ 中,各顶点到对面的距离分别为 d_1,d_2,d_3,d_4,四面体内切球半径为 r,求证:$d_1+d_2+d_3+d_4 \geqslant 16r$。

本题要求先建构一个关于四个距离和一个半径的关系式,由关系式出发,运用柯西不等式。

问题 2   设 a,b,c 为三角形 ABC 的边长,求证:

$$\frac{1}{2}(a+b+c) \leqslant \frac{a^2}{b+c}+\frac{b^2}{c+a}+\frac{c^2}{a+b} \leqslant a+b+c。$$

本题结构复杂,其中左边不等式用柯西不等式证明。

问题 3   设 $a,b,c \in \mathbf{R}^+$,求证:$\dfrac{a}{a+2b+c}+\dfrac{b}{a+b+2c}+\dfrac{c}{2a+b+c} \geqslant \dfrac{3}{4}$。

本题需构造相关的项,正好是三项的分母。

问题 4   已知正数 x,y,z 满足 $x+y+z=xyz$,且不等式 $\dfrac{1}{x+y}+\dfrac{1}{y+z}+\dfrac{1}{z+x} \leqslant \lambda$ 恒成立,求 λ 的取值范围。

本题为条件不等式,更要求技巧。

问题 5   求实数 x,y,使 $(x-1)^2+(3x+4y+4)^2+(x+y-3)^2$ 的值最小。

此题与样例基本一样,主要考察技能的保持情况,主要是一个简单的变式。

后测时间也是 80 分钟,保证有充分的思考时间。从两天后的后测(远迁移)试题情况可以看出,我们出的测试题难度更大,进一步考察被试对该技能的运用远迁移情况。

三、结果与分析

两次测试结果统计如表 4-57 所示(1 代表"对",0 代表"错")。

表 4-57 测试结果统计

题号 被试	练习测试一									练习测试二				
	1	2	3	4	5	6	7	8	9	1	2	3	4	5
1	1	1	1	1	1	1	1	1	1	1	1	1	1	1
2	1	1	1	1	1	0	1	1	1	0	0		0	0
3	1	1	1	1	1	1	1	1	1	0	0	0	1	1
4	1	1	1	1	1	0	1	1	1	1	0	0	1	1
5	1	0	1	1	1	0	1	1	1	0	1	1	0	1
6	1	1	1	1	1	1	1	1	1	0	0	0	1	1
7	1	1	1	1	1	0	0	1	1	0	1	1	0	1
8	1	1	0	0	0	0	0	0	0	1	0	0	0	0
9	1	1	1	1	0	0	1	1	1	1	1	1	0	0
10	1	1	1	1	0	1	1	1	1	1	1	0	0	1
11	1	1	1	1	1	0	0	1	1	1	1	0	0	0
12	1	1	1	1	1	1	0	1	1	0	1	1	0	1
13	1	1	1	1	1	1	1	1	1	1	1	1	1	1
14	1	1	1	1	1	1	1	1	1	1	1	1	0	1
15	1	1	1	1	1	1	1	1	1	0	0	0	0	1
16	1	1	1	1	1	0	1	1	1	0	0	0	1	1
17	1	1	1	0	1	1	1	1	1	0	0	1	0	1
18	1	1	0	1	1	1	1	1	1	0	1	1	0	1
19	1	0	0	0	0	1	1	1	0	1	0	0	0	0
20	1	0	1	1	1	1	1	1	1	1	0	0	1	1
21	0	0	0	1	1	1	1	1	1	0	1	0	0	1
22	1	0	0	1	1	0	1	1	0	0	1	0	0	1
23	1	1	1	1	1	1	0	1	1	0	1	0	0	1
24	1	1	0	1	1	0	0	1	1	0	0	0	1	1
25	1	1	1	1	1	0	0	1	1	0	1	0	0	1
26	0	0	0	0	0	0	0	0	0	1	0	0	0	1
27	1	0	1	0	1	0	0	1	1	0	1	0	0	1
28	1	1	0	0	0	0	1	1	1	0	0	0	0	1
29	0	0	0	1	1	1	1	1	1	0	0	0	0	0
30	1	1	0	1	1	1	1	1	1	1	1	1	0	1
正确数	27	22	20	24	24	16	21	29	27	12	15	12	8	24

从实验结果可以看出,通过样例学习,技能获得率达 77.8%,基本能够解决简单变式问题。远迁移问题解决率为 47.3%,说明被试也能创造性地解决一些较高难度的变式问题。被试从样例中可以获得解法思想、解法启示、解题技能,并用于解决问题。

在本教学实验研究中,解决问题的关键是选择合适的两组数,而在选择这两组数时,与样例没有相似性匹配,难以找到真正意义上的对比,完全是根据目的性或根据目标,而这个目标是题目蕴含的,也即每个问题都是依据问题本身的特殊性进行构造合适的数或式,使其用到公式上去之后可以实现目标。这两组数不是现成的,要从题目中分辨和构造出来,或用题目中的关系"翻译"出来,如题 6 和题 7,需要较强的观察力和探索能力。故这种技能不是机械地套用公式,与解代数文字题不同。代数文字题中的量借助于题目中的数量关系很容易从问题中构造出来。所以,这不是记忆公式的问题,是使用技能的问题,灵活运用公式的能力,即运用公式解决问题能力。解题失败的原因是不能够构造出相应的两组数。

第二组题目都需要一定的创造性,在系数的组建过程中含有创造性,所以,样例学习是不是模仿,能不能培养创造能力,关键在于样例学习中随后的练习题目的设计。根据 Sternberg(1996)在三元智力理论的基础上提出的更具实用和现实取向的成功智力理论,成功智力包括分析性智力、创造性智力和实践性智力三个方面,其中分析性智力是进行分析、评价、判断或比较和对照的能力,创造性智力是面对新任务、新情境产生新观念的能力,实践性智力是把经验应用于适应、塑造和选择环境的能力。在分析中离不开比较或对比,而样例学习中,解决问题中含有大量的比较或对比(或类比)等分析活动。而类比是发明、发现的领路人,样例学习可以培养类比能力,这在一定意义上可以说样例学习对成功智力的培养具有重要作用。

被试明显地能从已解模式中归纳出或抽取出解题图式,知道设法凑出两组数,并在构造出这两组数时能够顾及目标因素。

整体来看,大学生通过样例学习可以获得基本技能。数学基本技能可以通过样例学习获得。

但在分析被试解答问题过程中也发现,有些被试解题中目标性不强,没有领悟、体会到求最值时要将一边凑成常数。有的被试会求系数为 1 的,对于不为 1 的如问题 6 就不会解。不仔细看样例中的解法细节也是一个通病。有的被试单项分拆不会做,如问题 5;线性的会做,如问题 6。

从被试的解题情况看,解题确实显示出一定的创造性:

就问题 2 而言,出现了两种比较方法:(1)通过平方后使用柯西不等式进行比较;(2)直接比较,但用到了柯西公式的变形。

就问题 7 而言,多数被试能够直接选择出两组数,使右边凑成常数,即能够领会样例中的思想。也有的被试开始没有选好这两组数,但后来又凑出来了。

就问题 4 而言,有些被试通过对要证明不等式变成乘积形式,寻找出了合适的两组数。有的被试通过凑项,构造出两组数,与样例一样:

$$(\sum_{i=1}^{n} a_i)^2 = \left[\sum_{i=1}^{n} \left[\frac{a_i}{\sqrt{b_i}} \cdot \sqrt{b_i} \right] \right]^2$$

上述两种解法可看作公式的两种相反的应用。

就问题 6 而言,变法不一。

就问题 9 而言,从解法上看,被试倾向于变成柯西不等式的形式,如有的被试将左边平方、移项,变成 $x^2 y^2 + y^2 z^2 + z^2 x^2 \leqslant \frac{\lambda-1}{2} (x^4 + y^4 + z^4)$,左边再用柯西不等式。有的直接把每一项看成是与 1 的乘积,而直接用柯西不等式。

就问题 5 而言,一般是拆成 1,1,但也有个别的配上 $\sqrt{3}, \sqrt{3}$,即:

$$(\sqrt{3} \cdot \sqrt{x-6} + \sqrt{3} \cdot \sqrt{12-x})^2 \leqslant (x-6+12-x)(3+3) = 36。$$

也有先平方再用柯西不等式的,这种情况可能是因为不会由单项拆系数:

$$f^2(x) = 6 + \sqrt{x-6} \cdot \sqrt{12-x} + \sqrt{12-x} \cdot \sqrt{x-6}$$
$$\leqslant 6 + [(x-6) + (12-x)]^{\frac{1}{2}} [(12-x) + (6-x)]^{\frac{1}{2}} = 12。$$

就问题 8 而言,有直接拆成系数为 1,1,1 的。也有利用条件变形的,即:因为 $a+b+c=1$,所以

$$\sqrt{a} + \sqrt{b} + \sqrt{c} = \frac{\sqrt{a} + \sqrt{b} + \sqrt{c}}{a+b+c} = \frac{\sqrt{a}}{a+b+c} + \frac{\sqrt{b}}{a+b+c} + \frac{\sqrt{c}}{a+b+c}$$

构造两组数：$\sqrt{a}$，$\sqrt{b}$，$\sqrt{c}$ 和 $\dfrac{1}{a+b+c}$，$\dfrac{1}{a+b+c}$，$\dfrac{1}{a+b+c}$，使用柯西不等式。

也有分两步运用柯西不等式的：

$$\sqrt{a}+\sqrt{b}+\sqrt{c}=\sqrt{a}\cdot 1+\sqrt{b}\cdot 1+\sqrt{c}\leqslant\sqrt{(a+b)(1+1)}+\sqrt{c}$$
$$=\sqrt{2}\cdot\sqrt{a+b}+\sqrt{c}\cdot 1\leqslant\sqrt{(a+b+c)(2+1)}=\sqrt{3}$$

恰当选配两组数，这里不存在类比性，只有目的性。看准目标，选择数对。

可以看出，在自主性样例学习方式下，学生能够很好地达到教学的基本要求。在公式运用技能上，被试是灵活的，存在一定的创造性。此即表明，在知识技能的运用方面，样例学习其实仍有创造性可言，绝不只是模仿。另外，在套用公式方面，也存在个性能力的差异，主要表现在两组数的选取上，在这一点上似乎不存在模仿。

由上述教学实验研究我们也得到一种启发，那就是样例可以作为"先行组织者"使用，它实际上充当了先行组织者。对学习者来说，这种先行组织者一开始是陈述性的，慢慢地变成了程序性的知识。通过样例建立起的解题图式、认知结构，可以充分提高其三个认知变量（可利用性、可辨别性和稳固性）中的可利用性。

本教学实验至少表明，在知识拥有较多的情况下，学习者可以采用样例学习方式，大学数学教育很多课程可以采用或部分采用这种教学方法。

四、结语

样例学习是一种能将专家的解题方法提供给学习者的教学方式。对于有解样例的研究是与课堂及更为广泛的教学研究相关的认知型研究项目。对有解样例的研究在一定程度上为学生如何利用样例和相关的问题解决来学习提供了一些一般理论。

许多研究人员都有一个共同的目标，那就是促进培养学生灵活地进行迁移的能力。有解样例教学的评论家或许会提出下述问题：由于有解样例的效果受限于它训练学生在局限的情境中使用特定的过程，所以有解样例不能帮助课堂达到上述目标。因而,评论家会认为,学习有解样例的学生不能解决与样例有偏离的题目,不能清楚地确认出适应其解法的题目,并在解无样例的题目时产生困难。评论家可能讨论到的种种局限性,使人们对有解样例是否适宜课堂教学提出质疑,因为有解样例不能促进超过表面的学习模仿解法以外的任何东西,而表面的学习阻碍灵活地适应新问题、新情境的学习。

但是,现在的研究表明,样例确实能帮助数学教育教学人员达到上述目标,即在学习人员中培养灵活性、适应性的迁移,例如有关课堂设计中样例形式的研究指出了提供多种样例的重要性(使学生模仿样例),而且提供的样例应代表相似题型的各种不同的解法和策略,有解样例是由高度统一的部分组成,有效的教学会对每一种概念采用不同的样例,每一类问题使用不同类型的样例,而且运用表面描述来标记深层结构。同时,样例应与相同水平的练习题紧密结合。学习者可以通过学习有解样例的结构而激发其对样例的自我解释,这样就能帮助迁移、促进"认知的灵活性"(Spiro et al. ,1991)。有效的课堂设计能使学生接触到专家的思想,而非仅仅是步骤,专家的思想能反映可视化的、灵活的、创造性的问题解决和关于数学及元认知监控的适宜的信念。为了达到这一目标,可通过在基于计算机的多媒体环境中描述专家在试图解题时的思维活动,使例释数学成为一种思维过程。这种样例与 Schoenfeld(1987)提出的教学方法相似,其教学方式是将数学中的问题解决描述成思考和斗争的过程,而非"整洁"的步骤式过程。

本研究还有一些工作有待完成,特别是当这种新的教学方法需要进一步发展之时,以及当新的计算机和录像技术能帮助我们提高动态地(dynamically)展示有解样例中的实际问题情境及其重要概念的时候,我们期望,当课程和教学研究人员在开发新课程和样例时,应注意以下几个问题的改进:(1)如何利用现代技术的可视化(visualization)设计真实的问题解决样例,以便减少认知负荷,并促进获取可迁移的(transferable)认知结构?(2)如何设计数学建模(modeling)的有解样例?(3)在什么时机、怎样在学习过程中引入样例?(4)我们如何设计课堂教学以引导学生产生积极的(productive)自我解释?

　　另外，以下问题仍需要深入研究：(1)调节课堂和样例设计形式对学习效果影响的特定机制问题；(2)与学习有解样例相关的学习效果是不是由其他敏感机制所调节，而非自我解释？(3)通过哪一种训练可以最有效地改变个体的自我解释形式？(4)是否有某种情境存在，在此情境下使用某种刺激能促进自我解释，反过来能提高学习效果？

第五章　样例学习的个案研究

关于样例学习的实验研究从各个方面揭示了在学科学习中样例的效能和特点，从中也获得了样例学习的一些规律。通过样例学习活动可以有效地获取知识、方法、能力，这个学习活动实质上是自己建构认知结构、解题图式的一种自主活动，可以说，样例学习是主动建构学习的一种形式。作为建构学习，样例学习的内部心理机制或内部建构过程还是不太清楚，本章我们将通过个案研究方法（个案观察、认知反思、出声思维）更深刻地考查学生通过样例学习的认知发展过程和效能。个案学习材料均选自数学这门结构良好的学科。

第一节　样例模仿学习的个案研究

一、研究目的

笔者认为，模仿是一种基本的学习方式，在数学等学科的学习中也不例外，它与探究学习有机结合、相得益彰，成为学校学习的主要方式。模仿可以理解为样例学习的一种近迁移，模仿的对象就是样例。样例学习中的模仿机制和特点尚无人认真去研究，大多只是持批判的眼光，要求教学不能一味地模仿学习，避免机械练习等，而很少有人去研究学习中的模仿真的是一种机械模仿吗？像数学这种需要高级思维活动才能学习的学科的学习活动中存在所谓的机械模仿吗？如果真的存在机械模仿,那么我们要问:这样的数学学习能持续多久、走多远？鉴于这种想法,我们想对数学样例学习的近迁移发生机制,也就是对数学学习中的模仿作一深刻的研究。这样的研究莫过于用一个学生不懂的学习材料的学习过程作样本了,于是,我们选择了一个学习成绩属于中上等水平的小学二年级女生被试,通过样例来模仿学习运用平方差公式解决计算问题的技能。

二、研究过程

首先,通过样例向被试解释平方的意义,如,11 的平方(11^2)表示两个 11 相乘,100 的平方(100^2)表示两个 100 相乘。然后让被试看能不能解释 8 的平方(8^2)的意义,99 的平方(99^2)的意义,101 的平方(101^2)的意义等。

其次,向被试展示三个运用平方差公式计算的样例:

(1)$11^2-10^2=(11+10)(11-10)=21\times1=21$

(2)$12^2-11^2=(12+11)(12-11)=23\times1=23$

(3)$12^2-2^2=(12+2)(12-2)=14\times10=140$

再次,对其作一定的解释。解释的目的主要是让被试认可运用这种公式计算的合理性、有效性,让被试从心理上自觉接受这种计算方法。通过比较要表明运用这种公式计算的结果与直接计算的结果是相同的,但运用公式计算不需要列式计算,相对来说省事、简单。尽量让被试感到这种计算方法的优越性。

最后,让被试试做几道测试题目。题目一个一个地呈现,不一次写出。做一个,就给一个评判,肯定或否定之后,再给下一个。测试题如下:

(1)$13^2-12^2=$ _____;

(2)$18^2-17^2=$ _____;

(3)$98^2-2^2=$ _____。

三、结果与分析

概念学习结果显示,被试能够准确地解释给出的几个平方的意义。

这表明,被试在只有两个样例的情况下,能够归纳解释"平方"的概念。在这里,"平方"概念学习是一种样例学习,学习机制应解释为模仿两个概念的样例能够说出其他数的平方的意义。这里的模仿我们能理解为是机械的吗? 不能,因为这里有变式,并不是一成不变地纯机械地重复模仿,这中间有平方模式意义的揭示、模式归纳、模式识别、模式再认等认知活动,最后有平方意义的形成。显然,被试从中观察、抽取、归纳出了作为指数的"2"的意义——表示"两个相乘",以及"平方式"模式"n^2"的意义——"两个 n 相乘",否则,被试是不能够说出 8 的平方(8^2)的意义、99 的平方(99^2)的意义和 101 的平方(101^2)的意义的。所以,这个看似机械模仿学习的活动中其实包含了许多认知活动。所以,在数学学习活动中,我们常认为的模仿学习并不全是机械式的,它同样要涉及许多认知活动,对发展学生的认知能力同样有益。从这个学习过程我们也似乎可以看到,学生具有一种"天然"的"照葫芦画瓢"的能力和简单的归纳概括能力,正是通过这种"天然"的能力,学生开始了他(她)的学习生涯。

测试结果显示,被试能够轻松解决所有的测试题。在这里,被试能够正确地沿用样例的方法做出题目,显然,被试从样例中看出了平方差公式的这个结构关系的特征或抽象出了图式:

$$\square^2 - \bigcirc^2 = (\square + \bigcirc)(\square - \bigcirc)$$

并且,她能识别各对象的位置变化情况,否则,她不可能将新的问题中的数字正确地匹配到关系结构中相应的位置上,从而成功解题。被试如果看不出或识别不出样例中等号前后对象的变异关系,她就不可能正确地进行匹配。但是,显然,在这里,被试并不理解这个结构关系,不能说明它为什么成立,也无意去搞清为什么,这说明,被试在不理解解法过程中蕴含的结构关系原理的情况下,仍能够从样例中抽象概括出关系模式,并能够用于解答有变异的题目,这是学习样例的一个特殊功能,这种特殊功能配以被试具有的"照葫芦画瓢"的能力和简单的归纳概括能力,使得被试通过样例学习顺利掌握这种计算技能。

通过观察被试做题过程中的表现,笔者发现,被试在开始做题时,她在头脑中并不能够表征这一关系图式,因为,被试开始时,总是看着样例进行一步步地演算,只是到了后来(几个题目练习之后),她才不用看样例演算题目。这说明,样例的迁移作用要在被试从样例中识别出数学关系或图式后才显现出来,通过练习,关系的外部表征慢慢转化为内部表征,从而被记忆并被运用。

在这个个案实验研究中,被试显然不理解样例中的数学关系,只是识别出了这种关系,并能对关系中涉及的对象赋值。这表明,样例中蕴含的图式在被试不理解其中的数学原理、关系、公式内涵意义的情况下也能够被归纳、概括,这我们可以理解为是新东西的发现。原理、关系、公式理解不理解有时候并不影响样例的迁移作用,样例可以在被试不理解原理、关系、公式的情况下使被试能够运用其解决稍有变异的问题。这与样例学习结构图映理论是吻合的。也无怪数学教育中有"先学会,再理解"的教学格言(弗赖登塔尔,2002)。

第二节 样例学习近迁移作用的个案研究

一、研究目的

为了进一步揭示数学样例学习近迁移机制,我们又做了一个关于求导规则学习的实验,被试是初中二年级学生,学习成绩中上。

二、研究过程

首先对一般运算作个说明,让被试对运算有个整体认识,再给出若干求导数的样例。关于运算的说明是这样介绍的:我们对关于两个对象的运算都比较熟悉,如关于两个数或两个式的运算,像 $a+b$ 的加法运算,$a×b$ 的乘法运算,等等。我们也熟悉关于一个对象的运算,像( )^2 的平方运算,| | 的绝对值运算,等等。现在我们这里规定一种叫作求导数的运算,用符号( )$'$ 表示这种运算,它是关于单个对象的运算,像平方运算、绝对值运算一样,一个对象通过这种运算后的结果是什么? 这里先举几个求导数的例子,通过这几个例子看看被试能不能总结出这种运算的一般规则来。

(1)$x'=1$;

(2)$(x^2)'=2x$;

（3）$(x^3)' = 3x^2$；

（4）$(x^5)' = 5x^4$；

在此基础上，让被试写出下列导数：请你进一步试着写出下面几个练习的结果：

（1）$(x^4)' = $＿＿＿＿＿＿＿＿；

（2）$(x^8)' = $＿＿＿＿＿＿＿＿；

（3）$(x^{10})' = $＿＿＿＿＿＿＿＿；

（4）$(x^n)' = $＿＿＿＿＿＿＿＿。

接着，给出如下带系数的单项式和多项式的求导样例：

（1）$(3x)' = 3$；

（2）$(2x^3)' = 2 \times 3x^2 = 6x^2$；

（3）$(5x^7)' = 5 \times 7x^6 = 35x^6$；

（4）$(2x^4 + 3x^2)' = 2 \times 4x^3 + 3 \times 2x = 8x^3 + 6x$；

（5）$(4x^3 - 5x^8)' = 12x^2 - 40x^7$。

在此基础上，进一步让被试试着写出以下两个的导数作为迁移练习，并及时给予反馈：

（1）$(3x^4)' = $＿＿＿＿＿＿＿＿；

（2）$(5x^3 + 6x^4)' = $＿＿＿＿＿＿＿＿。

至此，让被试回过头去，再重新审视、反思一遍自己的理解和解答。

然后，出示如下测试题，让被试解答，检测学习结果：

（1）$(8x^4)' = $＿＿＿＿＿＿＿＿；

（2）$(-6x^3)' = $＿＿＿＿＿＿＿＿；

（3）$(3x^4 + 6x^6)' = $＿＿＿＿＿＿＿＿；

（4）$(7x^2 - 4x^5)' = $＿＿＿＿＿＿＿＿；

（5）$(3x^4 - 2x^3 - 5x^2 + 2x)' = $＿＿＿＿＿＿＿＿。

三、结果与分析

练习结果显示，被试能准确地写出四个练习题目和两个迁移练习的运算结果。在这里，被试能够正确写出结果，说明被试能够看出样例中蕴含的规律性的东西或一般性的规律。对于四个练习题目，通过询问被试"为什么这样写"时，被试的回答表明，被试看出了四个样例的共性，那就是,指数拿到前面作为系数,同时指数处的数字大小减 1。可以看出,样例学习迁移的前提、机制是概括,是共性的发现。在这里,样例的本质作用体现为是概括的资源,被试通过分析样例中的结构关系获得概括性的、规律性的东西,这种东西是形式化的,正是这种概括性的、形式化的东西最终导致迁移,这种迁移也可谓是样例的迁移。实质可以看成是发现的概括性规律的应用。从中我们也能看出,样例学习中的模仿不是机械地简单模仿,而是深度模仿,它需要深刻揭示出样例的特点来,发现结构的特征,需要发现能力;反过来,样例学习也能训练发现能力、揭示规律的能力和概括归纳的能力。

测试题结果表明,被试能够准确地做出各测试题。至此,可以断言,被试基本上通过样例学习掌握了相似的对象的导数计算了,也就是说,被试基本上能根据所给样例概括出求导法则。

但是,被试却不懂得"求导"是什么东西,一点也不理解其中的内涵,这也就进一步印证了,学习者在不理解样例所蕴含的原理的情况下,同样可以抽象概括、主动归纳出其中的共性原理和规律,样例同样起到示范作用,这就是样例的特殊作用。

本个案研究表明,样例自身具有易迁移的特点,学习者(不管能否真正理解)一般都能正确揭示出样例中蕴含的关系结构,将关系结构中的对象与新问题中对象匹配对应,从而可迁移解决新问题。

不理解原理不会用,但是,通过样例例说的原理可以通过样例的使用规范被模仿着运用,对原理本身之"所以然"不用知晓。当询问被试是怎样做出题目的,被试答道"套呗",再问套什么,被试说出的就是概括性的规则,就是发现的规律或模式,套用这个模式。如果说数学就是关于模式的科学,学习数学就是学习模式、会套用模式,那么,样例在数学学习中的作用就不言而喻了。

四、教学意蕴

样例学习作为一个饱含内部思维机制的活动,与纯外显的活动(如各种技能动作活动)学习不同,它里面有模仿成分,但用到的却是深度模仿,是一种自觉伴有理解、模式识别、模式归纳的模仿,是一种高级思维活动的模仿,这种模仿能够训练人们的分析思维和归纳思维,提高解决问题的能力。但是，样例学习活动更多的是涉及解题图式的归纳和抽象。样例学习中的图式归纳有理解和不理解两种归纳形式，人们在理解的基础上能够归纳出图式，在不理解的基础上也能够归纳出图式，只要能够从所给样例中观察出样例的共性，就能够归纳出这个共有的共性图式。

在许多学科教学中，我们提倡要培养学生的归纳概括能力，但却不区分是理解基础上的归纳还是不理解基础上的归纳，只是笼统地谈归纳能力的培养，只看结果——能否归纳出图式，而不看过程，即是不是在理解或心理认可基础上的归纳。笔者认为，在学科教学中，用于学习的归纳材料应该尽量设计成理解基础上的一种自然归纳，这要求我们教师要创设理解环境，不能只从表面上看是否归纳出老师想要的结论来。

初级学习往往离不开模仿，学校各学科的学习同样离不开模仿。模仿能力、概括能力是天性，是自然形成的，是一种潜质。其实，人从小就开始了模仿学习，从小孩子模仿大人的动作、学着同伴做事，到跟着大人学习数 1、2、3，到各种学科或专业的学习，无不有模仿学习的成分。人从小也就开始了概括活动，从见别人穿戴什么衣服自己也想穿戴，从而说"人家都穿戴什么什么，我也想穿戴什么什么"，到各种学科或专业的学习，也无不包含概括的成分。模仿天性、概括天性应成为学习或教学的基点，学习或教学应很好地利用这种天性。学科学习和教学应该充分利用学生的这种潜在资质，使学习活动变得轻松愉快。

学习迁移可以在只理解对象的意义而不理解"内在关系"或"所含图式规则"的情况下发生，此属于近（浅）迁移，即"照葫芦画瓢"的能力，这种近（浅）迁移能力是与生俱来、天生固有的，几乎不用专门训练，即便在数学这种抽象学科学习中也是如此，后天可以促使其进一步发展。这种迁移的范围较小。

教学应基于这种天性来设计，要创设有利于模仿能力（或浅迁移能力）发展的教学情境、能发挥模仿能力作用的教学情境，这样，学生就会感到学习很轻松。

其实，模仿的核心是类比，通过类比被模仿对象从而学习解决问题。而"类比推理的任务是通过与已知事物的比较去认识新事物，尽管类比推理的本质存在于日常生活中，但是在数学教学中往往忽视了它"（徐斌艳,2001)。TIMMS 报告揭示,许多学生不能以类比进行推理,他们看不见数学思想之间的结合与联系,不能用已有的理解去把握新情境。因此,数学教育家呼吁在数学教学中进行类比的推理非常重要,是学生学习的基本过程。

处于形式的学习情境中的学生不知道如何类比推理,其原因主要是缺少如下推理过程:"a. 认识到先前解决的问题能够有助于目标问题的解决和形成。b. 要能够认定适当相似的问题,即源头问题,从而帮助解决新问题。c. 了解源头问题始终是一个辅助事件,即使目标问题含有附加的概念。d. 了解如何在解决与形成新目标问题中利用被认定的源头问题。"(徐斌艳,2001)显然,样例学习有利于完善这些推理过程。

第三节　复杂样例迁移作用影响的个案研究

一、研究目的

学校学习中或日常生活中遇到的问题多是复杂的问题,不仅只是原理的简单应用,而往往是多个原理或规则的综合应用。研究教学中样例的作用影响,就需要考虑复杂的样例学习情况,包括多个原理或方法的综合。已有的样例研究材料多是一个原理或方法的单一应用,即便是有关概率原理的样例学习研究,方法也是较为单一的。我们需要研究复杂的样例的学习迁移情况。

我们在实验研究中已经做过对于复杂样例学习的效能,本个案研究想揭示在学生解决问题时,以往的练习或例题都可能成为当前问题解决的样例,进一步展现样例的影响作用。

二、过程与分析

本研究是在一次偶然的家教辅导中进行的,涉及下面两个问题,我们称为问题 1 和问题 2:

问题 1　已知 $y=f(x,m)$ 为二次函数,$f(x,m)=-mx^2-(2m+1/24)x+2m+1/12$. 问是否存在正数 m,使得 $f(x,m)$ 在 $[-1,2]$ 上的值

域是$[-4,17/8]$？若有，求出m的值；若没有，请说明理由。

问题2　已知$y=-1/2\ x^2+x$，问是否存在$m,n(m<n)$，使得函数在$[m,n]$上的值域为$[3m,3n]$？若有，求出m,n；若没有，请说明理由。

笔者在做家教的时候，辅导过一名高三的学生（女）。一次，在辅导函数这部分知识时，她问了笔者问题2。我看了一下问题内容，通过画出大致图像，基本上清楚了问题的解法思路，就问她："你认为该怎样解，谈谈你的思路？"她说："我会解，但我有一个问题不清楚，就是第一个方程解出的m,n与第二个方程解出的m,n能不能任意组合？"一边说着一边翻开练习本并指着她练习本上已列出的两个方程（条件式）：

$$\begin{cases} f(m)=3m & \qquad\qquad (1) \\ f(n)=3m & \qquad\qquad (2) \end{cases}$$

我一时被弄懵了，不清楚其中的道理何在。我要求她解释一下为什么将两个方程联立起来，为什么也让$f(n)=3m$，这是什么意思。她于是就说："我以前做过一个类似的题目，我是按照那个做的。"说着，就拿出另一本练习资料，翻出那道题来（即问题1），原来她在解问题2之前已经解过问题1，解法思路是："从$f(-1)=-4$，$f(2)=-4$（学生练习资料本上是联立的形式，其实不应该是联立，解题者在解决这个问题时也不是用的联立的意思，只是形式上是联立的）中解出m值，将所求的m值分别代入函数$f(x,m)$中，再检验$f(x,m)$在$[-1,2]$上的值域是否是$[-4,17/8]$。"

笔者明白了其解题基本思想，她实质上是先通过必要条件（根据题意，若存在，则必满足$f(-1)=-4$和$f(2)=-4$中的一个，所以$\{f(-1)=-4\}\bigcup\{f(2)=-4\}$是必要条件，符合题意的值就在其中）先寻求可能的$m$的值，从中再筛选出符合要求的值。因为这是解决是否存在的问题，这个方法是可行的，求出有限个可能的m值，再从中进一步判断、找出符合题设的值。

通过审视问题1，我明白了她解法中的原理，对她分析了这种解题原理：由二次函数的图像特点知，函数$f(x,m)=-mx^2-(2m+1/24)x+2m+1/12\ (m>0)$在$[-1,2]$上的图像情况无外乎以下几种（见图5-1），也就是函数在$[-1,2]$上的最大值$17/8$可以在端点处取到，也可能在中间取到；最小值一定在某个端点处取到；如果这个最大值在一端点处取到，则最小值-4必在另一端点处取到；如果最大值在端点处取不到，也就是说 17/8 不是端点处的值，此时最小值 -4 必是在 -1 或 2 处取到或同时取到。总之，要求的 m 的值，必使 $f(-1,m)=-4$ 或 $f(2,m)=-4$，即 m 属于集合 $\{m\mid f(-1,m)=-4\}$ 或 $\{m\mid f(2,m)=-4\}$。

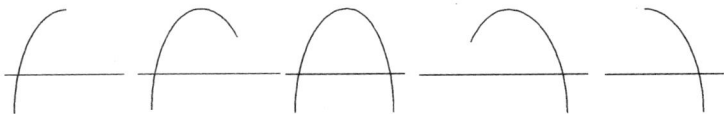

图 5-1　函数图形的五种情况

　　当学生面对上述问题 2 并欲解决时，实际上，她是以先前已解决了的问题 1 为样例的，也是让函数在端点处取值为 $3m$（左值域值或区间上的最小值），即让两个端点处的函数值等于值域边界值的最小值，列出了 $f(m)=3m$，$f(n)=3m$（也是联立的形式）。她由 (1) 求出 m 值，再代入 (2) 进一步求出 n 值，并试图配对：$m=0$，$n=0$，$n=2$；$m=-4$，$n=-4$，$n=6$。由函数的最大值为 $1/4$，得 $n=2$，$n=6$ 都要舍去，这样，就是 $m=0$，$n=0$；$m=-4$，$n=-4$。但参考答案是 $[-4,0]$，而两组值再交叉配对就可得到答案，所以，学生以为答案是交叉配对得到的，而自己又似乎感觉到不能这样配对，拿不准而感到纳闷，弄不清楚 m 与 n 可否都能配对？于是提出先前的问题，她并没有意识到自己的解题过程有误（应该单独解出 m，n 来，从中选出合适的组合。由于从 $f(n)=3m$ 中解不出来值，解题者似乎觉得将从另一个方程中解出的 m 的值代入其中解出 n 值是一条通路）。对形式上的联立当作了真正的联立。这也反映了解题者在写法不规范的情况下，有可能根据愿望需要对不规范的写法进行理解。

　　我们通过这两个问题可以看出，两个问题存在共性：都是二次函数，二次项的系数都小于零，涉及的都是"一个闭区间上的值域"问题，正如该生所说，"这两个题目应是一样的"。

　　其实在问题 1 中，学生是错误联立，实际求解时，她并没有取公共值，而是把所求的值都取了，即她只是在形式上联立了方程，但实际上还是按"或"来解的，也就是说，联立仅仅是形式上写法不规范。解决问题 2 时，她通过相似性联想到了问题 1，但当她把这一解题思想再用到问题 2 时，联立的方程不能单个解出欲求的值，而目标又是求出这些值，刚好联立求解能解得出来，于是，短时记忆空间被能导致迫切愿望实现的想法充满了,暂时忘却了两个方程实质上不是联立的这一事实,就出现了不应出现的问题,再加上参考答案的误导(问题的解非常凑巧),以致没有产生对自己解法的怀疑,只是在解出的 m, n 值是否可以任意配对上有疑虑。这表明学生对解法原理还是不甚理解。

从这一个案例可以看出,学生在解决问题时,往往不自觉地受另一个先前问题(作为样例)解法的影响的,即样例在解题中确实起着重要作用,包括复杂样例。样例也不仅仅只局限于老师给出的那些,以往的典型问题都可以自觉成为自觉类比解决问题的样例。

本案例中所展示的问题解决尽管没有成功,但明显地显现了一个事实,那就是数学问题解决者会自动类比或迁移一个已解决的问题图式或思想到当前问题上来的,存在这样的一种倾向。从这一点上看,学生应该配备适当多的样例。

从本案例所反映的问题也可以作出这样的预测,解题者不是太明白解决这类问题的基本思想方法,似乎还没有从原来的问题解决中归纳出解法图式或解题思想,如果她能够在解决先前问题之后,及时反思一下,从中弄清其中的原理,那么,在解决后面的问题时可能就不会有什么阻力和障碍,迁移就会顺利成功。这同样给样例学习提供了一个原则:样例学习需要重视反思活动! 注意弄清解法思想,揭示、归纳问题解决图式。

本案例也反映了这样一个问题,就是在学习不是太融会贯通的时候,学习者记忆中储存的往往不是思想方法或程式,而是一个个具体样例问题解法。之所以如此,可能的原因是:抽象的思想方法尚未形成,老师即便灌输了,但仍还没有内化,所以在一个相当长的时期里,学生记忆中不是模式,或方法程序,而是样例个体。学生解决问题依据的是样例解法,而不是模式或思想方法。

如果说被试在解决以往的这个类似问题后形成了这类问题解决的一个基本的粗略的图式,那么,我们可以得出,图式形成除了归纳方式外,还有这样一种从单个样例分析抽象形成图式的方式,直接从一个样例中抽象分析出图式来。

三、教学意蕴

学生解决问题时,确实经常受先前样例(例题或解决过的问题)的影响,这种影响多是通过当前问题与样例问题的相似性引起的,中间通过联想、类比活动。这种类比解决问题方式是学生问题解决的一种基本策略。所以,学科教学让学生多储存一些样例图式,能够提高学生的解题能力。

而教师应鼓励学生在问题解决完成后,对问题解决的过程和方法进行反思。

通过以上两个个案研究,可以看出样例学习迁移的两种类型,或者样例的两种不同类型的作用:一种是通过多个样例的概括形成迁移;另一种是通过揭示、识别出一个样例的内在结构关系,形成图式,构建模式,导致迁移。在后一种情况下,有时揭示出的内在结构关系是不正确的,即所谓的误读样例,这时将导致负迁移。这两种迁移类型表明了图式形成的特殊性,图式不一定是概括的结果,也可能是直接抽象的结果。所以,上述两种作用是不一样的。这给我们的样例学习也提供了两种模式:一种是提供多个样例,通过阅读归纳概括图式,进而迁移解决新问题;另一种是提供一个样例,让学生阅读分析,正确揭示解题过程中的内部关系、解题方法,构建问题解决图式,进而迁移解决问题。

第四节　方法型样例学习迁移的个案研究

一、研究目的

为了研究方法型样例学习的迁移作用,我们选择了一个排列组合内容的问题,想研究一下关于排列计数法较低年级的学生是否通过样例学习能够理解掌握,也就是研究方法型样例的学习迁移情况。

二、研究过程

笔者选择了一名初二年级的学生(女,初二第一学期,年龄 12 周岁)

作为被试,想让被试通过若干个简单情形下的样例学习,归纳推理得到排列计数公式。

我们从生活实际例子出发开始我们的归纳概括,在桌子上随手找到三支不同的笔,问被试"这三只笔在桌子上有几种排法?"并在桌子上摆出其中一种。她先自语:"有几种?"想试图摆摆看,但马上说:"那多了……"笔者马上接着对她说,"要像这样排成一行",并演示给她看。她在桌子上拿起笔,前后颠倒了几次,口里说着:"一次,两次……六次,共六种。"她倒腾时笔者还想提醒她要注意排的规律,否则,乱套了,就弄不清楚了。没想到,她竟能这么快就排出来了,笔者想,她一定有她自己排的方法。就又找到一支笔,说"四支笔有几种排法? 你能排出来吗?""我试一试",就在桌子上摆了起来,但颠倒了没有几回,就说"我得记一记"。找到一张纸,一种排法就相应地在纸上做一个相应的颜色排列(因为笔的水的颜色不同,按笔的位置顺序相应地在纸上一支笔画上一道线,正好笔的排列对应着这支笔画出的线排列,这是很好的对应思想、转移替代思想),我就说,"干脆用记号吧",我在纸上画出了四种符号:对号、圆、五角星、三角形(以下用×○□～分别表示),说,"你排一下看看"。结果,她很有规律地做出了所有的排列:

```
×○□～    ○×□～    □○×～    ～×○□
×○～□    ○×～□    □○～×    ～×□○
×□○～    ○□×～    □×○～    ～○×□
×□～○    ○□～×    □×～○    ～○□×
×～□○    ○～□×    □～×○    ～□×○
×～○□    ○～×□    □～○×    ～□○×
```

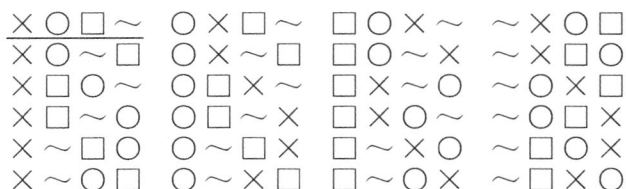

图 5-2　被试排列

我笔者给予了及时的反馈表扬:"做得不错,你是怎么想的?"被试说:"老师讲过数线段的方法",然后随手画了下面这样一条线段:

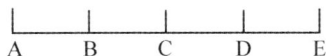

```
|____|____|____|____|
A    B    C    D    E
```

图 5-3　被试的线段变化

然后被试用笔从一头开始依次数了下去(AB,AC,AD,AE,BC,BD,…),"就这样数"。

仔细体会被试的思想，我们从中可以得出，被试在这里受到了先前数线段问题的解决方法的迁移影响，正是这种先前样例解决方法的影响，被试才能够顺利计算出排法种数。

被试并不知道"数法"的一般原理，也不理解这种数法的原理，但能够通过以往老师数线段的例子认可这种数法，因为在数线段时，按照这种数法的确数完了所有的线段，没有遗漏没有重复。由此，被试掌握了这种计数的思想方法，所受的影响应是方法样例的影响。在这里，关于这个样例的记忆可能有点模糊，不准确、不清晰，可能有点概括性的东西了，但从被试回忆起它的时候的表现可以看出，它存在的形态还是以样例的形式存在的，即问题与问题解法作为一个整体被回忆起的。本迁移属于远迁移。被试在这里以画出的第一种情况为基础，逐步列出其他情况。它与数线段差别是很大的。在这里，迁移的是"计数方法的有序性"及"规律性"，而不是任何具体的方法或原理。当要求被试详细说明一下思路时，她说：把给定的四个符号格局（如图中画线部分）作为其中的一种，在其基础上，先固定第一个不变，变动后面的，在后面三个中，先保持靠前的不变，变动最后面的，也就是先从后面变起，后面两个元素只有颠倒一下这一种变法，接着变更第三个元素，从后面的两个元素中选一个放到第二个位置上，把原来的第二个元素放在后面，又有两种变法，再把另一个放在第二个位置，又有两种变法，这一轮完了之后，就是说，第一个不变的情况只有这六种排列法。下面换掉第一个元素，把第二个元素放到第一位，让它保持不变，相应变动后面的，同前面的一样考虑，这样就可以有规律地写出所有的排列了。从被试排列的规律看，"依次性"和"轮换"是一种被迁移的对象。

第二天，再要求被试写出五个元素（○△☆×√）的排列时，她基本上写出了，只是漏了一种情况，得出 18 种，当告诉她说不对时，她说，"我再看看"，检查了一会，说，"我漏掉了一种情况"，即没有轮换完，正好漏掉了六种情况（见图 5-4）。

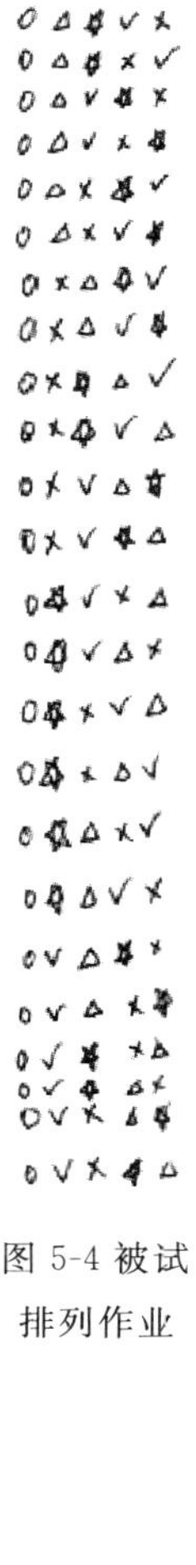

被试是如何想到或觉察到两种问题间的"相通性"的

图 5-4 被试
排列作业

呢？为什么会想到类比数线段的方法呢？被试说不上来，只是说："看有多少种排法吧，我一看应该是有次序的，有次序排就应该有规律，数线段也是有次序的，固定前面的字母不变，先改变后面的字母。也许受这影响吧，我就先固定前面的不变，从后面变起，就排出来了。""我也没有去类比数线段的方法，只是想到应该从后面有规律地变起。做完了，你问我怎样想的，我顺口就说出数线段了。"从被试的解释中我们可以看出，尽管被试没有说在排列之前有模仿数线段方法，但从当问及是怎样想的时候，能顺口说出数线段来，我们可以断定，"数线段"方法的思想或程序在处理当前问题时一直在影响着她，这种影响正是样例的迁移影响，正是这种潜意识的影响，被试才得以顺利排列出各种情况。迁移往往是潜意识地进行着的。当问及如果没有学过数线段方法，你是否会做这个题目？被试说，也可能会，可能写得没规律。可见，"数线段"问题的解决规律、方法对被试的影响。

三、进一步研究

事隔不久，我们又做了另一个案例研究，探讨"几个非负数的和等于零，则这几个非负数都等于零"原理的样例学习迁移运用情况。

在练习了几个形如两个完全平方和等于零（ $\diamondsuit$ ）^{2}＋（ $\square$ ）^{2}＝0，从而这两个完全平方式都等于零， $\diamondsuit$ ＝0， $\square$ ＝0，进一步求得其中蕴含的两个未知数的问题，并熟练掌握之后，给被试出示如下问题：已知 $4a^2-4a+2b^2+4b+3=0$ ，求 $a+b$ 的值。观察被试受方法原理型样例迁移的影响，发现被试思维有点受阻。

在将已知等式变为 $(2a-1)^2+2b^2+4b+2=0$ 后，被试下一步不知该怎样做了，这可能是受先前学习的都能变为两个完全平方和的形式的影响，这里不能变为两个完全平方和的形式，于是思维进行不下去了。这说明学生还没有真正弄懂"两个非负数的和等于零，此两个数都等于零，由此可以列出方程解决诸如此类的问题"的原理，对其中的非负数概念还没有建立起真正的心理意义，非负数都有哪些形态，对前面的练习中的原理领会得不全面或不深刻。被试只是从表面上看，剩余的三项不是完全平方式的形式，而想不到去试试是否能变成非负数的形式。这似乎表明，仅有原理学生尚难以解决问题。缺少样例，原理运用困难。

为了引导被试,我们就启发式地提问:如果后面能变成一个绝对值形式你能做吗? 能。为什么? 是两个非负数。所以,关键是把后面这个变成一个非负数,后面这个是非负数吗? 应该是。好,你怎样证明它是非负数? 答不上来。抽出来,你单独证明这个问题:证明 $2b^2+4b+2$ 是非负数。被试用了 3 分钟时间获得了证明(如图 5-5):她先是写下左边的式子,这是"盲目"的一种推理证明,后发现推理思路不对,发现提出系数后的非负数形式,划掉左边的后,给出了右边的推理,尽管漏掉了系数 2,但最终把它变成 $2(b+1)^2$,因为 $(b+1)^2 \geq 0$,所以 $2(b+1)^2 \geq 0$。

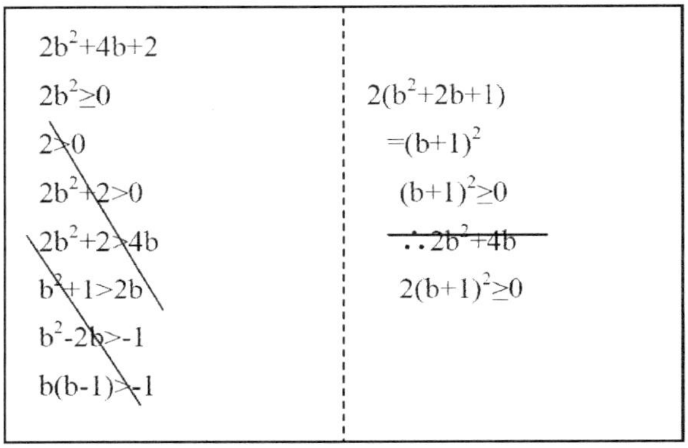

图 5-5　推理过程

"好,想想,现在问题会不会解了?"被试思索一会说,会了。

至此,被试才体会到如何处理这类问题,认知结构里形成了新的产生式:遇到这类问题,要先化为两个非负数的和的形式。而非负数形式的式子除了基本的几种之外,在它们前加系数后仍然是非负数。

四、结果与分析

类比迁移就是类比物的内在影响,迁移是心理活动,是内在的,它不在于从视觉上比着做、照着做,只要是受类比物的影响,都应该属于类比迁移。此案例说明,较远的样例迁移在学生的学习中也是可以发生的,学生可能会不时用到。在我们不注意的地方、看不到有共性的地方,学生可能从某一个角度看到了某种相似性,因而用到迁移。就像本案例,数线段个数问题很少被用来作为讲排列的铺垫,即我们老师很少有注意到数线段个数与排列排法有关系。当然,在讲排列时,也许不需要任何别的铺垫,只需直接讲排法,学生也能够明白。也许,一般人认为,数线段是较低级的思维活动,而排列是较高级的思维活动(一个是初中或小学内容,一个是高中内容),从不把它们联系起来,所以,想不到它们有方法上的联系。由此也可看出,学生解决问题时,思维的灵活性很重要,类比、联想先前知识或样例对其解决问题有积极影响。

从案例中,我们发现两个问题:一是即便指导者将原理告诉了学生,他们可能仍然不能运用原理顺利解决问题,如本案例中,学生知道运用的原理,但是没能成功解决问题,也不能将问题转化出去,尽管有样例,但样例在这里似乎只例示了该原理的部分应用,就是化为平方和的形式,这个样例迁移范围好像不大,样例起到的作用仅是如何将一个式子拆分为两个平方和的形式。二是原理和样例的迁移可能受原理中某个概念的理解的影响,不能真正理解其中蕴含的概念的外延,直接影响原理和样例的迁移水平,本案例中解题失败的一个原因可能是学生对非负数概念理解不全面,如果被试能意识到一个完全平方式加系数仍是一个非负数的话,可能问题就能够解决。由此得出,数学教学要注重概念原理的教学,它直接影响解法迁移;作为原理应用的样例,其迁移效果受原理中涉及的概念的理解的影响,若对其中的概念理解不全面,将直接影响样例的迁移效果。

五、讨论

类比迁移在人类的学习中有着不可替代的地位。关于类比迁移研究,人们从探讨迁移是否存在到验证迁移是一种早期能力、从关注迁移的年龄差异到关注促进迁移的有关因素、从关注迁移是否是基本能力到关注迁移的加工机制、从描述迁移技能到领域概化、从关注近迁移到关注远迁移,一直没有停止过。已有研究结果表明,在新问题的内在原理与样例相同的情况下,两者表面概貌相似有利于被试对新问题的类化,表面对应相似则促进被试对公式的正确运用,而当新问题的内在原理与样例不相同时,两者表面内容相似会对新问题的解决产生负迁移作用(莫雷、刘丽虹,1999)。在类比迁移中起关键作用的是规则,但是规则只有与样例结合,才能发挥它对样例的促进作用;在有问题情境时,直接呈现规则与需要归纳才能得到规则相比,更有利于促进类比迁移;在有规则的情况下,样例间的关系为不同领域的相似关系与其他样例间关系相比,对类比迁移的促进作用更大(张树东、张向葵,2007)。在数学学科学习中,源、靶问题间的表面相似性是影响类比迁移的主要因素,它既促进正迁移,也容易导致负迁移;在解决数学问题时的实时元认知监控与该问题的解决相关显著(罗蓉、胡竹菁,2012)。在二语习得中,存在母语迁移影响,二语习得中的错误和难点出现的根本原因是类比思维在起作用,学习者自始至终都在使用类比,类比思维既促进又制约着他们的习得,二语习得中前期类比迁移特征是在语际间(母语和目的语)进行的,而后期类比迁移特征则是在语内(目的语间)进行的(肖桂香、徐慈华,2008)。本研究进一步揭示了通过新问题与先前学习过的问题或样例的类比能找到解决问题的方法。但是,在这个类比迁移过程中,第一个环节——类比源的选取是受问题结构相似性的影响引发的,或某些相同点或相似点引发的,但在找到类比源后,关系匹配或关系一一对应并没有发生,即解题者并没有将目标问题与新问题的各个部分相匹配,由此可得出,公式型原理样例迁移有第二个环节的匹配或对应,而有些样例的迁移并不是靠匹配进行的,因为难以匹配,在这里,是有程序或操作步骤,没有变量可简单代入。方法型或策略型样例可能都属于这类不需要匹配对应的情况。同时,也进一步印证了结论:先前的一个问题解决往往成为后来的某个问题解决的样例,增加典型问题解决储藏量能够提高解决问题的能力。所以,学科教学中有必要精选典型问题及解法,让这些问题成为学生解题中可资利用的样例。

第五节　探索性问题解决样例学习迁移的个案研究

一、研究目的

前述几个个案研究基本属于常规问题样例学习的迁移情况,我们想进一步了解非常规的探索性问题解决的样例学习迁移情况,为此,我们做了一个探索性问题解决的样例学习迁移个案研究。

二、被试选择

我们选择初中二年级一名 13 岁、学习中上等水平的女生作为被试。测试方法是,让被试先独立学习样例材料,再做测试题。样例学习和解答测试题各安排 10 分钟时间。

三、学习材料

样例学习材料如下:

求 $n \times n$ 正方形中照射不到的小正方形的个数。

如图 5-6,一个 2×2 正方形被一束光线照射,被照射到的小正方形(即边框被照射到)的个数是 3 个(图中带星号的小正方形);没有被照射到的正方形个数是 1 个(图中不带星号的小正方形)。

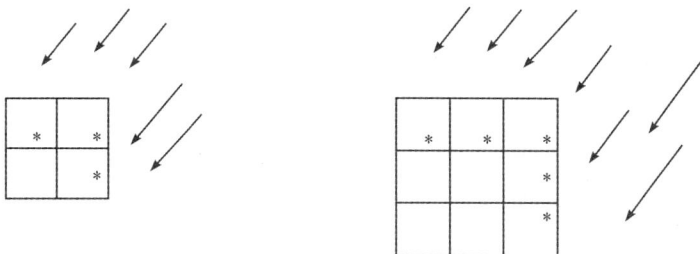

图 5-6　正方形受光照射

对于一个 3×3 正方形,情况又如何? 照射到的正方形个数是_____;没有被照射到的正方形个数是_____。

试探究对于 $n \times n$ 正方形,照射到与照射不到的小正方形个数?

本问题可从以下三个水平层次上去探究:

解法一:通过数据分析概括结论

2×2 正方形　总共 4 个　照射到的为 3 个　没被照射到的为 1 个

3×3 正方形　总共 9 个　照射到的为 5 个　没被照射到的为 4 个

再画出 4×4 正方形、5×5 正方形的情况,并探究,会得到:

4×4 正方形　总共 16 个 照射到的为 7 个　没被照射到的为 9 个

5×5 正方形　总共 25 个 照射到的为 9 个　没被照射到的为 16 个

……

将数据填入表中,从中就不难归纳概括出 $n \times n$ 时的情形:

表 5-1　各种情形下小正方形被照射到与没被照射到的情况

形状	照射到的个数	没被照射到的个数
2×2	3	1
3×3	5	4
4×4	7	9
5×5	9	16
…	…	…
$n\times n$	$2n-1$	$(n-1)^2$

从中可以归纳出结论：照射到的为 $2n-1$ 个，没被照射到的为 $(n-1)^2$。

解法二：结构分析水平

由图不难看到，照射到的是上方和右侧的小正方形，上方小正方形个数为 n 个，右侧小正方形个数也是 n 个，但是与上方小正方形有一个是重复的。

所以，照射到的小正方形个数是：$n+n-1=2n-1$，没被照射到小正方形个数是：$n\times n-(2n-1)=n^2-2n+1=(n-1)^2$。

解法三：直觉水平

如图，把被照射到的小正方形统统拿掉，剩下的就是没被照射到的。而拿掉后剩下的是一个"小一号"的正方形——$(n-1)\times(n-1)$ 的正方形。

所以，没被照射到的小正方形个数为 $(n-1)^2$，而被照射到的小正方形个数为 $n^2-(n-1)^2=2n-1$。

练习题：对于一个 $n\times n\times n$ 正方体如图 5-7 这种，我们从一个方向看过去，有些小正方体能被看到，有些不能被看到，问我们最多能看到多少个小正方体，至少有多少个小正方体不能被看到？

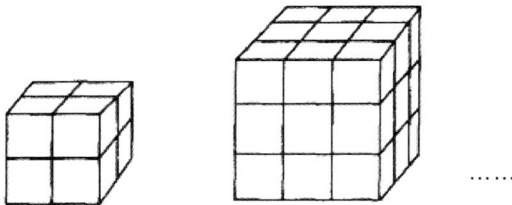

图 5-7　正方体中不能被看到的小正方体的个数计算

四、研究过程

首先出示样例问题和样例的三种分析解法。当被试阅读完样例问题时，询问被试关于"看到、看不到"的理解。先问："看到一部分，如只是它的一条边，算不算看到它？"被试给予了正确回答：算。这表明被试明确什么是"看到"、什么是"看不到"的概念。接着让被试学习、阅读样例的三种解法，包括阅读样例问题，总时间控制在 10 分钟以内，10 分钟过后，询问被试对各种解法能否看懂，必须在看懂的情况下才能做练习题。结果被试说看懂样例解法了，让其解决练习题。

被试认真地阅读了练习题，时间到了 3 分钟的时候，得出一个不正确的答案：看不到的个数是 n^3-n^2-4n+2，看到的个数是 $4n-2+n^2$。

分析这个错误答案的原因，可以发现，问题出在思维间断上。从答案的个数是 $4n-2+n^2$ 我们可以推测，被试对于想象中的 $n\times n\times n$ 正方体，顶层的小正方体个数是 n^2 很清楚，而从 $4n-2=2(2n-1)$ 可以进一步推测，下面每一层能够看到的小正方体个数是 $2n-1$ 个也清楚，但是，在下面是几层这个问题上出岔了，被试是按 2 层计算的，为什么会出现这种情况？原因可能是，被试是在面对所给的 $3\times3\times3$ 正方体而展开想象的，在上述两个数据得出之后，思维想象间断了，又回到了"现实"中的 $3\times3\times3$ 正方体上来了，结果得出第三个数据是 2（即 $3\times3\times3$ 正方体下面的两层），两层共有 $4n-2$ 个小正方体，这样求出的看到的小正方体个数恰好就是 $4n-2+n^2$。分析答案表明，被试在思考问题时想象与现实的难脱离性，在考虑顶层和每一层有多少个时，思维中想的是 n 个，但在考虑共有多少层时，从想象回到了现实，思维空间又局限在现实的视野里了，这是一种思维间断或不连续。这表明，学生在解题时有思维中断现象，即是说，思维不是按原来的思路进行的，比如由抽象或一般又回到了具体上了。这是粗心的人容易犯的一个错误，可能是由于认知负荷大而思维空间小造成的。

当告诉被试答案错误时，被试 1 分钟内检验出了错误，得出了正确答案：看到的个数是 $n^2+(2n-1)(n-1)=3n^2-3n+1$（在得出答案后，被试就后一个式子自觉用 $n=3$ 代入检验了一下，$27-9+1$，这是一个好习惯，这也是由于上次答案错误而引起的一种小心），看不到的个数是 n^3-

$3n^2 + 3n - 1$。

五、结果与分析

被试是如何解决这个问题的呢？当问及被试是怎样想的时，被试说："上面的我能看到（指着图），是一个正方形，个数是 n^2 个，去了这一层后，下面这一层带拐弯，与上面所给的（样例中的）正方形一样，是 $2n-1$ 个，共有 $n-1$ 层，总共就有 $(2n-1)(n-1)$ 个被看到，加上顶上的，就是所有被看到的了。"从被试解题思维过程中可以看出来，被试并不是从整个问题的相似性上来看问题的，而是找到了问题中的一个子问题与原问题具有相似性，用到这种相似性，问题得解。在这里，被试能看出一个立体样的"正方形"中被看到的小正方体模式与正方形中被照射到的小正方形模式之间的相似性，又看到了每层的相同性，从而，获得了问题的解决。其实这个问题的关键就是计算顶层以下的两个侧面上的正方体的个数，被试看到了每层看到的小正方体的个数的问题与样例中看到的小正方形的个数的问题的相似性，从而简单求出了顶层以下的解，使得整个问题获解。分析被试的思维水平是结构分析水平，方式与样例中的结构分析一样，先求上层的，再求下面的，这个方法可能适合这个年龄段的学生的思维水平。

被试在解决问题的水平或方法上，与我们的设想有点不符。我们一般会想，被试可能会用第一方法来解，归纳发现规律，也可能用直觉水平来解，拿掉半个"壳"，得一个小正方体。我们没有想到，被试会从样例中得到这样的启发，样例会被这样使用。

归纳发现法应该是一种很基础的方法，被试没有用这一种解法来解，似乎表明学生似乎不喜欢归纳发现，或者说不善于使用归纳发现法解决问题，除了这层解释外，这中间可能还有另一层原因，就是学生对归纳的认可和对归纳出的结论的理解问题，学生可能对归纳出的东西仍持有疑虑，觉得不保险。如果是这样的话，将表明，学生有一种自觉走理解道路的倾向，而不是生搬硬套。

直觉水平上的解决方法对学生思维水平要求可能较高，需要有整体把握问题的能力，被试不用直觉水平方法来解，一方面，可能直觉思维水平没有达到，难以从整体对问题进行把握；另一方面，可能空间思维能力不够,想象不出拿掉被看到的外层小正方体后剩下的是什么样的一个几何体(如几乘几的正方体,还是长方体),这表明,样例学习迁移受对迁移领域的熟悉程度的影响,受学习者思维能力水平的影响。

由此也可以看到,样例的作用是复杂的,样例既提供原理线索作用,又有样例作为一种类比对象的作用。在这里,样例即被作为一个类比的对象来使用,它本身又被作为一个实体嵌在新问题中使用,这表明了样例的另一个作用,就是复杂问题中如果含有一个子目标,而子目标问题是以前的样例问题,那么解题者可能就会将样例移植过来运用之。所以,这揭示了样例的迁移不仅仅局限在相似问题上,对含有与样例相似的子目标的复杂问题同样有迁移作用,只要解题者能够从复杂问题中分解出这个子目标。

本个案研究揭示了样例的一个作用。样例的作用并不仅仅适合整个结构具有相似性的问题上,如果当前问题中含有一个子结构与以前某个样例具有相似性,先前的样例同样有助于解决当前问题。显然,这个子结构就相当于一个子目标,这样,如果解题教学中,教师经常将问题分解为子目标来一步步解决,并对子目标有意引导与先前相似问题做类比解决,那么,将会扩大样例的作用范围,相应地,也就能提高学生的解决问题的能力。

第六章　样例学习的认知研究

　　自 20 世纪五六十年代以来,样例学习研究都是教育心理学研究的重要课题。研究都毫无例外地证实了样例学习确实能够有效地促进学习者认知技能的获得。虽然现在心理学家所使用的样例(worked example)与以前研究者所使用的样例(example)有许多方面的不同,但他们在样例的使用上都有着相同的基本假设:通过样例学习原理或模式。认知心理学家和教育学家都赞成"例中学(learning-by-example)"范式。随着样例学习的效果在实验中得到证实,人们的研究转向了样例如何促进问题解决和迁移,特别是样例在学科教学中如何发挥作用。围绕这一方向,样例学习在学科教学中的适应性研究、学科样例设计形式以及样例学习教学模式等都需要人们进行深入研究。目前,如何结合学科教学实际及课程改革的需要把这些研究成果运用到教学实践中的研究还较少。样例学习是否应该成为学校教学的一种方式,又如何应用于学校教学中以改变学习的方式,促发自主学习,培养学生的学习能力,教师和学生对样例学习方式又有怎样的认知,本章将对这些问题作出初步的回答。

第一节　样例学习是学校教学的一种有效方式

　　最早出现的比较有影响的教学方法应该算是苏格拉底(Socrates)方

法了,让我们再现一下该方法实施过程片段:

苏格拉底(对奴隶):请告诉我这是否是正方形? 你能否理解?

奴隶:是。

苏格拉底:我们是否可以在这里加上一个相等的正方形?

奴隶:是。

苏格拉底:有了两个是否还可以加上第三个?

奴隶:是。

苏格拉底:最后在这个角上是否还可以再添上一个?

奴隶:是。

苏格拉底:这个是否共有四个正方形?

奴隶:是。

苏格拉底:现在整个图形是原来图形的多少倍?

奴隶:4 倍。

苏格拉底:但你是否记得,它应该是某个图形的 2 倍?

奴隶:当然记得。

苏格拉底:从顶点到顶点连接这样一条直线,是否就将正方形分成两个相等部分?

……

以上对话引自柏拉图的《门诺》,这是著名的苏格拉底教学方法的范例。在这种方法中,教师预先考虑各种可能的想法,包括对的和错的两方面,在上课过程中,学生只要简单地回答"是"或"否",或通过某种方式表示他在听。作为该方法的一个发展,就是要求学生讲出更多实质性的东西。在原始的苏格拉底方法中,只要训练好教师就可以了,其后来的发展则同时要求学生也必须作好充分的准备。弗赖登塔尔指出:"我绝对深信,苏格拉底方法仍然是或者说应该是教学的基本原则之一。"(弗赖登塔尔,1989)

苏格拉底方法被马赫(Mach)称为思想实验教学法,该思想实验教学方法又被弗赖登塔尔重新界定为"在一个教师或教科书研究者的头脑里,想象有一个或是一群主动的学生,设想如何教他们,如何应付学生可能有的各种反应,并且根据这些想象中的学生的活动来决定教学的方法"。正如弗赖登塔尔所说的,苏格拉底做的就是在教学过程中再创造或再发现所教的东西。题材都是在学生的眼前发生而不是教条式地灌输。尽管学生自己的活动是虚构的,但是学生能产生这样的感觉,那就是所教的东西都是在上课的过程中产生的,而教师实质上只是一个助产士。

在柏拉图的对话中,主要对话方式是某个人在讲,其他人回答"是"或"否",学生缺乏积极的活动(至少可以不积极,因为这种对话下的思维活动是内隐的,教师从表面观察不出学生是否进行了思维活动)。夸美纽斯根据理论和实践在指出上述教学法的不足的同时,提出让学生不仅通过语言,而且通过完整地感觉现实来学习的思想,由此创立了夸美纽斯教学法,而样例、规则和模仿是该方法的三个阶段。他认为,只要是有意识地安排于教学活动中,看、听等各种感觉都能成为学生的学习活动。样例后面是规则,教师从经验中描绘出理论结果,这是保证活动的合理性所必不可少的,这种理论是在实践之前的感觉体验中提取出来,至于实践则是根据规则对样例进行模仿。这里,教师的任务是演示并解释样例,再告知学生如何模仿,而学生的任务是亲身体验、理解并且进行模仿。所以,他的教学论原理是:教一个活动的最好方法是演示。在这个过程中,学生不仅要注视老师正在演示的正确活动,而且也要根据老师的指示自己动手做。解题是一种活动,那么,教授解题活动的好方法能否理解为是演示?对学生而言,学习一个活动的最好办法又是什么?弗赖登塔尔指出,学一个活动的最好方法是做,并进一步指出,两者是相通的,只不过一个注重教,一个注重学。

弗赖登塔尔指出的就是"做中学"理论。这种理论的一个很好的依据是学习游泳的样例,任何人学习游泳都可以既不需要样例,也不需要理论,只要让学习游泳的人在思想上有这么一套操练规则,知道什么条件下人可以跳进水里做正确的游泳活动就行了。是的,这样的确可以学会游泳。但如果说有别人正确游泳的姿势、动作、过程录像供学习游泳者观看,一边看一边练习,是否会更快地学会游泳呢?答案应该是肯定的。这便是最快捷的学习方式:样例+做(模仿练习)活动。

也许在创新教育的影响下,我们看轻了模仿练习的重要作用。其实,对一个普通公民来说,在日后的工作和生活中,更多的是要用到"例中学"的学习方式。如果我们的教育目的是为学生的未来作准备,那么,教学中培养"例中学"这种学习能力应是"教会学习"的一项重要内容。

青浦实验也告诉我们："数学学习过程的最佳模式应是'接受式'与'活动式'的正确结合、相互补充。"（顾泠沅、郑润洲、李秀玲，1999）这也许预示着完全创新式的教学可能不符合以知识学习为主的学校学习的要求。活动式教学的过程被分为四个阶段："引导学生思索某个数学问题；为了解决这个问题，借助于观察、试验、归纳、类比以及概括经验事实并使之一般化和抽象化，形成猜想或假说；在已经掌握的概念和知识体系的基础上检验猜想或假说，运用数学符号演义出问题的结论，从中获得新的概念，以丰富原有的知识体系；新概念和知识的应用，进一步巩固和发展所学得的概念和知识。"（顾泠沅、郑润洲、李秀玲，1999）从活动式教学模式看，样例加练习学习活动基本上也经历了这四个阶段，可能只是侧重程度的不同。所以，样例加练习学习方式可以看成一种接受式和活动式整合在一起的学习方式，在样例学习过程中，较偏向于接受式；在练习过程中，较倾向于活动式。尤其是，练习的问题基本上都是样例问题的变式，"而变式练习不是照葫芦画瓢的方法"。可以预测，样例加变式递进的练习，将是训练学生解题能力的好方法。

《数学新课程标准（实验稿）》中提出了发展学生的数学思维能力，包括观察发现、归纳类比、抽象概括、反思构建等能力，样例学习特别有助于这些能力的培养。其实，样例是用于归纳数学模式、反思构建数学模式的好素材、好文本。提供样例，学生可以抽象、概括、归纳出蕴含在其中的数学模式；通过学习样例，可以反思构建处理数学问题的一般化方法或思路。样例可以作为类比的对象，通过样例学习解决问题，其中一个重要机制就是类比机制，可以说样例学习有助于学生类比能力的培养。

例如，让学生学习解决如下问题："如果标号电线杆每相邻两个之间相距 100 米，那么，一个人从标有 15 号的电线杆处走到标有 25 号的电线杆处，问他走了多少米"。通过分析学生的解题过程，可以发现，存在以下几种模式：（1）以线段表示电线杆，画出许多线段，然后标上号，再数数，数出 15 号和 25 号之间有几个空，由此计算出路程。（2）由简单到复杂，从小到大，寻找模式，如考虑从 2 号走到 5 号，从 3 号走到 7 号，通过考察这几个简单样例，归纳探讨其中的关系，获得模式，进一步用于解决问题(样例解题的思想,靠样例意识,从简单情形入手来解决问题可以说反映了样例思想)。(3)归纳,从 1 号走到 2 号,走了 100 米,从 2 号走到 3 号,走了 100 米,从 2 号走到 4 号,走了两个空,200 米,那么,由特殊到一般归纳出,从 15 号走到 25 号走了 25－15＝10 个空,共 1000 米。如果解决了上述问题,进一步让学生解决下面的问题:"从第 120 号电线杆走到 150 号电线杆,走了多少米?"那么,学生就会进一步模式化,轻松通过两号相减得出多少个空,再乘以 100 得解。至此,就基本上获得了解题模式。

如果再让学生解决如下问题,"一个班学生一字排开,从头报数:1,2,3……结果,王明报的数是 17,王英报的数是 26,问他们之间有多少个同学?"学生往往把上述问题及其解法思想——归纳法思想作为样例,类比上述问题解法思想,得出如下解法:由特殊到一般,寻找模式,将人比作(对应)电线杆,报的数就对应着电线杆的标号,两个数相减,得"空"的个数,而两个"空"之间才能站一个人,3 个"空"之间站 2 个人,所以,26－17＝9 个"空"中间站 8 个人。这种类比解决问题的方法是很重要的,样例学习能够促进这种类比学习。从上面的案例可以看出,其实数学问题解决中充满了样例思想,人们时不时地、自觉不自觉地就会借用样例来分析问题、解决问题,而这个样例可能就是以往解决过的问题的相似问题。

例中学与创造性其实也不矛盾。前面已经论述过,例中学并不都是模仿,它也是训练发现的一种方式,这种发现就是归纳、类比发现,从中学会揭示蕴含在事例中的一般模式的能力。任何革新、改造、创新等成果都是在原有基础上做出的,与样例学习中通过研究样例寻求解决变式问题策略相似。所以,通过恰当的样例学习,可以训练学生的变更、变革能力以及变革意识。

高中数学新课程标准中增加了算法学习内容,其学习方式被建议采用样例学习方式。"学生将在义务教育阶段初步感受算法思想的基础上,结合对具体数学实例的分析,体验程序框图在解决问题中的作用;通过模仿、操作、探索,学习设计程序框图表达解决问题的过程;体会算法的基本思想以及算法的重要性和有效性,发展有条理的思考与表达的能力,提高逻辑思维能力。""教师应该根据学生的差异,进行有针对性的指导。在鼓励学生创新的同时,允许一部分学生可以在模仿的基础上发挥自己的想象力和创造力。"在教材编写方面,也建议"教材要注意突出算法的思想,提供实例,使学生经历模仿、探索、程序框图设计、操作等过程,从而体会算法思想的本质"(《普通高中数学课程标准(实验)》,2004)。关于算法的样例学习观,弗赖登塔尔其实早有过论述:"算法是可以被教会的。给学生一个可仿效的范例,一个范例可能就够了。""一个样例就足够教会一种算法,如果一个不够,就再提供一些必要的样例。"(弗赖登塔尔,1989)在算法上,可以遵循"先学会,再理解"的原则,"算术算法常常是用数值的范例来教学"。"虽然为了正确地理解,教一种算术运算用一个范例就足够了,如果真需要更多的范例,它们实质上还是一个,从某种意义上说它们是同构的。事实上,非同构的范例反而会影响预期的统一的算术范例的特性,其后果是使那些不太聪明的学生混淆了算法。"(弗赖登塔尔,1989)弗赖登塔尔特别指出,在学习竖式加法的过程中,一个范例是不够的,但"很多教师和研究人员都不知道用多个范例教同一种运算所带来的问题,依次出现的多种范例正是产生许多错误的原因"。这说明,在选用样例方面是有学问的。对于 100 以内的加法来说,他认为下面两个范例就够了(弗赖登塔尔,1989):

$$\begin{array}{r} 24 \\ +35 \\ \hline \end{array} \qquad \begin{array}{r} 24 \\ +38 \\ \hline \end{array}$$

综上,我们应该重视数学样例学习方式,应该把它作为一种教学方式来认真对待、研究,从教学方式的角度进一步揭示数学样例学习方式的理论和原则。

事实上,通过样例来学习的提法在过去几十年内一直是教育研究中的主题。从 20 世纪 50 年代中期到 70 年代,认知的和教育的心理学家采用"从例中学"的教学法(paradigm)来研究和描述概念形成的过程(例如,Bourne, Goldstein & Link,1964;Bruner,1956;等等)。而最近若干年,从"有解样例"中学习问题解决也引起了研究者相当多的关注。

虽然概念形成学习采用的样例与问题解决学习采用的有解样例在许多方面有所不同,但是,他们两者具有相同的基本目的,那就是例释(illustrate)一个原理或图式(principal or pattern)。20 世纪 70 年代,Rosch 提出的概念学习理论认为,记忆中的种种概念是以这些概念的具体样例来表征的,而不是以某种抽象的规则或一系列相关特征表征的,即是说概念是一组对以往遇到过的、存在记忆中的该概念的样例构成的。所以,通过样例学习概念应该是最科学的一种方法。概念形成的心理过程的大致步骤如下:"(1)识别不同事例;(2)从一类相同事例中抽出共性;(3)将这种共性与记忆中的观念相联系;(4)同已知的其他概念分化;(5)将本质属性一般化;(6)下定义"。学生概念学习的大致步骤如下:"(1)观察一组事例,从中抽取共性;(2)下定义,分析含义,了解其本质属性;(3)举正、反例,弄清该概念的内涵和外延;(4)将该概念与其他有关概念进行联系和分化;(5)重新描述概念的意义;(6)运用概念,以变成思维中的具体"。(李士锜,2001)我们从中也可以看出概念学习过程中事例或概念样例的重要作用,借助事例或概念样例学习概念是一条合理的途径。

根据我们的个案研究,只要提供适量的概念样例,学生就能归纳出概念图式,获得概念的意义,理论上讲,在概念样例的选取上没有什么特殊要求,只要是概念的样例就可以了。但从应用概念解决问题上来讲,形成的概念必须全面、准确,这就要求选择概念的样例时应考虑概念的各种具体特征,力求所选出的这些作为学习该概念的样例能包含概念外延中不同的类别。

20世纪80年代以来,教育领域重视问题解决教学,提出基于问题解决的教学思想,而忽视了基于样例教学的思想,其实,研究表明,样例学习比问题解决学习更有效。

Reader,Charney和Morgan(1986)研究指出,指导学生应用计算机的最有效的手段就是那些含有样例的手册。

Cooper和Sweller(1987)等的研究表明,当与"有解样例配以练习题"的教学方式相比时,传统的、基于问题解决的练习就非一个理想的提高问题解决能力的方法。实验室研究揭示了,在传统练习中的学生倾向于采用典型的新手策略,而解题前接触有解样例的学生能采用更有效的问题解决策略,并表现出对问题的结构方面的注意。包括Sweller及其同事在内的许多研究人员都研究了课堂教学中有解样例的有效性。其中Zhu和Simon(1987)组织进行了上述研究领域中第一次被广泛引用的一个研究。朱新明和西蒙合作探讨了学生通过考察有解答步骤的样例和解决问题掌握数学学科知识技能的有效性。研究表明,只要给予一定的有解答步骤的样例和足够数量的问题(附解答),学生就能根据样例形成适当的假设,并在解决问题的过程中不断地得到反馈,从而及时地发现并纠正错误,有效地获得相应的产生式规则(Zhu & Simon,1987;Zhu,Lee,Simon & Zhu,1996),并进一步提出了加强对产生式条件认知的新概念:掌握产生式不仅要掌握其动作部分,更重要的是掌握条件部分;为了获取产生式,人要从问题情境中寻找线索、识别条件,利用关键的线索构建产生式的条件部分,并与相应的动作结合成产生式;在提取产生式解决问题时,要以识别产生式的条件作为前提;人对产生式条件线索识别的敏感与否,直接影响着对产生式进行初选、匹配、运用的过程(朱新明,1991)。通过样例教学时,借由完整解题步骤的呈现,可以降低学习者产生的外在认知负荷,因而可以降低学习者使用工作记忆的认知资源的数量。

　　Carroll(1994)、Ward 和 Sweller(1990)的研究同样提供了课堂中倾向于有解样例的教学方式而非严格的问题解决的练习的材料,这些研究结果都表明,"有解样例＋练习"教学方式效果优于常规的问题解决教学方式。Carroll 认为运用样例在数学问题解决教学方面之所以能获得比较好的教学成果,除了有认知负荷理论的理论基础之外,还有另外三个重要的原因:第一个原因是样例学习能够激励学生更具主动性的心智参与,因此,学生不再是传统被动的接受者,而是扮演主动学习者的角色。在主动学习样例的过程中,学生负有比传统教学更多的学习责任,因而学生对数学会产生较正向的学习态度。第二个原因是传统数学的解题教学中常仅提供少量的例子,随即让学生做许多练习。学生在练习的过程中,常作出错误的归纳。借由样例教学所提供的比较多的一组样例,将能有助于正确地抽象相关特征和解法,尤其是对于低成就学生来说。第三个原因是许多学生在课外解题中遇到问题时,常无法找到帮助的对象,而样例所呈现的完整解题步骤就可扮演脚手架的角色,协助学生进行成功的解题,因此,一种包括有解样例的家庭作业模式可能能提供给学生在家里学习时需要的"脚手架"(Carroll,1994)。

　　梁宁建(1995)以物理学科为教学研究背景进行研究,发现样例组比常规组能够在较短的时间内掌握教学计划中的知识内容,图式获得较快。

Mwangi 与 Sweller(1998)以 18 位小学三年级学生为实验对象,采取随机分组形式,将 18 位学生平均分成样例教学组与传统教学组,以需要两个解题步骤的比较问题作为实验材料(例如,爱丽斯 7 岁,黛莉比爱丽斯小 3 岁,凯特比黛莉小 1 岁,问凯特几岁),进行研究,结果显示:接受样例教学的学生其解题表现显著优于接受传统教学的学生。

Kalyuga 与 Sweller(2004)以 42 名小学三年级学生为研究对象,根据知识层次(拥有较佳数学概念的受试者为高知识,拥有较差数学概念的受试者为低知识)以及接受的教学方式(样例教学或问题解决教学)两个层面,将受试者分成四组:高知识/样例教学组(10 名学生)、高知识/问题解决组(11 名学生)、低知识/样例教学组(10 名学生)、低知识/问题解决组(11 名学生)。采用问题解决教学方式与样例教学方式的实验教材,都是相同的 8 道有关坐标的数学问题。但在教学方式上,接受问题解决教学方式的受试者直接进行 8 道试题的解题工作,而接受样例教学的受试者,则是研读 4 题样例并进行 4 题的解题工作。最后,四组受试者接受同样的数学检测。结果显示,知识层次与教学方式两个变量产生显著的交互作用。对低知识的受试者而言,接受样例教学的受试者其数学表现测验成绩显著优于接受问题解决教学的受试者;对高知识的受试者而言,虽然接受问题解决教学的受试者的数学表现测验成绩高于接受样例教学的受试者,但未达显著性的差异。此结果显示,可能存在"专业知能的反向效应",即样例教学对于数学成就较低的受试者有较佳的教学成效;而样例教学对数学成就较高的受试者来说,可能其教学成效较为有限。

张四方(2005)以现代认知心理学和信息加工理论为理论指导,采用团体测验量化研究与典型个案分析相结合的方法,探讨了样例学习在化学学科教学中的适应性。研究结果表明:样例学习在化学学科教学中同样具有巨大优势,它不仅能够有效减轻学习者的认知负荷,促进学习者问题图式的建构和认知技能的获得,促进化学学习成绩的提高,而且还能充分调动学习者学习的主动性和积极性,尤其是对于新手和知识基础相对较弱的普通学生来说,样例学习的优势更为突出,也更为他们所接受和认可。化学样例学习的效果受到学习者知识水平的影响。在样例材料的设置形式上,交替式比分块式的效果更为突出,也更为学生所接受。在交替环境中,学习者通过及时有效的学习和反馈,学习效果有明显改善。反观教辅,教辅中惯常采用的分块例题习题设置方式在一定程度上并不太适合学习者的有效学习,传统教辅设置方式也需要进行一定的优化和调整。样例学习条件下,被试的问题图式水平更趋向于集中在"最佳或典型样例"水平,而常规教学中被试图式水平比较集中在"一对一"图式水平阶段,说明样例学习较之常规教学方式能更有效地促进学习者问题图式的形成。学习者普遍认同并接受样例学习这种教学方式,尤其是普通班学生,对样例学习给予了较高的评价。

张奇、赵弘(2008)设计并运用了三种表面特征变异的二重样例(一个标准样例和一种变异样例组成)和三种结构特征变异的二重样例,对小学生解决算术应用题的迁移效果进行了实验研究。结果表明:一个原样例的学习就明显促进了小学生解决与原样例表面特征不同而结构特征相同的近迁移问题;学习三种表面特征变异的二重样例后没有产生明显的远迁移效果;而学习了三种结构特征变异的二重样例后产生了不同程度的远迁移效果,其中,规则平行组合二重样例学习的远迁移效果最好,其次是规则变异二重样例学习的远迁移效果,规则镶嵌组合变异二重样例学习的远迁移效果最差。

吴沛豪(2009)通过对比班实验研究,从学生知识的迁移、认知负荷的变化以及他们的评价等三个方面检验了"样例—探究"式家庭作业("examples-inquiring" homework)的效果。所谓"样例—探究"式家庭作业就是在传统的习题型家庭作业中引入"样例",为学生随后的练习提供支架,以能动的方式促使学生对"样例"进行有目的、有意识的理解、分析、归纳,探究其内在的结构,引起学生自己认知结构整合和重组的家庭作业形式。在"样例—探究"式家庭作业中,学生通过熟悉相关概念原理对解决问题进行预热(etudes),采用渐省式样例呈现方式,在探究样例后通过"变式"练习题为学生独立解决问题提供一个独立探索(excursions)的平台。结果发现,采用"样例—探究"式物理家庭作业具有较好的效果(吴沛豪,2009):(1)"样例—探究"式家庭作业对实验班学生学科知识的整体迁移影响明显,其中对基础水平中等的学生影响最为明显,对基础好的学生影响不明显。(2)"样例—探究"式家庭作业能明显地降低学生整体的认知负荷,其中对基础中等和基础差的学生影响极其明显,对物理基础好的学生影响不明显。(3)对"样例—探究"式家庭作业评价的调查数据显示,学生普遍对改作业形式持肯定态度。他们认为"样例—探究"式物理家庭作业能够有效激发他们学习的积极性和主动性,提高他们思考和解决问题的能力,减轻了他们的心理负担,促使了对相关原理、知识的理解等。"样例—探究"式家庭作业的学习实际上是一种主动建构知识的过程,是学生的一种自我学习。学习者在学习样例时,要对下一步是什么或怎样解决有一个心理预期,这就使得学习者自主地探究、理解,才能完善整个解题过程。这个过程本质上就是学生主动建构属于自己的知识、方法的过程。研究者通过采用渐省样例方法和变式练习来引导学生通过不断探究对产生式进行精细加工,设计的样例和习题遵循由浅到深、由表面相似到结构相似的方式呈现。即首先在表面内容上发生一些变化,接下来变换角度呈现结构有所变化的题目,这样采取从表面相似到结构改变的逐渐过渡,就降低了学生通过类比样例解决问题的难度,不仅能提高学生问题解决的成功率和自我能效感,而且还能让学生从多角度思考,培养他们类比探究解决问题的灵活性。除了渐省样例,研究者还增加了对样例的解析,引导探究过程、完善知识体系。在家庭作业中引入样例就是为学生自主探究问题提供引导。学生在学习样例时,离不开观察和模仿。但是,学生通过观察和模仿,往往会忽略对解题方法和解题步骤内在逻辑关系的理解,只学习样例的表面步骤,而没有掌握步骤之间的内在的、逻辑的联系,"知其然而不知其所以然"。因此,要想促使他们自我修正,必须为他们探究过程提供相应的反馈。设计中,渐省样例并不直接给出具体答案,而是通过具体的解析呈现出"专家式"的解题方法,明确原理使用条件,梳理原理的解题策略。这样基础好的学生通过解析能够得到及时的反馈,基础差的学生通过解析理解了原理的内在规律,真正掌握样例原理、应用样例探究。其整个结构见图6-1。

Reed 和 Bolstad(1991)以学生如何成功地运用样例和程序步骤为要解决的问题建构方程式为题材所做的旨在探讨如何提高学生解法迁移能力的实验研究表明,解题正确率上程序组被试最低,样例加程序组被试最高。学生尝试生成方程式中的数值时首先是借助样例,然后是程序规则,最后才是他们先前的(prior)一般知识。所以,程序或规则相比之

作业结构	物理概念	⇒	物理原理	⇒	物理问题
呈现方式	填空		渐省样例		变式练习
相应行为	熟悉概念	→	探究原理	→	类比学习

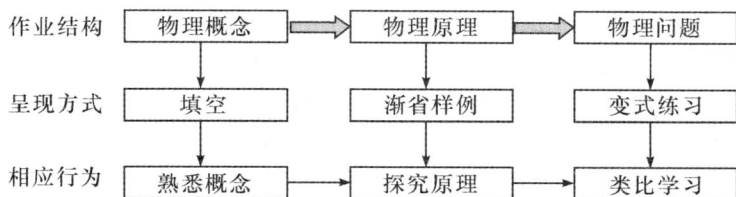

图 6-1　物理"样例—探究"式家庭作业建构

下效能偏低,样例比规则或程序在解题能力培养上可能更有效。即便对规则作以下调整:相关的规则尽量使其能提供较多的信息(例如,在规则中提供"在描述 $h+1$ 而不是单个 h 被工效乘时括号是必须的"这样的信息),把那些解决这组特殊测试题不需要的规则去掉,使规则更切实、具体,例如,表征相关工作效率用的是数字解释(110 和 15),而不是变量(r 和 $4r$,在调整前是如此),因为效率在测试题中从来都不是一个未知数,规则中也清楚地陈述了当这个任务的一部分已经被完成时应如何计算任务量,完成的部分应从总任务量中减去,等等,规则的效能相比之下仍不见提高,进一步表明,样例比程序规则更有效。

　　值得说明的是,尽管上述实验指出了程序规则的低效,然而,教学实践中我们仍不应该完全抛弃程序规则,因为可能程序更适合其他任务,或者某人能为这个任务设计一组较好的程序,一些实验确实也验证了这一点。例如,规则和样例在指导学生关于条件推理方面有等效的作用(Cheng & Holyoak,1985),在大数定律上也是如此(Fong,Krantz & Nisbett;1986)。笔者的空间思维操作技能型样例学习的迁移研究也表明了样例和规则在解决思维操作技能型问题上的差异是不显著的。

　　应该强调的是,规则和样例的成功整合是一个重要问题,因为我们需要找到有效的方法提高样例到测试题的迁移,这些测试题与样例不是同样的。从 Reed 等(1991)的研究结果看,一个特别有效的提高迁移的方法是呈现两个样例,为每个可能的测试题都提供一个样例是没有必要的。Reed 等(1991)的两个样例为解决每个测试题提供了足够的信息,但学生必须有选择地运用这两个样例中的信息来解决 8 个问题中的 6 个。学生在运用两个类似的样例上的成功为 Spiro 等人(1989)声称的"教授复杂概念通常需要多重(复合)类比"提供了经验主义的支持。Reed 等的研究是领域内迁移,其中,问题具有相同的概念,解决问题的困难不是在匹配概念上(matching concepts),而是在代入一些量上,而这些量不同于样例中的量。

　　加速技能的获取是基础数学教育领域要达到的目标。在我国,教学注重"双基"(基础知识、基本技能)是传统,又是特色。尽管双基的内涵会随时间的改变而不断更新内容,过去不属于双基的内容现在可能属于了,过去属于双基的内容现在可能该淘汰了,但注重双基教学应是我们的优良教学传统。从这个角度讲,在认知性技能获取的初级阶段从有解样例中学习是非常必要的。根据"初级技能获取"的四阶段模式认知理论(Anderson,Fincham & Douglass,1997)——"学习者利用想到的典型样例类比解决问题→学习者形成了抽象的描述性规则和语言知识以帮助其解题→自由联想快速解决问题→从记忆存储的样例中快而直接地搜取合适解法",可以看出,样例学习在第一阶段起着重要作用,当学生处于第一阶段或开始进入第二阶段时,学习样例相对于纯粹的解题练习就重要多了,但在当教学目标是促进进入第三阶段,即自由联想阶段,也即练习非常重要的阶段时,学习样例就不再是首选的方法。也就是说,在样例学习使用上仍须注意使用的时机,较合适的时机是学习者尚未建构适切的问题图式时,一旦学习者已经产生适切的问题图式,样例学习的教学成效可能就不明显了(涂金堂,2011)。

　　总而言之,样例学习应成为学校学习的一种重要方式。

第二节　教师对样例学习的认知研究

　　为了更好地了解当今学科教育教学中样例的作用和地位,我们对教师关于教学中样例的有关认知问题做了问卷调查研究。

一、教师对样例学习认知的问卷调查设计

　　关于教师对样例的认知研究我们采用问卷调查法,根据我们的调查目的,我们设计了如下问卷调查表。

关于"例子"(example)问题的问卷调查

指导语:敬爱的老师,您好! 这是一份关于"例子"的调查问卷。例子,英文是 example,又称样例或范例,可以例释一个概念、例说一个原理、例示一个公式及其用法,既可起到解释和说明概念、原理或公式内涵的作用,又能起到样板或示范作用。常分为概念型样例,如 $4^3 = 4 \times 4 \times 4$ 是关于乘方 $a^n = a \times a \times \cdots \times a$ 概念的一个样例;原理型样例,如 $C_5^3 = \dfrac{5!}{(5-3)! \times 3!}$ 是组合数原理;从 m 个不同的事物中选出 n 个的不同选法是 $C_m^n = \dfrac{m!}{(m-n)! \times n!}$ 的一个样例;方法型样例,如 $x^2 - 4 = x^2 - 2^2 = (x+2)(x-2)$ 是利用平方差公式分解因式方法的一个样例;问题解决型样例,通俗地理解为"例题+解"。关于样例的概念您明白了吗? 若已明白,敬请回答下列问题(可以在选项上直接划对号)。

1. 您认为,样例在数学学习中的作用 （   ）
(1)很重要 　　(2)重要 　　(3)较重要 　　(4)一般 　　(5)不重要

2. 您认为,为了让学生理解一个数学概念,需要示范几个样例较为适宜? （   ）
(1)1 　　　(2)2 　　　(3)3 　　　(4)4 　　　(5)5

3. 您认为,为了让学生理解一个数学原理,需要列举几个样例较为适宜? （   ）
(1)1 　　　(2)2 　　　(3)3 　　　(4)4 　　　(5)5

4. 您认为,为了让学生理解、初步掌握一个数学方法,需要几个样例较为适宜? （   ）
(1)1 　　　(2)2 　　　(3)3 　　　(4)4 　　　(5)5

5. 为了掌握一个数学知识点,您认为需要让学生做多少个练习? （   ）
(1)1~2 　　(2)3~4 　　(3)5~6 　　(4)7~8 　　(5)更多

6. 在您的一堂典型数学课堂中,您大致使用多少个样例? （   ）
(1)1~2 　　(2)3~4 　　(3)5~6 　　(4)7~8 　　(5)更多

7. 关于样例,您认为有好坏之分吗? （   ）
(1)有 　　　(2)无

若您认为有好坏之分,请接着往下做。若您认为无,请跳过第 8 题,接着做第 9 题。

8. 您认为好的样例具有什么样的特征？ _____

_____

9. 您认为数学样例学习与数学知识理解、掌握、运用的关系 （   ）

(1) 很密切   (2)密切   (3)较密切   (4)一般   (5)不密切

10.(可以选多项)学生关于方法型或原理型样例学习的结果 （   ）

(1)只能获得模仿能力

(2)可以帮助学习者更深刻地理解方法或原理

(3)可以从样例中获得关于如何运用方法或原理的知识

(4)从样例学习中可以获得一定的迁移能力

(5)从样例学习中,学生可能概括出更一般的方法或原理

11. 您认为,数学教材采用"方法、原理＋样例＋练习"形式 （   ）

(1) 很适合   (2)适合   (3)较适合   (4)一般   (5)不适合

12.(可以选多项)学生通过样例学习进行解题时,您认为 （   ）

(1)他(她)只是模仿样例的形式、模式

(2)他(她)是要先看懂样例所蕴含的关系、结构、图式、原理、方法等才能解题

(3)在模仿解题的过程中慢慢体会其中的"道理"

(4)若有其他请补充 _____

13. 请您简要叙述一个您过去日常生活中曾用到中学数学知识解决问题的例子 _____

_____

_____

_____

真诚感谢您的大力合作!

我们选择了较高水平的数学教师作为调查对象,他们是全国数学骨干教师班学员(28 位)、省级数学骨干教师班学员(23 位)、教育学硕士(6 位)。笔者认为,较高水平的教师对样例的认知应更深刻、更全面,更能反映样例的作用和对样例使用的较为合理的认识,将更具数学教学意义。

本调查共发放了 57 份问卷,收回有效问卷 51 份,回收率近 90%。

二、问卷调查结果统计与分析

对问卷调查结果作数据统计与分析处理,结果如下。

(一)关于样例重要性的认知

数据处理中,我们将样例在数学学习中的作用的重要性的 5 个等级(很重要、重要、较重要、一般、不重要)分别赋值为 1、2、3、4、5,数据统计结果显示,该项均值为 1.57,这表明教师对样例重要性认知的定位是介于很重要和重要之间。由此看出,样例在数学学习中的作用被教师看得非常重要。

(二)关于样例使用个数的认知

关于数学教学中,为了让学生理解一个数学概念、原理和方法,我们应该各给出多少个样例为佳的问题上,调查获得的数据统计处理结果显示:

为了让学生理解一个数学概念需要示范的样例个数的均值为 2.25;为了让学生理解一个数学原理,需要列举的样例个数的均值为 2.52;为了让学生理解、初步掌握一个数学方法,需要示范的样例个数的均值为 2.67。即是说,在教师心目中,为了理解、掌握一个数学概念、一个数学原理或一个数学方法一般需要示范 2~3 个样例。

在一堂典型数学课上大致使用多少个样例这一问题上,通过赋值计算:1~2 个赋值为 1,3~4 个赋值为 2,5~6 个赋值为 3,7~8 个赋值为 4,更多则赋值为 5,统计分析得出均值为 2.06,即在一堂数学课上教师一般使用 3~4 个样例。这里的样例是教师习惯于称为例题的有解样例。

(三)关于样例与数学知识学习的关系的认知

通过 5 等级量表,对数学样例学习和知识学习的关系程度"很密切"、"密切"、"较密切"、"一般"、"不密切"分别赋值为 1、2、3、4、5 分,统计分析结果显示,该项均值为 1.69 分,说明教师对数学样例学习与数学知识理解、掌握、运用的关系程度的定位是介于很密切和密切之间的。这也从一个侧面反映了样例在数学学习中的重要性。

(四)关于数学教材编制的观点

关于数学教材采用"方法、原理＋样例＋练习"形式的观点是否合适,通过 5 等级量表(很合适、合适、较合适、一般、不合适)分别依次赋值 1、2、3、4、5,统计分析得均值为 2.88,可见,教师对此基本持认可态度(较合适)。

这一调查结果揭示了在教师认知结构中,数学教材基本应该是由"概念、公式、原理和方法＋例题＋练习"构成,概念、公式、原理和方法属于数学知识,例题属于展示这些知识如何应用的样例,练习属于亲自运用数学知识于解题的实践活动。这从一个侧面反映了这种组织教材、编制教材方式的合理性,正是由于它的合理性,教师才认可它。所以,我们不能全盘否定这种方式,问题的关键在于这三者如何科学、合理、有机地设计、搭配,这是一个值得继续研究的课题。

话又说回来,我们不能忽视这种认可,因为这可能导致在新教材或任何一类教材的使用中,不论教材是否采用这种形式的内容编制方式,教师都可能仍采用这样的教学方式:原理方法的介绍＋例题＋练习,这样的话,再先进的课程编制理论编制出来的教材在教师手里都会变成一样的,使用起来都是采取上述模式。如果我们的新教材新理念不主张这种模式,那么这就应该引起我们对数学教师教学思想观念的改造的注意。

(五)关于样例好坏的认知

在回收上来的 51 份问卷调查中,关于此项有两个缺省值,在其余 49 份问卷中,43/49 的被试认为样例有好坏之分,6/49 的认为没有好坏之分。

关于好的样例的特征归总起来有以下几点:

普遍认为好的样例应具有典型性、代表性、示范性、一般性和可发展性。个别教师认为好的样例应是具体的,但又最好具有一般性的特征,例如 $(a+b)(a-b)=a^2-b^2$ 不如 $(2a+3b)(2a-3b)=(2a)^2-(3b)^2$ 好。有的教师认为,好的样例应具有启发性、可变性。

有的教师从不同的样例出发,指出了好的样例的特征,如有的教师认为，好的样例必须中肯且能针对性地说明所讲的问题；好的样例应该能体现原理的内容；好的样例应分初例和再例来谈其特征，初例应紧扣概念或原理，再例应作变通或延伸；好样例应简明、易懂，能说明问题又不复杂；好的样例应能起到举一反三的作用；好的样例对原理、概念的内涵和外延有深刻的揭示，对方法本身也应有深刻的揭示；好的样例能表达概念原理的本质特征；好的样例应具有巩固性，便于深刻理解概念、巩固掌握原理和方法；新知识要在解决样例中起关键作用。

可见，被试教师对好样例的标准认识是比较深刻的。

（六）关于样例作用的认知

在回收的 51 份问卷调查中，关于样例的作用有 1 份是缺省值，在 50 份中，44/50 的被试认为方法或原理型样例学习可以帮助学习者更深刻地理解方法或原理；28/50 的被试认为学生可以从方法或原理型样例学习中获得关于方法或原理如何运用的知识；35/50 的被试认为从样例学习中可以获得一定的迁移能力；24/50 的被试认为学生从样例学习中可以概括出更一般的方法或原理。只有 4/50 的被试认为学生从样例学习中只能获得模仿能力。

（七）样例在解题方面的影响

在关于学生通过样例学习如何解题这一项目上的调查中，有 4/51 名被试认为，在通过样例学习如何解题时，学生只是模仿样例的形式、模式，并在模仿解题的过程中慢慢体会其中的道理；有 1/51 被试认为学生只是模仿样例的形式、模式；有 1/51 被试认为学生只是模仿样例的形式、模式，但要事先看懂样例所蕴含的关系、结构、图式、原理、方法等才能解题；有 2/51 被试认为先看懂样例蕴含的原理，再模仿样例进行解题，并在模仿解题的过程中体会其中的道理；有 31/51 被试认为学生在通过样例学习怎样解题时，首先要看懂样例所蕴含的关系、结构图式等；有 42/51 被试认为学生在模仿解题的过程中慢慢体会其中的道理。

三、关于数学教师对样例认知的思考

关于样例的作用问题，结合已有的研究和上面的问卷调查结果，可以看出,样例不仅仅只是一个供模仿的"样板",还能起到对概念、原理、公式等进行解释的作用,能够帮助学习者理解概念、强化记忆,能让学习者知晓怎样运用原理或公式来解题。关于原理运用的样例的一个重要作用是能提供一个如何在原理中匹配对象的例子,尤其在原理较为抽象的情况下。一组用于引导或概括一般原理或方法的样例除了具有例释的作用外,它还能被作为抽象的对象,供学习者从中概括出一般原理或图式,再被应用于新问题的解决。

关于样例的作用,我们可以再细分一下,在呈现原理前的例子可以起到帮助概括、抽象原理的作用,在呈现原理后的例子可以帮助掌握原理用法,即如何运用原理解决问题。

其实,很多原理都是通过样例来学习、领会的,而不是靠推理证明,尤其是一些基本原理,如大小的传递性原理,通过一个实际例子"小高比小郭高,小郭比小李高,那么,小高比小李是高还是低?"就可使学生理解和接受。在降低数学教学中推理论证要求的呼声越来越高的今日,在数学教育中,通过一个或几个恰当的例子来说明一个数学原理而让学生心悦诚服地接受,就更显示出其现实意义,也更符合新课程标准中的要求——"不仅要讲推理,更要讲道理"。一个例子可能使学生明白其中的深奥的道理或复杂的原理,所以,我们应该重视样例的教与学。

第三节 学生对样例学习的认知研究

学生如何看待样例、使用样例,直接影响着学生的学习,所以,有必要对学生关于样例的认知作一研究。关于学生对样例的认知研究,我们采用的是无约束短文法。我们选择某中学高一年级24名学生,让他们围绕"例题的作用,我平时学习中对例题的重视程度、我是如何学习例题的以及能从例题中学习到哪些东西"等几个方面,自由撰写一篇短文,谈谈对例题的看法。我们从中分析得出学生对样例的认知情况。在这里,我们没有再去严格界定样例,而是以学生比较熟悉的例题代替样例。

一、学生关于例题的认知

(一)关于数学例题重要性的认识

在 24 名学生的短文中都明确反映了"例题是重要的"这一观点,但为什么是重要的,每个人的理由有所不同,我们可以从下面学生的论述中窥其一斑。

1. 以其基础性作为理由

"有些人可能觉得例题的作用不大,因为有些例题很容易,难度不大,都不怎么重视它,我认为这种做法太片面了。虽然它简单,但是,坐下来仔细想想,就能联想到许多。在做题的时候,有些题只不过是例题的转变罢了,正所谓'换汤不换药',例题学好了,这些题便能灵活掌握。它能帮助我们加深对知识的理解。"

"本人认为学习例题很重要,假如不先学好例题,那么又怎么去做练习题呢?一般例题是很容易的,但做好例题是做好其他'难'题的基础。"

"例题的作用不容忽视,它是帮助我们更好地理解公式、定理的,是具有一定基础作用的题目。我以前对例题只是看会为止,并不太重视它们,只不过在做练习题的时候,实在想不起来,才翻一下课本看看例题。"

"例题很关键,它是新授课的基础,如果搞清了例题,基础知识也就掌握了。同学们对简单题都是不屑一顾,但大家没有意识到,所有难题都是由一步步的基础知识构成的,如果基础知识掌握熟练的话,难题也就不难了。"

"我认为例题在学习中起到极其重要的作用,它就像泉水的泉眼,人们建筑房屋的基础——地基,因此,例题是至关重要的,是一切知识的基础,后面的一切都是围绕例题而发展延伸的。我认为,只要学好例题,能充分地运用,就可以学好数学。"

"例题是学完一个公式或定理,利用公式或定理来解决的问题,这些问题一般都很简单,是比较容易懂的题,是比较基础的。平时我是比较重视例题的,而且在弄懂的基础上掌握它,以便再碰到这类题后比较容易地解决。"

"所谓'例题'就是以它为例的题嘛。而我们平时所做的题目几乎没有与例题形式一模一样的，就是因为这样，许多讨厌数学的学生就会抱怨数学太难，把整个课本背下来也不会学好数学。可这样的同学你有没有想到，人家数学好的同学是怎样学的呢？细心的同学会发现，我们数学课本上的这些例题，都是一类题型的最简单最直接的模式，做这一类的题目时，所用的公式理论都是课本上的最基本的内容，而这些题只不过是把最基本的公式理论结合起来，或对课本上的例题进行改造加工一下形成的。成功在于勤奋，勤奋在于基础，而基础又在于我们数学课本上那小小的例题。"

"例题一般是众多题中比较有代表性的、典型的题目，学好例题对数学很重要。"

"例题中常带有分析，这就能很好地指导学生理清思路，沟通已知未知，更好地解题。其实，例题是最基本的，许多'奇形怪状'的题目都是从例题的基础上演变来的，只要抓住例题，分析透彻例题，难题根本不难，难题也就不存在了。"

"例题虽然在对知识掌握得牢固之后，会觉得很简单，但都是基础题，学习本来就是从易到难、循序渐进的，只有掌握基础知识，对困难的题做起来才会得心应手。"

上述关于例题具有重要性的认识根源于它是做好练习的阶梯，只有学习好了例题，才可以做好难题。例题学习是学习数学的基础。但是，从学生论述中似乎流露出了关于例题都过于简单的看法，这是我们数学教材编制者们应该注意的地方，数学教材中必须要充实所谓"难题"的例题，以例示难题的分析与解答过程。

2. 以例题是书写格式的范例为理由

"例题一般都放在课本理论之后，然后再根据理论付诸实践。例题能让本节课所讲的知识从单纯的理论联系到实践之中，而且例题能够让抽象的知识变得具体化。例题步骤一般写得都很详细，使同学们能从中找出做题的方法，掌握做题的步骤，有的例题本身就是一些典型的重点题型，例题能让我们熟悉掌握所学的知识，所以我觉得例题比较重要。"

"我一般对比较有代表性的、典型的例题很重视，因为我从中可以学到很多东西。比如，有根有据的答题方法，有详有略的书写格式，而且对解答难题也有一定的帮助。但是，我认为有些例题实在很简单，而对做

'难'题几乎没有什么帮助,一般对于这种题我只是大概看看。不过对于好的例题,我总是先自己做一遍,然后再对照正确答案的方法,以便加深印象。有时候,我觉得例题很小,有时候,我觉得例题不小。"

"例题应该得到足够的重视。例题——依例做题。例题是标准,有标准的存在才能对比出自我的不足之处,才能改正。例题的重要作用就在于此。"

"'例题',顾名思义就是例子、样本,而且是做题的样本。例题的作用有很多,首先能够帮助学生更好地掌握其解法,加深对学习内容的巩固。还有就是让学生学习了其方法,再遇到类似的题就能迎刃而解了。"

从上述观点中我们可以看出,这些学生把例题看成是做题书写格式的"模板",没有例题解法书写过程作为比照,就很难表达自己的数学思想。同时,从学生的表述中也可以看出,例题是将陈述性知识转化为程序性知识的一个桥梁,它可以帮助学生将知识程序化。

3. 以例题作为引导为理由

"例题无非是一个引导,在数学学习中扮演了一个导游的角色。"

"例题是学习的基础,是引导我们学习的引子。"

"例题,作为一种题型的例子,就像一个无形的老师。假如在我们的学习中没有老师,或只需老师解一些难题,或只需老师给我们讲一些简便方法,再自己看例题自学,我相信我们照样能学好。"

"例题,即是告诉你如何做题、做题的步骤、应注意些什么的题目。它对于我们做题有很大的用处。我一向对例题都很重视。"

"老师是我们学习中的导航员,书本则是承载我们的帆船,我们该怎样去驾驶这艘船呢?我认为除了老师以外,还有一个就是课本中的例题。高中数学是一门含有抽象概念的课程,它要求学生的大脑要灵活多变,但有许多同学理解能力比较差,这样一来,他们对知识就掌握得不太好,该怎样解决这样的问题呢?数学例题给了我们一个答案。数学例题把每一节的知识以同学们容易接受的例子的形式,一点一滴地让同学们理解,这不仅促进了学生们的积极性,还激发了大脑的思维能力。另一方面,数学例题把一些散乱的知识总结在一起,使内容更丰富。"

上述这种观点认为,例题是导航员、是老师,具有引导、指引作用。

4. 以例题有助于理解知识为理由

"课本中的例题对我们来说是非常重要的,它的作用就是将课本中的知识综合起来,应用到实际中,使我们更能理解并掌握本节课的知识,以后再遇到类似的题便会做了。"

"我认为例题的作用是帮助我们理解课本上的知识,掌握做题的技巧、方法等。课本中有些知识给列出了做何种题的步骤、方法,但是,若有不理解的地方,通过看例题,疑问就会得到解答。例题可以巩固我对知识的掌握。"

"例题的作用是不可小觑的,在学习完新课后看一些例题,对自己更深一步地了解和领悟有很大的好处。例题的作用是一根针,它可以直接戳穿明白与不明白之间的层膜。"

"在学习教材前,先学习例题使我对教材知识的理解加深了。在预习下一节内容时,例题充当了老师的作用。"

上述这种观点倾向于例题可以帮助我们理解知识。知识中不明白的地方,一看例题就可能明白。

5. 其他理由

"我们每一册的课本中都有很多例题,例题的作用是指引我们怎样将所学的理论知识进行应用。课本上的理论知识为我们作了详细的介绍,知识应怎样运用,由什么引出,由什么得出,只读那些白纸黑字,我们还是不明白怎样应用。例题就起到这样一个作用——将怎样应用、解题方法、解题步骤清楚地展示出来,使我们能正确地将理论方法与实践相结合。在平时的学习中,预习新内容时我往往会特别注意例题,看懂了例题,内容也就掌握得差不多了。"

上述观点认为例题可以帮助人们更好地应用所学知识,即有助于将知识程序化。

"数学例题对于学习好基础知识起了很关键的作用。数学例题包含了章节的一些重点,学习数学例题还可以使我们懂得怎样分析、书写题。"

"学好例题有很大的作用,可以培养一个人自主解决问题的能力,也可以提高一个人的思维能力,还可以提高一个人的知识理解量。"

"例题的解析往往很详细,能使我们轻而易举地接受,再者,例题的规范步骤,使我们在作业中能模仿着使用。此外,它还教给我们做题时要语言简明、准确、明了,以及各种题型的分析方法。例题的好坏也会影响我们学习的积极性和效果。"

"例题的作用就是能够把新学的内容用实际的题目在脑中留下印象，以致在做题的时候，能及时地把题目与所学内容联系起来，便于加快做题的速度，减少概念上的错误。另外，看看例题能更好地理解所学内容，因为例题一般都是根据所学的内容出的。"

上述这种观点是比较深刻的。

还有一位学生从更高深的观点阐释了例题的作用："例题是辨证问题的方法，更是对知识阐述的重要手段。在现实生活中，例题已被'人化'了。无非题可为例题，人亦可为例。以例题的手段证人，亦使人清楚、明白。我们前人留下了许多智慧，但智慧并不是显而易见的，需要后人去发掘。但发掘后怎样去告诉别人，怎样让后人也同样去接触和探索问题，这就用到了例题。"

还有把例题看成是重点的："数学例题是一章的重点，可以说是'首脑'吧，同一章的题也都是围绕例题出的，只不过是添枝加叶，把问题搞得复杂化了一点，俗话说'万变不离其宗'吗。例题是一章的经典，宁愿少做难题，也要把例题给吃透。"这种观点多是出自"数学就是解题"的数学观，例题的经典在于它给出了方法，一种基本的方法。

（二）怎样学习例题

在例题的学习方式上，很多学生表达了相同的做法，就是先自己做一遍例题，再对照例题的解法。比如：

"遇到例题，我总是先自己做一遍，然后再对照给出的正确答案的步骤以便加深印象，下次遇到同样类型的题目时，也能游刃有余。"

"我一般很重视例题。平时自己看书时，我先看文字部分，慢慢地体会，然后再看例题，补充我的理解。看例题时，我都是先自己做，再看答案，作对比。"

"在看例题时，先在草纸上做一遍，再与课本上对照，这样可以找到自己的弱点，还可以选择优良的做法，使自己的成绩与见解有所提高。"

这种学习方法是不是合理，笔者觉得仍有必要去探讨。我们大部分教师常常都是这样教导学生来学习例题的，但如果说例题的主要作用是例示知识如何应用的，那么让学生自己解一遍例题就是没有必要的了，如果考虑数学教学也应该培养学生开创性的应用知识的能力的话，那么也就不妨先让学生试做一下例题，尤其是对于学习好的学生。但对多数中下等学生而言，直接让他们解决例题可能不是好的办法。

除了上述这几种学习方法以外，只有个别同学采用其他方法，如：

"至于对例题的学习方法，也没有什么特别的，就是仔细看例题解题方法，仔细看每一步骤，直到弄懂为止，只有这样才能举一反三，快速准确地做题。"

"学习例题，首先应该知道这一章的重点，然后再仔细认真地看，最重要的是要记住，例题格式及书写上是怎样层层相连的，又是怎样得出结果的。"

（三）从例题中能学到什么

学生从例题中主要学习到些什么知识，从学生的撰写的短文中可以看出，大部分是学习到了解题的格式、解题的方法，如：

"我认为一道小小的例题，从中我们能学到很多东西，如，有详有略的书写格式，有根有据的答题方法等。"

"从例题中我们能学到很多，一些解题方法、步骤等等。"

也有一位学生从更抽象的观点阐述了自己从例题学习中之所获，"我觉得对于例题的学习，并不单是看这道例题是怎样做的，更重要的是应该从例题中掌握所学知识是怎样运用的，还有掌握一些做题的技巧。有些例题是比较简单的，而平常所做的题则比例题复杂得多，但再复杂也是由一些简单的题一点一点地串起来的。所以，我从例题中不仅学习了知识，学习了方法，更学到了应从一点一滴地慢慢积累，这样才能在碰到难题时也能迎刃而解"。

二、关于学生对样例学习的思考

从上述分析可以看出，学生关于样例学习的认知是有差异的，但学生都能够从例题学习对自己数学学习的帮助方面认识到例题的作用和重要性。基本认知总起来有两个方面：一方面是例题的学习可以帮助理解知识，并进一步了解知识如何被应用；另一个方面是例题的学习可以帮助学生进一步解决练习题，并起到规范解题格式步骤的作用。

总体上讲,学生对例题的认知还是比较深刻的,但是,具体到个体,可以看出其认识又是不全面的。如有的认为例题只是给出了标准的解题格式,有的认为例题是基本题型,应掌握等。而在大部分学生眼里,现行课本中的例题太过于简单、基础,可以认为,这是现行教科书中例题设计的一些不足,这容易让学生忽视、看轻例题的作用。教材中如何设计例题,我们不能只从教师、教导者的角度去考虑,还要注意学生的感受,以及怎样更能充分实现例题功能的角度来考虑。

从学生学习例题的方法上,我们应该反思新型例题的设计。如"残缺"例题,这是一种需要学生填写上适当东西的例题。从学生在学习方法上很少重视例题的分析环节来看,教师需要指导学生学习例题的方法,要重视例题的分析环节,这可以培养良好的分析问题的习惯。

第四节 样例学习中的样例设计研究

样例学习作为一种重要的学习方式,我们有必要进一步研究影响这种学习方式有效性的因素,通过改变这些因素从而提高这种学习方式的效能。影响因素总的说来包含两个方面:一个是样例自身的设计和安排方式;另一个是学习者学习样例的方式。关于样例研究,当前一方面要关注样例学习过程的研究,建立样例学习的理论(Barondi,2006);另一方面要关注有效样例的设计研究,使样例学习能促进问题解决的最大迁移。例如,Fuchs(2003,2006)开展了一系列根据图式归纳促进数学问题解决迁移的教学指导研究,措施之一就是为三年级小学生提供多个不同的样例。这就涉及样例的设计与学习问题。本节将在已有研究的基础上,对影响样例学习效能的样例自身因素展开讨论,这些因素主要包括样例内特征(intra-example features)和样例间特征(inter-example features),以期获得样例设计原理。

一、单个样例设计原理研究——样例内特征

样例内特征是指单个样例的内容特征,主要包括单个样例的文本设计和步骤编码设计等方面。认知负荷理论表明,整合多种信息源能够减

少认知负荷,如果多重信息源的学习材料设计不当就会分散学生的注意,增加外在认知负荷,出现"分散注意效应"(split-attention effect),同时也可能因多种信息源表达同一信息,出现"冗余效应"(redundancy effect),这些都会影响学习者从样例中获取图式。

根据样例学习心理研究,有解样例的设计和结构呈现方式在其有效性中起着重要作用(Catrambone,1994;Zhu & Simon,1987)。如果样例中包含有多重信息资源,需要学生对这些信息进行心理整合,就会增加学生的认知负荷,造成与"手段—目的分析法"同样的效果(Ward & Sweller,1990);当样例呈现的方式与学生的认知加工方式不一致时,也可能干扰学习和问题解决(Brown,1988)。如果样例的呈现方式能够减少被试在多种信息资源之间分配注意的可能性(如将文字陈述与图形整合起来),那么就可以提高学习效果(Ward & Sweller,1990;Chandler & Sweller,1990)。事实上,Mwangi 和 Sweller(1998)的研究表明,"有解样例的结构能大大抵损从这些样例学习中得到的好处"。如果在样例学习中重视问题的结构的学习,可以促进问题解决技能的迁移(Mayer & Greeno,1972;Catrambone & Holyoak,1990;Catrambone,1994)。提高样例的变异性有利于问题解决技能的迁移(Pass,1992;Pass & Merriënboer,1994)。笔者的研究进一步表明,样例解法表述中,解释性语言非常关键,解说语包含信息的多少可能影响被试对样例的学习、理解、图式归纳和掌握。有解样例中的解释性语言如果过于概括,学生不能很好地理解其意义,不能做出有效的自我解释,就会有损样例的作用。这些研究都为单个样例设计、整合样例内容不同组成成分(内容与图表、语言与图表的整合,解题程序与子目标的整合等)提供了可资借鉴的理论依据。

(一)整合(integrating)内容和图表

Sweller 及其同事(Mwangi & Sweller,1998;Tramizi & Sweller,1988)通过对那些需要学习者将从图形中获取的信息与其表示相同概念的内容解释整合起来的几何样例学习的研究表明,那些需要学生在不同信息之间分散注意力的材料可能会给学生加上繁重的认知负荷,因此,有解样例会由于其结构而对学生的工作记忆增加负荷,增加的认知负荷会抵消学习这些样例的效果，Tramizi 和 Sweller(1988)将这种现象称为分散注意效应，并猜想这种效应可能妨碍学生从样例中应该学到的基本概念和原理的图式的获取。Tarmizi 和 Sweller(1988)进一步指出，在基于样例的几何教学中，在不同信息中转移注意的需要会减弱随后的解题表现，即使对于已提供有解样例的学生来说。为了证明这一点，他们做了一个实验(实验 3)，将参与者安排在两种情境中，一种是传统的问题解决情境(被控制)，一种是有解样例情境，实验中要求学生解决 6 对题目，不同之处在于，对于有解样例组，每一对题目的第一题已做出来了。学习过程中，给这两种情境下的学生一个固定的时间，学习其相应的教材。这两种情境下的题目涉及的都是几何中圆的两个定理，并需要学生分别加工处理和整合(process and integrate)问题陈述、一个或两个定理和问题图形。除了寻找这两种情境下学生在一个包含 3 个项目的后测(posttest)上的行为表现方面的差异如解题时间、运用的问题解决策略以外，研究人员还同时测量了这个学习过程中的某些因素，如加工处理过的题目数量、错误的次数以及解练习题的时间。实验结果证实了Tarmizi 和 Sweller(1988) 的猜想，即教学中要求学生整合多种信息资源的需要会使学习无效，即使是按有解样例形式来呈现时。以前的研究结果指出了有解样例有明显的好处，而这一结果与之相反。他们发现，此时，有解样例在所测量的任一项目指标上都没有明显的区别。相反，他们却发现，在解题时间方面，传统的问题解决反而占点优势(Tarmizi &Sweller，1988)。总之，Tarmizi 和 Sweller 发现至少在其所测试的材料中，分散注意的形式减少了有解样例与传统练习相比所具有的优点。

　　Tarmizi 和 Sweller(1988)在其发现注意分散效应之后，提出"几何中的有解样例，如果能从减少信息的形式出现的话，能提高教材的正面影响"。他们提出疑问，如果展示给学生的有解样例是将问题的图形表示和相关解释整合的有解样例，那么这是否会因为减少了分散注意效应而比传统的问题解决更有效? 依据同样的设计(同上述实验 3)，进行了实验 4 和实验 5 的研究，结果发现，仅仅通过将语言解释与图表相整合的重组后的有解样例，就可以相对于传统的问题解决和分散性有解样例而言促进学习。Tarmizi 和 Sweller 总结道:需要学生注意不同信息并必须在头脑中进行整合的有解样例需在认知方面有更多需要，而且会阻碍而非促进学习。

鉴于上述研究结果,我们可以得出,样例设计应尽量减弱分散注意效应,这就要求在样例设计中,课文解释应尽可能地整合到相伴的辅助表示中去。例如,应在图表适当的位置上安排与图表相关的陈述,以降低图表与陈述之间关系的搜索的需要,这将减少工作记忆负荷进而为图式获得腾出认知资源,从而促进学习。

(二)解题程序规则与子目标的整合

Catrambone 等(1990)在研究中发现,学习了样例的学生通常不能解决与样例稍有偏差的问题,即不能利用所学的知识进行迁移,其原因可能是学生在学习样例时,若仅直接给他们呈现解题步骤,则可导致学生仅仅记住这些解题步骤,而不是解决问题的子目标结构,学生的问题表征只能是一个大的单一目标,以及达到这一目标所需的许多步骤。因此,他认为,如果改变样例的设计形式,使之产生不同的目标结构,并清晰地表示出子目标、达到子目标所需的策略和方法以及子目标间的等级关系,则会改变学生的问题表征,从而有利于学生学习的迁移。基于此,Catrambone(1994)认真检验了整合解题程序规则和子目标对样例学习的影响,并指出,通过对子目标附加标记或简单地在视觉上将其分开,格式化(formatting)样例的解法并着重指出样例解法的子目标,能帮助学习者积极地推导样例中潜在的目标结构,这些结构能引导学习者发现有用的一般结论。Catrambone 认为,这些结构线索能鼓励学生首先确定这个目标或这些子目标的功能,然后自我解释说明为什么各种步骤能组合在一起,从而促进学生的学习,这种认知活动或许对推导代表原理或图式的深层结构有帮助作用。

在 Catrambone 检测有解样例中突出子目标的作用的第一次研究中,Catrambone 和 Holyoak(1990)要求大学生在两种情境下学习普阿松分布(Poisson distribution):(1)强调(highlighted),即 4 个有解样例中的子目标都被明显标记,加上标签(lable),以此引导学生建立子目标,如在求总和(sum)及总平均数(λ)的子目标处加上标签,来引导学生注意这一线索。(2)不强调(not highlighted),即同样的 4 个样例,但没有这些对子目标取向(subgoal-oriented)的说明。研究者寻求的是两种情况下完成一个包含 6 道题目的迁移后测试卷上的差异，这 6 道题目包含与有解样例相似的 2 道题和 4 道需要通过找到样例中适当的子目标才能解决的题目，因而，这 4 道题是新问题，它们需要学习者做出与样例不同的解法。尽管两种情境中的被试在所有与样例相似题目以及绝大多数新型问题中的表现差不多，但强调（highlighted）情境中的被试在其中某道新型问题上的表现却好于另一种情境中的被试，且在他们的口语报告中，更多地涉及了求子目标的过程。Catrambone 对他的实验结果进行了解释，并提出样例学习的子目标模型：（1）样例中的一个线索（cue 或 lable）会使学生将一系列解题步骤组合在一起；（2）将步骤进行组块之后，学生会试图对组块的原因进行自我解释；（3）自我解释的结果导致了子目标的形成。

研究者总结道，"在样例中使用说明来凸现（highlighted）子目标及其解法看起来能提高学习者改变旧解法而非不变地使用旧解法的能力。"

通过一系列涉及不同题目的研究，Catrambone（1994）坚持认为学习那种强调子目标的样例的学生，其表现要好于学习传统形式的样例的学生，特别地，他说明了两种用于加强样例的子目标的方法的有效性：标记（labels）和视觉上步骤的分割（the visual separation of steps）。尽管一个标记或许包含详细的子目标的说明，但 Catrambone（1994）发现是标记的出现而非其语法内容影响了子目标的形成（formation）。他认为标记能使一组步骤组合在一起，也正是这种功能鼓励学习者去解释为何这些步骤能分在一组，促进自我解释的生成。而且，Catrambone（1994，1995）发现，从视觉上将步骤分开，即将解题步骤分开来反映其子目标，并把未标记的步骤放于分开的行上，同明显的标记步骤一样有效。总之，Catrambone 坚信，建构有解样例以便包括能凸现有意义的信息块的线索能提高学习者学习的能力，并帮助他们更加成功地解决新型问题，那些有意义的信息块能反映一个题目潜在的概念。邢强和莫雷（2005）研究了子目标编码对原理通达的作用，研究表明，样例解题步骤的子目标编码有助于消除由于表面内容变化对原理通达带来的消极影响，子目标使学习者在样例学习阶段就形成了关于原理的概括。

我们的实验结果也反映了这个问题，验证了这个结论。在"三角函数"综合应用样例研究中，样例中采用分步求解的思想，分别求出三个量，实际上就是设立了三个子目标，结果，采用这种解法的被试错误少，而采用综合方程解法（较大的复合目标）的错误率高。

可见，在样例设计中，凸显有解样例的目标结构应作为一个主要原则，在样例呈现方式方面，应通过在子目标处附着一个标签或用视觉分离的方法强调子目标，引导学生对子目标的学习，促进学习者积极地归纳样例的基本目标结构以及对解答过程的概括。例如，一个问题要分三步来解决，那么，就在每一步上加注说明这一步是干什么的。

（三）声音与图像——听觉信息和视觉信息相整合

现代教育技术越来越渗透到课堂教学中了，关于利用多媒体学习的样例设计方面，Mousavi、Low 和 Sweller(1995)研究了整合样例材料中的视频伴音和视觉图像的有效性。他们在一系列实验研究中，做了通过用听觉形式而非视觉形式展示几何问题和证明陈述以减少注意力分散的测试，尽管他们的研究中所描述的每一种实验就有解样例的操作方面有少许的不同，但不同的实验具有相同的设计形式。首先，每一次实验中，被试都会经历一个学习阶段，提供给他们的是 2 对题目。每一对都有一个有解样例和一个相似的相关练习题组成。在此学习期间，学习样例所需的平均时间和解练习题所花的平均时间，以及对每一道题而言，解不出此题的被试人数都被记录下来。随后是一个 4 道项目的测试，它有 2 道与前面所学的相似的题目和一对需要被试以新的方式应用他们的知识解决的迁移题目。当被试解决测验中的不同题目时，解每一题所花费的平均时间以及解不出题目的人数都被记录下来。

实验 1 和 2 中，Mousavi 等(1995)比较了三种不同形式的有解样例的效果：

（1）视觉—视觉(visual-visual)型，几何图形以及相关的陈述（例如问题和证明）都是用视觉化呈现的。

（2）视觉—听觉(visual-auditory)型，几何图形是视觉化呈现的，而相关的陈述是听觉化的。

（3）同时(simultaneous)型，几何图形被视觉化地呈现，与其相联系的陈述同时被视觉化和听觉化地表示出来。

结果发现，混合型中的学生在解测试题目时花费的时间要少于单一型的学生，即是说，混合型（视觉—听觉型和同时型）优于较传统的单一模式型(视觉—视觉)。

实验3和4中,视觉—视觉以及视觉—听觉形式样例被再次使用,但是这一次图形和问题陈述或者是同时(像实验1和实验2)、或者是依次呈现的。通过这两次实验,研究人员再次发现,不管呈现形式如何,混合型的学生的做题时间要优于单一型学生。总之,Mousavi、Low和Sweller(1995)通过一系列研究指出,学习以及随后的解题效率会因通过双重表示形式而提高,应对视觉和听觉信息进行整合(integrating aural and visual information),构建样例的双重呈现模式。

同样值得指出的是,支持将双重表示融入教材的想法可以在Mayer及其同事对多媒体学习的研究中找到(Mayer,1997)。从一系列的研究中,他们始终发现混合型表示有助于学习。

Jeung、Chandler和Sweller(1997)的一项研究表明:"在高度视觉(high visual)"情境中,建构一种同时包含视觉和听觉形式的有解样例并不代表比仅仅采用视觉型的有解样例有什么好处,研究者怀疑,用听觉的过程来呈现视觉复杂的几何样例需要学生将一部分的工作记忆用于确定听觉语言所指的几何图形部分。Jeung等人部分性采用了Mousavi等人(1995)的研究中的两种情境,视觉—视觉型和听觉—视觉型,他们同时也构造了第三种情境,通过调整听觉—视觉情境,使其包含一个视频指导,它可以指引学习者直接注意到音频中(包括问题陈述和证明)正在提及的几何图形的某个部分上,此组称为听觉—视觉—动画组(audio-visual-flashing group)。三种情境下的学生接触的是一样的材料(即两对样例与练习题),每一组中有一半学生使用高搜寻(high-search)的材料,另一半使用低搜寻(low-search)的材料。搜寻度的高低依赖于两个样例中标识几何图形的方式,高搜寻材料比低搜寻材料多使用了2倍的标识(labels)来传递同样的信息。正如Jeung等人(1997)所指出的那样,尽管当遇到低搜寻题目时听觉—视觉型学生在解决4项测试题上的速度快于单类型情境下的学生,但是在高搜寻环境下,双重情境下的学生表现出较小或零优势。但是,当一个视觉线索,例如一束突出的闪光或动画(flashing highlight)将听觉过程与相关的复杂几何图示联系起来时(在屏幕中,将有联系的两部分用强光突出连接出来),上述情况就会发生变化,也就是说,学习了听觉—视觉—动画样例的学生,其表现要比其余两种情境下的学生好。据 Jeung(1997)所说,仅仅在一个双重类型(dual-mode)的样例中加入一个电子闪光或动画就能提高学习效果,即使在高搜寻情况下,因为它能刺激学习者将认知信息用于理解样例上,而不是分散它们到搜索和再认(recognition)环节上。

以上研究结果对于多媒体课件的开发制作有着积极的指导作用,将声音、图像和光标指示整合在一起的多媒体样例课件将是最有效的。

(四)总结——单个样例设计理论

样例的建构应最大程度地将各种信息资源整合成一个完整的表示(表征),那些信息包括图表、文本(text)、音频或视频表示,这样做是因为多种分开的信息会分散学生的注意力,从而增加认知负荷并破坏学习。但是,当一个样例指代的是复杂的图表时,其表示就会复杂,这时应同时有语言解释以便明确地引导学生的注意力去关注样例中相关的部分,正如前面描述和讨论的那些实验。否则学生就会花大量工夫寻求语言解释所指的部分,从而导致认知负荷增加。另外,由于复杂样例中的子目标典型地代表学生应学习的重要的概念思想,当样例能清晰标记问题的子目标时,教学效果就会提高,这可以通过标记每一步骤或视觉上将样例的步骤分开来实现。

二、多重样例组合设计原理研究——样例间的特征

学习者要从样例中抽取出规则或解法原理,仅仅依靠单个样例,有时是困难的。Reed 和 Bolstad(1991)通过研究指出,在样例学习中,至少应该向学习者提供两个以上的样例,学习效果才会好。Catrambone(1998)也认为,从单个样例中获得的知识往往是僵化的,学习者很难应用学到的解题规则解决与样例解题步骤稍有不同的题目,问题间很少的变化就可能极大地降低新问题的解决效果。从而引出多重样例学习的研究问题:样例的数量和样例间的关系(差异性和一致性程度)。同样,样例在教学中的顺序和安排方式也影响样例的作用,正如 Bruner(1966)和 Glaser(1976)表明的那样,教材中的顺序同其结构一样重要。对于课堂中如何使用样例,需要考虑以下几个方面:(1)教学中要使用的样例的数量和样例间的关系;(2)一节课中样例是否应该有变化,如何变化;

（3）为了利于教学，主题或"表面概貌描述"（surface stories）应该如何改变；（4）样例和练习如何交叉安排（intermingled）。

（一）多个样例原则

教学中样例或源问题类比物的呈现数量对迁移效果具有重要影响。大多数教育教学人员认为，当教学中要求学生学习复杂的概念规则时，多个样例或类比是必需的（例如 Cooper & Sweller，1987；Reed，1993）。Gick 和 Holyoak（1983）的研究表明，同时呈现两个源问题类比物要比只呈现一个类比物的迁移成绩好，他们认为同时呈现两个类比物时，被试会从这两个类比物中概括出一个一般性的图式，进而把归纳出的图式迁移到靶问题中。Catrambone 和 Holyoak（1989）的进一步研究结果显示，被试在对两个源问题的类比物进行比较时更容易获得图式归纳，而且迁移成绩更好。

Reed 和 Bolstad（1991）想直接检测是单个样例就能促进学习还是至少提供 2 个样例才可以。结果正如前文述，同时学习简单样例和复杂样例的学生，其表现要好于其他学生，这包括学习一个样例的学生以及提供一个样例加解题程序的学生。研究者认为，这些结果意味着两个样例要比单一的样例促进学习，即使单独的样例中包括了与其相关的一组程序。事实上，研究者发现，对测试题的每一题提供一个样例是不必要的，尽管测试题中有些题目在结构上的一个或几个方面与样例不同。这表明学生能灵活地运用从简单和复杂样例中得到的信息去解变形（迁移）的问题或变式问题。

其他研究表明，增加样例的数量可以使学生抽取问题表面特征以外的结构特征，从而使学生较快地掌握所学的知识；增加样例的数量也有利于规则自动化地形成（Ramjizn，1991）。样例学习中需要样例数量的多少与学习规则的难度密切相关，学习难度大的规则需要的样例多；相反，学习难度小的规则只需要较少的样例（张奇、林洪新，2005）。

因此，从教学设计和教学时间有所限制上讲，为了学习解决某类问题，不应只提供一个样例，也不应为每个不同的问题变式都提供一个样例。原则是提供尽量少的样例，但这些样例应包括问题所有变式中的变量变化情形。

（二）变式原则

关于多重样例间的一致性和差异性问题，多数研究者认为，多重样例间的变异性对问题解决是有影响的，因为样例的变异能唤起学习者对样例间的异同进行比较，促使学习者对样例进行进一步的自我解释和推论，并使他们的注意力集中于问题的结构特征，从而有利于问题图式的提取和深层规则的获得。Gentner(2003)也认为，让学习者学习具有共同规则的两个样例，解题者会对这两个样例进行比较，逐渐明确这个共同的规则。两个样例的比较促进解题者对样例共同性的获得，包括共同的图式和规则。

多重样例的变异涉及样例的表面特征（样例所涉及的具体事件、问题情节以及问题表述方面）和结构特征（样例所隐含的规则、算法和步骤等）两方面。Quilici 和 Mayer(1996)设计了一个关于多重样例的内容对问题归类和问题解决迁移影响的实验研究，在实验中让一组被试注意样例的结构特征，另一组被试强调样例的表面特征，两组被试学习同样的问题，并完成同样的后测。结果表明，强调结构特征比强调表面特征的学习方式更有效。Martin 和 Bassok(2005)主张，在样例教学中，应该保持样例间的相同结构特征和相似的表面特征，这样才会有利于随后的问题解决。

中国数学教学一向重视变式(variant)教学，从这一经验出发，课堂上对样例应作适当变式。一堂课中题目的变式如何影响学习，Paas 和 Van Merriënboer(1994)在教授技术学校二年级学生解几何题目的过程中，通过实验探讨了这一问题。一方面，如果健全的(robust)解题图式的获取依赖于对一系列情境（在此情境下解题过程可能被有效地运用）的理解，那么在一堂课中增多样例设计的变式就是有意义的。另一方面，在样例设计上的变式增加可能增强对认知的要求，这又可能妨碍学习。研究者预测，不作限制认知负荷要求的问题设计要比有效限制负荷要求的问题设计产生更坏的解题表现。他们进一步预测了课堂变式与教学类型之间的相互作用：同样的变式问题类型，利用有解样例教学方式和传统问题解决方式相比，前种教学方式下学生的受益可能更大。因而，研究者预言，有解样例的教学(worked-example instruction)能比做练习题(practice problems)获得更好的解题表现。

Paas 和 Merriënboer(1994)做了一个交互影响研究,被试分为 4 个小组:少变化—练习,多变化—练习,少变化—样例,多变化—样例。这 4 组学生都在诸如以下主题上获得了一般教学指导:线段长度的确定和点的坐标测定。这些一般教学之后,不同的组内进行的或者是问题解决练习,或者是有解样例教学。两个有解样例情境中的学生学习了 6 个问题及其解法(即有解样例),两个练习情境中的学生被要求解这 6 个问题。在两个多变化情境中的学生接触了两种不同的问题子类:一个涉及判定线段长度(line-length determination);另一个涉及坐标的确定,而少变化情境中学生只接触了前者。在评价上述四种情境中学生的迁移表现方面使用了 6 道题的后测验,这些题目需要学生用新的方式将不同的意义组块(先前学习的子目标)拼凑在一起。在此测试中他们发现,与其预言的一致,教学方式有重要影响,有解样例情境中的学生要比练习情境中的学生从课堂变式(lesson variability)中受益更多。但是,"变式"没有重要影响,这表明变式不是一个万能的手段。此次研究结果表明,变式能产生迁移好处,但只是当它与减少认知负荷的教学结合时才会这样,例如有解样例的教学。

对于多重样例间的关系,即多重样例间的差异性和一致性研究,还有许多研究,比如 Gick 和 Holyoak 的样例变异性对学习作用的研究,邢强和莫雷(2005,2006)关于样例编码方式对问题解决迁移影响的研究,张奇和赵弘(2007,2008)关于小学生算术应用题多重变异样例学习迁移效果的研究,这些研究尽管没有得出一致的结论,但也增进了我们对不同变异性样例学习效果的认识。我们至少可以得出,在样例教学中,应当适切使用样例变式。

（三）表面概貌的变化

现在设想要教学生如何区分两种或更多种的题目并正确地解决每种题目,那么,我们不禁要问,在样例设计上,对相似的问题类型,其表面概貌应该改变吗?或许这能引导学生认知到表面特征并非区分题型的最为可靠的方法;或者,在同一个问题类型中,样例应该依靠相同的表面概貌描述来强调其相似性吗? Ross(1989)指出,"新手可能会将问题的表面的方面包含于其搜索中（及其他们的记忆中），因而问题的结构方面和表面的方面可能会同时影响信息提取"。换句话说，新手倾向于更多地注意问题的情境内容（context），而较少地注意深层的概念结构。所以，Ross建议，设计一堂课的一种可能的方式是使同种题型的问题有相似的表面概貌描述，因为这种结构相似的题目拥有相近的表面相似性的话，可以帮助学习者区分问题的类型；反过来，又能帮助学生在解题中应用恰当的方法。他还说，"当学习者越来越有能力和自信时，且仅当他们单靠结构就能区分问题时，他们对表层相似的依赖性就可以渐渐退化"。

Quilici和Mayer（1996）设计了学习统计概念的两组样例，一种强调的是表面特征，一种强调的是结构。对于第一组样例，每一个给定类型的问题其表面概貌描述也非常相似；另一组样例，每一个给定题型的不同问题其表面概貌描述是不相同的。研究者认为，强调结构就需要"安排样例以便使：（1）每一种题型都有一组不同的可相互区别的表面概貌描述；（2）同一组表面概貌描述在不同类型的题目中使用"（Quilici & Mayer，1996）。被试被随机的安排于强调结构的样例、强调表面概貌的样例或无样例情境中，对无样例情境中的被试，没有任何教材，而其余两种情境中的被试分别学习了或者3道强调结构的样例，或者3道强调表面概貌描述的样例。研究者用了一种任务（对问题分类，选取其中的一道题目作为分析对象）作为单独统计量，他们发现这种任务对于评价学生对于一组题目的组织图式的发展水平很有用。正如预言的那样，他们发现强调结构的情境中的被试在依据结构对问题进行分类方面要比与其相对的强调表面特征和无样例情境中的被试更经常，而后两类之间无显著区别。

为了将上述结果扩展到多于一种任务以上，Quilici和Mayer（1996）随后的实验提供给学生的是适当情境的教材，仅学习2种题型（例如：t检验和相关性）。被试完成两个阶段的学习，每一阶段中，他们学习2个样例及其相应的解法，随后去解2个练习题。教学进行后，要求学生完成由4道题目组成的后测，一种类型的题目有2道。被试选取正确的统计检验应用于每道题目的能力被看作基本的独立统计量。研究者发现，强调结构情境下的被试要比强调表面概貌描述情境下的被试成功选取恰当的检验的次数多。这一结果表明，强调结构下的被试要比另一种情境下的被试在分类过程中更少地依赖表面概貌描述,更多地依赖结构。基于这些结果,Quilici 和 Mayer(1996)总结道:"强调结构的方式很有效,因为它们会使学生明白依靠表面概貌描述并不能起作用"。

(四)样例—练习的组合

课堂中,常常同时包含有解样例和练习题。我们不禁要问,样例和习题能否配对出现? 如何搭配更好?

Trafton 和 Reiser(1993)在其一项研究中检验了上述问题,他们使用的是 LISP 程序教程中的一组习题和样例。研究者设计了两种方式:交替型(alternating)和块状型(blocked)。交替型是 6 对样例—练习题组合,每一个样例后直接跟着一个相似但又不同(即每一个都有一个不同的表面概貌)的练习题(例如:样例 1,练习 1;样例 2,练习 2……,样例 6,练习 6);块状型是 6 个样例全部安排在前,而 6 道习题全部安排在后面(例如,样例 1,样例 2……样例 6,练习 1,练习 2……练习 6)。虽然在两个项目中,每个样例—练习组对是相似的,但每一组与其他组在概念上有所区别。

研究者采用了 2 个独立测量变量:解题时间和三道迁移题的正确率。Trafton 和 Reiser 发现,交替型安排中的被试在解题中要比块状型的被试花费的时间少,正确率高。这一结果与学习的一种知识编辑(knowledge-compilation)模型一致,后者认为解题过程中样例必定是记忆中的一个变量。这与样例一般化(example-generalization)模式不同,后者认为在学习样例过程中解题规则被获取。

基于这些结果,我们不难得出,"使用教材以便获取技能的最有效的方法是样例后紧跟着一道相似的练习题"(Trafton & Reiser,1993)。

(五)样例间的设计原理

综上所述,笔者认为,对于有解样例间的设计应遵循以下原则:第一,对于每种类型的问题选择至少两道样例作为代表进行讲授,这样迁移会得到加强。第二,在样例教学中应适当利用变式。第三,含有多种题型的课程中,每一类问题应该由有限的一组具有不同表面概貌(cover stories)的样例表示,而且这组表面概貌应该用于各种不同的题型上。第四,应一个样例配以一个习题或习题中穿插安排样例,而不应在一堆样例后连着接一堆练习或习题,即不要一块全是样例,另一块全是练习。

三、样例设计应注意避免冗余效应

假如一个有解样例按照一种增加认知负荷的方式进行建构设计的话,那么将没有任何理由预言有解样例会比同一问题的问题解决式学习更优越。这个结果在许多场合被发现,在那里,有解样例含有两个或更多的相互参考的信息资源,它们单个时不能被理解,必须进行智力整合(Ward & Sweller,1990;Tarmizi & Sweller,1988),如课文与图表的自然分开就是一个例子。

为了理解这种情况,需要讨论"冗余效应"(redundancy effect)。在一些情况,两个信息资源都能被单独理解,即一个的理解不要参考另一个。在这种情况下,一个资源可能是另一个用一种不同的方式叙述的信息的简单重复。课文和图表中,课文重复描述了这个图表就是一个例子。图表可能是简单易懂的,而对于课文,当仅仅重复描述这个图表时,可能理解困难。当学习者没必要去努力整合这两种信息资源时,课文也可能增加认知负荷。在这种情况下,课文是多余的,去掉它将减少认知负荷而有利于学习,这种因信息多余而导致的结果就是冗余效应(Chandler & Sweller,1991)。这种冗余效应是一种认知负荷现象,冗余信息资源的减少将能够使有限的智力资源全部指向恰当的信息资源,那是与图式建构和自动化相关的,因此,减少冗余信息能够减少认知超负的危险。

假如学习者在某个领域已经部分学习过一些材料,解释说明一个有解样例可能是多余的,比简单地提供关于这个问题的解法增加较大的认知负荷。这种情况下,获得的不是样例的一个能促进后面学习有解样例研究的作用影响,而可能是关于促进学习后面相同问题解法的冗余效应。

有一些证据表明,教学设计应该考虑学习者的专业知识水平,教学设计的有效性非常依赖于学习者的经验水平(Mayer,1999)。在一个关于对先前多媒体学习的广泛研究的元分析中,Mayer(2001)进一步发现,拥有较少知识的学习者的受益高于拥有较多知识的学习者,并把这个发现称为"个体差异原则",并解释道,较多知识的学习者倾向于运用他们的以前的知识补偿这些较差的教学模式。

其他证据支持以下假设:因为冗余效应较多,较多知识的学习者从问题解决中受益的可能大于从有解样例中的受益,因为冗余效应。对于较多经验的学习者或对于较简单的材料,指导的数量需要减少。有数据表明,有解样例呈现给新手是最好的,但随着知识的增加,它们应该逐渐淡出(Renkl,Atkinson & Maier,2000)。在一定意义上,指导的作用可能变为消极的而不是中性或促进作用。因为有解样例是一种形式指导,这种情况也可能存在。所以,在设计样例时应注意避免冗余效应,应根据学习者的实际情况设计合适的有解样例。

第五节　样例学习中的自我解释作用研究

样例学习的效果与样例内部结构特征和整体教学设计安排有密切联系,然而,研究表明,个体在如何处理(approach)和学习样例方式上存有差异,学习者使用样例的方式,特别是对样例的自我解释或解释给别人的方式也影响着样例学习的效果。

一、样例学习中的自我解释效应

自我解释(self-explanation)通常被定义为任何学习者向其自身作出解释,力图以此理解新信息的活动。自我解释是学习者所从事的一种建构学习活动,其目的是使其自身能够更好地理解学习内容。根据自我解释的陈述方式,Chi(2000)将自我解释分为推理性陈述、解释性陈述和无意义陈述。Neuman 等人(2000)的研究将被试的自我解释分为理由、澄清、推论、监控,并认为推论和澄清是最重要的自我解释范畴。Renkl(2000)和 McNamara(2004)将常用的自我解释策略分为理解监控、语义转换、基于规则的解释和预测。关于自我解释的认知机制有两种不同的理论假设观点:空缺填补假设理论与心理模型修补假设理论。空缺填补也称推理生成,该假设认为,学习材料中的样例和文本或多或少都存在一些"空缺",这些"空缺"影响学习者对问题的心理表征。为使学习进行下去,有效学习者会自觉探查这些"空缺",并通过"自我解释"(推理)填补这些"空缺"。Chi(2000)对空缺填补假设提出了怀疑,认为按照空缺填补假设,学习者产生自我解释的位置相同,产生的推论也应该大致相同,但这与研究结果并不一致。于是 Chi 提出了心理模型修补假设,认为学习者进入学习情境都是带着各不相同的心理模型,因此自我解释不但能修补文本上的空缺,更重要的是修补心理模型。心理模型修补理论也称不完全心理模型观。

自我解释是学习者经常用来帮助自己理解以各种形式呈现的外部信息的加工过程,它可以推断出超出样例之外的信息,又不同于一般类型的推理。尽管学生在学习中对有解样例的依赖很厉害,但学生通常不能完全理解样例所表示的解题方式,因而学生不能从样例中总结出适合稍微作变化的题目的解法(例如 Sweller & Cooper,1985)。Chi 等研究者(1989)指出,部分学生缺少理解的现象缘于样例的不完整性,特别地,他们认为一些学生不能有效地学习无解释的样例。根据他们的分析,由于绝大部分样例中都对解题步骤的解释不足,所以他们认为对解题步骤不完美的解释任务就落在了学生的身上,而且有很多学生可能会比其他人能提供更好的解释。为了支持这一说法,Chi 及其同事进一步研究发现,学习者会定量运用(employ qualitatively)不同策略补偿不完善样例的影响。事实上,研究者注意到在学习无解释的步骤之外,有些学习者会暂时中断其对样例的学习,其目的是对步骤中所描述的方法作出自己的解释和判断,而那些在学习中总是停下来向自己解释的学习者要比那些无任何反应的学习者学习效果要好,Chi 及其同事称这种现象为"自我解释效应"。边学习样例边作自我解释会促使相关认知负荷的产生,而相关认知负荷的产生有助于学习者将认知资源关注于问题的情境以及成功解题的相关解题运作历程,如此,有助于学生形成正确的解题图式(Mwangi & Sweller,1998)。"自我解释效应"引起了学习者和样例相互作用的研究。

Aleven 和 Koedinger(2002)研究了提示自我解释在样例学习中的效能作用,Berthold 和 Renkl(2002,2005)考察了通过教学支架优化自我解释提示效应。Chi 等人(1989)所做的关于自我解释效应的研究表明,较成功的学生与较不成功的学生之间在以下四个方面存在相当显著的

(conspicuous)差异,较成功的被试:(1)在学习样例中有较多的自我解释,其中包括较多的关于问题的深层结构的自我解释;(2)在学习样例中有较多的正确的自我监控陈述;(3)在解题中较少回顾样例;(4)解题中当他们确实要回顾样例时,他们有较多的焦点参考(focused references)。

　　Chi 等(1994)对自我解释提示(self-explanation prompt)进行了研究,对于实验组,提示被试在自己理解的基础上解释每一句话,对于控制组,只以读两遍文章来保持同样的任务时间。提示包括一般性提示和具体提示,例如,在开始学习之前提示被试解释每一句话属于一般性提示,要求学生解释循环系统每一个部分的功用属于具体提示。研究发现,提示组比无提示组在测试阶段回答正确的问题更多,特别是对于比较困难的问题。Renkl 等(1998)也对提示自我解释的有效性进行了验证,研究者要求在自发自我解释条件下的被试在学习样例的时候口头报告他们的思维,在自我解释提示的条件下则训练被试自我解释,并提示他们填写例子中解题步骤的基本原理。结果发现,与完全的自发自我解释相比,自我解释提示既能促进近迁移学习,又能促进远迁移学习。Atkinson 等(2003)也得到了同样的结果,他们发现不管是大学生还是高中生,那些被提示去选择概率应用题例题中每一个解题步骤基本原理的被试,在近迁移和远迁移上都比那些没有得到提示的被试表现得要好。Crippen 和 Earl(2007)在基于网页学习环境中的研究表明,附带有自我解释提示的样例提高了学习者的成绩、问题解决技能和自我效能。Berthold 和 Eysink 等(2008)认为在多元表征教学情境中,支持学习者的自我解释活动非常重要,进而比较了提示自我解释和自发自我解释的效果,结果表明提示自我解释对程序性知识和概念性知识都有帮助作用。

　　笔者的研究发现,学生对涵盖内容较多的样例中的解释说明不能作出很好的自我解释,以致解题失败。由此笔者认为,在样例教学中,要么将样例编制得科学合理,易于学生理解和获得样例中蕴含的知识和方法,要么教学中引导学生多作自我解释。关于如何引导学生养成阅读中多做自我解释的习惯有待进一步研究,笔者认为这与阅读中的主动式阅读有关(邵光华,1999)。前文中关于比例式方程的问题解决的个案研究显示了,被试单独思考问题而不看样例能正确解决问题,但是在一个样例的误导作用下问题解决就发生错误,这也深刻表明了学生样例学习的一些弊病和样例迁移的自动性。这一结果正是由于学习者在样例的自我解释上没能花费足够的时间造成的。

Renkl(1997)关于大学生在自我解释方面的调查研究发现,在自我解释的质量(quality)方面,学习者存在很大的差别,与 Chi 等人(1989)的研究结果相一致的是:学习者的表现直接与其自我解释的质量特性相关。Renkl(1997)发现,有效果的学习者自我解释的质量归功于他们经常尝试对问题的深层结构作自我解释。同时他发现,学习者在他们的自我解释中表现出一种独立于手中特定样例的稳定倾向。但是,与 Chi 等人(1989)最初关于自我解释效应的概念不同,Renkl(1997)认为,自我解释的整体质量并不依赖于出现的所有不同的明确的(positive)自我解释部分,例如,精确的自我监控和对问题深层结构的解释。相反,学习效果好的学习者在学习过程中或许仅仅能保持一种明确的自我解释,例如,能清楚地解释深层结构,而在其他方面如自我监控方面却表现出相对的不理想。因而,成功的学习者并不需要在自我解释的所有方面都作努力。

除了在对学习者的自我解释质量上的研究外,Renkl(1997)同时通过对口语报告(verbal)数据的聚类(cluster)分析,得出了 4 种相对不同的(discrete)自我解释风格,两种与成功解题有关,两种与解题困难有关。就成功的学生而言,Renkl 将其解释风格分为期望型推理者(anticipative reasoners)和基于原理的解释者(principle-based explainers)两类:期望型推理者通过预测样例解法中的下一步作自我解释,然后会自我检验其预测的步骤与样例中显示的步骤是否相符;相反,基于原理的解释者通过对问题子目标的概念的、结构的解释以及解法基于的理论的解释,进行对问题的概念结构解释。但是,Renkl 发现,只有少部分的学生显示出了成功的解释,所以,Renkl 将大多数学习者的自我解释风格定义为被动的(passive)或表层的,因为他们在学习样例上花费的时间太少,似乎只了解个了大概,建立了表面上的联系,不能自觉深入探究结构关系,认清问题的本质。

陈忠华(2002)研究了在学习化学课文时,学生是如何钻研其中的样例并用于解决问题的。在实验中,对学生提供的自我生成的解释进行了分析,并对他们在随后的问题解决阶段中参考样例的情况加以分析。这些自我解释是从学生阅读课文和钻研样例时提供的言语报告中得到的。在实验中发现,"好"生在阅读课文、钻研样例以及参考样例解决问题时,与"差"生的表现是有显著差异的。概括起来,无论在学习样例里的陈述性知识,还是参考样例进行问题解答(获得程序性知识),"好"生都是有理解地学习的。这些"好"生自发地生成丰富的解释,并且在解释中,"好"生对样例解答中的条件进行精细加工并加以扩展,这样"好"生会生成更多的解释。他们的这些解释能够把指导问题解决的具体行动与课文中所陈述的原理联系在一起,而且这些解释是受到"好"生对自己理解程度的正确监控。这种学习就产生了依赖于样例的知识,形成了对课文中的原理的更好的理解,从而使"好"生能够正确地解决问题。相反,"差"生没有生成丰富的解释,对自己的学习监控是不准确的,他们在解决问题时非常强烈地依赖于样例本身的解答方法,没有产生对课文中原理的理解,因而无法从课文和样例中学习。Crippen 和 Boyd(2007)研究发现,在一个基于网络学习工具的化学学习中,伴有自我解释提示的有解样例学习与只提供有解样例的学习相比,学生在课程成绩、解决问题的能力、自我效能感方面都有改善。

二、自我解释的诱导方式

标准常规样例只提供了一个问题及其完整的解题步骤,属于结果指向型样例(product oriented),其缺点在于,即使对它进行很好的设计,学习者也很难去解决与样例稍有不同的问题,原因之一是由于这类样例没有充分提供专家如何思考问题的信息,也就是学习者不知道怎样或是为什么问题得到了解决,而这些信息对于促进学生理解样例中呈现的问题解决模型是必要的(Atkinson,2000)。因此样例设计需要进一步优化。自我解释这种"建构性的推论活动"效应向人们暗示了学习者通过向自己解释可以更好地理解新信息,促使学习者自身更好地理解学习内容。自我解释将学习者的注意力引向问题的结构,有利于对问题深层结构的理解和图式的建构(Gerjets,Scheiter & Catrambone,2006),自我解释越多,学习效果越好(Tajika & Nakatsu,2007)。也就是说,自我解释能够弥补标准常规样例的不足。

关于自我解释的研究已表明:作自我解释的学生其表现要好于不能

作自我解释的学生，然而学生却常常不能成功地进行自发的自我解释（spontaneous self-explanation）。因为大多数学习者是"被动的"、"肤浅的"自我解释者，如果没有外部的支持，是不能显示出有效的学习行为的（Renkl，1997），而且，自发的自我解释也常常是"连续的，不断发展的和零碎的"，常常导致产生的自我解释是部分的和不完整的，甚至学习者对有些问题和步骤根本就无法作出解释或作出错误的解释。因此，仅仅依靠自发的自我解释是不够的，需要增加策略以促进学习者的自我解释。所以，如何诱导学习者进行自我解释成为样例设计研究的一个焦点。相关研究提出了许多方法用以鼓励学习者在解题时进行自我解释，这其中包括通过结构性的操纵（structural manipulations）来培养自我解释，直接训练自我解释，以及通过社会性刺激来尝试产生自我解释活动。

（一）通过结构性的操纵培养自我解释力度

至今，只有对有解样例的样例内特征的操纵被认为可以提高学生的自我解释力度，研究工作集中于通过结构的操纵提高自我解释的三种方式上：（1）确认子目标（identifying subgoals）以促进自我解释（Catrambone，1996，1998）；（2）使用不完整的样例（using incomplete examples）以加强自我监控能力（Stark，1999）；（3）使用整合的样例格式（using an integrated examples）以避免"分散注意力"效应（Mwangi & Sweller，1998）。

1. 子目标策略

如前所述，Catrambone(1994)的研究表明，在有解样例中加入些标志子目标的标识可以提高学生的表现水平。对于自我解释，Catrambone的子目标学习模式认为，标记能引导学习者将一套步骤分组并试图解释这样分组的原因，在较乐观的情况下，这种试探性的自我解释会导致一个目标的形成，即这一套步骤的目的意图。尽管他的最初研究得到的是对上述看法的间接支持，例如在结果测量方面提高表现（enhanced performance on outcome measure），但 Catrambone(1996)后来的一项研究却获得了对标记的直接支持。研究中，他通过对从被试学习样例过程中收集到的口语报告数据的分析，观察学生对导致子目标的解题步骤代表一个单位的地方的认知以及他们的关于这些步骤的解释，以确定标记子目标能否引起自我解释。结果发现,对子目标进行标记确实可以促进自我解释,而且作为一个结果,能够提高迁移表现(transfer performance)。在最近的研究中,Catrambone(1998)重申了这些结果,从而为标记子目标对自我解释起积极影响的论断提供了清晰的依据。

　　2. 不完整样例

　　继 Renkl 关于期望型推理的研究工作之后,Stark(1999)认为尝试着去预测解题步骤的学生能有效地对其解题进行自我监控,防止经常出现的理解假象。为了"强迫"预测,Stark(1999)在 Renkl(1997)的有解样例中删去课文而插入空白格,学习者的任务是尝试填补被删去的部分。在尝试填空以后,学生将获得关于其回答的正确性的反馈。Stark 发现,与学习完整的样例相比,不完整的样例能促进解释并减少无效的自我解释,例如重复阅读或意译(paraphrasing)。作为一种结果,不完整的样例有助于所学问题解法的迁移。这在数学样例学习中是非常重要的。

　　不完整样例(non-complete worked example)又称"完成任务"(completion task)式样例。Van Merriënboer 和 Krammer 认为完整样例不能够完全集中学习者的注意力,从而导致样例学习效果下降。而完成任务式样例只呈现样例的起始状态、目标状态和部分解题步骤,学习者需要自己解答省略的解题步骤,这可以吸引学习者的注意力,从而提高样例学习的效果。Renkl,Stark 和 Gruber 等(1998)的一个实验发现,不完整样例的学习效果要比完整样例的学习效果好。张奇和郭菲菲(2008)采用完整、不完整样例以及"不完整样例—分类"三种学习作业对270 名 3 至 5 年级小学生学习"去括号"运算规则的效果进行了实验研究,其中,完整样例包括"去括号"运算题的具体步骤和运算结果;不完整样例只呈现部分运算符号和运算结果;不完整样例—分类与不完整样例完全相同,只是要求被试在样例学习前进行样例分类作业,即根据规则类型对样例进行分类,然后再学习不完整样例。结果表明:不同类型样例的学习效果不同。在学习简单的和较难的运算规则时,完整样例、不完整样例和不完整样例—分类三种类型样例的学习效果不存在显著差异;在学习中等难度的运算规则时,不完整样例—分类条件下的学习效果最好,其次为完整样例的学习效果,不完整样例的学习效果最差。

　　根据不完整样例发展起来的样例呈现方式典型的就是渐省式样例。

所谓渐省式样例,就是先呈现一个完整样例,再呈现缺少一个步骤的样例,然后呈现带有越来越多空白的样例,直至只剩下问题本身,也就是需要解决的新问题。渐省式样例是一种从样例学习到问题解决的自然过渡的样例呈现形式。渐省式样例促使学生实现从模仿(完整样例)到支架问题(不完整样例)到独立的问题解决的转变,引导学生对样例作出自己的解释,通过不断探索、修正自己的理解达到对问题本质的认识。研究表明,渐省式样例在问题解决的效率上显然优于其他样例,而且对解决不同迁移程度的问题作用亦不相同。渐省样例对近迁移问题(与样例的结构和表面特征都相同的问题)或中迁移问题的作用大,但对远迁移问题(与样例的结构相同,而表面特征不同的问题)的作用似乎不大(Renkl,Atkinson,Maier & Staley,2002)。但何穗、王祖浩(2008)研究了渐省样例对化学问题解决的影响,研究者使用的样例的学习材料包括四个问题和部分解题步骤,这些解题步骤在不同组以不同的方式呈现。配对组的样例是以"完整样例—问题—完整样例—问题"的顺序呈现的,而渐省组的样例则"完整样例—不完整样例(省去最后一步)—不完整样例(省去后两步)—问题"的顺序呈现。结果显示,渐省样例不仅对近迁移问题有效,而且对远迁移问题的解决有效。外在认知负荷可以通过渐省样例(最初提供样例,随后接着呈现不完整带空的样例,最后到整个题目)的脚手架来减少。对新手来说,应该提供经过有效处理的样例;对专家来说,应该提供问题解决型的学习。随着新手向专家不断转化的过程,可以逐渐减少样例的比重、增加问题解决型的学习内容(Clark,Nguyen & Sweller,2006)。

3. 带有自我解释提示的样例(worked examples with self-explanation prompts)

为使学习者在样例学习中产生足够的自我解释,可通过在样例中附加一些"提示"来促进学习者积极地进行解释(Chi,1996;Renkl,1998),这即是"提示"策略,也就形成了带有自我解释提示的样例。使用"提示"策略而不是直接给出解释,是因为无论使用怎样的外部变化策略,自我解释必须由学生自己生成才会有意义。在具体做法上,一些研究者在样例中提示学习者对某个步骤向自己作出解释(比如,在某个步骤后加上"对该步骤作出解释"之类的话,或用红点代替一般性的问题,当学生在学习中遇到红点,就停下来向自己作出解释),一些研究者则更深入地引导学习者关注具体领域的元认知。

然而,通过自我解释提示诱导出的自我解释往往是不完整或不正确的,甚至有些缺乏元认知策略的学习者根本无法作出解释,诱导出的自我解释的质量远不能令人满意,样例中的提示可能无法诱导出高质量的自我解释(Berthold & Renkl,2005),导致的原因可能是自我解释提示不够具体,需要进一步努力去提高学习者自我解释的质量和正确性(Renkl,2002)。

Renkl(2002)提出了另一种为自我解释提供帮助的策略——指导性解释(instructional explanation)。这种策略不是促使学习者去生成解释,而是为学习者提供有关解题步骤的知识。它被看作是由专家或知识比较丰富的人提供的解释。Renkl认为指导性解释很好地解决了自我解释提示的不足,因为指导性解释提供的信息都是正确的,在遇到无法理解的问题时,指导性解释能够提供必要的帮助,对于缺乏元认知策略的学习者,指导性解释为他们提供了结构化的、完整的信息,减少了学习者学习时的认知负荷。但是研究者也指出了指导性解释的不足,如指导性解释通常与学习者的已有知识不能很好地衔接,有时也很难保证在恰当的时候呈现指导性解释等。

因此,Renkl(2002)提出,应将指导性解释和自我解释提示策略按某种方式结合起来,以整合它们的优点。基本原则是:只有当学习者需要时,才提供指导性的解释;指导性解释的提供遵循最低限度原则,学习者应尽可能多地依靠自我解释。Berthold 和 Renkl(2005)也提出,在学生自我解释的过程中,应该通过教学支架优化自我解释提示。他们通过提供逐渐撤销(gradually-withdrawn)的教学指导建构自我解释提示的支架,并同开放的自我解释提示进行了比较,结果发现,在概念性知识上,支架性自我解释提示比开放性自我解释提示更有效,但在程序性知识上,并没有发现它们在作用上的差异。

(二)直接训练自我解释

自从 Chi 等人(1989)关于自我解释的重要性的研究结果发表后,相继进行了许多训练学生进行自我解释的研究。Eric 和 Knuth(2005)指出,在样例教学中,样例的设计要尽量减少认知负荷,一个主要的方法就是增加学生对样例的自我解释。涉及有解样例学习的比较重要的研究是 Bielaczyc 等人(1995)的研究,因为有解样例是其研究材料中的很大一部分(关于 LISP 编程的课文和样例)。在实验组中,被试在自我解释方面得到明确的训练,这些训练包括:(1)介绍和激发自我解释;(2)学习录像带中一个学生的方式;(3)检验这些被试能提供详细的自我解释的能力(Bielaczyc,Pirolli & Brown,1995)。控制组的学生同样接受了一些训练,例如观察其他学生的行为方式,但这种方式是比较含蓄的,例如在应用自我解释技能方面并不包含明确的训练。在学生学习样例和课文的过程中,明确的训练要比含蓄的训练在培养自我解释方面更有效。从而,明确训练小组的学习效果(编程表现)更好一些。

对于训练学生进行自我解释方面的另外两个研究为与学习样例直接相关的研究提供了依据。Nathan,Merta 和 Rycn(1994)训练学生在学习有解样例和解相应题目过程中提出自我解释。尽管没有提供这一训练的详细过程,但研究者发现,在学习一个代数文字题时,训练自我解释能促进学习,然而,在呈现一个代数操作问题(解未知量即解方程)时就不行了。Nathan 等人认为,当学习概念型样例(conceptually oriented example),并且这些样例描述了领域原理,那么自我解释就会很有效。当有解样例指导主要集中于过程时,学习者没有多少东西好去解释,因而在这样的情况下,训练学生作自我解释就没有多大意义了。

Renkl,Stark,Gruber 和 Mandl(1998)的研究为自我解释的能力提供了现实依据。研究者做了一个实验以检验短期的自我解释的训练效果,此实验特别强调说清楚目标和操作的结合(goal-operator combinations),也就是解释在解题中需要达到什么目标,为了达到这个目标需要做什么工作。他们所使用的教材是来自混合效益(compound interest)和实际效益(real interest)的计算领域的样例。有一半的被试接受了 15 分钟的短期训练,这包括以下几个方面:(1)关于自我解释的重要性的知识;(2)建构(modeling)自我解释的模型(一个有解样例);(3)用于训练的练习(另一个有解样例)。另一半被试接受的是出声思维(thinking-aloud)的训练。这些训练以后,所有被试都独立地学习有解样例。这个明确的训练干预对于自我解释行为有很大的影响,而且(在迁移题上的评价)学习效果也有显著提高。在近迁移的情况中,Renkl 等人(1998)发现能力与获得之间有交互作用,即对这个知识主题具有较少知识的被试从训练中的收获较多。

（三）社会激励的运用

Renkl(1997)的研究结果表明,大多数学习者是消极的或表面上的自我解释者,改变这种境况的一个可能的方法是在合作学习环境中为每个学生都安排一个解释者的角色。依据这一想法,Renkl(1995,1997)研究了如果安排学生当"老师"的话,能否促进自我解释的进行和学习质量的提高。他预言某种教学期望能激发学生彻底地解释有解样例,以便为后面教学的需要作准备。实验组中的学生被告知要学习有解样例以便之后将这个相似问题的解法基本原理解释给合作学习者。控制组中的被试被告知在学习完这些样例后要做相似的题目。在学生的开始教学活动以及使用对有解样例的不同迁移距离的测题之前,Renkl 立即评估了学习效果,以便确定实验组为教学而进行的准备的指导价值。实验结果令人吃惊,这个教学期望并不能明显地提高学生的成绩,相反,它看似阻碍了学习,部分原因在于一些学生身上压力的增加和内部动机的减弱。

Renkl(1996,1997)也研究了向别人解释的效果。他将被试作了派对,经过一个学习阶段后,一个合作学习者(实验组中)向其同伴(控制组中)解释样例解法的原理。结果再次得到与直觉相反的(counter-intuitive)结论:向合作伙伴解释确实能增加解释的活动,但学习效果并未提高。相反,听解释者的表现优于解释者的表现。

Renkl(1997,1998)进一步调查了有经验的合作研究者在解释和学习上的表现。Renkl 认为响应问题(对问题作出回答)能帮助学习者建构对问题的概念性理解,因此能促进迁移。为了证实这一点,实验组的被试向假定的合作研究者(同盟者)解释有解样例的解法基本原理,合作研究者会问"如果……会怎么样"的问题。在控制组中,这个合作研究者或多或少的有些被动(不怎么问)。Renkl 发现合作研究者的问题只有助于一种解释(详细说明情境),但其他所有类型的解释,例如基于原理的解释,却被减弱了。因而,这种方式看似阻碍了动机十足的学习者,这或许是因为合作研究者的问题阻碍了其自发的且熟练的解释活动。但是内部动机不强的学习者的表现提高了，这些学习者自发的解释活动较差。整体来说，合作研究者的问题将低动机学生的解释的质量提高到了中间水平。

总之，尝试着通过"教别人"来促进解释的方式看起来产生了令人失望的结果，Muangi 和 Sweller(1998)的一项研究得到了同样的结果，他们发现假装向其他人解释样例的学生其学习效果并未提高。但是，也有关于在合作学习中解释的积极影响的经验证据(例如：Webb,1991)，所以，我们不能得出以下结论：学习有解样例的过程中，向其他人解释对学习没有帮助。对 Renkl 的实验数据的再次分析表明，至少有两个因素能调节通过"教"来学习的效果：先前的教学经验以及先前的相关知识。不熟悉解释者的角色的学习者以及认为学习材料有难度的学习者会被教和学的双重任务吓住，会感到有压力。不过，我们目前对于调节依靠教来学的效果的因素缺少详细的知识。短期训练对自我解释有好的影响，但不可能对个体的解释风格产生影响，所以短期训练被看作是影响即时学习活动的因素。社会刺激(例如准备一种解释以便辅导其同伴的形式)同样被看作是能促进自我解释的情境因素，但是，它们不一定能提高学习效果。

（四）在样例中使用附加说明

在样例学习中，如果采取措施促进学习者理解样例中的解答步骤，就能促进学习者建构正确的问题解决图式。因此，一些研究者通过使用附加说明(elaboration)来增加样例学习的有效性。研究包括对样例本身的附加说明和对样例子目标的附加说明。

Fong(1986)等人发现，训练材料中样例的附加成分促进了学习，样例中的补充部分给学习者提供的说明或者对规则的编码，帮助学习者将样例解答映射到测试题中。Lovett(1992)等也发现，通过增加对样例解答步骤的附加说明，能促进远迁移。Atkinson 等人(2003)研究了将附加说明放在带有子目标的样例前面的情况，研究发现，附加说明起到了序言和概述表征的作用。"意思是什么"的附加说明，放在带有子目标的样例之前，起到了知识组织者的作用，为整合与保持更加详细的和有差别的材料提供了理想的脚手架。而 Ormrod(1999)则研究了将附加说明放在样例之后促进问题解决的迁移情况,结果表明,放在样例后面的附加说明可以帮助回顾材料,确定学习过的哪些观念更加重要,为学习者提供一个更加具有内聚力(cohesive)的组织结构。朱新明(1997)也以"有解的例题＋问题＋小结"为基本单元,组织学习材料进行了实验研究,此处的"小结"其实质就是对样例的附加说明,结果表明,学习材料中的例题和问题使解题者获取了产生式规则,而在小结中出现的用言语所陈述的问题规则,也就是对问题规则的说明,加强了解题者对规则的确认和记忆。Atkinson 等人(2003)通过实验得到的结论是,附加说明放在样例前面或者后面,对问题解决迁移的影响差异不显著。

三、有解样例中自我解释的作用

总的来说,关于自我解释的作用的研究表明:在学习有解样例过程中,自我解释是一项重要的学习活动。但不幸的是,现今的研究表明,大多数学习者的自我解释是消极的或者是表面的。成功的学习者中,似乎存在着采用不同自我解释风格(期望型推理和基于原理的解释)的不同群体。通过教学方法可以促进上述两种类型的自我解释的发展。直接的训练是有效的,诸如添加对子目标的标记,使用同一型样例或使用"不完整"样例等对样例结构的控制,也同样有效。通过设置社会性因素来激励解释,例如引导学生辅助其他同学,这些方法在提高自我解释方面的数据并不理想。特别是当先前无教学经验并在受辅导领域知识欠缺的学习者在被要求提供教学指导解释时,往往会感到有压力和负担。

第七章　样例学习理论的应用探索

　　样例学习作为一种极为有效的学习方式，被广泛应用在各个学科的学习中，尤其是在数学、物理、计算机等各类结构良好的领域中。而样例学习理论在课程教学方面的体现就是例题设计及教学理论了，在一定意义上，样例可以看成例题。因此，从样例学习理论出发探讨例题教学、改进例题教学就显得具有重要现实意义。在语言学习方面，模仿写作是常用的方式，而这在一定意义上就是写作方面的样例学习。而范例教学曾风行一时，从样例学习的观点分析范例教学也许能够获得范例教学的一些新的意义。

第一节　基于样例学习的教学理论

　　根据样例学习研究的结果，我们提出样例教学的五条基本原则，并提供一个样例学习案例。

一、样例教学的五个原则

原则一：至少加入第二个样例原则

　　基于样例学习的课堂教学受许多因素的影响，其中之一就是样例间的因素（样例数量与样例设置）。设计这种样例教学的教师必须决定需要为每种问题提供多少个样例，以及提供怎样的样例。教授一个特定思想的样例，其数量在实际中可能由于某些因素而受限制，例如教学时间、问题的复杂程度等，因此，通常情况下教师不能采用很多复杂的样例。但是，用一道样例来帮助学生推导出一个有用的数学思想是不够的，如果再加上一道样例来说明这个思想，特别是比第一个样例复杂一些的样例，那么对于思想的掌握和做迁移题目有好处。因而，"至少加入第二个样例"在样例教学设计中是一条基本的原则。

这一原则要求对于每一个要学习的概念原理、解法思想，学生应接触各种不同类型的题目和样例，每一种问题类型应配以不少于两道的样例，而且，后一个样例应该比前一个样例复杂一些。

原则二：样例与练习临近给出原则

数学课堂中所使用的问题类型的变化，以及如何利用表层特征策略地强调深层的概念结构，如何将样例与实际的问题解决进行交叉分布安排（intersperse and coordinate），都影响着数学的课堂教学质量。有解样例课堂如果包含变式的话，会促进迁移，这意味着课堂中的样例应依据它们的数值和形式（作为数量的反面）而互相区别（Pass & Van Merriënboer，1994）。但是，如果教师希望初学者注意到不同的结构特征联系着不同的题型的话，那么这些特征在一开始操纵样例形式时就应该被强调，例如，用在样例和问题类型间的表面概貌。在这种情况下，相似的题型应使用各不相同的表面概貌，因为 Quilici 和 Mayer（1996）发现，"当学生看到不同题型有一套相同的表面概貌时，他们就更易于注意表面特征不足以区分题型"。但是，不管题目类型有几个，安排一个有解样例课堂的最有效的方法是：每一种专家解法应与学生需要解决的相似问题相匹配，相匹配的问题应靠近与其相当的专家解法来给出，也就是应明确地将样例与其相关的练习题联在一起，而不是在一组不同题型的样例后接上一大堆练习题，此即样例与练习临近给出原则（examples in proximity to matched problems）。

原则三：样例信息整合原则

课堂中有解样例的结构特征或设计在学习中起关键作用。为了避免注意力分散效应，在数学样例设计中，首先，要确保样例中的信息可以自然地（physically）整合起来；其次，如果可能的话，样例中同时加入适当的语言解释。当为样例中的图表提供解释信息时,如果样例中的图表很复杂,应该找一种方法使学生的注意力集中于语言解释所指的图表部分。当为解法中某一关键步骤做语言说明时,语言不要太隐晦,信息涵盖不宜过多。另外,根据信息冗余理论,信息解释应适度,不可过多又不可过少,应使样例解法分析具有恰当的冗余度,避免冗余效应。

原则四:样例结构化原则

有解样例应该结构化以便子目标被突出、强调,这可通过以下途径:视觉上隔离它们,或给它们加标记,或同时使用以上两种方法。总之,子目标结构应清晰,此可谓样例结构化原则。样例问题分析中,对问题中潜在的个体概念应清晰地标记出、分离出或特别指出。样例应具有能鼓励寻找深层结构的特征,学生应从不同的概念角度研究各种情境问题,运用不同的解法和不同的观点解决同一个问题。

原则五:促进自我解释原则

在样例学习过程中,积极的自我解释的质和量对学习效果有很大的影响,所以有解样例的结构应能促进学生的自我解释活动。在样例的完整性与不完整性方面,最好使用不完整的样例问题解法,因为这些需要学生进行推导,并填充已跳跃过的部分,促进学习中的自我解释;而学习过程中学生的自我解释活动又会反过来影响学习。

二、一个可供参考的问题解决样例教学设计案例

从国外关于问题解决教学设计的情况看,其实许多是采用样例学习的思想,如新加坡问题解决策略的课程设计样式,就是先通过探索解决一个问题,这个问题就形成一个样例;然后,让学习者自己编制一个类似问题;最后,检测练习问题,可以说是一个不完整的样例。下面我们选其中的一个活动来窥其一斑。

问题解决策略(problem solving heuristics):做一个表格(make a table)。

问题(the problem)

本恩、森蒂、戴维和爱泽互相给对方卡片。本恩给森蒂 19 张卡片。森蒂给戴维 15 张卡片,给爱泽 32 张卡片。爱泽给戴维 3 张卡片,给本恩 7 张卡片。戴维给本恩 12 张卡片。问:最后谁的卡片比以前多了?

理解（understand）

＊本恩给森蒂多少卡片？ ＿＿＿＿＿

＊本恩给森蒂这些卡片之后，他的卡片数目发生了什么变化？

＿＿＿＿＿＿＿＿＿＿＿

＊本恩给森蒂这些卡片之后，森蒂的卡片数目发生了什么变化？

＿＿＿＿＿＿＿＿＿＿＿

计划（plan）

让我们通过做一个表格来记录发生的变化。这个表格记录每个人收到和给出的卡片数目。

实施（carry out）

表 7-1 可以使我们看清最后的变化。

表 7-1　四人卡片变化情况

	收　到	给　出	结　果
本恩			
森蒂			
戴维			
爱泽			

谁比以前的卡片多了？

＿＿＿＿＿＿ 和 ＿＿＿＿＿＿ 的卡片比以前多了。

编制一个问题（make a problem）

你应该改变哪些数字，才能仅让本恩的卡片比以前的多？

有顺序地填写下面的空格：

本恩、森蒂、戴维和爱泽互相给卡片。

本恩给森蒂＿＿＿＿＿＿张卡片。

森蒂给戴维＿＿＿＿＿＿张卡片，给爱泽＿＿＿＿＿＿张卡片。

爱泽给戴维＿＿＿＿＿＿张卡片，给本恩＿＿＿＿＿＿张卡片。

戴维给本恩＿＿＿＿＿＿张卡片。

检测问题（examination question）

解决下面这些问题：

1. 四个队参加了足球联赛（a soccer tournament）。

西方队 1∶0 打败东方队，2∶2 平北方队。

东方队 2∶2 平南方队，3∶1 打败北方队。

南方队 3∶2 打败西方队。

如果每个队得分数与进球数一样。那么，

南方队与北方队的比赛结果如何？

答案：_____

2. 在一个游戏中，掷两个骰子（色子），正面显示的两个数字相乘记为得分。

问：比 20 小的整数当中，哪些数不可能是这个比赛的一个得分？

答案：_____

从整个这个"做一个表格"策略的解题活动可以看出，通过引导解决掉的问题应该是一个样例，这个样例的形成是通过探索解决问题后而形成的。通过改变问题的数据，使题目变成一个相似的题目，同样可以用做表格的方法解决，这个问题显然是一个近迁移的题目，但通过让学生自己构造题目是一个好的方法。而检测问题可以看成是两个远迁移的问题。整个问题解决活动可以看成"通过解决一个问题形成样例＋自己编制一个满足某条件的类似问题＋两个可以用这种策略解决的问题的解决"。这是样例学习的一种形式，自行探索解决问题而形成样例，通过样例的反思学习，获得相关理论和知识，进一步通过练习巩固成果。

也正如前苏联数学教育家奥加涅相所说："必须重视，很多习题潜在地进一步扩展其数学功能、发展功能和教育功能的可行性……从解本题到转向独立地提出类似的问题和解答这些问题，这个过程显然在扩大解题的'武器库'，学生利用类比和概括的能力在形成，辩证思维的独立性以及创造性的素质能力也在发展。"从中我们应该体会到，样例学习模式中，除了提出近远迁移的问题让学生做，也可以增加让学生提出类似问题的活动，这样既可以提高学习兴趣，又可以发展、形成发现问题和提出问题等各种能力。

三、样例学习方式

关于样例学习方式，我们提出自主性样例学习方式和教师讲授式样例学习方式两种。

　　所谓自主性样例学习方式,就是先给出基础知识(多种形式,灵活多样),再给出一个有解样例(或框架,部分内容由学生填写),再让学生构造、提出一个相似的问题(用同样方法解决的,或是问题框架),最后给出远迁移练习问题。在这个过程中,教师只是指导者和裁判员。这实质上是将问题解决和样例学习结合起来的一种学习方式。这种学习方式可以实现不同的人是以不同的速度、不同的难易度和不同的成败率来领悟数学的论证过程及数学问题解决的过程,体验数学知识的发生发展过程和数学发现的过程。

　　所谓教师讲授式样例学习方式,就是以教师讲授为主的样例学习过程,教师先就知识和知识运用样例进行讲解,采用启发式讲授方式,然后让学生解决相似的练习题。这基本上是类似于我国现代数学课堂流行的教学方式,不同的地方可能是目前主流的数学课堂在样例设计和讲解上不太符合样例学习的特点,如:促进自我解释的启发式讲解语言太少,样例组合中样例个数太多,样例材料呈现方式没有有意识地整合等。

第二节　样例学习对例题教学的启示

　　在教学中,无论是课内还是课外,我们经常可以看到例题的身影。教师在原理或概念讲解时,例题是不可或缺的工具之一,典型例题和习题教学更是教师教学的法宝;学生遇到理解障碍时,最愿意求助的也是相关的例题……例题就像一道桥梁,恰到好处地填补了原理、规则的学习和应用之间的空隙。

一、例题教学的基本理论

　　著名的数学家 G. 波利亚曾经说过:"一个恰当的例题胜过一打理论。"数学教学离不开例题,很难想象一堂只有抽象的概念、定理、公式而没有任何例题的数学课会取得怎样的教学效果。纵观各国的数学教科书,例题总是数学教材的重要组成部分。而从数学教学过程看,"举例"是不可或缺的教学环节。在高度抽象的数学概念、原理甚至是规则的学习后，往往跟随一个或多个例题来解释、补充观点；又或者是直接从具有问题背景的一系列实例中逐渐抽象出相应的数学概念、原理或者规则——不论哪种形式，例题作为中介总是承担着将复杂的、难以理解的数学语言转化为学习者易于理解和掌握的实例，消除学习者的认知障碍，减轻学习者的认知负荷，进而更快达成学习目标。例题教学具有重要的示范作用，无论专家的研究结果还是一线教师的亲身体验，都认可并认为例题教学是学生学习的有效手段，他们也不吝惜用各种词语形容和描绘例题教学，如例题是通向一般问题解决的钥匙，在教学环节中起着重要的桥梁作用，例题教学的好坏直接影响着学习的效果和能力的培养等等。

例题教学的相关研究可追溯到 20 世纪 50 年代中期，认知和教育心理学家开始采用"例中学"（learning-by-example）的方式进行概念形成过程的研究和描述。此后，Sweller、Cooper 和 Siegle 等的相关研究更加证实了例题教学的有效性。Catrambone 等对样例学习不能很好地引发迁移的原因进行过探讨，认为与样例设计相关，并提出子目标学习模型，在样例设计中设置不同的目标结构，并标明子目标以及方法、策略、价值等，能将学生问题表征从单一、庞大的目标细化为具有具体目的指向的小目标，能帮助学生逐级完成样例学习，更好地实现迁移。因此，以解决问题为指向的目标结构是其例题设计的主要原则。

朱新明与西蒙（H. A. Simon）等从自适应产生式系统的学习模型出发，系统地研究了示例学习的效果和过程，提出通过构造有效样例、加强产生式条件学习的新观点（Zhu & Simon，1987），首次在课堂教学情境中研究样例学习的教学效果，这项研究开辟了课堂教学情境下样例学习研究的先河。他们以初中代数、几何和物理等学科的知识为内容，设计了一系列的示例学习材料，先后在中国和美国进行了多次实验。实验结果表明：利用这种学习材料，学生能够高效率地获取所学知识，实验班的学生所用的学习时间比对比班缩短三分之一，测试成绩高出 5～15 分不等。1993 年，朱新明等将这种学习方法发展为一种新的教学法——示例演练教学法，并在我国的一些学校进行教学实验。示例演练教学学习材料是根据以下原则设计的：（1）以"有解的例题＋问题＋小结"为基本单元组织学习材料，使学生通过考察例题和解决问题获取产生式规则，并在小结中用言语陈述所学的规则;(2)每个例题提供一个产生式规则的实例,并在答案中进行解释;(3)问题是成组安排的,一般是在一个问题后紧接着一个子问题,并在子问题中引导被试对前一个问题的求解过程进行解释,将被试的注意力集中于产生式的条件部分;(4)在问题和小结的旁边都附有标准答案,使学生能够对自己的解答得到即时的反馈。因此,这也体现了这一教学方法的特点:(1)使学生通过主动地考察例题和解决问题获取知识和发展技能,教师则通过引入、辅导和测试来组织教学活动,彻底破除了注入式的教学模式;(2)面向全体学生,通过自主学习和个别辅导实行分类推进,贯彻因材施教原则;(3)将学科知识的学习与认知技能的培养有机地结合起来,使学生通过学科知识的学习,在学习能力和解决问题能力两个方面得到同步提高;(4)使学生当堂消化所学的知识,作业和测试当堂完成,课外可以不留或少留作业,从而减轻师生的课业负担,为学生的全面发展创造条件。实验结果表明,这一教学法在减轻师生负担、提高教学质量方面取得了显著的效果。参加实验的学生不仅提高了学习成绩,而且在学习能力、解决问题能力、自信心等方面都有显著的提高。此后,朱新明等又编写了一套《示例演练实验用书(2000版)》,在形式和内容上特色更加鲜明:(1)学习内容按照低起点、小台阶的方式编排,使学生通过考察例题和解决问题来获取知识。(2)通过具体的例题和问题引入实例,引导学生在适当的抽象水平上掌握所学的知识,并提供各种变式问题或实际问题让学生去解决,使学生在获取知识的同时,发展思维能力和问题解决技能。(3)在问题旁边附有正确答案,要求学生每做完一道题后及时核对答案,一方面可以减轻学生的认知负荷;另一方面也可以有效地避免问题的堆积,使学生顺利地掌握所学的知识。(4)为每一课时设计课堂测验,要求学生当堂完成,教师可以根据学生的成绩有针对性地布置课外作业,使不同层次的学生都得到提高。

类比迁移的相关研究支持并为例题教学设计提供了指向。Mary L. Gick 和 Keith J. Holyoak 等分析了类比迁移中的各类影响因素,包括样例的数量和变式,直接呈现图式,被试的先前知识及增加详细阐述等,结果表明,增加样例变式和详细阐述可显著地影响随后的问题解决,而直接呈现图式的效果不显著。Chi 等人研究了不同类型学生的例题学习过程,提出"自我解释"概念,认为自我解释是促使优生获取更多信息的关键。Adrienne Y. Lee 将专家解决问题的详尽阐述的信息加入样例中,并在样例的最后提供反省问题,发现该样例设计对差生的作用明显大于优生。

斯威勒(Sweller,1987)等人研究指出,在传统的练习条件下,学习者倾向于使用典型的新手策略,如试误法、目的手段分析策略,而在解决问题之前呈现样例的条件下,学习者则使用较为有效的问题解决策略,表现在集中注意问题的深层结构。

张春莉(2001)的研究结果显示,练习本身并不能促进问题解决技能的熟练和解题能力的提高,而结合样例进行的练习则能明显地促进技能的熟练和解题能力的迁移,样例在技能获得的最初阶段扮演着重要的角色,能有效地减少认知资源的浪费,从而把有限的认知资源集中在规则的应用上。

Ross(1989)也指出:"例题作为有影响力的老师,对于问题解决的重要性远远胜过其他方面。"Pirolli(1991)也认为:"当学习者遇到一个新的问题时,最先考虑的办法就是运用与待解决问题类似的例题。"VanLehe(1990)也指出,问题解决的具体例题比文本性解释更重要,孩子为了弄清楚一个原理或公式,宁愿用例子而不愿看书面解释(S. Ian Robertson,2004)。可见,例题对促进学习者问题解决能力的提高起着重要作用。

二、例题教学的方式

一个完整的解题系统一般包括 4 个阶段——弄清楚问题、拟定计划、实现计划、回顾(波利亚,1987),据此,例题教学一般需要经历"制定目标—选择、设计问题—实施教学—反馈检验"几个过程。从例题的具体教学过程来说,根据例题类型、功能的不同,以及教师教法选择的不同,教学方式也就有所不同。尽管有所区别,但在常规教学中,大多教师还是采用以下的教学方式:首先,读懂题意,弄清问题;其次,多角度探寻问题的解法,从各种思路出发,发现学生的思维;再次,优化思路,从各种思路中寻找最佳的解题方案;接下来,反思解法,并尝试寻找解题规律,配合相关习题进行强化;最后,引导变式思考,突出定式思维。也有的教师将反思放在教学最后,按照例讲—变式—训练—反思的顺序开展教学。

关于例题的教学有学者提出"不讲"的艺术,认为在讲风大盛的状况下,应该巧妙运用"不讲"的艺术,让学生通过自主以及合作研究的途径解决问题,其中不讲体现在以下四点:一是不讲思路,以设置问题的方式,引导学生探究,能消除学生的依赖心理,克服惰性;二是不讲技巧,而鼓励学生在反复尝试、经历磨难后自己发现最优解决方式或者解题技巧,才能运用自如;三是不讲运算过程,有选择地让学生完成一些具体的演算训练,避免光听不做,光看不练导致的眼高手低的现象;四是不讲错因,而是组织学生开展辨析活动,在挖掘错因的同时也就萌生了正确的解题思路(臧立本,2002)。但是不论采取什么样的形式,例题学习应该让学生达到对例题的理解水平,因为"死记硬背式的学习其结果是只有在高度相似的问题之间才能产生迁移,而'理解式'学习却能在低度相似或完全陌生的问题之间出现迁移"(Pennington & Rehder,1996)。

也有许多教师根据自己的教学经验,结合实例对例题教学方式进行研究,如有教师就高中例题"求证 $(ac+bd)^2 \leqslant (a^2+b^2)(c^2+d^2)$"尝试开展四个层次的教学:首先,从通法出发,夯实基础;其次,拓展思路,多种方法解决问题,深化学生对题目的认识,对知识的贯通和运用;再次,归纳概括方法,发现规律,从而发现问题;最后,落足于实际的应用,"以题攻题,学以致用"(李怀忠,2007)。

除了对常规的例题教学方式进行思考,也有学者针对复习中的例题教学方式进行了思考,以"误"为起点,"悟"为终点,同时以学生的"思"贯穿整个教学,将具体的教学分为如下步骤:(1)故设陷阱,诱误启思;(2)重蹈"歧路",引误促思;(3)由误激发思,在思疑中启悟;(4)由误反思,在联想中领悟;(5)由误导思,在发现中顿悟(胡磊、张彩华,2007)。

总结和复习中的例题教学往往有"多重身份",肩负"多重责任",以"综合"、"复杂"的形式出现,如果能利用"变"的形式对例题进行挖掘,那么就能在一个背景下进行多个知识点的巩固和复习,达到较好的学习效果。

三、一道例题的教学设计案例

这是浙教版数学八年级(上)"3.2 直棱柱的表面展开图"一节的一个例题,有教师按如下方式进行组织教学,获得了较好的学习效果。

1. 问题引入

如图 7-1,有一长方体的房间,地面为边长 4 米的正方形,房间高 3

米。一只蜘蛛在 A 处，一只苍蝇在 B 处。

（1）试问，蜘蛛去抓苍蝇需要爬行的最短路程是多少？

（2）若苍蝇在 C 处，则最短路程是多少？

2. 引子铺垫

引例：图 7-2 是一个"立方体"的表面展开图吗？如果是，请分别用 1，2，3，4，5，6 中的同一个数字表示立方体和它的展开图中各对对应的面。

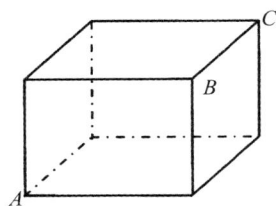

图 7-1　长方体
房间示意图

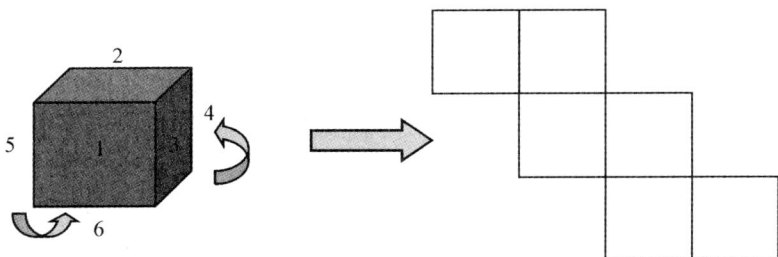

图 7-2　立方体展开图

通过课件引导，展示立方体展开图的全部可能情况（见图 7-3）。

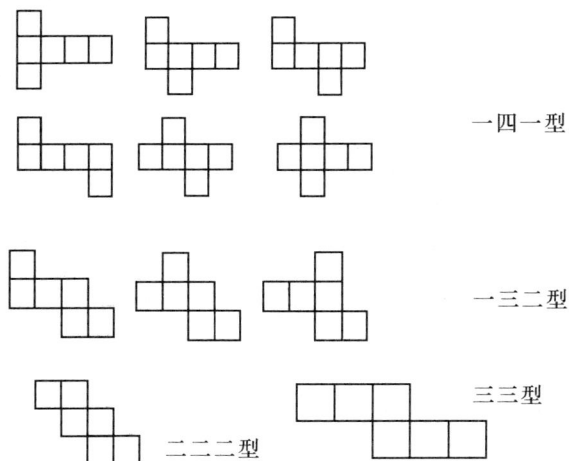

一四一型

一三二型

三三型

二二二型

图 7-3　正方体不同形状的展开图

通过引例，让学生明白正方体各种展开的操作方法，弄清楚各种不同的展开图，为长方体的展开作准备。

3. 问题解决

（1）A 在前侧面

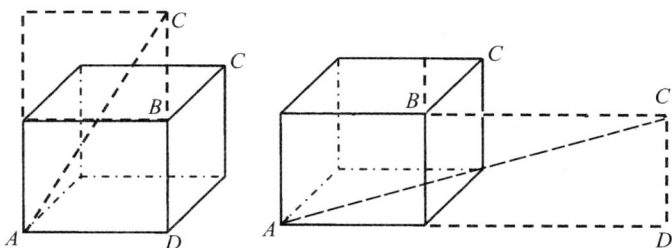

图 7-5　A 在前侧面

$$AC=\sqrt{4^2+7^2}=\sqrt{65}(\text{m}) \qquad AC=\sqrt{8^2+3^2}=\sqrt{73}(\text{m})$$

（2）A 在左侧面

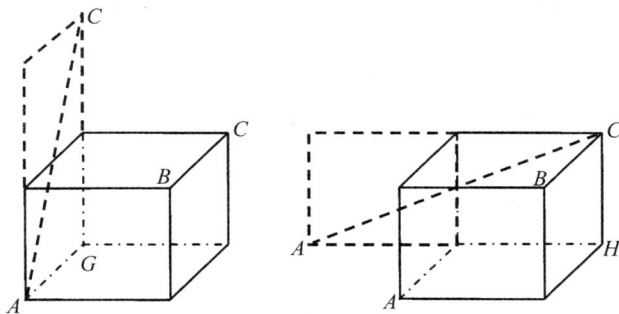

图 7-6　A 在左侧面

$$AC=\sqrt{4^2+7^2}=\sqrt{65}(\text{m}) \qquad AC=\sqrt{8^2+3^2}=\sqrt{73}(\text{m})$$

（3）A 在底面

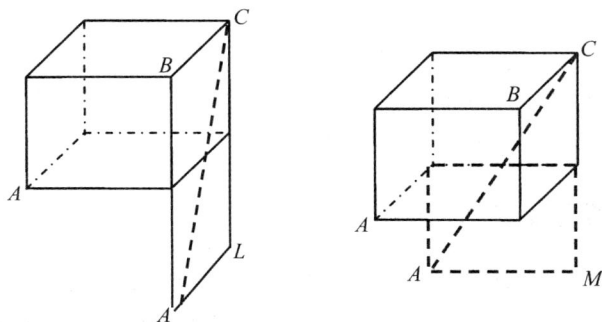

图 7-7　A 在底面

$$AC=\sqrt{4^2+7^2}=\sqrt{65}(\mathrm{m})\qquad AC=\sqrt{8^2+3^2}=\sqrt{73}(\mathrm{m})$$

所以,最短路径为$\sqrt{65}(\mathrm{m})$。

4."变式"练习的设计

改变几何体的形状背景(见图7-8):

(1)在金字塔形的空间里;

(2)在圆锥形的空间里;

(3)在圆柱形的空间里;

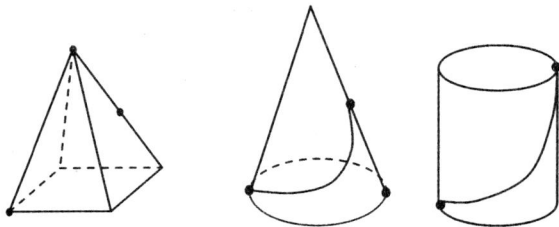

图 7-8　不同立体图中的表现

则侧面展开图分别为三角形、扇形、矩形(见图 7-9)。

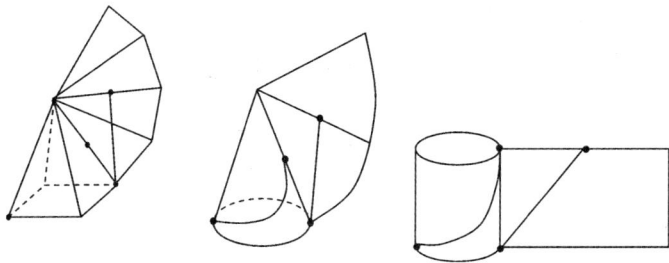

图 7-9　不同情形的展开图

由此举一反三,达到联想迁移、开发思维的教学效果。

本例题教学设计使学生获得了需要表面展开图解决某一类问题的方法,实现了真正意义上的例题教学目的。

四、例题教学的策略

目前,我国教学中,样例以课堂中例题的形式出现。我国中小学课堂中,教师和学生先提出问题,然后共同探究解决问题的方法,并在解决问题的基础上,总结出解决问题的方法和策略,然后学生运用总结出来的策略独立解决问题。课堂上师生共同解决的问题就是样例。

例题教学一般仍采用传统的教学方法:教师在课堂上对例题进行分析讲解并归类,学生课后做适量的同类习题。因此,总有老师抱怨,教过的习题学生总不会做;同时,也总有学生抱怨,上课时听老师分析得头头是道,一碰上具体问题却糊里糊涂。这就要求反思例题教学存在的问题,主要从三个方面去改进:一是提高例题设计水平;二是探究例题教学的有效手段;三是关注例题学习后期的拓展与反思。在例题设计中,有实践者探讨过"1+n"型例题设计。"1"代表一道好例题,"n"则包含两层意思:一题多解和一题多变。"一题多解",亦即引导学生从不同角度不同方法思考问题,探讨同一问题的多种解法,然后进行比较鉴别,从中筛选出最佳解题方法。而"一题多变",则是通过改变例题条件和结论,达到不同知识点或者同一知识点不同深度的学习。在变中寻求不变,在不变中寻求改变,充分利用例题资源。

其实,数学例题教学是一种典型的样例学习方式的应用。当我们难以将学生的学习材料变成全部以样例学习思想来组织时,仍可以将这种思想应用于例题教学。因此,利用样例学习理论进行数学例题教学,应该是未来例题教学优化之路。为此,在例题编制方面和教学方面,应遵循下列原则:(1)例题具有充分的典型性;(2)例题编制应该附有解题思路分析;(3)例题和练习、习题在使用方面最好交替进行;(4)例题教学可采取渐省式样例的教学呈现方式;(5)例题教学后的练习采用变式教学的思想。

通过推敲运用例子来解题的过程是学生在遇到教科书问题时解除困难的一条途径。把教科书中的例题作为类比物解题与利用相似性解决问题有着主要区别。因为,通常人们把类比看作从熟悉的领域到不熟悉的领域的知识迁移,而对于教科书中的例题,学生却是试图用它们解决从一个不熟悉的领域到另一个不熟悉领域的问题。也就是说,教科书中给学生提供的例子是为解决练习题作类比的,例题和练习题同属于一个领域,而学生并不了解该领域。这是利用教科书中的例题帮助解决课后练习题的困难所在。但既呈现一些具体的例子又提供中等抽象水平的解释(一个图式)可以帮助学习者明确怎样调整例题以适应不同的情境(S. Ian Robertson,2004)。

我们也可以看看样例在美国教学中的运用。美国教育部官方网站"如何组织教学"一栏中仍提倡"样例与练习交替"(worded example with practice)的学习策略。在美国的课堂教学中,老师要给学生讲清楚样例解决问题的每一步骤,让学生在样例与要解决的问题之间建立联系,并形成有效的迁移。在美国中小学教学中,样例呈现的方式有以下几种。

一样例——练习。在解决问题之前,给学生呈现一个样例,然后让学生通过练习掌握样例呈现的问题解决方法。

多样例——练习。在解决问题之前,给学生呈现多个样例,让学生从中观察、理解正确的问题解决策略,然后给学生一个练习。学生通过练习掌握问题解决。多样例是避免学生错误理解样例的有效方法。学生可能会从一个样例中得出错误的结论,正好可以通过第二个样例纠正从第一个样例中得到的错误的观念。

多样例—多练习。给学生多个样例、多个问题,让样例和练习交替进行。学生可以从多个样例中逐步学习问题解决的每一个步骤,然后逐渐减少样例,让学生掌握问题解决策略。

教师呈现与问题类似的样例,通过讲解,让学生明确样例与问题之间的联系,并在问题解决中形成有效的迁移。在美国的课堂教学中,要求教师为学生提供与学生生活密切相关的样例。在我国课堂教学中,例题呈现的方式多种多样,以上三种例题呈现的方式在我国中小学数学课本中都是常见的。我国课本中的例题以一样例—多练习为主。

在多样例呈现中,可使用渐省式样例。下面是数学渐省式样例的一个例子:

样例 1 如图 7-10,$\angle C = 90°$,图中有阴影的三个半圆的面积有什么关系?

解:

第一步:计算三个半圆的面积

直角三边形三边上的半圆面积从小到大依次记为 S_1,S_2,S_3,则

$$S_1 = \frac{1}{2}\pi\left(\frac{BC}{2}\right)^2 = \frac{1}{8}\pi BC^2;$$

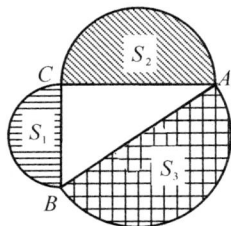

图 7-10　直角三角形
外接半圆

$$S_2 = \frac{1}{2}\pi\left(\frac{AC}{2}\right)^2 = \frac{1}{8}\pi AC^2 \text{；}$$

$$S_3 = \frac{1}{2}\pi\left(\frac{AB}{2}\right)^2 = \frac{1}{8}\pi AB^2 \text{。}$$

第二步：直角三角形的三边关系

由勾股定理，得 $BC^2 + AC^2 = AB^2$。

第三步：三个半圆面积的关系

根据三个面积等式和三边关系，得 S_1, S_2, S_3 的关系是 $S_1 + S_2 = S_3$。

即斜边上的半圆面积等于两个直角边上的两个半圆面积的和。

样例 2 如图 7-11，以 Rt△ABC 的三边为斜边分别向外作等腰直角三角形，试探求三个阴影直角三角形面积的关系。

解：

第一步：计算三个直角三角形的面积

因为 △AHC 是以 AC 为斜边的等腰直角三角形，所以

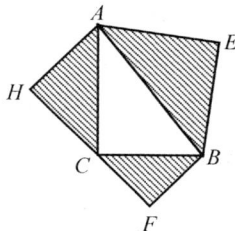

图 7-11 直角三角形外接直角三角形

$$S_{\triangle AHC} = \text{以 } AH \text{ 为边长的正方形面积的} \frac{1}{2}$$

$$= \text{以 } AC \text{ 为对角线的正方形的面积的} \frac{1}{2}$$

$$= \frac{1}{4}AC^2$$

同理可得 $S_{\triangle BCF} = \frac{1}{4}BC^2$，$S_{\triangle ABE} = \frac{1}{4}AB^2$。

第二步：直角三角形的三边关系

由勾股定理，得 $BC^2 + AC^2 = AB^2$。

第三步：三个阴影图形的面积关系

$$S_{\triangle ABE} = \underline{\hspace{3cm}}$$

样例 3 如图 7-12，分别以直角三角形 ABC 三边为边向外作三个正方形，其面积分别用 S_1, S_2, S_3 表示，那么 S_1, S_2, S_3 之间有什么关系？

解：

第一步：计算各外作正方形的面积

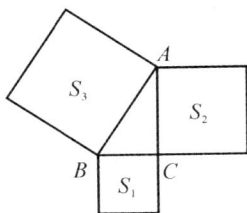

图 7-12　直角三角形
外接正方形

第二步：直角三角形的三边关系

第三步：三个正方形的面积关系

样例练习变式问题 1　如图 7-13,分别以直角三角形 ABC 三边为边向外作三个正三角形,其面积分别用 S_1,S_2,S_3 表示,请你确定 S_1,S_2,S_3 之间的关系并加以证明。

变式问题 2　如图 7-14,所有四边形都是正方形,所有的三角形都是直角三角形,若大正方形的边长是 6cm,则正方形 A,B,C,D 的面积和是多少?

变式问题 3　如图 7-15,四边形 $ABCD$,$EFGH$,$NHMC$ 都是正方形,边长分别为 a,b,c；A,B,N,E,F 五点在同一直线上,则 $c=$ _____（用含有 a,b 的代数式表示）。

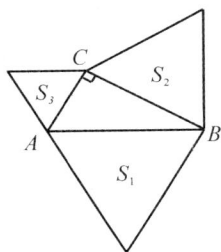

图 7-13　直角三角形
外接等边三角形

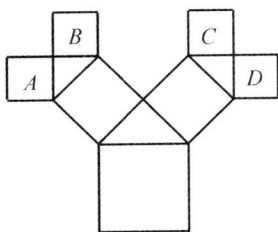

图 7-14　直角三角形连接外接正方形

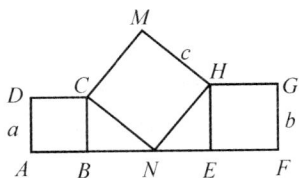

图 7-15　直角三角形与正方形组合

变式问题 4　在直线 l 上依次摆放着七个正方形（如图 7-16）。已知倾斜放置的三个正方形的面积分别是 $1,2,3$,正放置的四个正方形的面积依次是 S_1,S_2,S_3,S_4,则 $S_1+S_2+S_3+S_4=$ _____。

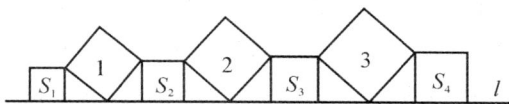

图 7-16　直角三角形与正方形多重组合

　　样例在美国也被运用在作业辅导中,设计有助于解决家庭作业问题的样例。教师设计家庭作业时需考虑以下问题:问题的类型、解决问题需要的具体步骤、问题的难易程度、解决问题要运用的关键策略、学生可能遗漏的步骤或可能出现的错误。

　　美国教育部网站提供了附有样例的学生作业,例如:

　　当 $x=7$ 时,

$$7x-3(5x+2)=7\times7-3\times(5\times7+2)$$
$$=49-3\times(35+2)$$
$$=49-3\times37$$
$$=49-111$$
$$=-62$$

　　当 $x=7$ 时,请计算 $(8x-6)(2x+1)$。

　　在例题阅读教学中,我们应重视让学生去作预测的重要性。按阅读心理机制的不同,把阅读分为主动式阅读和被动式阅读。所谓主动式阅读,就是在阅读过程中,充分利用文本特有的逻辑性和结构性特点,运用由特殊到一般的归纳推理方法,由具体到抽象的上升思维方法,由个别到普遍的概括归纳方法等,不断在文本的适当地方由文本的上文作出预知、猜想、估计,自己得出下文将要给出的结论,再通过与文本中给出的结论相对照,加以修正,以获取知识的阅读。它不是通过直接阅读文本结论来接受结论,而是主动思考文本中上文提供的材料,自己发现下文将要给出的结论。即不光是通过阅读获知,还要通过主动加工文本材料去发现知识,进而获得文本中隐含的原理或规则性知识。所谓被动式阅读,就是通过视觉搜索信息、接收信息,通过思维加工信息,最终理解、接受信息的阅读,换言之,就是通过看文本,先获得文本的结论信息,然后通过思考理解该结论,进而掌握结论的阅读。显然,两种阅读的思维机制有所不同。被动式阅读摄取文本内容,再通过思维理解、消化这些内容。由于阅读的文字、数字、符号、图表中有现象也有本质,有条件连接结论的逻辑,所谓理解,就是找到它们之间的联系及根据,故这种阅读主要是借助于求同思维。另外,这种阅读的内容是有序出现的,阅读时思维是在知识铺设的轨道上运行,思维的方向和思维的过程都表现出明显的确定性。主动式阅读要求在阅读的适当地方,主动通过思维去概括或预测出(可能不是那么准确地)下文将要给出的结论(通则、通法、定理、公式、推理结果等),而不是直接阅读文本中给出的这个结论,文本中的结论仅作为自我概括或预测结论的一种对照、一种规范化的修正。在得出结论或欲得出结论的过程中,学生会运用归纳的方法、相似的方法、概括的方法以及分析的方法处理已阅材料,这里思维是开放的、发展的,思维的目的不是去"印证",而是去"发现",是在已阅材料的基础上建立一个更概括更普遍的原理或建造一个由前提条件到结论的逻辑通道。因此,这种阅读能有效地训练学生的归纳、综合、概括、猜测、预见的能力和发现精神、探索精神。这种阅读实质上是要求读者去"做",从做中主动获取知识。可见主动式阅读不是被动吸收知识,而是尽量通过自己的努力发现知识,再获得知识。因此,在阅读方法指导上,教师应要求学生破除传统被动式的阅读习惯,在阅读过程中不断地在适当的地方暂停,而进行主动思考,力求作出一些个人猜测、估计,养成主动式阅读习惯。这里所谓适当的地方是指像如下醒示语处:"根据……可以归纳得出""……也具有类似的性质,就是""从上面的例子可以看出""想一想……""一般地,有……"等,以及概念定义后对概念的进一步认识,公式和定理等给出后的主动探证,例题内容读后的自主分析,解证过程中某一步的思索等(邵光华,1999)。通过上述分析可以看出,主动式阅读实际上是一种能够积极作出自我解释的阅读活动,在样例学习中,我们提倡主动式阅读样例学习,即在阅读样例文本过程中,要积极主动地思考样例中下一步是什么、为什么,积极思考概括样例中蕴含的方法、原理、思想等。

第三节　样例学习理论下的范文模仿写作指导探索

语言学习的目的之一就是提高写作表达思想的能力与交流、交际能力。范文教学是作文教学常用的教学手段,它能够最直观和最明了地认识具体作品的写作机理，也能够比较快捷地掌握范文中突出的构思技巧和表现手法等教师所强调的内容。范文教学集案例教学特点和文章点评教学于一体，使教学内容比较丰富，但由于在传统教学中范文教学所使用的范文具有某种作文的"标准答案"的意味，因此，学习过程中，范文往往成为学生模仿的标准。优秀的范文对学生而言有样例的作用，写作教学的范文模仿写作法可谓是样例学习方法。引进样例学习理论指导有助于改进范文模仿写作法。本节试从样例学习的角度解读范文模仿写作法，以求获得范文模仿写作法的改进。

一、语文写作中的仿写

大教育家朱熹曾经说过："古人作文作诗，多是模仿前人而作。盖学文既久，自然纯熟。"可见，巧用范文，由仿到创，是学习习作的必经之路。古人书画创作中有"临摹"一词，也就是初学书画的人，应先对名人名作或摹或临，依样画葫芦，但即使是这样的照搬照抄，古人也讲究在"形"似的基础上再追求"神"似。先仿作然后才能有创作。我国著名的语言学家吕叔湘先生也曾说过，"语文，就是适当的模仿和不断的实践"。由此产生了所谓的"范文教学法"或"范文模仿写作指导法"（model-imitation practice）。

读范文的仿写不是抄袭。关于模仿，朱光潜先生（1933）曾作过论述。

"模仿"和"学习"本来不是两件事。姑且拿写字作例。小儿学写字，最初是描红，其次是写印本，再次是临帖。这些方法都是借旁人所写的字作榜样。就笔者自己的经验来说，学写字最有益的方法是站在书家的身旁，看他如何提笔、如何运用手腕、如何使全身筋肉力量贯注在手腕上。他的筋肉习惯已养成了，在实地观察他的筋肉如何动作时，可以讨一点诀窍来，免得自己去暗中摸索，尤其重要的是免得自己养成不良的筋肉习惯。艺术上的模仿最重要的是技巧。"古今大艺术家在少年时所做的功夫大半都偏在模仿。米开朗琪罗花费半生的功夫研究希腊罗马的雕刻，莎士比亚也花费半生的功夫模仿和改作前人的剧本，这是最显著的例。""艺术家从模仿入手，正如小儿学语言，打网球者学姿势，跳舞者学步法一样，并没有什么玄妙，也并没有什么荒唐。不过这步功夫只是创造的始基。没有做到这步功夫和做到这步功夫就止步，都不足以言创造。""创造是旧经验的新综合。旧经验大半得诸模仿，新综合则必自出心裁。"有人提倡模仿，也有人唾骂模仿，往往都各有各的道理，其实并不冲突。顾亭林的《日知录》里说："诗文之所以代变，有不得不然者。一代之文，沿袭已久，不容人人皆道此语。今且千数百年矣，而犹取古人之陈言一一而模仿之，以是为诗可乎？故不似则失其所以为诗，似则失其所以为我。"这是一段极有意味的话，但是他的结论是突如其来的。"不似则失其所以为诗"一句和上文所举的理由恰相反。他一方面见到模仿古人不足以为诗，一方面又见到不似古人则失其所以为诗。这不是一个矛盾么？这其实并不是矛盾。诗和其他艺术一样，须从模仿人手，所以不能不似古人，不似则失其所以为诗；但是它须归于创造，所以又不能全似古人，全似古人则失其所以为我。创造不能无模仿，但是只有模仿也不能算是创造。

语言习得中的模仿学习的理论基础源于 20 世纪四五十年代行为主义理论中提出的刺激—反应论（stimulus-response theory）、强化理论（reinforcement theory）。该理论认为，儿童基本靠模仿成人语言而习得母语。根据刺激—反应论和强化理论，儿童获得母语的途径是在外界各种环境输入（如语音、文字或图像等）的不断刺激下，通过传递性刺激（mediating stimulus），儿童即可在一定条件下产生反应，从而成功地习得母语。当然，儿童在模仿某一语言结构之前，首先要理解它，特别是理解其语义关系。如果儿童听到的是一句陌生而且又不知道任何所指的话，一般不会去模仿。如此，在行为主义看来，语言学习就是模仿—练习—成功反馈、形成习惯的结果，模仿和练习是语言发展的首要过程。那么，根据行为主义理论，写作教学可分三个阶段进行：刺激（教师提供范例）—反映（学生写作）—巩固（教师对学生习作的反馈，以影响学生下次的写作）。

近 20 年来的认知神经科学研究发现，一种被称为"镜像神经元"的东西，可以解释人在语言和学习中的模仿，给模仿提供了生物学意义上的理论依据。正如美国加州大学研究镜像神经元的马科·艾可波尼所描述的那样："当你看到我完成一个动作，如踢球，你自己的大脑就会自动模仿此动作。当你模仿时,我们还不完全清楚大脑电路是如何约束你不动的。但你明白我的动作是因为你的大脑中有一个基于你自己模式的动作模板。当你看到我挥手掷球时,你的大脑会重复一下动作,以帮助你得知我的目标。因为镜像神经元,你能看懂我的意图。你知道我下一步要做什么。""如果你看到我哽住了,镜像神经元会模仿我的痛苦,你会自动同情我。你知道我的感受是因为你能真正感知到我的感受。"镜像神经不仅让人能做、能理解他人的行为,还具有理解他人意图、模仿他人行为与情感的社会意义,而人类的生存就是建立在明白他人的行动、动机和情绪之上的。镜像神经是语言的基础,在语言学习上,镜像神经使人们通过模仿、理解复杂的手势语、唇舌的运动来遣词造句,学习语言。因为有镜像神经,孩子从一出生就具有模仿行为。

仿写就像小学生写字要临帖一样。仿写有各种不同的仿写风格。如文章结构形式的仿写,就是按照某篇优秀文章的结构,按照它的开头、过渡、结尾来组织自己文章的开头、过渡、结尾形式;有语言风格方面的仿写,就是按照某篇优秀文章采用的短句、排比句、对偶句、引用诗词格言警句、幽默口吻等特点,模仿着去写作。仿写的特点是有前车之辙,有章法可循,既降低难度,又收效明显。

范文模仿写作教学要求教师在指导写作时要切实发挥好范文的示范作用,用范文去引导、扶持学生,将范文的立意、构思、写作特色讲深、讲透,让学生深刻领会其中的要领,这样学生写作既有原文可凭借,又有思路可遵循。

如何利用范文为写作教学服务？著名的语文教育专家魏书生的教学模式读写结合式,是很有借鉴价值。他以《母亲》一课的教学为例,给出了教学的基本模式(郑芳,2008):

首先,精读片断。《母亲》一文的心理活动描写是十分突出的。课堂上只让学生精读母亲发现特务盯梢后的心理活动一节,然后要求拟写出母亲心理活动的全过程(10分钟)。

其次,整理结果。让学生到黑板上将读的结果图解板书出来。据图所示,归纳出心理描写的一般步骤:分阶段—按方面—写过程。这个环节很重要。要简明地总结出规律性的、可资借鉴的结果来,并形成板书(10分钟)。简要点拨:从上面两个环节可以看出,心理描写是对人物在特定环境中的感受、愿望、情绪、思想等具体的刻画。这种刻画是人物内心活动、思想性格的直接展现,目的是让读者看到人物心灵深处,洞悉人物内心隐秘及感情冲突。那么,怎样描写人物的心理活动呢?从上面精读中可知:(1)直接刻画,交代和说明,如写母亲内心感觉部分;(2)内心独白;(3)幻觉,如写母亲思想斗争部分。

第三,拟题仿写。提出要求:(1)用第一人称"我"来写心理活动片断;(2)设置出的情境有"向家长递交成绩单时""老师课堂提问时""受到表扬、批评或恐吓时""做错了事时""当我戴上团徽时"等;(3)必须写出全过程,要求的提出要具体而清楚。

第四,抽样点评。

模仿是儿童的特长,儿童在接受新技能时,通常由模仿开始。作文写作是从小学阶段开始的,这是一项全新的技能。在学习这项技能时,也是从模仿起步的,这既符合学生的心理特点,也符合学生的学习规律。对于学生的写作来说,从模仿范文开始,大体经过模仿—探索—创造三个阶段,学生写作能力才能形成。教材中的课文和作文训练的例文、教师指导作文时所举的例文与"下水"作文以及学生自备的各种作文选,都是学生写作训练中模仿的范文。

学生从模仿同题材(甚至是同题目)范文的写法开始,将范文的结构和表达方法作框架套进自己想写的题材,于是写出与范文相似的文章来。在这个模仿写作的过程中,范文使学生能够对所训练的文体有具体可感的理解,比起教师抽象地解释某文体的特点、要求,更易获得感性的理解。如小学生能够根据样例"公园里的菊花好看极了。黄的,白的,淡绿的,紫红的,一朵朵,一丛丛一片片,它们正迎着深秋的寒风开放呢。人们边看边走,边走边看,舍不得离去"仿写出诸如"果园里的果子熟了,有红色的苹果,还有黄色的香蕉,还有粉色的桃子。人们看见这么多的果子,高兴得笑起来了"等句子来。人们接受知识技能,总是由易到难,从简单到复杂,从模仿到创新,从固定单一到灵活多样。学生的写作也是这样,模仿只是入门的手段,入了门后,就有待提高与创新。学生经过多次模仿范文,总能潜移默化地吸收其中的一些技巧,这时只要教师加以适当的点拨,学生就会从范文表层的结构内容,理解吸收范文深层的写作技巧,包括主题如何确定,选取哪些材料,用何种表达方式,语言如何才能生动,结构如何巧妙安排……从单纯套用范文的框框到学习范文的技巧,并灵活地融于自己的写作中,形成自己的写作技能,达到创新的目的。

范文能为学生提供模仿的好样本,但教师必须进行由仿到创的方法指导,这是一个长期的训练过程,不可能一步到位。如何选择范文、设计教学,是语文教育工作者要进一步思考的问题。

根据样例学习理论,在范文中设置子目标,增加标识,有利于引导学生思考,形成"作文"框架,提炼文章的内在"结构",将有助于仿写迁移。下面是一个样例设计。

范文样例阅读:

被自己感动

我们常常被别人感动。他们的坦诚纯朴,他们的义举善行,让我们感到世界多么美好;有时候,当马路边上一个陌生人伤心地哭泣,也会使我们心里一颤,尽管我们不知道他为什么伤心。但是,人还应该有被自己感动的时候,就像应该有惬意、陶醉一样。(解题、议论)

那是大半年前的一天早上,天阴云厚,小雨淅沥,接着就大雨倾盆。到我上班的时候,雨倒是停了,马路却变成了河。一条大河波浪宽,河里卧着几只怪模怪样的大乌龟,那是几辆熄火的小汽车。(环境描写)平日里它们呼啸来呼啸去,全不把我这样的步行者放在眼里,没想到它们也有趴下的时候! 我有点幸灾乐祸。(心理描写)但就在这时,我看到路边有一位老阿姨。她一只手撑伞,一只手提着装满菜的篮子,虽然已经卷起了裤管,却畏缩不前。行人都在走自己的路,没有谁注意到她。(人物外貌、神态、动作描写)这样的老人是城市一景,他们每天一早就出门为一家人的吃喝操劳,午餐、晚餐,都是他们从市场上拎回来。这位老阿姨肯定是他们中的佼佼者,她一定在雨还小时就出门了。(心理描写)

我想都没想就走过去对她说,"阿姨我帮你过去"。她深深地看我一眼,说水真深。我扶着她,一步一步趟水过了马路。(人物动作、语言描写)整个过程也就两三分钟,老阿姨却千恩万谢,说我是个好人。我连说了几个"不",本意是说不必多谢,却发觉有可能变成"我不是好人",于是

赶紧说,下雨路滑,阿姨小心啊。(心理、语言描写)

这件小事之所以被我写到文章里,是因为老阿姨说我是好人。我本来就是一个好人,不是坏人。可是,因为从没有被警察盘问过"你是什么人",也没有坏人要跟我交朋友,在好人当中又不需要声明自己是好人,以至我常常忘记自己是个好人。老阿姨的感谢唤醒了我的"好人意识",我感到温暖、温馨。我被自己感动了。(心理描写、点题)

被自己感动,就像有另一个我在面前说话做事,我和那个我形神时聚时散,时分时合,感觉与庄周梦蝶差不多。等到回过神来,我发现,被自己感动更像助人为乐的乐。(议论)

我们不是圣人,其实这个时代也不需要圣人。我们无需"吾日三省吾身",但在不经意间被自己感动一两次,相当于自我警醒,保持做好人的先进性。因为平庸的生活是一块砺石,容易把人心里美好的东西磨掉。(议论、升华主题)

练习作文:

阅读上文《被自己感动》(许茗,吉林《城市晚报》,2008 年 8 月 29日),请以"被自己感动"为题目,写一篇 600 字至 800 字的文章,立意自定。

如果学习者能够通过阅读范文,体会到下列各段写作内容和结构,就能较好地模仿写出文章。

第一段:开头点题,写被人感动和被己感动(议论、点出文眼。略写)。

第二、三段:写被自己感动的时间、地点、人物、事件的经过(叙述,环境、外貌、动作、神态、语言、心理描写,议论。详写)。

第四段:自我解剖,为什么会被自己的行为感动(写被自己的善良或执着或英勇或其他特性感动,心理描写。较详)。

第五段:写对被自己感动的理解(议论、逐步深化主题。略写)。

第六段:写自己的感悟,收束全文(议论、画龙点睛。较详写)。

二、英语写作中的范文教学法

模仿是学习英语的基础。学习英语时,模仿是必不可少的。比如在学习语音时,要大量地重复练习音标、单词发音,朗读句子和文章。而在练习过程中,应尽量模仿音标发音和单词发音,同时模仿句子的音调和节奏。一位英语口语很棒的学习者谈到学口语的秘诀时,总是说:"外国人怎么说,我就怎么说;外国人怎么写,我就怎么写。"真可谓一语道破天机!

英语写作学习中模仿同样重要,范文同样不可或缺。范文的作用体现在英语文章的各个要素上:主题的清晰表达、段落主题句及句子的撰写技巧、语篇衔接手段的运用以及遣词造句的精彩。借助于范文进行写作教学,可以有效地提高学生的文章欣赏水平及写作技巧。范文教学法的优点是学生写出来文章语法错误较少、结构合理、句子通顺,有利于学生清楚地领会英语文章的结构、主题句的位置、语言的连贯性以及遣词造句的表达习惯等写作特征,掌握写作要领,强化洞察两种语言思维差异的意识,从根本上学会如何写出地道的英语文章。

学生学习英语写作的过程跟学习其他技能一样,是一个刺激与反应的过程,提倡模仿优秀范文进行写作学习。范文教学法遵循"教师分析范文和题目—学生仿写—教师讲评并批改习作"的基本步骤,教学一般过程是学生先阅读范文,然后教师带领学生分析范文的文章结构、格式、修辞等,之后教师给学生指定题目,让学生参考范文进行仿写;学生完成写作后交给老师进行批改,老师及时纠正学生词汇、语句、衔接等方面的问题;学生在教师批改的基础上发现问题并进行自我修正。

关于范文在外语写作教学中的运用,美国宾州大学教育研究生院的辛西娅·沃森(Watson,1982)有着积极的看法:"如果学生把范文当作一种资源而不是一种目标,如果他们能互相之间以及同教师一起探讨范文,如果他们在写作的各个阶段,能轻松自在地将自己的作品同专业作品进行比较,那么异域的作品也就真正地使他们投入到独创性的(写作)过程中去了。"亚纳科恩(Ianacone,1996)在描述自己写作教学的实践时也说:"在教学中使用范文,我从来没有不情愿的时候;我从没想过这会有什么害处。"大卫·鲁恩泽尔(David Ruenzel)也曾说过:"作为教师,我的任务之一就是给学生提供一系列了不起的典范作文,让他们意识到什么叫了不起。"因此,"写作理论固然能起到指导的作用,但毕竟是抽象的东西,看不见,摸不着。要做到理论与实践的最佳结合,最好的途径就是学习范文,多给学生提供一些针对性较强、来自各渠道的各类典范作文,引导他们以积极的态度赏析范文,从中学习写作技巧"(陈立平,2001)。其实,好的范文形象地再现了英语写作的方法和规律,典型地反映了英美作者构思写作的痕迹,还讲述了许多英语国家的文化、传统、风土人情。学生可以在潜移默化中学会结构、修辞、句子变化、选词、组篇成章等方面的技巧,从而感受到中西方不同的思维方式和表达方式的文化差异性。

关于传统的"先分析范文、再欣赏一些从范文中挑选出的片段或句子、最后让学生参照范文习作"的写作教学法,语言学家 Eschholz 有不同意见,他认为,精彩的范文与学生水平相差较大,一开始就给学生讲解范文,很容易吓倒学生;其次,范文长度、写作方法、写作技巧等未必与学生的写作要求相适合;第三,在习作前让学生过于认真地学习范文,容易让学生误解内容与形式的关系(Eschholz,1980)。所以他提出,教师不应在写作过程发生之前展示范文,而应该使范文融入学生习作的过程之中,也就是说,只有学生在完成了写作有关阶段之后,遇到特定问题时,再向范文求助,此即"新范文教学法",即是说,在学生写作过程中,当他们确实需要帮助的时候才向他们展示范文,尤其是展示与其写作水平相近的高质量的学生范文供参考(吴锦、张在新,2000)。新范文教学法是现阶段的大学英语写作教学中比较适用的一种教学方法(赵小琴,2001),强调教学要从"以教师为中心"转变成"以学生为中心",在教学过程中教师以学生为主体,引导他们积极讨论、共同交流,针对不同的观点、理论提出自己的见解,把自己单方面使用的支配权和控制权改变为学生个人和班级共同支配和控制的权利,从而形成一种民主合作互动的过程。其次,新范文教学法重视运用各种类型的教学媒体和教学资料。在多媒体辅助教学过程中,教师最大程度地发挥多媒体等现代教学媒体的辅助作用,培养学生收集信息、处理信息的能力(刘玉萍,2004)。第三,新范文教学法重视教学资料的运用,尤其强调写作范文的资源作用,它赋予范文全新的含义,认为范文不再是理想的典范,或是模仿的对象,而是为学习者在学习过程中掌握技能和完成新的意义建构提供了一种丰富的源泉(陈立平,2001)。最后,新范文教学法吸取了过程教学法的交际理论,重视写作学习的互动性和协作性,在教学过程中形成一种师生互动、生生互动的交际性学习氛围。在不同的教学环节,教师设计各种活动引导学生挖掘题材,触动他们的创作思维,然后讨论学习资料,同化或顺应新知识,再修改写作初稿,最后融合所学知识技巧完成思想内容的意义建构。

也有研究者认为,英语写作中的范文起着使学习者理解教师所授写作理论、激发学习者写作热情、供学习者模仿的作用。其位置比较灵活,既可以出现在理论讲解之后、学生练习之前,也可以出现在理论讲解之前,首先给学习者以感性认识(刘苏力,2006)。

三、范文模仿写作指导的基本方式

Wallace Douglas 指出:"写作是一个过程,写作课应该教授的是构成写作过程的一步步的操作方法。"因此,明确范文模仿写作的具体操作方法是利用范文进行写作教学的前提。

运用范文进行英语写作教学是一种行之有效的写作教学法。运用范文进行教学,首先要选好范文;其次是从写什么和怎么写两方面入手对范文进行分析,关注范文的结构、写作技巧、用词、选句、衔接等;然后再对不同的范文进行对比和比较,拓宽学生思维,巩固所学知识;最后,教师教授学生不同的写作方法,如提纲式作文、口头作文、集体作文等(朱国兴,2006)。

新范文教学法进行了结构性的优化设计,提出了优化教学模式:把教学过程分为模仿借鉴、情景对话、话题讨论和范文赏析等四个步骤(见图 7-17)。首先以"模仿借鉴"开始范文中的句型操练,再借助"情景对话"进行段落练习;然后以"话题讨论"为发展谋篇铺平道路;最后进行"范文赏析",使谋篇成文水到渠成。通过对写作中的复杂问题进行分解,由易到难、由浅入深地帮助学生解决写作中的困难,提高写作能力,最后达到写出合格作文的目的。这种探索与尝试已经取得了初步的成功(刘玉萍,2004)。

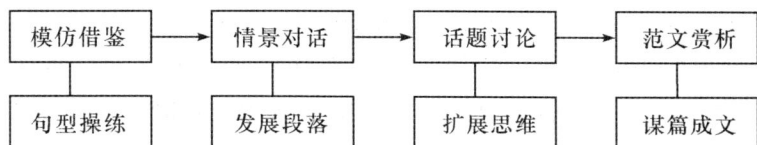

```
模仿借鉴 ──→ 情景对话 ──→ 话题讨论 ──→ 范文赏析
  │             │             │             │
句型操练       发展段落       扩展思维       谋篇成文
```

图 7-17　教学过程四步骤

也有研究者就英语写作教学总结出范文模仿写作法的十个程序步骤:第一步,学生阅读范文;第二步,学生就范文进行讨论;第三部,学生分小组讨论作文题目;第四步,学生开始写作,一气呵成完成作文;第五步,学生互相评改作文;第六步,学生重写第二稿;第七步,教师修改学生的第二稿;第八步,学生分组讨论和评改第二稿;第九步,学生按照互改后的意见写第三稿;第十步,教师修改并点评第三稿(钱桂荣,2009)。该程序步骤显得更细致、操作性强。

总之,写作教学的方法各有不同,利用范文进行模仿写作教学只是其中的一种。作为指导者,教师应该从教学的实际出发,结合学生和具体教学内容的特征及需要,在教师的指导下,充分发挥学生的主观能动性,有目的、有计划地培养学生的写作能力,将"写作课的重点放在写作的表达和创作的过程当中"(Zamel,1976),让学生在循环往复中真正能够学有所长。善于指导学生从范文中理解英语文章主题的表达、认识英语语篇的衔接手段、掌握英文句子的写作技巧、领会英语词汇的使用。正如 Sally Gibson(2008)所言:"只有当背诵这一方法被合理地、小心地、在明确的学习目标的指导下使用,才可以获得成功,而且它也只应该仅仅是老师的众多办法之一。"

不管是语文教科书还是英语教科书,编者之所以选编了许多名家名作,很大成分上是为了通过这些精品范文,学习、理解、体悟文章的写作精要,从中悟出写作的"诀窍",进而模仿范文进行写作,培养写作表达能力。因此,在模仿范文时,应逐渐指导学生,不能只是形式上的模仿,而应不断追求实质上的理解。

第四节　范例教学的样例学习观思考

"范例教学"(exemplarisches lehren und lernen,modeling teaching)兴盛于 20 世纪五六十年代的德国,被理论界视为第二次世界大战后与苏联赞科夫"发展主义教学理论"和美国布鲁纳"结构主义教学理论"并列的当代世界三大典型教学理论学派之一。它于 80 年代初开始传入我国,并立即引起轰动,在教学理论与实践中颇具影响。直至今日,这一教学理论仍然对我国的教育改革具有深刻的指导与启示意义。本文试从样例学习新视角来分析范例教学，并试图改进和泛化之。

一、范例教学理论的基本内容

（一）范例教学的基本思想

范例教学理论不是某一个教育家的系统的教学论思想，而是一个学派，许多学者围绕范例教学思想作了多年理论与实践的探讨，如 1949 年，德国 H. 海姆佩尔在历史教学中提出"示范教学的原理"；1950 年，M. 瓦根舍因在物理教学中提出"范例教学原理"；1957—1958 年，W. 克拉夫基和 H. 朔伊尔发表了关于范例教学的本质及其教育意义的著作，J. 德博拉夫和克拉夫基发表了关于范例教学历史背景的著作；等等。因此，其基本思想是丰富而分散的，概括起来，主要体现在以下几方面：

（1）教学应当教给学生系统性认识，使学生了解学科的基本结构、各种知识之间的联系，让他们对一门学科有一个整体观念。范例教学理论认为，没有一个有计划的教学过程可以穷尽整个精神世界，没有人能够毫无缺漏地掌握某一个学科领域的全部知识与能力，更不必说能使一个学生点滴不漏地掌握各门学科的全部知识了。因此，教学应当教给学生系统性的认识。然而，传统教育所传授的系统知识不够精当，同实际脱节，学生难以了解其科学意义和社会意义。传统的追求系统性的教学混淆了系统性的认识与系统性的教学材料——将所谓的具有系统性的材料的堆积等同于学生系统性认识的掌握，结果是，教学让学生学习了一大堆所谓具有系统性的材料，而实质上，在学生的头脑里只是一堆杂乱无章的材料，不能获得系统的认识，形不成学科概观（李其龙，1993）。范例教学理论主张以使学生获得系统的认识代替记忆所谓系统性的知识材料，以追求对难点与重点突破的范例教学取代面面俱到的传统教学。在范例教学中，每个范例都同时反映学科的整体与学习者的整体，通过精选出具有基础性、基本性的范例达到教学的基本性与基础性。

（2）教学必须正视学生在校的有限的学习时间，加强教材的基本性、基础性，组织"教养性的学习"。教学要勇于剪裁教材，以彻底性代替肤浅的全面性，以使学生获得系统的认识，代替记住所谓系统性的知识材料,追求深而不是广。这就意味着,教学应使某些部分得到加强、深化,使学生学过的这些知识能在头脑中扎根,而使某些枝节一带而过。这些需要得到加强、深化的重点知识内容,就是范例。更广泛一点来理解范例,就是"隐含着本质因素、根本因素、基础因素的典型事例"。采用克拉夫基的话来概括就是:"组织教养性的学习,促进学习者的独立性,即把他们引向连续起作用的知识、能力、态度。这种教养性的学习是不能通过再现性地接受尽可能多的个别知识、能力、态度和熟巧来达到的,而只能通过如下办法来达到:让学习者从选择出来的有限的例子中主动地获得一般的,更准确地说,或多或少可作广泛概括的知识、能力、态度。换言之,让他们获得本质的、结构性的、原则性的、典型的东西以及规律性、跨学科的关系等等。借助这种一般的知识、能力、态度,就多少能理解并解决一些结构相同或类似的单个现象问题。我们可以把每次通过一个范例或者少数经选择的范例而取得的一般知识、能力、态度的这种作用方式称作'范畴'的作用方式。这种概念是指一个统一的过程,它包括两个结构要素:学习者通过由特殊达到的一般来认识某种关系、观点、及自然的和文化、社会、政治的现实因素,同时由此而获得一个对他来说至今未曾具备的新的结构可能性、理解方式、解决问题的策略和行为观点。"(李其龙,1993)

(3)学生能够依靠特殊"范例"来了解、掌握一般,并借助这种一般性独立地进行学习,增强学习的迁移效应。克拉夫基指出:"范例"一词源于拉丁语,意为"例子"。每个范例都具有一定的代表性,它们是反映整体的一面镜子;每个范例又都是个别,但又不是孤立的个别,而是相互联系的。通过深入地教学这些范例,就可能使其形成一种共鸣,即以范例讲授的一种学习内容,像一个物体发出声音能使另一个同频率物体也发出声音那样,使那些在课堂上未教授的同类学习内容或潜在的学习内容为学生所认识,或者引起学生自发去学习它们的兴趣。通过对"范例"的接触,可以训练学生独立思考、独立判断、独立工作的能力。通过范例,学生可以掌握一般性。范例教学理论不主张下结论式地教授呆板的知识和固定的技能,而强调主动学习、独立学习。逐步让学生能够提出触及深入的实质性问题是范例教学的一项重要任务。

(4)范例教学鼓励学习者从探究现象开始进行"发生的学习"。范例教学涉及的教学内容始终包含着一种内在的逻辑，一种内部的概念结构，比如，一种科学定律、一个数学公式、一种语言规则、一种对一个社会特定发展阶段的认识等。在范例教学中，学生学到这种内部逻辑，就学到了一种"生产性的知识"，凭借这种逻辑可以学到更多的东西。这种内部逻辑只有通过"发生的教学"才能为学生所了解和把握。

下面是一个关于小学四年级地理课学习地图知识的"发生的教学"的案例，整个课题分为如下 4 个阶段进行教学。

①先让学生熟悉他们所居住的小镇，了解小镇的什么地方有工厂，什么地方是邮局，什么地方的他们的住宅，以及了解公路的分布和河流在小镇的位置和流向。

②让学生用木块和纸板制作各类建筑物的模型，用纸条制作公路和河流模型，并把这些模型代替小镇上的真正的建筑物、公路和河流布置在一个沙盘上，然后让学生指点出学校的位置以及各自住宅的位置。

③教师让学生用各种符号把建筑物、公路、河流以及其他城镇设施画在较大的纸上，而把布置了模型的沙盘移去，再让学生识别小镇上各种建筑物、公路和河流以及其他城镇设施的位置，找出它们各自的位置。

④教师把用各种符号作标记的小镇图挂起来，向学生作一定的讲解，并把挂图与沙盘做一比较，这样，学生就一步一步了解了地图的形成过程，从而掌握了地图的"内部逻辑"。

上述这种组织学生进行学习的教学就是"发生的教学"，这种学习也称为发生的学习，通过范例去发现"知识"，通过"范例教学"使学生"掌握科学知识和科学方法论"。

这种学习，跟布鲁纳提出的发现学习相类似。

（二）范例教学的基本原则与特征

1. 基本原则

范例教学的基本原则就是强调教学内容的基本性和基础性。基本性和基础性构成了范例教学的两条基本原则。

（1）"基本性"原则。基本性是指以某一个内容为基础的规律性，这一规律或结构就是通过对一个事物的理解，也可理解其他内容的一种规律或结构。基本性原则就是强调教学应传授给学生本门学科中的基本的知识结构和规律性,包括基本概念、基本原理和基本规律等。

（2）"基础性"原则。基础性原则就是强调从学生的基本经验出发,促进他们的智力发展。教学内容的选择应切合学生的知识水平与生活经验和实际,具有基础性、本质性,难度适中,能促进学生的智力发展。

为了实现上述两个原则,就要设计一种教学结构,使教学内容与方法之间以及各种教学内容之间的联系结构化,通过教学使教学内容结构与学生的思维结构相协调。而范例恰好具有使两种结构能一致起来的功能,即具有沟通学习者的主观世界与教学内容这一客观世界的媒介作用。也就是说,通过范例的精选能使教学达到基本性与基础性目标的原则。即从已选定的学科内容中,再精选出能起范例作用、带有基本性的和基础性的材料作为教学内容,通过同"范例"的接触,训练学生独立思考与判断的能力,做到举一反三、触类旁通。此即所谓的范例教学的"范例性"原则。

关于范例教学的基本性和基础性,克拉夫基曾以除法教学为例进行过说明:基本性就是除法运算的意义,以及学生通过一系列的除法范例掌握的除法符号和基本原理;而基础性就是从儿童日常生活中常常碰到的分苹果、分糖块的经验出发,使他们依靠以前不精确的"解题"（即分苹果、分糖果等）经验,通过除法范例获得除法的抽象观念。在除法观念的抽象过程中形成纯粹的思维结构,由此学生可以解决任意数量的除法计算问题;与此同时,学生在这一过程中还可以获得作为理解与解决类似计算的思维原则。

2. 基本特征

具体分析范例教学的基本思想,可以发现范例教学的下列基本特征:

（1）教学将使学习者从特殊中获得一般。例如,儿童通过对特殊的学习,了解到乘法是一种减缩的加法。这表明,学习者完全可以在教学过程中通过特殊了解一般,符合人类认识事物的规律性。

（2）范例教学具有较高"继续的作用力",即"迁移效应"。这种作用力开辟了认识一系列类似现象的途径。因为范例教学强调基本的认识与基础的经验,这种认识和经验是能动的,容易引起学生的联想和类比,因此迁移效应就特别大。

（3）教学面向学生，把学习者业已达到的心理、认知、审美、社会交往方式、兴趣爱好、观察方式等水平作为教学的出发点，把教学过程变成克服学习者当前状况与客观教学要求和目标之间差距的过程。

（4）按照教学原则选择的范例是一种个案，一种特殊，是儿童感兴趣的特殊，也是一种起点性的特殊，它不是实际事物的一个成分，而是实际事物的一个整体。范例教学强调所教课题和探讨问题的整体性、彻底性，要求把个别范例内容讲深、讲透，把它的来龙去脉都讲清楚，让学生花较多的时间钻研它。

（5）范例教学是一种开放式的教学，它反对教给学生凝固不变的知识，好像教学结束后一切问题都解决了。

可见，范例教学立足于学生的实际与认知水平，注意调动其主动性与积极性，重视兴趣的作用，并能使学习者从个别中获得一般，教学过程中具有较高的"迁移效应"（宋桂全、郑虹，2004）。

（三）范例教学的基本操作程序

德博拉夫认为："范例方式的教学，不仅要为某学科在每个阶段的系统的知识总体提供预备性的、要素性的知识，而且要掌握此种认识的方法和科学方法论，以及在这种方法中表现出来的人类学的意义。"A. 施滕策尔在德博拉夫的影响下，确定了范例方式教学过程的一般程序如下：

（1）范例性地阐明"个"的阶段。为了使学生掌握事物的本质特征，以个别事物或对象来说明事物的特征，再从具体直观的"个"的范例中抓住事物的本质。

（2）范例性地阐明"类"的阶段。为了使学生掌握某一类事物的普遍特征，将第一阶段所掌握的"个"的范例置于类型概念的逻辑范畴之中，对在本质特征上相一致的许多个别现象作出归类。

（3）范例性地掌握规律性、范畴性关系的阶段。为了使学生掌握事物发展的规律性，找出将"个别"抽象为"类型"之后，隐藏在"类型"背后的某种规律性的内容。

（4）范例性地获得关于世界（以及生活）经验的阶段。将客观实在与精神实在阐明给学生的同时，为了使学生不仅认识世界也认识了自己，此阶段学生应把所学知识转化为可以直接指导自己的知识，如图 7-18

（刘昕，1999）。

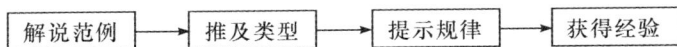

图 7-18　范例式教学一般程序

范例教学按照基本性、基础性、范例性选择的教材，是相对于一般的特殊，这个特殊不仅是合乎学生的身心发展水平的特殊，也是带有典型性的特殊，是一种将人类知识中的"一般"与"特殊"教育化设计的一种特殊，教学可以从特殊中获得一般，使学生由模仿到迁移再到创造。这种教学使学生学习知识与掌握科学方法、解决问题与系统学习相结合，突出了教学要与学生的生活实际相结合，学以致用。同时，范例性的知识结构理论易于学生的迁移，作为理论具体化的范例能使学生时刻、具体地了解知识的科学、社会、人类学的意义，特别具有教育性意义（李涛，2008）。

二、范例教学思想的根源追溯

（一）哲学基础

从教学实践角度看，人类的教学既不可能穷尽整个精神世界已有的财富，也不可能完整无遗地帮助学生掌握任何学科领域的全部知识并发展其相适应的能力。也就是说，教学实际上只能是"教"和"学"某种意义上的"个案"或"范例"，只能通过教学"个别"来掌握"一般"，通过"个别"来推及"一般"，通过"一般"再拓展新的和更宽泛的"个别"。

范例教学的实质不是系统地进行知识学习，而是提供一些具有典型性的范例，通过学习、研究这一范例，从而获得一般的知识和方法。其实，夸美纽斯、康德和胡塞尔等都曾提出过在认识、道德和审美能力形成中范例作用的思想。裴斯泰洛齐的要素教育理论（如德育的基本要素是儿童对母亲的爱，智育的要素是数目、形状和语言）也与范例教育思想息息相通（冯生尧，1997）。在中国古代异常丰富的历代文献中，范例教学的例子。俯拾皆是，譬如"举一隅以三隅反"的思想、触类旁通或融会贯通的思想、类推求故的思想，都触及到了"范例"思想的精髓。董仲舒的教学要从微言中把握大义、要精思要旨的思想，正所谓"得一端而多连之，见一孔而博贯之"，都闪烁着范例教学思想的光芒。

（二）社会根源

范例教学论问世于第二次世界大战之后，有其深刻的社会根源。第二次世界大战后沦为废墟的德国急需振兴教育来帮助恢复和发展经济，同时面对呈几何基数增长的新知识、新技术，他们提出了教育"跟上现代科技发展步伐"的口号，并一反在英美等国占统治地位的实用主义教学思想，提倡分科教学理论，在各级学校采取扩充教材内容和注入式教学方法，企图推行"百科全书式"的教学。然而学生疲于接受知识，抑制了青少年的智力活动，使学生负担加重，最终导致教学质量的下降。面对这样的状况，大学方面埋怨中学毕业生质量低劣；中学方面则将造成这种结果的关键因素归于大学竞争性的招生办法，认为它严重助长了死记硬背以应付入学考试的风气。20 世纪 50 年代初，这一问题引起了联邦德国教育界的普遍重视。

而奠定了范例教学理论发展和实践运用基础的蒂宾根会议正是在这样的背景下召开的。1951 年秋，大学、高等师范院校与完全中学的教师代表、教育行政管理人员和教育家们针对"处于由于教材充塞而窒息智力活动的危险之中"和"中小学开始疏远正在不断进步的科学"的现象，以及传统教学追求所谓的知识的系统性教学所带来教与学的形式化、不彻底性、肤浅性、侧重记忆而不求甚解以及由此造成的学生负担过重和厌学情绪等种种弊病，召开了蒂宾根会议，认为"精神世界的本源现象，是可以通过个别地由学生真正理解的事实的例子来加以说明的"（李其龙，1991），主张为了振兴战后的教育，培养具有真才实学的人，首先要改革教材，要充实根本的、基础的、本质性的教学内容，使学生借助精选的教材，通过同"范例"的接触，以训练和培养他们的独立思考能力和判断能力。

三、范例教学的样例学习视角的分析

根据样例学习理论，样例学习是学习者从对样例的研习中习得样例中蕴含的知识、技能的过程，样例能够帮助学生进行类推（Pirolli，1985）、易化认知技能的获取，能为学生提供知识建构框架和问题解决的正确形式，可以防止产生不正确的问题解决练习和不正确联系的学习（Siegler，1988），

能够有效地减轻学习者的认知负荷,提高学习的效率(Cooper &
Sweller,1987)。样例学习理论可以作为范例教学的理论基础之一。

　　科学哲学家库恩认为:学生正是通过学习范例,做习题等活动来掌
握一门科学知识及其方法的,没有范例,科学知识不能清楚地表达出来,
也无法为人们所掌握。这里的范例与样例具有相通性。克拉夫基
(1983)也曾指出,组织教养性学习,不是通过再现性地接受尽可能多的
个别的知识、能力、态度和技巧来达到目的,而是通过让学习者从选择出
来的有限的例子中主动地获得一般的、可作概括的知识、能力和态度。
这里的范例或例子实质上也是一种样例。如果考虑到范例的呈现方式
是教师一边讲解一边板书出来,那么范例教学就是有教师讲解的样例学
习,可以理解为样例教学(example instruction)。可见范例教学与样例学
习有许多相似之处,范例教学更多的是一种方法策略的教学,样例学习
更多的是一种思想规范的学习,两者的思想根源具有相通性,在教学实
践中,范例教学可以借鉴样例学习的基础性理论成果来设计教学范例。

　　如果教师仅仅将样例呈现给学习者,并不能让学习者习得解决问题
所需要的概念、原理和程序,还需要借助学习者的"自我解释"。同样,在
范例教学中,如果教师想让学习者能够充分地利用范例来学习,就需要
鼓励学习者本人对所呈现的范例主动作出自我解释(self-explaining)。
然而和样例学习不同的是,在范例教学中,仅仅依靠样例学习是不够的,
还需要教师给出正确的教学解释(instructional explanations)。

　　研究发现,为了促进学习者作出自我解释,研究者优化了样例的呈
现方式,并且提供给学生一定自我解释的提示,然而学习者作出的自我
解释也并非完全正确的,他们仍有可能对样例作出错误的解释。此外,
有研究表明,大多数的学习错误可以归咎于学习者把样例不恰当地匹配
到当前问题上来造成的(Anderson,1989)。有鉴于此,在范例教学的一
般过程中,一方面,要不断优化范例的设计形式,改变呈现方式,推进学
生彻底转变学习方式,唤醒和增进学生对范例进行自我解释的意识和能
力;另一方面,把握有效解释教学原则,通过提供正确的教学解释来提高
学生的自我解释水平,只有这样才能更好地发挥范例教学的优势,最终
培养学生独立的思考、判断、创造能力以及继续学习的能力。

四、基于样例学习理论的范例教学的思考与改进

范例教学的一般程序包括解说范例、推及类型、揭示规律、获得经验四个阶段，借鉴样例学习理论，我们可对它进行优化。

（一）解说范例阶段，教师应不断优化范例的呈现方式

范例教学理论强调从教学内容的精选出发，择取基本性、基础性、启发性的"范例"，将教学内容直观化，符合学生认识的规律。教师应不断改变样例呈现的方式，同时展示优秀学习者的自我解释的过程，以此引发和促进学习者的自我解释。

（二）推及类型阶段，教师应使学生对知识达到有效迁移和运用

范例是个别知识的体现，但其同时暗含了学科内部知识结构的规律和逻辑、层次。教师如何通过范例使学生举一反三、触类旁通地掌握一类知识，达到对知识的更有效迁移和运用呢？除了精选对学生未来身心发展有价值和意义的范例外，可以借鉴 Catrambone 在样例设计中提出的改进建议。他认为，如果改变样例的设计形式，使之产生不同的目标结构，并清晰地表示出子目标、达到子目标所需的策略和方法以及子目标间的等级关系，则会改变学生的问题表征，从而有利于学生学习的迁移。因此他在子目标处加上标签，以引导学生对子目标的学习，并提出样例学习的子目标模型：（1）样例中的一个线索会使学生将一系列解题步骤组合在一起；（2）将步骤进行组块之后，学生会试图对组块的原因进行自我解释；（3）自我解释的结果导致子目标的形成（Richard Catrambone，1998）。范例中，可以增加一些子目标设计。

（三）解释规律阶段，教师应提供有效的教学解释

在范例教学过程中，教师的责任是在学生研习范例过程中提供必要的指导，来支持学生认知加工过程的顺利进行。在教学中，教师应不断促使学生主动加工范例，对范例进行自我解释。但是，有关样例学习提供教学解释的初步研究显示，在样例之外若再给学习者呈现较多的教学解释，则教学解释的一些内容会与样例中的一些成分雷同，于是教学解

释便加重了学生学习的负担。此外,有些学习者会形成依赖教学解释进行学习的倾向,这样会减少或抑制他们的自我解释活动,从而削弱学生的样例学习效果(Renkl,Hilbert & Schworm,2009)。在考虑到这些研究发现的基础上,伦考提出了四条提供教学解释的原则,以减少教学解释的消极效应,发挥它促进学生自我解释的作用。这些原则是:(1)应学习者的要求提供教学解释;(2)教学解释应当简洁、以少为佳,避免冗长、繁复的解释;(3)以渐进的方式呈现教学解释,即一开始给学习者呈现较少的教学解释,如果这种少量的教学解释不充分,再给学习者提供更充分、更细致的解释;(4)教学解释应关注原理,以顺应学习者基于学科原理进行自我解释的规律(Renkl,2002)。这些原则对范例教学无不具有指导、借鉴作用。

(四)获得经验阶段,学习者应真正转变学习方式

传统教学实践中在学习方式上出现的突出问题是教师一言堂、满堂灌,过于强调接受学习、死记硬背和机械训练,"过于"的意思实际上是将本不该按死记硬背(或接受)的方式学习的内容也按这种方式学习。范例教学主张打破学科之间的界限和学科体系次序,将一门学科概括成若干课题,以课题的形式来展开教学,即教师应该以学科中重要基本原理为主要内容,考虑学生的兴趣和心理特点,选择对学生具有吸引力且彼此相互联系的课题。而这种形式的教学也意味着学习者学习方式的转变,这将不可避免地加重教师的负担,因为每个教师在每一堂课、每一章节都要通过选取典型事例来组织教学,但是由于各门学科的任务、内容、结构的不同,选择范例也会不同,过大的工作量必然会抑制教师的改革热情。因而,在范例教学中,教师应该强调鼓励学生主动进行范例学习,即按适合所学内容学习规律的方式来学习,激发学习者主动作出自我解释,从被动学习变成到主动学习,实现学习方式从形式到实质上的飞跃。其中,Chi(1994)在实验中提出了引发的解释来提高学生的理解水平。他认为,自我解释是一种建构性的推理活动,具有连续性、片断性的特点,有助于学生随时修正最初的心理模型。在这一过程中,学生尝试着将新知识融入到已有的先前知识中去,因而,自我解释效应具有普遍性。在他的样例设计中共穿插了 21 个问题,来引导学生进行自我解释,以此

来影响学生对问题的理解水平（Chi,1994）。范例教学中,范例中可以考虑穿插启发学生思维、产生自我解释的问题。

　　范例教学理论对推动从传统的死记硬背的学习方式转到对典型"范例"的学习这一转变有不可忽视的作用。考虑到我国中小学许多学科需要学生学习大量的概念、原理和程序,而样例学习这种方式又适合概念、原理和程序的学习,因而,在学习方式转向何方这一问题上,样例学习方式可以为范例教学提供一个基于研究证据的选项。

结　　语

　　样例学习是一种能将专家解决问题的思考方法快捷地传递给学习者的学习方式。样例学习研究是与课堂及更为广泛的教学研究相关的认知型研究课题。本研究在一定程度上为学生如何利用样例进行问题解决学习和教师及课程编制人员如何设计教学样例提供了一些一般理论。

　　为迁移而教是个研究历史很久的话题了。样例学习的评论者或许会提出下述问题：由于有解样例的效果只是使学习者在局限的情境中使用特定的程序或过程，所以有解样例难以帮助课堂达到迁移目标，因而，评论者会认为，通过有解样例学习的学生不能解决与样例有偏离的题目，不能清楚地确认出适合其解法的题目，并在解无样例的题目时产生困难。评论者讨论到的这种种可能的局限性，会使人们对有解样例是否适宜课堂教学提出质疑，有解样例似乎不能促进超过表面的学习模仿解法以外的任何东西，而表面的学习将阻碍灵活地适应新问题、新情境的学习。但是，现在的研究表明，这些担忧是多余的，样例确实能帮助教学人员达到问题解决的迁移目标，尤其是以下策略更能帮助迁移和"认知的灵活性"的实现：课堂样例形式的设计中注意提供多种样例供学生学习，提供的样例应代表相似题型的各种不同的解法和策略；有解样例应使其组成部分高度统一、结构化，并注意运用表面描述来标记深层结构；对每一种概念的教学采用不同的样例，每一类问题使用不同类型的样例;样例应与相同水平的练习题紧密结合;通过直接训练,使学习者通过学习有解样例的结构而激发自身对样例进行活跃的自我解释;通过渐省式样例设计可更有助于形成问题的解决图式。样例学习设计能使学生接触到专家的思想,而非仅仅是步骤,专家的思想能反应可视化的、灵活的、创造性的问题解决,通过在基于计算机多媒体环境中描述专家在试图解题时的思维活动,可使例释成为一种思维过程,这种基于多媒体环境下的样例学习的教学方式将把问题解决描述成思考和斗争的过程,而非"整洁"的步骤式过程,更有利于学生问题解决思维的训练。

当这种新的学习和教学方法需要进一步发展时,以及当新的计算机和多媒体技术能帮助我们提高动态地展示有解样例中的实际问题情境及其重要概念的时候,我们期望,课程和教学研究人员在开发新课程和进行样例设计时,能对以下问题作更深入的探讨:

如何利用现代技术的可视化设计真实的问题解决样例,以便减少认知负荷,并促进获取可迁移的认知结构? 如何设计有效的样例? 什么时机、怎样在学习过程中引入样例更为合适? 如何设计课堂教学以引导学生产生积极的自我解释? 通过哪一种训练可以更有效地改变个体的自我解释形式而提高样例学习的效果?

参考文献

中文部分

［1］［美］奥苏伯尔. 教育心理学. 佘星南，宋钧译. 北京：人民教育出版社，1994.

［2］［苏联］奥加涅相. 中小学数学教学法. 刘远图，等译. 北京：测绘出版社，1983.

［3］［美］比格. 学习的基本理论与教学实践. 张敷荣等译. 北京：人民教育出版社，1991.

［4］鲍建生. 中英两国初中数学课程综合难度的比较研究. 华东师范大学博士学位论文，2002.

［5］鲍建生，周超. 数学学习的心理基础与过程. 上海：上海教育出版社，2009.

［6］［美］波利亚. 数学的发现（第二卷）. 刘远图、秦璋译. 北京：科学出版社，1987.

［7］［美］波利亚. 数学的发现（第一卷）. 欧阳绛译. 北京：科学出版社，1982.

［8］［美］波利亚. 怎样解题. 涂泓，冯承天译. 上海：上海科技教育出版社，2002.

［9］曹才翰，蔡金法. 数学教育学概论. 南京：江苏教育出版社，1989.

[10] 曹才翰,章建跃.数学教育心理学.北京:北京师范大学出版社,1999.

[11] 曹南燕.认知学习理论.郑州:河南教育出版社,1991.

[12] 陈昌平主编.数学教育比较与研究.上海:华东师范大学出版社,1995.

[13] 陈立平.从阅读与写作的关系看写作教学中的范文教学.外语与外语教学,2001(4).

[14] 陈满琪.样例学习研究述评.福建师范大学学报(哲学社会科学版),2004(3).

[15] 陈琦,刘儒德.当代教育心理学.北京:北京师范大学出版社,1997.

[16] 陈向明.教师如何作质的研究.北京:教育科学出版社,2001.

[17] 陈雪梅,邵光华.怎样促进学生建构变化率概念的意义.数学通报,2009(9).

[18] 陈忠华.从样例学习中获得问题解决技能:自我解释效应.华东师范大学学位论文,2002.

[19] 戴再平.数学习题理论.上海:上海教育出版社,1996.

[20] 邓铸,姜子云.问题图式获得理论及其在教学中的应用.南京师范大学学报(社会科学版),2006(4).

[21] 丁尔升,唐复苏.中学数学课程导论.上海:上海教育出版社,1994.

[22] [荷兰]弗赖登塔尔.作为教育任务的数学.陈昌平,唐瑞芬译.上海:上海教育出版社,1995.

[23] [荷兰]弗赖登塔尔.数学教育再探.刘意竹,杨刚等译.上海:上海教育出版社,1999.

[24] [苏联]弗利德曼.中小学数学教学心理学原理.陈心五译.北京:北京师范大学出版社,1987.

[25] 冯生尧.德国范例教学理论及其在我国的运用.现代教育论丛,1997(21).

[26] [美]古德,布罗菲.透视课堂.陶志琼,王凤,邓晓芳等译.北京:中国轻工业出版社,2002.

[27] 高文.建构主义的教学设计.外国教育资料,1998(1).

[28] 高文.建构主义学习的特征.外国教育资料,1999(1).

[29] 高文主编.现代教学的模式化研究.济南:山东教育出版社,1998.

[30] 高翔,张伟平.新课改背景下范例教学理论再审视,现代教育科学(普教研究),2008(3).

[31] 龚明月.样例的外部表征对生物问题解决的影响研究.华东师范大学硕士学位论文,2006.

[32] 顾泠沅,郑润洲,李秀玲.青浦实验启示录.上海:上海教育出版社,1999.

[33] 顾泠沅.教学任务的变革.教育发展研究,2001(10).

[34] 顾泠沅.教学实验论.北京:教育科学出版社,1994.

[35] 顾泠沅.学科教学策略的改进.中国教育学会数学教学专业委员会编.高中数学课程教材改革.上海:上海科学技术出版社,2000.

[36] 何双谊.从《怎样解题》谈例题教学.高中数学教与学,2004(12).

[37] 何穗,王祖浩.渐省样例与自我解释对化学问题解决的影响研究.上海教育科研,2008(2).

[38] 胡磊,张彩华.误中思,思中悟.中学数学月刊,2007(3).

[39] 黄安成.数学技能模式运用模仿的三个层次.中学数学,1995(3).

[40] 黄海,罗友丰,陈志英,等编著.SPSS 10.0 for Windows 统计分析.北京:人民邮电出版社,2001.

[41] [美]加涅.学习的条件和教学论.皮连生、王映学、郑威等译.上海:华东师范大学出版社,1999.

[42] 中华人民共和国教育部.义务教育数学课程标准(实验稿).北京:北京师范大学出版社,2001.

[43] 瞿葆奎主编,李其龙,孙祖复选编.联邦德国教育改革.北京:人民教育出版社,1991.

[44] [美]柯普兰.儿童怎样学习数学.李其维等译.上海:上海教育出版社,1985.

[45] [苏联]克鲁捷茨基.中小学生数学能力心理学.李伯黍等译校.上海:上海教育出版社,1983.

[46] 况平和.合作教育学与沙塔洛夫教育学.外国教育资料,1989(1).

[47] 李怀忠.例谈例题教学的四个层次.中学数学研究,2007(1).

[48] 李其龙.德国教学流派.西安:陕西人民教育出版社,1993.

［49］李其龙.控制论意义上的教学论(下).外国教育资料,1989(2).

［50］李士锜.PME 数学教育心理.上海:华东师范大学出版社,2001.

［51］李涛."范例教学"理论的现代教学特征.教学与管理,2007(12).

［52］李涛.知识经济时代对西德"范例教学"理论的反思.教育理论与实
　　　践,2008(32).

［53］李亦菲.示例学习与"条件建构—优化理论"(下).学科教育,1999
　　　(12).

［54］李亦菲.示例学习与"条件建构—优化理论"(上).学科教育,1999
　　　(11).

［55］梁宁建.问题解决产生式规则解决物理学问题研究.心理科学,1995
　　　(1).

［56］刘苏力.英语写作课程中范文的要求与选择.北京第二外国语学院
　　　学报,2006(4).

［57］刘晓玫,杨裕前.关于推理能力问题的几点思考.数学教育学报,
　　　2002(2).

［58］刘昕.M.瓦根舍因与范例教学.现代教育思想简介,1999(6).

［59］刘玉萍.新范文教学法在研究生英语写作教学中的尝试.西安外国
　　　语学院学报,2004(4).

［60］陆炳炎,王建磐主编.素质教育——教育的理想与目标.上海:华东
　　　师范大学出版社,1999.

［61］吕传汉,汪秉彝.论中小学数学情境与提出问题的数学学习.数学教
　　　育学报,2001(4).

［62］吕尚兰.美国教学和作业辅导中如何运用样例.现代教育科研,2010
　　　(3).

［63］[德]罗尔夫等主编.数学教学理论是一门科学.唐瑞芬等译.上海:
　　　上海教育出版社,1998.

［64］[英]罗伯逊.问题解决心理学.张奇等译.北京:中国轻工业出版
　　　社,2004.

［65］罗蓉,胡竹菁.数学问题类比迁移的影响因素研究.心理学探新,
　　　2012(4).

［66］罗增儒.数学解题学引论.西安:陕西师范大学出版社,2001.

[67] 马复.试论数学理解的两种类型.数学教育学报,2001(3).

[68] 莫雷,刘丽虹.样例表面内容对问题解决类比迁移过程的影响.心理学报,1999(3).

[69] 莫雷,唐雪峰.表面概貌对原理运用的影响的实验研究.心理学报,2000(4).

[70] 皮连生主编.知识分类与目标导向教学.上海:华东师范大学出版社,1998.

[71] 钱桂荣.成果用于过程的范文模仿法研究.黄冈师范学院学报,2009(1).

[72] 钱佩玲,邵光华.数学思想方法与中学数学.北京:北京师范大学出版社,1999.

[73] 任洁,莫雷.样例与运算性程序知识学习迁移关系的初步研究.心理学报,1999(4).

[74] [苏联]斯托利亚尔.数学教育学.丁尔升,等译.北京:人民教育出版社,1984.

[75] 邵光华,卞忠运.数学实验的理论研究与实践.课程·教材·教法,2007(3).

[76] 邵光华,顾泠沅.中国双基教学的理论研究.教育理论与实践,2006(2).

[77] 邵光华,魏春梅.关于初高中学生创造能力和学习能力同步增长实验报告的问题研究.教育研究与实验,2001(3).

[78] 邵光华,章建跃.数学概念的分类、特征及其教学探讨.课程·教材·教法,2009(7).

[79] 邵光华.关于两项样例学习心理实验研究报告的分析与评论.心理学报,2004(2).

[80] 邵光华.关于条件命题规则样例学习迁移的研究.曲阜师范大学学报,2003(3).

[81] 邵光华.关于重视数学阅读的再探讨.中学数学教学参考,1999(10).

[82] 邵光华.几何解题策略的实验研究.数学通报,1997(1).

[83] 邵光华.论空间想象能力及几何教学.课程·教材·教法,1996(7).

[84] 邵光华. 浅论高中数学教材"四题"的编制要求. 数学通报,1997 (11).

[85] 邵光华. 数学教学方法改革 20 年的分析研究与思考. 课程·教材· 教法,2001(2).

[86] 邵光华. 数学课堂阅读指导策略. 课程·教材·教法,1998(3).

[87] 邵光华. 数学思维能力结构的定量分析. 数学通报,1994(11).

[88] 邵光华. 数学思维能力结构的定性分析. 数学通报,1994(10).

[89] 邵光华. 数学阅读——现代数学教育不容忽视的课题. 数学通报, 1999(10).

[90] 邵光华. 作为数学教育任务的数学思想与方法. 上海:上海教育出版 社,2009.

[91] 邵婷婷,邵光华,林艳斌. 数学证明教学策略探索. 数学教育学报, 2009(2).

[92] 施良方. 学习论. 北京:人民教育出版社,1994.

[93] [美]斯滕伯格. 超越 IO——人类智力的三元理论. 俞晓琳,吴国宏 译. 上海:华东师范大学出版社,1999.

[94] 宋桂全,郑虹. 范例教学思潮新论. 当代教育论坛,2004(32).

[95] 孙培青. 中国教育史. 上海:华东师范大学出版社,2001.

[96] 孙瑞清,等编著. 数学教育实验与教育评价概论. 北京:北京师范大 学出版社,1988.

[97] 孙孜. 数学样例教学研究. 南京师范大学硕士学位论文,2010.

[98] 唐瑞芬,李士琦编译. 国际展望:数学教育评价研究. 上海:上海教育 出版社,1996.

[99] 涂荣豹. 数学建构主义的实质及其主要特征. 数学教育学报,1999(4).

[100] 涂荣豹. 数学解题的有意义学习. 数学教育学报,2001(4).

[101] 王鸿钧,孙宏安. 数学思想方法引论. 北京:人民教育出版社,1992.

[102] 王林全. 问题解决的有关心理活动及其思考. 数学教育学报,2002(1).

[103] 王璐,马爱莲. 范例教学理论的科学性及其时代观照. 教育与教学 研究,2010(2).

[104] 王小明. 样例学习研究及其课改意蕴. 基础教育,2011(4).

[105] 王重鸣. 心理学研究方法. 北京:人民教育出版社,1990.

[106] 吴杰编著.教学论.长春:吉林教育出版社,1986.

[107] 吴锦,张在新.英语写作教学新探——论写前阶段的可行性.外语教学与研究,2000(3).

[108] 吴明隆编著.SPSS统计应用实务.北京:中国铁道出版社,2000.

[109] 吴沛豪."样例—探究"式家庭作业及其理论与实践研究.西南大学硕士学位论文,2009.

[110] 吴庆麟.认知教学心理学.上海:上海科学技术出版社,2000.

[111] 肖川.从建构主义学习观论学生的主体性发展.教育研究与实验,1998(4).

[112] 肖桂香,徐慈华.二语习得中句法类比迁移的特征分析.海南大学学报(人文社会科学版),2008(3).

[113] 邢强.样例解题步骤的编码对原理学习和迁移的影响.华南师范大学博士学位论文,2002.

[114] 邢强,莫雷.多重样例的变异性和编码对迁移影响的实验研究.心理科学,2005,28(6).

[115] 邢强.样例的概化水平对原理通达和运用影响的实验研究.心理学探新,2004(1).

[116] 熊川武.反思性教学.上海:华东师范大学出版社,1999.

[117] 徐斌艳编著.数学教育展望.上海:华东师范大学出版社,2001.

[118] 徐利治,郑毓信.数学模式论.南宁:广西教育出版社,1993.

[119] 许永勤,朱新明.关于样例学习中样例设计的若干研究.心理科学,2001(3).

[120] 严士健,张奠宙.数学课程标准解读.王尚志主编.南京:江苏教育出版社,2004.

[121] 杨骞.波利亚数学教育理论的现代启示.数学教育学报,2002(2).

[122] 喻平.数学问题化归理论与方法.桂林:广西师范大学出版社,1999.

[123] 袁小明.数学思想史导论.南宁:广西教育出版社,1991.

[124] 臧立本.例题教学中"不讲"的艺术.数学通报,2002(4).

[125] 张春莉.样例与练习在促进解题迁移能力中的作用.心理学报,2001(2).

［126］张大均主编.教学心理学.重庆:西南师范大学出版社,1997.

［127］张奠宙,戴再平.中学数学问题集.上海:华东师范大学出版社,1995.

［128］张奠宙,唐瑞芬,刘鸿坤.数学教育学.南昌:江西教育出版社,1991.

［129］张奠宙,唐瑞芬主编.数学教育国际透视.杭州:浙江教育出版社,1995.

［130］张奠宙主编.数学教育研究导引.南京:江苏教育出版社,1994.

［131］张国杰,王光明,苏凡.数学教育研究与写作导论.天津:天津教育出版社,1997.

［132］张厚粲主编.心理与教育统计学.北京:北京师范大学出版社,1993.

［133］张庆林,王永明.类比迁移的三种理论.心理科学,1998(6).

［134］张寿宗.引导学生走出作文范文束缚的误区.广西教育学院学报,2000(1).

［135］张树东,张向葵.规则形式及其呈现问题情境对高二学生类比迁移影响研究.心理科学,2007(1).

［136］张四方.中学化学教学中样例学习初步研究.南京师范大学硕士学位论文,2005.

［137］章建跃.数学学习论与学习指导.北京:人民教育出版社,2001.

［138］郑芳.范文引路写作升华.福建教育学院学报,2008(2).

［139］郑君文,张恩华.数学学习论.南宁:广西教育出版社,1991.

［140］郑毓信,梁贯成.认知科学、建构主义与数学教育.上海:上海教育出版社,1998.

［141］郑毓信.数学教育:从理论到实践.上海教育出版社,2001.

［142］中国教育学会数学教学专业委员会编.高中数学课程教材改革.上海:上海科学技术出版社,2000.

［143］中华人民共和国教育部.全日制普通高中数学课程标准(实验稿).北京:人民教育出版社,2003.

［144］钟启泉.对话与文本:教学规范的转型.教育研究,2001(3).

［145］钟启泉编译.现代学科教育学论析.西安:陕西人民教育出版

社,1993.

[146] 钟启泉编著. 现代课程论. 上海:上海教育出版社,1989.

[147] 仲晓波,陈琦,刘儒德. 子目标对问题解决思路形成的影响. 教育研究与实验,2002(3).

[148] 朱光潜. 谈美——给青年的第十三封信. 开明书店,民国 22 年,2012. http://blog. sina. com. cn/s/blog _ 7d592a260100uymr. html。

[149] 朱国兴. 怎样利用范文进行英语写作教学. 湖南科技学院学报,2006(6).

[150] 朱新明,李亦菲,朱丹. 人类的自适应学习. 北京:中央广播电视大学出版社,1998.

外文部分

[1] Anderson J R. The Adaptive Character of Thought. Hillsdale:Erlbaum,1990.

[2] Anderson J R, Farrell R & Sauers R. Learning to Program in LISP. Cognitive Science,1984,8(1).

[3] Anderson J R,Fincham J M. Acquisition of Procedural Skills from Examples. Journal of Experimental Psychology:Learning,Memory,and Cognition,1994,20(6).

[4] Anderson J R,Fincham J M & Douglass S. The Role of Examples and Rules in the Acquisition of a Cognitive Skill. Journal of Experimental Psychology: Learning, Memory, and Cognition,1997,23 (4).

[5] Atkinson R K, Derry S, Renkl A & Wortham D. Learning from Examples:Instructional Principles from the Worked Examples Research. Review of Educational Research,2000,70(2).

[6] Bassok M. Transfer of Domain-specific Problem-solving Procedures. Journal of Experimental Psychology: Learning, Memory, and Cognition, 1990,16(4).

[7] Bernardo A B I. Problem-specific Information and the Development

of Problem-type Schemata. Journal of Experimental Psychology: Learning, Memory, and Cognition, 1994,20(3).

[8] Berthold K & Renkl A. Fostering the Understanding of Multi-Representational Examples by Self-explanation Prompts. In:Bara B G, arsalou L & Bucciarelli M (eds.). Proceedings of the 27th Annual Conference of the Cognitive Science Society. Mahwah: Erlbaum,2005.

[9] Bielaczyc K, Pirolli P L & Brown A L. Training in Self-explanation and Self-regulation Strategies: Investigating the Effects of Knowledge Acquisition Activities on Problem Solving. Cognition and Instruction, 1995,13(2).

[10] Blessing S B, Ross B H. Content Effects in Problem Categorization and Problem Solving. Journal of Experimental Psychology: Learning, Memory, and Cognition,1996,2(3).

[11] Bourne L E, Goldstein S & Link W E. Concept Learning as a Function of Availability of Previously Learned Information. Journal of Experimental Psychology,1964,67(4).

[12] Bruner J. Toward a Theory of Instruction. Cambridge: Harvard University Press,1966.

[13] Carroll W M. Using Worked Examples as an Instructional Support in the Algebra Classroom. Journal of Educational Psychology, 1994,86(3).

[14] Catrambone R. Aiding Subgoal Learning: Effects on Transfer. Journal of Educational Psychology, 1995,87(1).

[15] Catrambone R. Generalizing Solution Procedures Learned from Examples. Journal of Experimental Psychology: Learning, Memory, and Cognition, 1996,22(4).

[16] Catrambone R. Improving Examples to Improve Transfer to Novel Problems. Memory & Cognition, 1994,22(5).

[17] Catrambone R. The Subgoal Learning Model: Creating Better Examples so that Students can Solve Novel Problems. Journal of

Experimental Psychology: General, 1998,127(4).

[18] Catrambone R, Craig D L & Nersessian N J. The Role of Perceptually Represented Structure in Analogical Problem Solving. Memory & Cognition,2006,34(5).

[19] Catrambone R, Holyoak K J. Learning and Subgoals and Methods for Solving Probability Problems. Memory & Cognition, 1990, 18(5).

[20] Catrambone R & Holyoak K J. Overcoming Contextual Limitations on Problem-solving Transfer. Journal of Experimental Psychology: Learning, Memory, and Cognition, 1989,15(4).

[21] Chandler P & Sweller J. Cognitive Load while Learning to Use a Computer Program. Applied Cognitive Psychology, 1996,10(2).

[22] Chandler P & Sweller J. Cognitive Load Theory and the Format of Instruction. Cognition and Instruction, 1991,8(4).

[23] Cheng P W & Holyoak K J. Pragmatic Reasoning Schemas. Cognitive Psychology, 1985,17(4).

[24] Chi M T. Eliciting Self-explanations Improves Understanding. Cognitive Science, 1994,18(3).

[25] Chi M T. Self-explaining Expository Texts: The Dual Process of Generating Inferences and Repairing Mental Models. In:G. R. (ed.). Advances in Instructional Psychology. Mahwah: Erlbaum, 2000.

[26] Chi M T & Bassok M. Learning from Examples via Self-explanation. In L. B. Resnick (ed.). Knowing, Learning, and Instruction: Essays in Honor of Robert Glaser. Hillsdale: Erlbaum,1989.

[27] Chi M T, Bassok M,Lewis M W, Reimann P & Glaser R. Self-explanations: How Students Study and Use examples in Learning to Solve Problems. Cognitive Science, 1989,13(1).

[28] Chi M T, de Leeuw N, Chiu M H & La Vancher. Eliciting Self-explanation Improves Understanding. Cognitive Science, 1994, 18(3).

[29] Chi M T, Feltovich P J & Glaser R. Categorization and Representation of Physics Problems by Experts and Novices. Cognitive Science, 1981,5(1).

[30] Chi M T & VanLehn K A. The Content of Physics Self-explanations. Journal of the Learning Sciences, 1991,1(1).

[31] Clark R, Nguyen F & Sweller J. Efficiency in Learning: Evidence-based Guidelines to Manage Cognitive Load. San Francisco: Preiffer,2006.

[32] Cooper G & Sweller J. Effects of Schema Acquisition and Rule Automation on Mathematical Problem-solving Transfer. Journal of Educational Psychology, 1987,79(4).

[33] Crippen K & Boyd E. The Impact of Web-based Worked Examples and Self-explanation on Performance, Problem Solving, and Self-efficacy. Computers & Education,2007,49(3).

[34] Cummins D D. The Role of Analogical Reasoning in the Induction of Problem Categories. Journal of Experimental Psychology: Learning, Memory, and Cognition, 1992,18(4).

[35] Eiriksdottir E & Catrambone R. Procedural Instructions, Principles, and Examples: How to Structure Instructions for Procedural Tasks to Enhance Performance, Learning, and Transfer. Hum Factors. 2011,53(6).

[36] Fong G T, Krantz D H & Nisbett R E. The Effects of Statistical Training on Thinking about Everyday Problems. Cognitive Psychology,1986,18(3).

[37] Gentner D. Structure-mapping: A Theoretical Framework for Analogy. Cognitive Science, 1983,7(1).

[38] Gentner D. The Mechanisms of Analogical Learning. In: S. Vosniadou & A. Ortony (eds.). Similarity and Analogical Reasoning. Cambridge: Cambridge University press,1989.

[39] Gentner D, Rattermann M J & Forbus K D. The Roles of Similarity in Transfer: Separating Retrievability from Inferential

Soundness: Cognitive Psychology, 1993,25(5).

[40] Gentner D & Toupin C. Systematicity and Surface Similarity in the Development of Analogy. Cognitive Science, 1986,10(2).

[41] Gerjets P, Scheiter K & Catrambone R. Can Learning from Molar and Modular Worked-out Examples be Enhanced by Providing Instructional Explanations and Prompting Self-explanations? Learning and Instruction, 2006,16(1).

[42] Gick M L & Holyoak K J. Schema Induction and Analogical Transfer. Cognitive Psychology, 1983,15(1).

[43] Gick M L & Holyoak K J. Analogical Problem Solving. Cognitive Psychology, 1980,12(3).

[44] Gick M L & Paterson K. Do Contrasting Examples Facilitate Schema Acquisition and Analogical Teansfer? Canadian Journal of Psychology, 1992,46(4).

[45] Glaser R. Components of a Psychology of Instruction: Toward a Science of Design. Review of Educational Research. 1976,46(1).

[46] Gibson S. Reading Aloud: A Useful Learning Tool? ELT Journal, 2008,62(1).

[47] Goldstone R L. Similarity, Interactive Activation, and Mapping, Journal of Experimental Psychology: Learning, Memory, and Cognition, 1994,20(1).

[48] Holyoak K J & Koh K. Surface and Structural Similarity in Analogical Transfer. Memory & Cognition, 1987,15(3).

[49] Holyoak K J & Thagard P. Analogcal Mapping by Constraint Satisfaction. Cognitive Science, 1989,13(2).

[50] Ianacone J A. Passion and Craft in Writing: Finding a Balance. English Journal, 1996, 85(1).

[51] Jeung H, Chandler P & Sweller J. The Role of Visual Indicators in Dual Sensory Mode Instruction. Educational Psychology, 1997, 17(3).

[52] Kalyuga S, chandler P & Sweller J. Learner Experience and

Efficiency of Instructional Guidance. Educational Psychology, 2001,21(1).

[53] Kalyuga S, Chandler P & Sweller J. Incorporating Learner Experience into the Design of Multimedia Instruction. Journal of Educational Psychology, 2000,92(1).

[54] Kalyuga S, Chandler P & Tuovinen J. When Problem Solving is Superior to Studying Worked Examples. Journal of Educational Psychology, 2001,93(3).

[55] LeFever J A & Dixon P. Do Written Instructions Need Examples? Cognition and Instruction, 1986,3(1).

[56] Lewis M W & Anderson J R. Discrimination of Operator Schemata in Problem Solving: Learning from examples. Cognitive psychology, 1985,17(1).

[57] Nawer R & Sweller J. The Effects of Subgoal Density and Location During Problem Solving. Journal of Experimental Psychology: Learning, Memory, and Cognition, 1982,8(2).

[58] Neuman Y & Schwarz B. Substituting One Mystery for Another: The Role of Self-explanation in Solving Algebra Word Problems. Learning and Instruction, 2000, 10(3).

[59] Mayer R E. Learning and Instruction. New Jersey: Merrill Prentice Hall, 2003.

[60] Mayer R E. Memory for Algebra Story Problems. Journal of Experimental Psychology. 1982,74(2).

[61] Mayer R E. Multimedia Learning: Are We Asking the Right Questions? Educational Psychologist, 1997,32(1).

[62] Mayer R E, Moreno R, Boire M & Vagge S. Maximizing Constructivist Learning from Multimedia Communications by Minimizing Cognitive Load. Journal of Educational Psychology, 1999,91(4).

[63] Miller D. Using a Three-step Method in a Calculus Class: Extending the Worked Example. College Teaching, 2010,58(1).

[64] Mousavi S Y, Low R & Sweller J. Reducing Cognitive Load by Mixing Auditory and Visual Presentation Modes. Journal of Educational Psychology, 1995,87(4).

[65] Mwangi W & Sweller J. Learning to Solve Compare Word Problems: The Effect of Example Format and Generating Self-explanations. Cognition and Instruction, 1998,16(3).

[66] Needham D R & Begg I M. Problem-oriented Training Promotes Spontaneous Analogical Transfer: Memory-oriened Training Promotes Memory for Training. Memory & Cognition, 1991,19(3).

[67] Neuman Y & Schwarz B. Is Self-explanation while Solving Problems Helpful? The Case of Analogical Problem Solving. British Journal of Educational Psychology, 1998,68(1).

[68] Nievelstein F, van Gog T, van Dijck G & Boshuizen P A. The Worked Example and Expertise Reversal Effect in Less Structured Tasks: Learning to Reason about Legal Cases. Contemporary Educational Psychology, 2012, 38(2).

[69] Novick L R. Analogical Transfer, Problem Similarity, and Expertise. Journal of Experimental Psychology: Learning, Memory, and Cognition, 1988,14(4).

[70] Novick L R & Holyoak K J. Mathematical Problem Solving by Analogy. Journal of Experimental Psychology: Learning, Memory, and Cognition, 1991,17(3).

[71] Owen E & Sweller J. What do Students Learn while Solving Mathematics Problems? Journal of Educational psychology, 1985, 77(2).

[72] Paas F. Training Strategies for Attaining Transfer of Problem-Solving Skill in Statistics: A Cognitive Load Approach. Journal of Educational psychology, 1992,84(4).

[73] Paas F & van Gog T. Optimizing Worked Example Instruction: Different Ways to Increase Germane Cognitive Load. Learning and Instruction,2006,6(2).

[74] Paas F & Van Merriënboer J. Variability of Worked Examples and Transfer of Geometrical Problem-solving Skills: A Cognitive-load Approach. Journal of Educational psychology, 1994,86(1).

[75] Pirolli P L & Anderson J R. The Role of Learning from Examples in the Acquisition of Recursive Programming Skills. Canadian Journal of Psychology, 1985,39(2).

[76] Pirolli P L & Recker M. Learning Strategies and Transfer in the Domain of Programming. Cognition and Instruction, 1994,12(3).

[77] Quilici J L & Mayer R E. Role of Examples in How Students Learn to Categorize Statistics Word Problems. Journal of Educational psychology, 1996, 88(1).

[78] Reed S K & Bolstad C A. Use of Examples and Procedures in Problem Solving. Journal of Experimental Psychology: Learning, Memory, and Cognition, 1991,17(4).

[79] Reed S K, Dempster A & Ettinger M. Usefulness of Analogous Solutions for Solving Algebra Word Problems. Journal of Experimental Psychology: Learning, Memory, and Cognition, 1985,11(1).

[80] Reader L M, Charney D H & Morgan K L. The Role of Elaborations in Learning a Skill from an Instructional text. Memory & Cognition, 1986,14(1).

[81] Renkl A. Learning from Worked-out Examples: A Study on Individual Differences. Cognitive Science, 1997,21(1).

[82] Renkl A & Atkinson R K. Learning from Examples: Fostering Self-explanations in Computer-based Learning Environments. Interactive Learning Environments, 2002,10(2).

[83] Renkl A, Atkinson R K & Maier U H. From Example Study to Problem Solving: Smooth Transitions Help Learning (Institute of Psychology Research Report No. 140). Freiberg: University of Freiberg, 2000.

[84] Renkl A, Atkinson R K, Maier U H & Staley R. From Example

Study to Problem Solving: Smooth Transition Help Learning. The Journal of Experimental Education,2002,70(4).

[85] Renkl A, Hilbert T & Schworm S. Example-based Learning in Heuristic Domains: A Cognitive Load Theory Account. Educational Psychology Review, 2009,21 (1).

[86] Renkl A, Stark R, Gruber H & Mandl H. Learning from Worked-out Examples: The Effects of Example Variability and Elicited Self-explanations. Contemporary Educational Psychology, 1998,23 (1).

[87] Renkl A. Worked-out Examples: Instructional Explanations Support Learning by Self Explanations. Learning and Instruction, 2002,12(5).

[88] Rosch E. Basic Objects in Natural Categories. Cognitive Psychology, 1976,8(4).

[89] Ross B H. Distinguishing Types of Superficial Similarities: Different Effects on the Access and Use of Earlier Problems. Journal of Experimental Psychology: Learning, Memory, and Cognition, 1989,15(2).

[90] Ross B H. Remindings and Their Effects in Learning a Cognitive Skill. Cognitive Psychology, 1984,16(4).

[91] Ross B H. Remindings in Learning and Instruction. In: Vosnaiadou S & Rotony A(eds.). Similarity and Analogical Reasoning. Cambridge: Cambridge University Press,1989.

[92] Ross B H. This is Like That: The Use of Earlier Problems and the Separation of Similarity Effects. Journal of Experimental Psychology: Learning, Memory, and Cognition, 1987,13(3).

[93] Ross B H & Kennedy P T. Generalizing from the Use of Earlier Examples in Problem Solving. Journal of Experimental Psychology: Learning, Memory, and Cognition, 1990,16(1).

[94] Ross B H & Kibane M C. Effect of Principle Explanation and Superficial Similarity on Analogical Mapping in Problem Solving.

Journal of Experimental Psychology: Learning, Memory, and Cognition, 1997,23(2).

[95] Rourke A & Sweller J. The worked-example Effect using Ill-defined Problems: Learning to Recognise Designers' Styles. Learning and Instruction, 2009, 19(2).

[96] Silver E A. Student Perceptions of Relatedness among Mathematical Verbal Problems. Journal for Research in Mathematics Education, 1979,10(3).

[97] Spiro R J,Feltovich P J, Jacobson M & Coulson R L. Cogntive Flexibility, Constructivism and Hypertext: Advanced Knowledge Acquisition in Ill-structured Domains. Educational Technology, 1991,31(1).

[98] Stark R. Learning by Worked-out Examples: The Impact of Incomplete Solution Steps on Example Elaboration, Motivation, and Learning Outcomes. Bern: Huber,1999.

[99] Sweller J. Cognitive Load during Problem Solving: Effects on Learning. Cognitive Science, 1988,12(2).

[100] Sweller J. Cognitive Load Theory, Learning Difficulty and Instructional Design. Learning and instruction, 1994,4(4).

[101] Sweller J. The Worked Example Effect and Human Cognition. Learning and Instruction,2006,16(2).

[102] Sweller J & Cooper G A. The use of Worked Examples as a Substitute for Problem Solving in Learning Algebra. Cognition and Instruction, 1985,2(1).

[103] Sweller J & Levine M. Effects of Goal Specificity on Means-ends Analysis and Learning. Journal of Experimental Psychology: Learning, Memory, and Cognition, 1982,8(2).

[104] Sweller J, Mawer M & Ward M R. Development of Expertise in Mathematical Problem Solving. Journal of Experimental Psychology: General, 1983,112(7).

[105] Sweller J, Van Merriënboer J G & Pass F G. Cognitive

Architecture and Instructional Design. Educational Psychology Review，1998，10(3).

[106] Tarmizi R A & Sweller J. Guidance During Mathematical Problem Solving. Journal of Educational Psychology，1988，80(4).

[107] Tuovinen J & Sweller J. A Comparison of Cognitive Load Associated with Discovery Learning and Worked Examples. Journal of Educational Psychology，1999，91(2).

[108] van Gog T，Kester L & Paas F. Effects of Worked Examples，Example-problem，and Problem-example Pairs on Novices' Learning. Contemporary Educational Psychology，2011，36(3).

[109] VanLehn K. Arithmetic Procedures are Induced from Examples. In：J. Hiebert (ed.). Conceptual and Procedural Knowledge：The Case of Mathematics. Hilldale：Erlbaum，1986.

[110] Ward M & Sweller J. Structuring Effective Worker Examples. Cognition and Instruction，1990，7(1).

[111] Watson C B. The Use and Abuse of Models in the ESL Writing Class. TESOL Quarterly，1982，16(1).

[112] Webb N M. Task-related Verbal Interaction and Mathematics Learning in Small Groups. Journal of Research in Mathematics Education，1991，22(5).

[113] Williams S M & Hmelo C E (eds.). Special Issue：Learning through Problem Solving. The Journal of the Learning Sciences，1998，7(3&4).

[114] Zhu X，Lee Y，Simon H A & Zhu D. Cue Recognition and Cue Elaboration in Learning from Examples. Proceedings of the National Academy of Sciences，1996，93(3).

[115] Zhu X & Simon H A. Learning Mathematics from Examples and by Doing. Cognition and Instruction，1987，4(2).

后　记

　　本著作是在本人博士论文的基础上形成的。回顾博士学习生活,我要感谢我的导师王建磐先生和顾泠沅先生。从先生们那里,我不仅学会了许多知识和方法,更重要的是学到了许多做人的道理和严谨的治学方法。从生活到学术,从做人到治学,他们那严谨的工作作风、高尚的人格魅力、睿智的思想,给了我无穷的启迪,使我终生受益。在博士论文的整个写作过程中,我得到了先生们的精心指导,从最初的选题、构思,到最后的斟酌、推敲,都凝聚着先生们的无限心血。在论文形成过程中,张奠宙、唐瑞芬、李士锜、赵小平、李俊老师给予了精心指导和帮助,他们的潜心于学问的实干精神和高尚人格一直鼓舞着我前进。我从实验心理学家杨治良先生那里学习到了高级实验心理学研究方法,从吴庆麟先生那里获得了认知教育心理学的基本原理,我非常感谢两位老师。在博士论文撰写过程中,我得到了中国科学院心理研究所朱新明先生的无私帮助和指导,在这里我要特别感谢朱先生。在实验研究方面,我要感谢曲阜市一中的师生、曲阜市实验中学的师生、曲阜师范大学附属中学的师生,感谢他们在实验中所给予的配合。感谢曲阜实验中学刘校长、曲阜师范大学附属中学韩红梅老师、曲阜师范大学杜新生老师、朱笑蓉老师以及冯振举、郝东、刘海东等在调查研究和实验研究方面给予的帮助。感谢华东师范大学数学系第二批国家级骨干教师班全体学员以及曲阜师范大学数学系第一批省级骨干教师班全体学员在调查研究中所给予的支持。感谢华东师范大学数学系和教育学院老师们所给予的帮助和在查阅资料文献方面提供的方便。同时我要感谢曲阜师范大学数学科学学院的领导和老师，是他们的鼓励和关心增强了我学习的力量，同时也增加了无形的压力，使我更加努力奋进。我要感谢我的家人，正是他们的支持，我才能顺利地完成博士学位论文。

在后期写作过程中，得到了浙江省社科规划办、宁波大学社科处、教师教育学院的领导和老师的大力支持，研究生郭佳、胥华美、袁舒雯、纪雪聪等帮助整理了大量的研究资料，在此特表感谢。

在著作写作过程中，参阅了许多学者的研究成果，没有他们的研究作为基础，也就不可能有这本著作，我真诚地感谢他们。对不小心遗漏的参考文献，谨向作者表示歉意。著作的出版获得了浙江省哲学社会科学基金、浙江省教师教育基地及教育学重点学科经费的资助，在此感谢浙江省哲学社会科学发展规划领导小组的领导和项目评审专家以及宁波大学教育学学科同仁。

在著作的编辑出版方面，得到了浙江大学出版社吴伟伟老师及其同事们的支持和帮助，她们的细致修改和精心校对，让我敬佩，在此表示诚挚的谢意。

邵光华

2012 年 11 月 12 日于宁波大学

图书在版编目(CIP)数据

样例学习的理论与实践 / 邵光华著. —杭州:浙
江大学出版社,2013.3
ISBN 978-7-308-11109-6

Ⅰ.①样… Ⅱ.①邵… Ⅲ.①学习方法 Ⅳ.①G791

中国版本图书馆 CIP 数据核字(2013)第 022565 号

样例学习的理论与实践

邵光华 著

责任编辑	吴伟伟 weiweiwu@zju.edu.cn
文字编辑	杨 茜
封面设计	续设计
出版发行	浙江大学出版社
	(杭州市天目山路 148 号 邮政编码 310007)
	(网址:http://www.zjupress.com)
排 版	浙江时代出版服务有限公司
印 刷	杭州日报报业集团盛元印务有限公司
开 本	710mm×1000mm 1/16
印 张	21
字 数	333 千
版 印 次	2013 年 3 月第 1 版 2013 年 3 月第 1 次印刷
书 号	ISBN 978-7-308-11109-6
定 价	50.00 元